权威·前沿·原创

皮书系列为
"十二五""十三五""十四五"时期国家重点出版物出版专项规划项目

BLUE BOOK

智库成果出版与传播平台

网络视听蓝皮书
BLUE BOOK OF NETCASTING

中国互联网视听行业发展报告（2023）

ANNUAL REPORT ON THE DEVELOPMENT OF NETCASTING INDUSTRY IN CHINA (2023)

主　编／陈　鹏
执行主编／司　若　陈　锐
副 主 编／张维肖　沈文瀚

社会科学文献出版社
SOCIAL SCIENCES ACADEMIC PRESS (CHINA)

图书在版编目(CIP)数据

中国互联网视听行业发展报告.2023 / 陈鹏主编；司若，陈锐执行主编；张维肖，沈文瀚副主编.--北京：社会科学文献出版社，2024.1
（网络视听蓝皮书）
ISBN 978-7-5228-3140-4

Ⅰ.①中… Ⅱ.①陈… ②司… ③陈… ④张… ⑤沈… Ⅲ.①互联网络-视听传播-产业发展-研究报告-中国-2023 Ⅳ.①G206.2

中国国家版本馆CIP数据核字（2023）第248161号

网络视听蓝皮书
中国互联网视听行业发展报告（2023）

主　　编／陈　鹏
执行主编／司　若　陈　锐
副　主　编／张维肖　沈文瀚

出　版　人／冀祥德
责任编辑／韩莹莹
文稿编辑／胡金鑫
责任印制／王京美

出　　版／社会科学文献出版社·人文分社（010）59367215
　　　　　　地址：北京市北三环中路甲29号院华龙大厦　邮编：100029
　　　　　　网址：www.ssap.com.cn
发　　行／社会科学文献出版社（010）59367028
印　　装／天津千鹤文化传播有限公司

规　　格／开　本：787mm×1092mm　1/16
　　　　　　印　张：22　字　数：360千字
版　　次／2024年1月第1版　2024年1月第1次印刷
书　　号／ISBN 978-7-5228-3140-4
定　　价／248.00元

读者服务电话：4008918866

版权所有 翻印必究

本书为国家社会科学基金重大项目"视听艺术精品推动中华优秀传统文化创造性转化与创新性发展"（项目编号：22ZDA083）阶段性成果

出品方
南开大学新闻与传播学院
清华大学影视传播研究中心
CC-Smart 新传智库

联合出品方
优酷信息技术（北京）有限公司
中国传媒大学中国网络视频研究中心
中国高等院校影视学会影视产业与管理专业委员会
云合数据
紫金文创研究院
北京韬安律师事务所

网络视听蓝皮书专家编委会

专家委员（以姓氏拼音为序）

卜彦芳　中国传媒大学教授，传媒经济研究所所长

曹书乐　清华大学新闻与传播学院副教授

陈旭光　北京大学教授，教育部"长江学者"特聘教授，中国高校影视学会副会长

胡智锋　中国电视艺术家协会副主席，教育部"长江学者"特聘教授，北京师范大学教授

皇甫宜川　《当代电影》杂志社社长、主编

柯惠新　中国传媒大学教授，调查统计研究所名誉所长

李道新　北京大学教授，教育部"长江学者"特聘教授

李胜利　中国传媒大学戏剧影视学院教授，戏剧影视文学系主任

李向民　南京艺术学院党委副书记，紫金文创研究院院长，文旅部文化和旅游研究基地（南艺）首席专家

李雪琳　云合数据创始人兼CEO

刘亚东　《科技日报》原总编辑，南开大学新闻与传播学院院长

罗建辉　中国网络视听节目服务协会副会长

孟　建　复旦大学教授，国家文化创新研究中心主任

倪　万　山东大学教授，新闻传播学院副院长
欧阳宏生　四川大学教授，成都大学传媒研究院院长
索亚斌　中国传媒大学戏剧影视学院教授，资深影评人
王　军　北京韬安律师事务所首席合伙人
王晓红　中国传媒大学教授，教务处处长，中国网络视频研究中心主任
王　宇　中国传媒大学教授
杨伟光　阿里大文娱党委书记、优酷执行总编辑
杨向华　爱奇艺高级副总裁
杨　玥　影视与互联网络电影数据专家，数托邦创始人
尹　鸿　中国电影家协会副主席，中国文艺评论家协会副主席，清华大学新闻与传播学院教授
余　力　中国网络视听节目服务协会对外合作部主任
俞　虹　北京大学教授，电视研究中心主任
俞剑红　北京电影学院副校长，青年电影制片厂厂长
张国涛　中国传媒大学研究员，传媒艺术与文化研究中心执行主任
张洪忠　北京师范大学教授，新闻传播学院执行院长
张辉锋　中国人民大学教授，新闻学院党委书记
张丽娜　优酷副总裁、总编辑
周　结　中国网络视听节目服务协会副秘书长
周鸿铎　中国传媒大学教授，传媒经济研究所名誉所长
朱春阳　复旦大学教授，教育部青年长江学者，媒介管理研究所所长，《新闻大学》常务副主编
朱鸿军　中国社会科学院研究员，教育部青年长江学者，《新闻与传播研究》执行主编
朱　天　四川大学教授，传媒研究中心主任

网络视听蓝皮书课题组

组　　　长　陈　鹏

执 行 组 长　司　若　陈　锐

副　组　长　张维肖　沈文瀚

课题组成员　（以姓氏拼音为序）

曹书乐　曹晓露　陈楠楠　程逸睿　程　子　樊佳璇
范可欣　高　冉　耿二莎　何昶成　何　威　胡佳雪
胡文馨　黄　莺　金　天　李红梅　李胜利　李雪琳
李燕蓉　李　玥　李自琴　刘学华　刘忠波　帕孜丽娅·阿力木
彭　侃　曲祎茹　邵文洁　石小溪　宋欣欣　唐诗韵
王晗晨　王　军　武　瑶　夏圳锴　颜　珂　杨　悦
姚　磊　赵　红　周才庶　周培源

主要编撰者简介

陈　鹏　博士，博士后，南开大学融媒体研究中心研究员、出版研究院研究员、新闻与传播学院副院长，百名青年学科带头人。兼任南京艺术学院紫金文创研究院研究员，中国高校影视产业与管理研究会副秘书长，中国新闻史学会理事，北京文化发展中心智库专家，法制网舆情监测中心特约研究员，DCCI互联网数据中心网络视频研究高级顾问，中国网络影响力课题组副组长、CC-Smart新传智库研究顾问等。曾任韩国首尔国立大学客座研究员，曾受教育部委派，担任日本电通集团的高级广告研修员。主持、参与国家级、省部级等多项课题研究，发表研究报告、论文数十篇，参与编著、翻译多部著作，曾获多项省级教学科研成果奖。

司　若　清华大学新闻与传播学院教授，博士生导师；清华大学影视传播研究中心执行主任；澳门科技大学特聘教授；国家社科基金重大招标项目首席专家，全国广播电视与网络视听领军人才。先后在山东大学、清华大学、香港浸会大学获得学士、硕士、博士学位，并在清华大学完成博士后工作。中国高校影视学会影视产业与管理专业委员会秘书长，CC-Smart新传智库高级研究顾问。代表作有《影视工业化体系研究》、《中国IP影视化开发与运营研究》、《声画叙事：视听语言的逻辑与应用》、《短视频产业研究》、《中国影视法律实务与商务宝典》、*China Livestreaming E-commerce Industry Insights* 等。

陈　锐　博士，中国传媒大学新闻学院副教授，硕士研究生导师，中国传媒大学传播心理研究所研究员。中国社会心理学会理事，主要研究领域为受众心理、舆论引导、调查统计、数据挖掘。

摘　要

　　网络视听蓝皮书《中国互联网视听行业发展报告（2023）》是中国第六个年度系统全面梳理网络视听行业发展现状、分析产业问题、探索未来趋势的权威研究报告。网络视听已经成为人们日常生活的一部分，成为企事业机构信息发布、宣传公关的"标配"，其影响力日渐扩大。因此，对这个重要行业的跟进研究显得越发重要，成为推进网络视听行业发展的重要参考。

　　本报告通过数据、案例、调研、访谈等方法，对网络视听行业的市场、产业、政策、趋势等进行分析，汇总2022年网络剧、网络电影、网络综艺、网络直播、短视频、网络音频等分支产业的发展特征，并对2022年发展趋势和需要面对的问题进行探讨。

　　2022年是网络视听行业在疫情影响下奋力转型高质量发展的一年。这一年，中国网络视听用户规模达10.4亿人，占网民整体的97.47%，其中短视频用户规模为10.12亿人，占网民整体的94.8%，网络直播用户超过7.5亿人，网络音频用户超过6亿人，整体市场规模超过7200亿元。这些特征使中国继续保持网络视听世界第一大国地位。

　　网络视听行业在"互联网+"的基础上，继续呈现多元化发展、外部性赋能的特点，"视听+"成为"互联网+"的具体化体现和升级聚焦后的全新体现。人们的信息搜索、知识获取、沟通交流、经验分享、消费决策、娱乐休闲、文体活动、工作展示等形态，都与视听深深绑定在一起，"无视听不传播"逐渐浮上台面，视听也成为构建传播力的保障。同时，视听还在AIGC、元宇宙的新技术加持和场景匹配下，迎来了自身迭代变革的新契机。"视听+"正在为各个需要沟通传播的行业不断赋能，新的技术、场景和表达需求也在为视听行业缔造更大的发展空间。

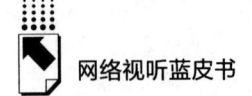

2022年，网络视听行业在上一年"减量提质"的基础上，继续在高质量发展上做文章，相应的结果是数量减质量增、成本降效益增，供给侧改革继续取得明显成效，精品化内容持续涌现，专业化的制作和运营能力持续加强。在这一年，网络剧数量较上年略有增加，网络电影上新量下降30%，网络综艺新产品数量下降14%，但整体质量再上台阶，《星汉灿烂》《卿卿日常》《苍兰诀》《狂飙》《他是谁》《三体》《冰球少年》等网络剧，《技惊四座》（第二季）等网络综艺，《特级英雄黄继光》等主旋律网络电影，《守护解放西》（第三季）等网络纪实类作品，都获得较好的口碑和较大市场价值。

在多元化内容供给方面，长视频和短视频在竞争中的融合也带来一些新气象，在IP拉动的衍生作品发展的基础上，又出现了更多的微短剧和微综艺作品，形成更多类型的内容供给和更丰富的竞争赛道，"短微小"作品的涌现成为一种新现象。在管理方面，政府继续推动网络视听内容规范化发展，网络剧片头由标注"上线备案号"转为插入"网络视听"网标，对微短剧创作与发布进行更有效的引导。

网络视听蓝皮书课题组将继续关注行业发展动态，从市场调研、舆情分析、数据分析、专家分析等方向出发，对网络视听内容、产业、受众、市场进行持续研究，解析行业问题、研判产业风险、分析有效对策，集学界、业界智慧，用高价值研究成果助力网络视听行业在高质量发展的道路上扬帆远航。

关键词： 网络视听　互联网　网络视频　产业升级

目 录

Ⅰ 总报告

B.1 2022年中国网络视听行业发展现状、热点与趋势
　　……………………………………………… 陈　鹏　沈文瀚 / 001
　　一　行业概况与现状 …………………………………… / 002
　　二　政策热点扫描与分析 ……………………………… / 015
　　三　行业问题透视与对策 ……………………………… / 018
　　四　行业趋势与展望 …………………………………… / 021

Ⅱ 分报告

B.2 2022年网络剧行业发展报告 ……… 曹书乐　帕孜丽娅·阿力木 / 025
B.3 2022年网络综艺行业发展报告 ………………… 范可欣　石小溪 / 046
B.4 2022年中国网络电影行业发展报告 …………………… 黄　莺 / 064
B.5 2022年网络直播行业发展报告 ………………… 李建亮　庞胜楠 / 076
B.6 2022年网络短视频行业发展报告 ……………… 周才庶　唐诗韵 / 089
B.7 2022年网络音频行业发展报告 ………………… 邵文洁　周培源 / 108
B.8 2022年网络纪录片行业发展报告 ……………… 刘忠波　杨　悦 / 121
B.9 2022年网络微短剧行业发展报告 ……………… 张维肖　司　若 / 131

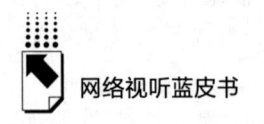

B.10　2022年网络分账剧报告……李雪琳　李红梅　胡佳雪　耿二莎 / 141
B.11　2022年网络游戏行业发展报告……何　威　李　玥 / 157
B.12　2022年海外视音频市场发展报告……高　冉　金　天 / 177

Ⅲ　年度热点

B.13　2022年网络视听政策法规解读……北京韬安律师事务所 / 191
B.14　"一剧两播"热，精品古偶剧赋能中国优秀传统文化"两创"
　　　……李胜利　曲祎茹 / 208
B.15　2022年网络视听平台的战略布局与发展举措
　　　……彭　侃　陈楠楠 / 220
B.16　2022年中国综艺出海……樊佳璇　何昶成 / 235

Ⅳ　案例分析

B.17　网络剧《猎罪图鉴》创作路径与案例分析……武　瑶　程逸睿 / 246
B.18　悬疑题材网络剧《重生之门》《冰雨火》案例分析……宋欣欣 / 255
B.19　网络综艺《一年一度喜剧大赛2》案例分析……刘学华 / 262
B.20　网络综艺《无限超越班》案例分析……曹晓露 / 272
B.21　网络电影《勇士连》案例分析……姚　磊 / 284
B.22　网络纪录片"中国三部曲"
　　　——《幸福中国》《闪耀吧！中华文明》《国医有方》案例分析
　　　……司　若　颜　珂 / 292
B.23　网络纪录片《不止考古·我与三星堆》案例分析……夏圳锴 / 302

Abstract ……… / 310
Contents ……… / 313

总报告

General Report

B.1
2022年中国网络视听行业发展现状、热点与趋势

陈鹏 沈文瀚[*]

摘　要： 本报告从行业概况与现状、政策热点扫描与分析、行业问题透视与对策、行业趋势与展望四个部分，分析2022年中国网络视听行业的发展情况。过去一年间，中国网络视听行业的减量提质效果明显，精品内容迭出。平台格局稳中有变，竞争更为激烈，商业模式更为务实，企业更加注重有效营收。主旋律和现实题材继续成为网络视听内容的重点。虚拟化媒介技术和人工智能技术丰富了视听产品形式，提高了行业生产力，为网络视听新业态提供了技术支持。当前，行业政策持续强化主流价值导向，不断完善规章制度，优化网络视听管理体系，推进行业治理现代化，促进行业向法治化和规范化发展。

---

[*] 陈鹏，南开大学融媒体研究中心研究员，出版研究院研究员，新闻与传播学院副院长，南京艺术学院紫金文创研究院研究员，主要研究方向为新媒体传播、影视传播、传媒产业等；沈文瀚，南开大学新闻与传播学院硕士研究生，主要研究方向为计算传播、传媒产业经济等。

网络视听蓝皮书

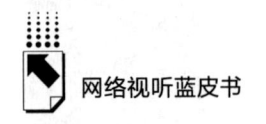

关键词： 网络视听行业　媒介技术　网络平台　网络综艺

一　行业概况与现状

（一）提质减量效果明显，行业发展趋于稳定

1. 网络剧行业精细化发展，内容做优格局做大

2022年，网络剧上新量较上一年增加12部，总数为264部（见图1）。受"限集令"影响，2022年上半年，上新剧的平均集数下降至29.9集，与上一年相比减少1.6集。上新剧集口碑明显走高，豆瓣评分均分6.2分，较2021年的5.7分上涨0.5分，为近四年豆瓣均分最高。精品网络剧受众市场持续拓展，豆瓣评分人数超过10万的剧集共有20部，《梦华录》《开端》等剧豆瓣评分人数超过80万。[①] 在内容题材方面，主旋律成为网络剧的支柱内容，主旋律和现实题材占比12.1%，此类题材的正片有效播放在整体上新剧集有效播放中占比26.6%[②]；古装爱情剧回归顶流，该年度爱奇艺、腾讯视频和优酷分别上线古装剧16部、10部和10部，芒果TV上线7部，《卿卿日常》《梦华录》《星汉灿烂》等剧掀起古装热潮；女性题材剧持续走强，与现实社会中人们对女性议题的关注遥相呼应。此外，《开端》《猎罪图鉴》等悬疑风网剧，《破事精英》《家有姐妹》等喜剧风网剧也较为火热。

2. 网络电影降本增效，行业管理日趋规范

从数量来看，全年线上电影的正片有效播放为387亿次，线上电影正片有效播放同比缩减15%；网络电影正片有效播放97亿次，同比缩减13%。但从质量上来看，2020~2022年，中国网络电影部均有效播放为992万次、1363万次和1582万次，连续三年表现出快速上涨的态势，2022年46%的影片有效

[①] 《2022剧集数据解读：头部爆款频出，高口碑与高热度并行》，新剧观察，2022年12月30日，http://app.myzaker.com/news/article.php?pk=63aeec148e9f092fc677310d。

[②] 《报告 | 2022年连续剧网播表现及用户分析报告》，云合数据微信公众号，2023年1月4日，https://mp.weixin.qq.com/s/td-TFdwCkhSh2DUlKkxjtg。

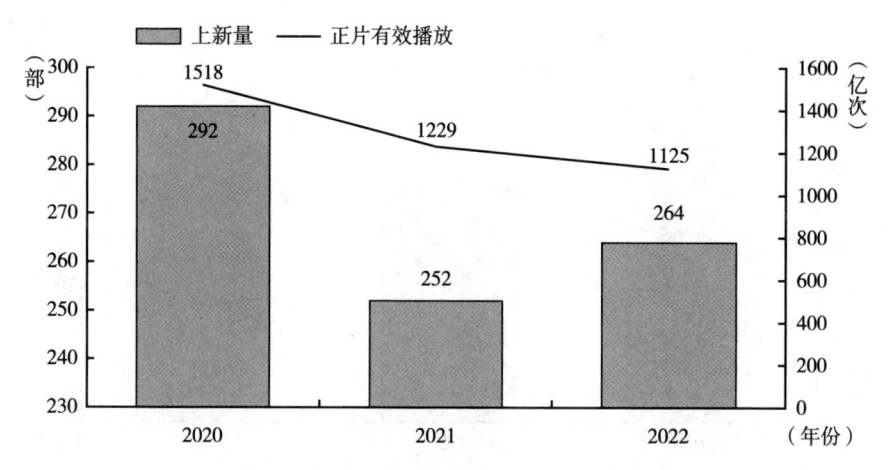

2022年中国网络视听行业发展现状、热点与趋势

图1 2020~2022年网络剧上新量和正片有效播放

资料来源：云合数据。

播放破千万次（见图2）。① 网络电影"瘦身增肌"效果明显。在内容题材方面，网络电影传统IP边际效益递减，吸引力显著下降，创作者们转向挖掘更多元化的公版IP；动作类、惊悚类、悬疑类均在票房分布中占据一席之地；同时，主旋律题材作品劲头明显，《特级英雄黄继光》分账票房1033.8万元，在全平台分账票房获得14次日冠军，豆瓣评分高达8.1分。

具体到每部影片，《阴阳镇怪谈》分账票房4097万元，为2022年网络电影分账票房榜之首，《大蛇3：龙蛇之战》《开棺》《张三丰》均突破3000万元，《盲战》《恶到必除》《东北告别天团》《老九门之青山海棠》《亮剑：决战鬼哭谷》《龙云镇怪谈》均在2300万元以上。该年网络电影分账票房榜TOP20中，近半数电影为两平台或三平台拼播，电影拼播成为主流发行方式，平台间合作更易于发挥协同作用，行业之间有一定的良性竞争趋势。

3. 网络综艺趋稳求精，市场业态新象迭出

2022年，爱奇艺上新季播综艺74部，腾讯视频上新82部，优酷上新72部，相较往年均有减少，只有芒果TV逆势而增，上新66部，同比增加11部

---

① 《重磅发布 | 2022网络电影年度报告》，云合数据微信公众号，2023年1月18日，https://mp.weixin.qq.com/s/LR-DxErI8yk8uanKEGXY3A。

003

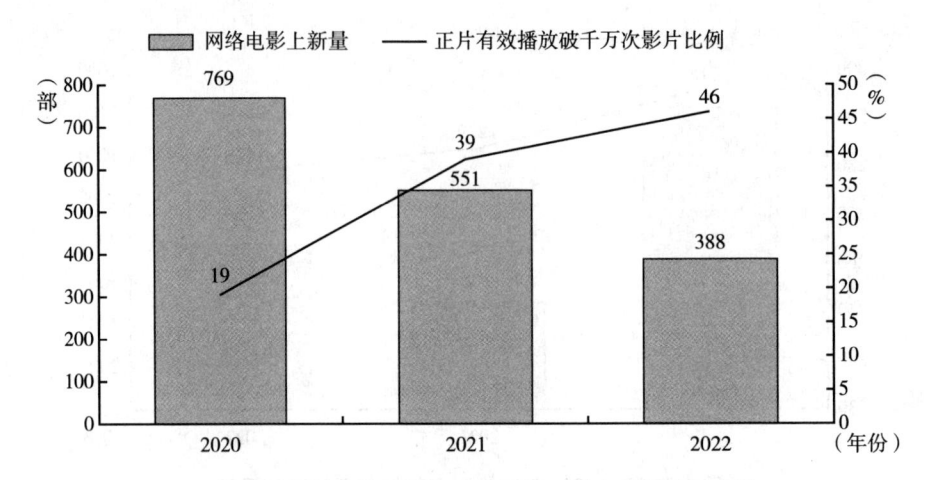

图 2　2020~2022 年网络电影上新量和正片有效播放相关情况

资料来源：云合数据。

（见图3）。① 全网网络综艺有效播放156亿次，同比降低11%。② 网络综艺在数量增长上具有一定下行压力，但质量上并不缺乏精品。2022年，上新综艺豆瓣均分上涨至7分，8分以上综艺占比达27%，同比上涨12个百分点。②《快乐再出发》、《快乐再出发》（第二季）、《乐队的海边》、《闪亮的日子》、《名侦探学院》（第六季）等上新综艺豆瓣评分均为9分以上，部分综艺评分人数高达25万人，人气高、受众认可度高。

2022年，网络综艺市场发展出新现象，衍生综艺、微综艺和分账综艺越发普遍起来，更加适应当前不稳定的市场环境。在选题方面，恋综、职综、音综、体育综艺等赛道题材不断细化，不断挖掘观众个性化观看需求；社会现实议题成为网络综艺的热点选题，《打工不如打电话》、《11点睡吧》、《做家务的男人》（第四季）等聚焦普通人生活中的点滴，生活温情为综艺植入厚实的美学土壤；怀旧议题在集体记忆的沉淀中焕发活力，老牌艺人、香港文化、经典影视等内容赋能当下综艺节目。

---

① 《报告｜2022年综艺网播表现及用户分析报告》，云合数据微信公众号，2023年1月4日，https://mp.weixin.qq.com/s/D3GjYOP73uBAB34B9vSYog。
② 《报告｜2022年综艺网播表现及用户分析报告》，云合数据微信公众号，2023年1月4日，https://mp.weixin.qq.com/s/D3GjYOP73uBAB34B9vSYog。

2022年中国网络视听行业发展现状、热点与趋势

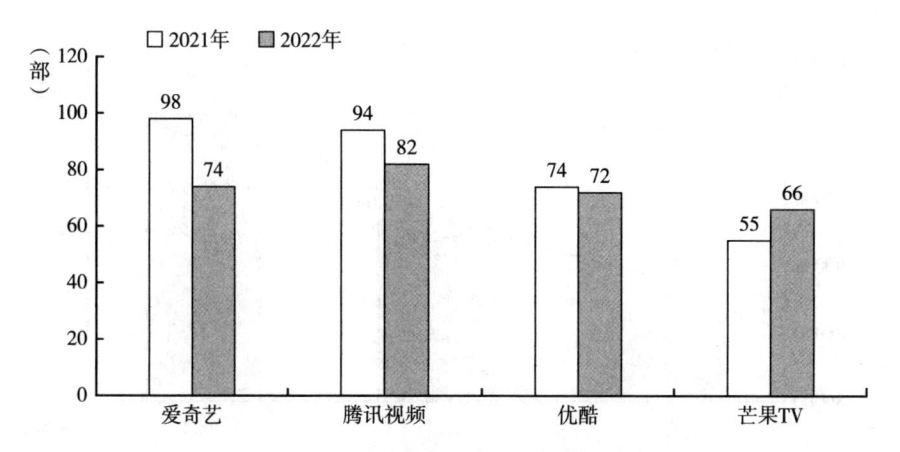

图3　2021~2022年各平台上新季播综艺部数

资料来源：云合数据。

4. 短视频、直播、网络音频增量明显，网游产业调整策略，网络纪录片精品迭出

2022年，短视频用户规模达10.12亿人，用户使用率升至94.8%，较2021年增长约4.3个百分点，仍是增长明显的互联网赛道[①]，中老年用户成为主力增量群体，行业拐点可能到来（见图4）。抖音和快手两大短视频平台活跃用户规模占据整个市场规模的五成以上。微信视频号表现不俗，上半年微信视频号活跃用户规模突破8亿人，其中抖音活跃用户渗透率接近六成，微信视频号一定程度上已经与抖音形成竞争关系。[②] 在媒体经营中，一方面，短视频与电商、社交、广告等变现渠道进一步融合，强化赢利式增长；另一方面，短视频平台发挥社会价值，在内容、技术、渠道上助力主流价值观传递，传播优秀传统文化。

在网络直播方面，中国网络直播用户规模达7.51亿人，成为网络视听第二大应用。[③] 至2022年6月，体育直播用户规模增长2232万人、演唱会直播用户规模增长1194万人，规模涨幅较大，电商直播以4.69亿人的庞大用户规

---

① 《〈2023中国网络视听发展研究报告〉完整版来了》，中广互联网站，2023年3月30日，http://www.tvoao.com.cn/a/214357.aspx。
② 《QuestMobile2022中国移动互联网半年大报告》，QuestMobile研究院网站，2022年7月26日，https://www.questmobile.com.cn/research/report/313。
③ 《〈2023中国网络视听发展研究报告〉完整版来了》，中广互联网站，2023年3月30日，http://www.tvoao.com.cn/a/214357.aspx。

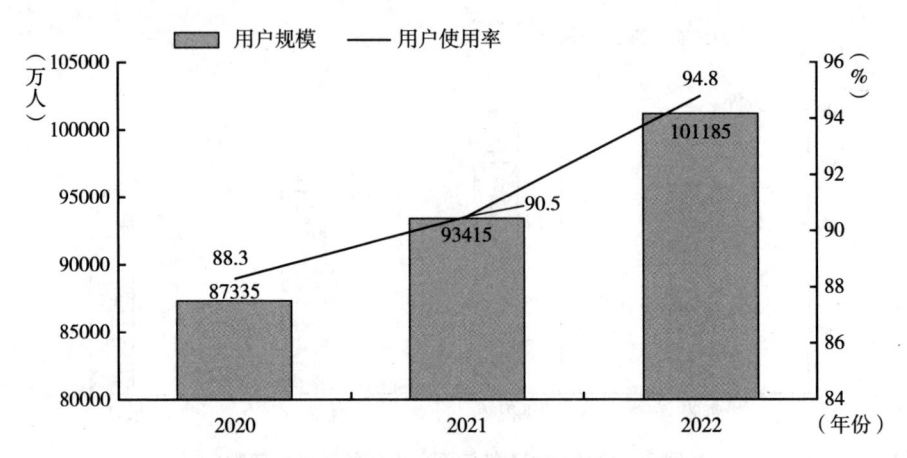

图中数据：
- 2020年：用户规模 87335万人，用户使用率 88.3%
- 2021年：用户规模 93415万人，用户使用率 90.5%
- 2022年：用户规模 101185万人，用户使用率 94.8%

图4　2020~2022年短视频用户规模及用户使用率

资料来源：CNNIC发布的第47~51次《中国互联网络发展状况统计报告》。

模占据市场鳌头，49.8%的直播付费用户是为了购物。网络直播当前正在稳住受众、扩展用户市场；MCN机构数量近年呈整体上升趋势（见图5）；大额行业投资频现。网络直播平台一方面深耕精品，另一方面关注社会价值。云影院、云展演、云旅游、云课堂丰富新业态，传统文化和知识科普走热。公益事业在网络直播助力下获得新发展，直播助农和直播脱贫效果显著。一些地方干部加入直播带货当中，县长带货、文旅局长直播成为互联网现象，部分事件成为电商助力地方经济的典型案例。此外，网络直播成为疫情期间一些公司的自救方法，如新东方等公司转行做直播。

网络音频行业持续增长，发展前景广阔。艾媒咨询数据显示，中国声音经济产业市场规模保持连续增长态势。2022年，声音经济产业市场规模达3816.6亿元，预计2023年将超过5100亿元①，用户付费比例超过七成，同时知识付费意愿较高，一线、二线中等收入者为消费主力（见图6）。根据喜马拉雅《2022年原创内容生态报告》，该平台30岁及以下的内容生产者占比45%，喜马拉雅创作者人数同比增长24.6%，优质原创内容月均投稿量同比增长146%。② 情感抒

---

① 《艾媒咨询 | 2022年中国声音经济数字化应用发展趋势报告》，艾媒网，2023年2月20日，https://www.iimedia.cn/c400/91728.html。
② 《喜马拉雅发布〈2022年原创内容生态报告〉》，喜马创作者微信公众号，2022年12月30日，https://mp.weixin.qq.com/s/OJqtRGYUlQJkwIrRUYSWuA。

2022年中国网络视听行业发展现状、热点与趋势

图5　2016~2023年中国MCN机构数量及同比增长率

＊截至2023年12月，笔者仍未检索到有关2022年MCN机构数量、确切市场规模的最新公开数据，在此保留引用图表的2022年和2023年预测数据，下同。

资料来源：艾媒咨询。

发、娱乐、创收、分享生活和社交成为网络音频生产的五大动力。智能终端结合多场景应用，帮助网络音频行业开辟更多市场，除生活和工作场景外，网络音频在车载信息娱乐系统加持下向汽车行业渗透。同时，基于"在线音频+同好社交"模式，网络音频的社交属性被持续发掘。

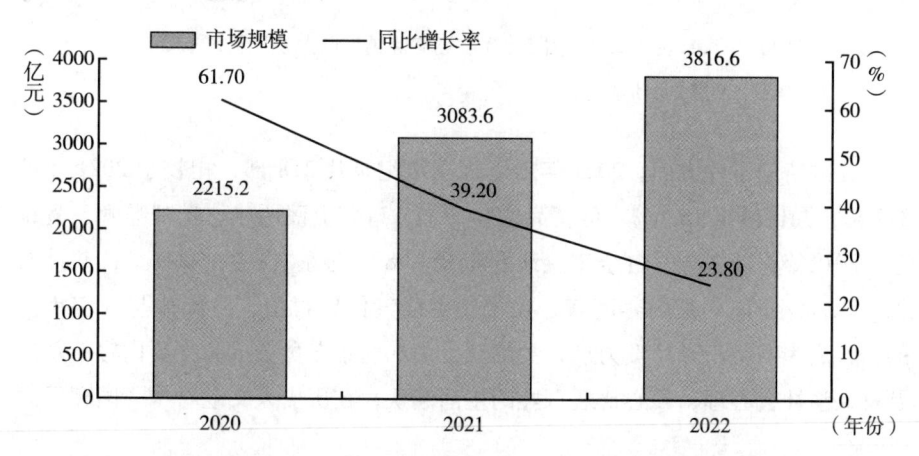

图6　2020~2022年中国声音经济产业市场规模及同比增长率

资料来源：艾媒咨询。

007

在网络游戏方面，全球主要游戏市场不景气，国内企业普遍采取"降本增效"的措施。2022年，中国游戏市场实销收入约2658.84亿元，相较上一年减少约306.29亿元，同比下降10.33%（见图7）。① 在经济因素、人口因素和潜在用户规模因素的综合影响下，2022年，网络游戏用户规模也出现下降，从2021年的6.66亿人下降到6.64亿人。营收方面，网游进入存量市场，头部游戏收益稳定。根据伽马数据，在全年收入排名前100的移动游戏中，当年发行的仅占10%，近三年来发行的游戏占比41%，收入前三的为《王者荣耀》、《和平精英》和《梦幻西游》。

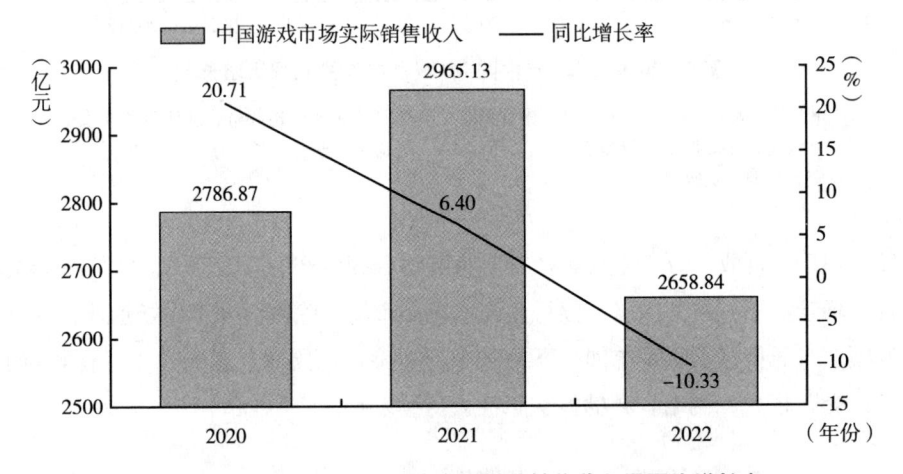

图7　2020~2022年中国游戏市场实际销售收入及同比增长率

资料来源：中国音数协游戏工委。

在网络纪录片方面，2022年新上线网络纪录片318部，相较于2021年的377部，同比减少15.6%，但精品内容增加，口碑上涨明显。哔哩哔哩、爱奇艺、腾讯等头部视频平台全年上线新纪录片800部左右，约6000集，共计时长2500余小时。② 就内容而言，在主题主线宣传题材中，主旋律与青年审美的结合成为网络纪录片发力点，党的二十大和北京冬奥会成为主要内容；现实题材关注社会心理，关心普通百姓的生活起伏；在历史人文题材中，国潮风颇

---

① 《2022年中国游戏产业报告》，游戏产业网，2023年2月14日，www.cgigc.com.cn。
② 《2022年网络纪录片年度观察》，流媒体网，2023年3月8日，https：//lmtw.com/mzw/content/detail/id/222905/keyword_id/-1。

具特色；自然地理题材通过新技术打造视听盛宴。就单部纪录片而言，《这十年·幸福中国》入选国家广播电视总局 2022 网络视听精品节目名单，《不止考古·我与三星堆》豆瓣评分 9.0 分；《人生第二次》接过《人生第一次》的接力棒，豆瓣评分 9.5 分，位列哔哩哔哩热门纪录片 TOP1。就内容传播而言，网络纪录片产业将对题材、审美和价值类似的纪录片进行集合化、系列化的传播，形成片场化聚合、栏目式呈现的整合方式。网络纪录片还探索多渠道、多平台的播映方式，并取得不错的成绩。

网络微短剧于 2022 年迎来爆发期，全年微短剧总分账体量超 2.5 亿元，原创内容占比 96.7%，IP 改编精品化特征明显（见表1）。① 云合数据显示，2022 年全网微短剧有效播放榜单中有 7 部作品的正片有效播放在 1 亿次及以上。但与此同时，网络微短剧监管趋于收紧，国家广播电视总局发放行政许可"网标"，出台《关于进一步加强网络微短剧管理 实施创作提升计划有关工作的通知》，监管主体及全行业要坚持正确的政治方向、舆论导向、价值取向和审美趣向，行业和平台通过短剧下架、流量管控、限制提现等方式进行整顿和规范。

表1 2022 年全网微短剧有效播放霸屏榜 Top10

排名	剧集名称	正片有效播放（次）	上线日期	总集数（集）	播出平台
1	《拜托了！别宠我》	2.0 亿	2022/1/7	24	腾讯视频
2	《千金丫环》	1.4 亿	2022/9/8	30	优酷
3	《奇妙博物馆》（第一季）	1.1 亿	2020/6/23	80	哔哩哔哩
4	《别跟姐姐撒野》	1.1 亿	2022/5/13	20	优酷
5	《拜托了！别宠我》（第二季）	1.0 亿	2022/1/24	21	腾讯视频
6	《念念无明》	1.0 亿	2022/4/2	18	芒果 TV
7	《夜色倾心》	1.0 亿	2022/7/2	24	腾讯视频
8	《花颜御貌》	9898 万	2022/1/26	24	腾讯视频
9	《将军府来了个小厨娘》	9284 万	2022/9/27	24	腾讯视频
10	《致命主妇》	9144 万	2022/1/11	24	优酷

资料来源：云合数据。

---

① 《〈2020—2022 年微短剧发展观察报告〉重磅发布》，烹小鲜微信公众号，2022 年 11 月 11 日，https：//mp.weixin.qq.com/s/rKkyATWFYghnKRWPYDe_Ag。

（二）产业格局基本稳定，头部平台优势各异

首先是网络剧产业。根据云合数据，2022年，爱奇艺上新国产剧集200部，同比减少14部；腾讯视频上新135部；优酷上新125部，同比减少37部；芒果TV上新60部，同比减少23部（见图8）。2022年，爱奇艺全网剧集正片有效播放1190亿次，同比上涨4%；腾讯视频正片有效播放972亿次，同比下滑15%；优酷正片有效播放664亿次，同比上涨5%；芒果TV正片有效播放61亿次，同比下滑11%。[①] 上新剧热播期集均有效播放TOP20中，独播剧共15部，拼播剧5部，爱奇艺占75%，腾讯视频占45%，优酷占15%。

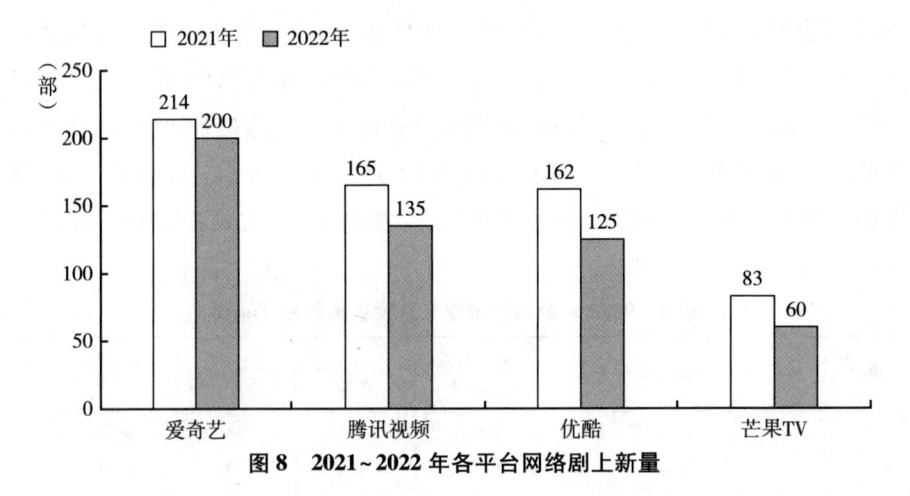

图8 2021~2022年各平台网络剧上新量

资料来源：云合数据。

在网络电影方面，2022年，爱奇艺上新网络电影200部，腾讯视频上新197部，优酷为51部。[②] 根据云合数据，在2022年网络电影分账票房榜TOP20（不含点播付费模式）中，爱奇艺占13部，腾讯视频占10部，优酷占9部；在全平台53部破千万影片中，爱奇艺占比43.4%，累计分账4.03亿元；腾讯视频占比17.0%，累计分账1.59亿元；优酷占比15.1%，累计分账1.33亿元。

---

① 《报告丨2022年连续剧网播表现及用户分析报告》，云合数据微信公众号，2023年1月4日，https://mp.weixin.qq.com/s/td-TFdwCkhSh2DUlKkxjtg。
② 《重磅发布丨2022网络电影年度报告》，云合数据微信公众号，2023年1月18日，https://mp.weixin.qq.com/s/LR-DxErI8yk8uanKEGXY3A。

之后是网络综艺产业。在全网网络综艺正片有效播放 TOP20 榜单中，爱奇艺占 30%，腾讯视频占 45%，芒果 TV 占 25%，优酷占 5%。① 爱奇艺对非必要项目大删大减，将主要力量和资源集中于重点项目，《萌探探探案》（第二季）、《一年一度喜剧大赛》（第二季）、《中国说唱巅峰对决》等节目活动收获良好口碑；腾讯视频覆盖题材全面，在多个垂直赛道都有火热作品；芒果 TV 在新老作品方面均有突破；优酷坚持开发"综 N 代"，其中《圆桌派》（第六季）豆瓣评分 8.9 分。部分短视频平台也涉足网络综艺，快手、抖音推出直播化、碎片化综艺作品，《11 点睡吧》《百川综艺季》等网络综艺受到好评；抖音也与搜狐、爱奇艺等长视频平台合作，便于作品二创和产品推广。

在网络短视频行业，截至 2022 年 12 月，抖音、快手和快手极速版占据短视频 App 活跃用户规模榜单前三位②；微信视频号活跃用户规模超 8 亿人，超过抖音和快手③。74.9%的用户在抖音、快手、微信视频号、央视频上看过短视频，今日头条、央视新闻和腾讯新闻跻身用户最常使用的平台前五。④ 头部平台各具特点，今日头条、腾讯新闻关注用户对资讯热点的需求；央视新闻借助冬奥会等事件进行热点传播，并通过总台品牌和权威独家内容吸引用户。过去一年里，短视频平台为规避版权风险，相继与搜狐视频、爱奇艺等长视频平台合作，进行二次创作，长短视频趋于竞合发展。短视频平台进军体育领域，抖音获得卡塔尔世界杯赛事版权，快手获得北京冬奥会赛事版权，抖音博主"@刘畊宏"成为健身直播"顶流"，创下一天涨粉 1000 万人的记录。从各平台策略来看，抖音深耕图文和中视频领域，对前者聚焦流量激励和产品功能，对后者关注深度内容；快手创新了"X+达人"的营销形态，把内容和达人作为核心；微信视频号重视用户需求，也较为关注直播。

---

① 《报告 | 2022 年综艺网播表现及用户分析报告》，云合数据微信公众号，2023 年 1 月 4 日，https://mp.weixin.qq.com/s/D3GjYOP73uBAB34B9vSYog。

② 《2022 年 12 月视频行业用户洞察：优质 IP 创新与开发助力用户留存》，搜狐网，2023 年 1 月 31 日，https://www.sohu.com/a/635945392_120610664。

③ 《QuestMobile2022 中国移动互联网半年大报告》，QuestMobile 研究院，2022 年 7 月 26 日，https://www.questmobile.com.cn/research/report/313。

④ 《短视频使用评价稳提升，用户变迁催生新机遇——CSM 重磅发布 2022 年短视频用户价值研究报告》，收视中国微信公众号，2022 年 12 月 7 日，https://mp.weixin.qq.com/s/wQIRjYS1Yue5uqaY9yz_Cg。

网络音频产业内卷化加剧，喜马拉雅仍然是网络音频领军平台，但蜻蜓FM等竞争者不断发力。当前网络音频平台格局下，喜马拉雅暂居第一梯队，蜻蜓FM、猫耳FM紧随其后，荔枝、快音、喜马拉雅极速版等位于第三梯队（见图9）。但各平台内容细分趋势明显，产品特色成为吸引用户的亮点。多个平台在网络音频市场有新行动，QQ音乐、网易云音乐等音乐平台发展长音频，字节跳动入局音乐音频。总体来看，用户资源、版权和原创内容更加抢手。

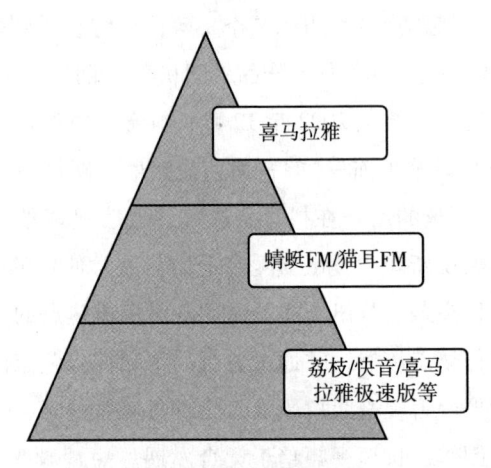

图9 网络音频行业主要平台格局

（三）商业模式更加务实，重点聚焦有效创收

各平台激励计划高招不断，全力发掘精品内容，孵化电影创意。爱奇艺探索单片付费模式，通过云影院首映模式推出的网络电影《目中无人》成为成功案例，获得2976.4万元的高票房。腾讯视频推出创新赛道扶持计划和内容激励计划，改良内容定级与单价模式，根据影片口碑指数，在动作、喜剧、东方幻想和正能量四个方面进行激励。优酷于2022年1月打造"扶摇计划"，挑选多元优质IP，同年8月发布营销有效性奖励计划，对照优酷内容开放平台"每日搜索指数"累积量发放奖金。快手推出"扶翼计划"，重点征集5分钟以上横屏短剧，并给予资金支持和流量扶植。抖音升级推出"剧有引力计划"，降低内容生产者准入门槛，对账号粉丝量、短剧形式等均不设限。

平台分账模式谋求新变化，朝着公平化、低风险和降本增效的方向改变。爱奇艺云影院首映模式合作的影片在点播分账基础上叠加会员分账，促进多窗口共赢和分账公平，并取消平台定级，改为观众投票。腾讯视频发布新的分账规则，即会员分账收益＝有效观看人次×内容定级单价×分账比例。① 此外，腾讯视频将"月度分账票房榜"改为"月度盘点"，不再公布分账票房、有效观影人次等数据，变为公布分账评级和合作模式等内容。腾讯视频通过新的分账模式进行风险分摊，拓宽综艺变现路径、促进多平台合作。例如《闪亮的日子》在腾讯视频以会员专享形式播出，二者之间根据付费用户的观看行为进行分账，截至2022年9月，节目分账超900万元。

"短、微、小"的产品形态持续为平台赢利带来增长，网络视听多种产业进一步探索碎片化的商业模式。网络剧与短视频融合，微短剧发展前景广阔，国家广播电视总局网络视听节目管理司发布"2022网络视听精品节目集锦"，包含《大妈的世界》《"中国节气"系列节目》《大海热线》三部网络微短剧。微短剧发展主要集中在快手、抖音，并由UGC转变为PUGC，策划团队和流量网红作用关键。直播行业利用切片短视频等方式引流直播间，短视频平台同时还从事综合视频业务，并已取得一定的反响，例如西瓜视频的微综艺《野人计划》《健谈大会》，抖音微纪录片《生活闪亮时2022》。

"去商业化"成为平台获得商业赢利的策略。网络产业各主体更多关注公益内容，拓展平台影响力获得更高社会评价。"公益牌""社会牌""价值牌"既是监管政策督促导致的，也是平台未来踏上长远发展道路而采取的普遍战略。关怀弱势群体、紧跟"三农"议题、弘扬优秀文化等，现在都为网络视听产业所关注。例如短视频行业中，10～19岁用户的比例已经达到13.7%②，头部短视频平台优化了"Z世代"与未成年人保护机制；随着银发用户数量的增加，抖音上线"长辈模式"，优化媒介适老性；网络直播内容覆盖到中华优秀传统文化，传统文化传播在网络平台加持下增添更充沛的活力。"去商业

---

① 《腾讯视频综艺品类分账规则升级》，综艺视听微信公众号，2023年1月16日，https：//mp. weixin. qq. com/s/NXKBhJKsF2An1ptmQIprqA。
② 《短视频使用评价稳提升，用户变迁催生新机遇——CSM重磅发布2022年短视频用户价值研究报告》，收视中国微信公众号，2022年12月7日，https：//mp. weixin. qq. com/s/NXKBhJKsF2An1ptmQIprqA。

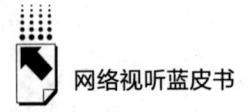

化"在帮助平台实现社会价值的同时也带来了经济价值。银发用户为抖音吸引大量流量,例如,截至2023年3月,"@我是田姥姥"拥有3600余万粉丝,"@东北老妈在日本"拥有超684万粉丝。

(四)视听技术发展迅速,产业形态不断迭新

技术并非网络视听行业发展的目的,借助技术生产优质视听产品、推出优质视听服务才是发展技术的根本目的。日新月异的技术已经为网络视听产业带来无限发展机遇,带动网络视听生产力的提升。

虚拟媒介技术为观众带来沉浸式体验,强化场景与观众的交互。2022年是元宇宙概念最为火爆的一年,虚拟技术嫁接进入网络综艺。借助VR、AR、XR、实时动捕和虚拟建模等技术,爱奇艺推出全球第一档虚拟现实游戏闯关真人秀《元音大冒险》,虚实交互和沉浸式体验是此类综艺的亮点。《遇见馆藏·太空季》是芒果TV的一款文化科普类综艺节目,全程采用可视化虚拟摄影棚进行拍摄,通过光学空间定位、实时渲染和3D虚拟场景制作等技术,观众仿佛置身太空之中。《这十年·幸福中国》将艺术与技术相结合,运用多面屏技术和XR等科技,打造古今对话的沉浸式舞台①,借助XR技术营造虚实结合的跨时空对话,将沉浸式剧情和纪实故事相结合,打造年轻化的网络纪录片视听符号。

影视技术优化视听质感,呈上感官盛宴。网络纪录片《众神之地》拍摄了众多野生动物,是哔哩哔哩首部使用HDR调色技术、杜比音效的自制纪录片,以高还原度的声音效果使观众置身动物世界;《与象同行》借助航拍机器和地理信息系统的支持,以纪录亚洲象迁徙活动;《万物之生》采用超高清摄像技术,呈现了云南地区独特的生态环境。

智能化技术进一步释放网络视听行业生产力。一方面,网络视听行业借助智能化技术更新产品形态。人工智能加上元宇宙热潮为虚拟人产业助力,根据艾媒咨询数据,70.7%的受访用户会给虚拟主播"打赏";近九成的用户月均

---

① 《网络纪录片〈这十年·幸福中国〉开播!》,中国网络视听节目服务协会官方网站,2022年10月13日,http://www.cnsa.cn/art/2022/10/13/art_ 1509_ 40189.html。

"打赏"金额在300元以内；77.2%的受访用户会购买虚拟人代言产品或周边产品。① 虚拟主播、虚拟偶像、虚拟员工等虚拟人大大丰富了网络视听产业的业态。另一方面，网络视听行业借助智能化技术优化内容审核。斗鱼自研内容审核服务系统，包括图像审核系统、语音审核系统和文字审核系统；TT语音自研未成年人保护中台"T盾"，构建未成年人识别模式；YY直播利用AI技术进行内容分发和管理。②

二 政策热点扫描与分析

网络视听产业的发展方向与党和人民的要求紧密相扣，网络视听行业的蓬勃发展离不开国家政策的扶持。党的二十大报告指出，要繁荣发展文化事业和文化产业。坚持以人民为中心的创作导向，推出更多增强人民精神力量的优秀作品。③ 这为中国网络视听产业发展指出了清晰的方向。2022年，国家出台的一系列管理规定和行业规范，为网络视听行业健康发展提供了坚实的政策基石。

（一）把握产品主流价值导向，推动内容高质量发展

网络视听行业成为主流意识形态传播的重要阵地，高质量的网络视听内容成为行业发展的重中之重。2022年，全国宣传部长会议指出，要紧紧围绕迎接、宣传、贯彻党的二十大这条主线，扎实做好宣传思想工作。④ 各地、各行

---

① 《艾媒咨询丨2022—2023年中国虚拟人行业深度研究及投资价值分析报告》，艾媒咨询微信公众号，2023年2月26日，https：//mp.weixin.qq.com/s？_ _ biz=MjM5MzUyMzE4MA==&mid=2649109081&idx=1&sn=ba8c9bd184702ef1ac24f8fe045957e6&chksm=be8726da89f0afccc c65acd379df96d8ed2816cecf8e3adb4cc7ad0a36bb36fa755cf2f89063&scene=178&cur_ album_ id= 2650197524057686017#rd。
② 《中国网络表演（直播）行业发展报告（2021—2022）》，http：//perform.capa.com.cn/ 1670901912316.pdf。
③ 习近平：《高举中国特色社会主义伟大旗帜 为全面建设社会主义现代化国家而团结奋斗——在中国共产党第二十次全国代表大会上的报告》，人民出版社，2022。
④ 《全国宣传部长会议在京召开 王沪宁出席并讲话》，国务院新闻办公室官方网站，2022年1月5日，http：//www.scio.gov.cn/tt/whn/Document/1718567/1718567.htm。

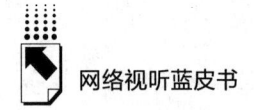

业开展迎接党的二十大主题创作生产工作，主题主线宣传类网络视听节目在全网持续热播，《这十年》《这十年·追光者》《特级英雄黄继光》等网络视听作品取得良好反响。

针对高质量内容创作等相关问题，《"十四五"文化发展规划》明确了未来一段时间内中国网络视听产业发展的总路线和总方略，要求"把创作优秀作品作为中心环节，推出更多无愧于时代、无愧于人民、无愧于民族的精品力作"。① 国家广播电视总局办公厅也开展了"弘扬社会主义核心价值观 共筑中国梦"主题原创网络视听节目征集推选和展播活动，在网络视听空间唱响"共筑中国梦 奋进新征程"的主旋律，激励主旋律网络视听作品的创作和播出。

（二）优化网络视听管理体系，跟进产业新形态管理

随着网络视听产业的碎片化进一步加剧，网络微短剧成为网络视听领域的一类火爆产品。2022年11月4日，国家广播电视总局办公厅印发《关于进一步加强网络微短剧管理 实施创作提升计划有关工作的通知》，指出网络微短剧发展快、势头猛、不规范、问题多，形成对主流作品"劣币驱逐良币"的挤出效应，对网络传播秩序造成冲击，要把网络微短剧与网络剧、网络电影按照同一标准、同一尺度进行管理。② 此类网络微短剧多由网红和MCN机构制作，出现严重的猎奇化、爽文化和标签化倾向③，强化全周期管理已经刻不容缓。

针对网络视听作品微型化、短视频化的创作趋势，12月6日，国家广播电视总局印发《关于推动短剧创作繁荣发展的意见》，要求短剧产业把握短剧创作的正确政治方向、舆论导向、价值取向、审美趣向，坚持把社会效益放在首位、社会效益与经济效益有机统一；要求提升短剧作品思想性、创新性、艺术性、文化性。④ 该意见还有助于短剧产业强化题材创作能力，增加现实题

---

① 《中共中央办公厅 国务院办公厅印发〈"十四五"文化发展规划〉》，中国政府网，2022年8月16日，http：//www.gov.cn/zhengce/2022-08/16/content_ 5705612.htm。
② 《国家广播电视总局办公厅关于进一步加强网络微短剧管理 实施创作提升计划有关工作的通知》，中国政府网，2022年11月14日，http：//www.gov.cn/zhengce/zhengceku/2022-12/27/content_ 5733727.htm。
③ 石天悦、黄金华：《"社会加速"语境下网络微短剧的叙事时空特色分析》，《中国电视》2023年第2期。
④ 《国家广播电视总局印发〈关于推动短剧创作繁荣发展的意见〉的通知》，国家广播电视总局官方网站，2022年12月6日，http：//www.nrta.gov.cn/art/2022/12/26/art_ 113_ 63041.html。

材，提升创新能力，打造具有时代性的短剧作品。

在网络剧规范方面，网络剧市场逐渐由粗放走向秩序，网台标准趋于对接。2022年6月起，网络剧片头由标注"上线备案号"转为插入"网络视听"网标，网络剧上映需要经由国家广播电视总局发放"网络剧片发行许可证"，推动网络剧产业规范化发展。许可证制度推行前，网络剧和电视剧审核标尺松紧不一，部分网络剧利用互联网媒介的开放性和监管空隙，内容粗制滥造、穿插违规内容，进而导致网络剧生产吸取监管红利，拉低网络视听内容质量。发行许可证制度启用后，网络发行的标尺确立，网络视听治理体系进一步得到完善，线上线下审核落差减小，监管红利受到压缩，网络剧的创作空间收紧但发行空间增大。

而针对网络视听产业的经纪活动，5月30日，国家广播电视总局办公厅发布《广播电视和网络视听领域经纪机构管理办法》[1]，用以规范广播电视和网络视听领域经纪活动，加强经纪机构、经纪人员管理，明确经纪机构、经纪人员的权利和义务，保障广播电视和网络视听行业健康有序发展。

（三）扩大网络法规治理范围，重拳整顿未成年人网络环境

2022年3月，国家互联网信息办公室发布《未成年人网络保护条例（征求意见稿）》，以营造有利于未成年人成长的网络环境，让未成年人在清清爽爽的网络环境中合理使用互联网和网络视听产品。该意见稿涉及学校、家庭、社区、行政管理部门等多个主体，包含网络素养培育、网络信息规范和个人信息保护等多项内容，并明确了相关问题的法律责任归属。同时，网络直播乱象、青少年沉迷游戏等问题也持续引起社会广泛关注。针对此类问题，2022年4月15日，中共中央宣传部、国家广播电视总局发布《关于加强网络视听节目平台游戏直播管理的通知》，要求督导辖区内重点网络视听平台和相关游戏企业，聚焦突出问题，细化管理措施，加强联管联治。[2] 该通知要求对游戏

---

[1]《国家广播电视总局关于印发〈广播电视和网络视听领域经纪机构管理办法〉的通知》，国家广播电视总局官方网站，2022年5月30日，http://www.nrta.gov.cn/art/2022/5/30/art_113_60565.html。

[2]《国家广播电视总局网络视听节目管理司 中共中央宣传部出版局关于加强网络视听节目平台游戏直播管理的通知》，国家广播电视总局官方网站，2022年4月15日，http://www.nrta.gov.cn/art/2022/4/15/art_113_60105.html。

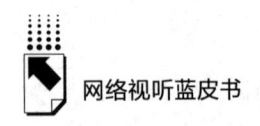

直播平台从内容设置、宣传互动等方面严格把关，严禁网络视听平台传播违规游戏，打击网络直播产业中的流量至上、畸形审美、"饭圈"乱象、拜金主义等不良现象，推进落实防沉迷机制和实名制要求，禁止未成年人充值打赏，并为未成年人打赏返还建立专门处置通道。

针对打赏乱象等问题，中央文明办、文化和旅游部、国家广播电视总局和国家互联网信息办公室四部门联合印发《关于规范网络直播打赏 加强未成年人保护的意见》，提出禁止未成年人参与直播打赏、严控未成年人从事主播、优化升级"青少年模式"、建立未成年人专属客服团队、规范重点功能应用、加强高峰时段管理和加强网络素质教育等工作措施。[1] 网络视听产业正在努力营造未成年人健康成长的良好环境，划清行业红线。

三 行业问题透视与对策

（一）内容质量提升潜力大，价值导向仍需扶正

文化产业既需要阳春白雪，也需要下里巴人。但接地气、生产人民群众喜闻乐见的作品，并不等同于允许市侩化、低俗化和同质化的内容大行其道。

当前时期，因价值导向而被下架或遭受舆论批评的网络视听产品主要涉及以下问题。一是过度展示社会阴暗面，对社会发展缺乏理性正确认知，对社会现象的判断以偏概全、陷入"牛角尖"。二是血腥暴力、色情暴露等问题，尺度把握不严，通过露骨内容吸引观看和关注，增加粉丝进而广告变现，这类问题十分普遍。当前网络视听行业的"软色情"问题相当严重，"软色情"诱惑下的产品变现需要平台方下大力气整顿。三是涉及误导未成年人，如展示未成年人性行为、未成年人犯罪、吸烟镜头过多等问题。四是价值观导向把关不严，残存文化糟粕。此类网络视听产品已经形成了互联网现象，并在短视频剧中尤为突出。其普遍方式是选择市井生活中常见的话题，使用模板化的爽文、复仇文、反转文叙事，生产出对用户极具诱惑力的市侩化精神鸦片。五是内容

---

[1] 《关于规范网络直播打赏 加强未成年人保护的意见》，国家广播电视总局官方网站，2022年5月7日，http://www.nrta.gov.cn/art/2022/5/7/art_113_60309.html。

有违相关法规，甚至诱发犯罪。文化产品发挥着重要的社会教化功能，扭曲的价值导向会败坏社会风气，拉低观众审美水平。

面对此类问题，网络视听行业的良性发展不能凭网络剧、网络电影等某一分行业单方面提质，更需要通过全行业共同努力，以行业共同体协议等方式共同坚守价值底线，把高价值、高质量的理念融入相关市场，将低质、猎奇、炒作等内容共同排斥出网络视听市场。目前，相关监管政策和行业规定正在日益完善，形成制度化、体系化的网络视听行业监管机制。但仅仅依靠刚性规定和监管部门检查是远远不足的。政府部门一方面要限制和惩处违规内容的生产、流通、变现，另一方面应该鼓励优质内容生产，优化社会化创作激励机制。媒体和学校等主体应强化社会教育作用，弘扬清正的价值观。最终在多主体协同下解决网络视听产品的价值导向问题，还有其背后的用户不良使用问题，使网络视听行业在正轨上走下去，让网络视听用户回归生活。

（二）赢利方式更待探索，可持续发展应当关注

首先是用户可持续。用户可持续意味着平台用户数量需要有一定提升，或用户创造的价值需要有增量。但自2019年爱奇艺会员数量突破1亿人，国内视频平台付费进入亿级市场后，用户增长速度逐渐下降，市场的数量性开拓越发困难。根据2022年腾讯Q3财报，腾讯视频付费会员数小幅降至1.2亿人，环比减少200万人，同比减少900万人。与此同时，平台普遍收窄非会员用户权益，丰富会员纯享等会员权益，会员有效播放取得提升。

其次是内容可持续。用户数量增长需要高质量内容吸附。网络电影、网络剧已经大量使用新主流和温暖现实主义的创作方式。在市场期待和政策加持下，未来主旋律类题材的创新成为一项重大任务。去重复化地创作现实题材和主旋律题材考验着当前的网络剧行业。此外，网络剧的内容主打古装、悬疑、都市等题材，前几年已经出现了跟风创作、同质创作的情况，也出现了热点题材交叉以收割市场的情况（例如法医+古装、法医+青春）。疫情之后，影视公司竞争进一步加剧，如何可持续地创作高质量内容是事关网络剧行业生存的关键。在网络综艺方面，网综持续使用"综N代"的创作方式。如何持续打造爆款，创造新综艺模式也需要网综行业加快脚步探索。

最后是付费方式可持续。2020年至2022年底，爱奇艺会员费用持续上

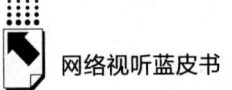

涨,连续三年调整会员费用,连续包月价格从每月15元累增至25元,涨幅达到66.7%;无独有偶,2021年4月10日,腾讯视频VIP连续包月会员费用提至20元,一年后,VIP连续包月、超级VIP连续包月、VIP年卡价格再次在原来的基础上提升5元。各平台企图通过持续增长的VIP付费价格以及各种点播模式增加收益,但在超前点播被上海市消协点名批评取消后,2022年超前点播以点映礼的方式回归,此外平台还创新了付费花絮的营收方式。当前头部平台的付费问题已经引发舆论的负面评价,如何优化内容付费或丰富收益方式成为进一步需要解决的问题。

用户、内容和付费方面的问题需要从生产体系中系统化地解决。当前平台已经做出具有实际意义的尝试。"爱优腾芒"正在优化自己的生产收益模式。云合数据研究认为,会员分账收入计算标准,代表了平台更加注重作品的内容质量,以内容决定收益;平台产品的定级主体由平台方转为观众,用户话语权显著上升;剧集体量越发灵活,生产过程中的内容形式创新更被关注。这代表的并不是分账这一单一领域的变化,而是揭示一个规律,高质量经济增长需要实打实改变一些传统规则,增强用户获得感,让"定价—收益"的公平度进一步上升。

(三)各形态媒介竞争加剧,多产业共存尚待思考

疫情过后,当前宏观经济仍处于恢复期,居民消费总体克制,市场预期较为保守。易获取、奶头乐、低成本、碎片化的消费产品将更易生存,并冲击长视频和网络游戏等行业的市场。但高质量、精品化的视听产品更有利于改善供给侧结构,增强产业竞争力,提高社会审美水平。因此如何应对长期市场和短期市场之间的矛盾,值得提出解决方案。

进一步地,网络视听行业不仅是整体存在的,而且分割了不同的利益部分。当前的行业状况更类似于多个视听行业争夺固定容量市场,而不是共同开发市场。一个令行业欣慰的情况是,长短视频的相处正在向好的一面发展,当前以长视频为代表的深度内容制作与以短视频为代表的碎片化内容制作形成一定冲突,但自2021年开始,短视频侵权问题逐渐被关注,中国网络视听节目服务协会发布《网络短视频内容审核标准细则》,多地强化落实《网络视听节目内容审核通则》,版权类法律法规为平台所重视,行业协会、主管部门开展治理行动,短视

频平台也进行自我整顿，短视频侵权长视频这一问题已经获得较为有效的治理。

需要注意的是，产业共存不是停留在内容版权层面的，还有行业发展方略的共存。当前，短视频、网络直播平台增量较为明显，用户增长总体能够保持在连续的阶段；但长视频用户数量增长乏力，网游产业甚至开始走下坡路。因此，网络剧、网络电影、网络综艺、网络音频、网络直播、网络游戏、网络纪录片、短视频等网络视听产品需要进一步由各自为战转向协同作战，形成协作共生的行业生态。

四 行业趋势与展望

（一）科技应用为网络视听产业创造新增长点

科技是网络视听建设的硬件基础。大视听格局已经成为视听行业建设的战略方向。国家广播电视总局在《全国广播电视和网络视听"十四五"人才发展规划》中指出："新一代科技革命和产业变革深入演进，5G、4K/8K、大数据、云计算、区块链、人工智能、元宇宙等技术不断发展，超高清、沉浸式、互动式、VR/AR/MR 等视听内容形态不断创新。"[1] 在过去几年间，人工智能、大数据、5G、虚拟现实等新技术为网络视听打下坚实的通信基础和媒介形态基础。而在过去一年间，以元宇宙为概念浪潮的虚拟化媒介技术和以 ChatGPT 为代表的新型人工智能技术最受关注，可能为网络视听产业带来新的发展空间。

虚拟视听技术的发展进一步提升用户临场感和产品贴合度，帮助网络视听产品做到虚实共生、智能交互、全景沉浸、全域控场。网络视听产品的应用场景进一步扩大，功能进一步拓展，社交、办公、学习、娱乐、文旅等领域的服务均可以享受到更深层次优化。中国新闻网评论说："元宇宙为智能视听的发展赋以巨大的创新动能，开发者将视听应用元宇宙化，使虚实共生的体验创造以及与各行业领域的全场景'嵌入'加速，创造出巨大市场空间。"[2] 从更务

---

[1]《广电总局关于印发〈全国广播电视和网络视听"十四五"人才发展规划〉的通知》，中国政府网，2022 年 12 月 30 日，http://www.gov.cn/gongbao/content/2023/content_5741266.htm。
[2]《报告：智能视听是网络视听在科技支撑和赋能下的必然趋势》，中国新闻网百度百家号，2022 年 8 月 16 日，https://baijiahao.baidu.com/s?id=1741325436933564819&wfr=spider&for=pc。

实的角度讲，要用构建元宇宙的扎实技术去思考产业变革，用技术创新而非概念创新支撑网络视听行业变革。

智能技术极大地解放了网络视听生产力。ChatGPT是一种人工智能驱动下的NLP工具，具有长文撰写、编程、对话、翻译等多种功能，由美国人工智能公司OpenAI于2022年11月30日发布，在当年年底到2023年初受到国内外广泛关注。ChatGPT已经成为一款现象级人工智能程序，两个月内拥有的月活用户突破1亿人，后来GPT-4发布，进一步升级了大模型和数据库。未来，网络视听的部分策划项目可能交付于人工智能，模式化的内容生产、内容审核和内容分发也可以规模化地借助人工智能参与，行业将需要回答如何与人工智能共生的问题。

（二）新形态"主旋律"作品继续发力

当前，中国网络视听产业融合了大量主旋律色彩，一方面是围绕主旋律推出网络视听作品，另一方面是在网络视听作品中加入主旋律元素。不论哪种形式，主旋律网络视听都对社会文化事业的建设起到不可取代的作用。近十年来，网络视听产品的主旋律内容量高质优，观照现实，发掘现实价值，推动优秀传统文化破圈出圈。① 网络电影《血战松毛岭》讲述红军第五次反围剿在福建的最后一战，由《觉醒年代》编剧龙平平担任该剧党史顾问；网络纪录片《守护解放西》是一档警务纪实节目，用网络化后的纪实美学手法，记录了湖南省长沙市坡子街派出所民警的工作日常，讲述城市守护者的故事；广东卫视推出的网络综艺《技惊四座》（第二季）创新性地打造"杂技+"节目，将舞蹈、国乐、武术与杂技结合，传承优秀传统文化；网络剧《冰球少年》和网络电影《飞吧，冰上之光》均与冬奥会热点呼应，展现青年追逐梦想、锐意进取的精神风貌。清华大学《我国主旋律视听作品生态报告（2020—2022）》指出，互联网"视频+社交"助力中国主旋律影视产品传播，青年收视偏好突出，94.88%的青年看过主旋律作品。

在未来一段时间内，主旋律内容将成为影响中国网络视听市场的重要内容。主旋律电影、主旋律网络剧、主旋律综艺等主旋律文化产品作为一种主流

---

① 彭锦：《从正名立规到繁荣发展——网络视听行业发展十年》，《中国广播电视学刊》2022年第10期。

意识形态的讲述载体受到认同。主旋律作品的发展受到政策宏观调控的支持，已经处于价值、口碑、商业多赢的平衡点，一套成熟的、具有市场竞争力的、融合主旋律的商业发展模式逐渐被摸索出来，资本投资也对收益预期稳定的影片更为青睐。

主旋律文艺作品的走强是振奋国内网络视听市场的一针强心剂，但是此类作品的发展需要创造性转化和创新性发展。近几年以新主流电影为代表的主旋律作品数量多、营收高、舆论热，但是要注意维持主旋律作品在长期投放中的边际效益。主旋律网络视听产品应关注观众或用户的认知和兴趣规律，使主旋律文化传播更加自然。未来，国内主旋律作品将进一步注重价值引领、视听魅力和社会影响。[1] 网络视听行业主体需要持续创新，主旋律文艺产品才能维持效果、润物无声。下一步，主旋律文化传播需要精细化维持。随着数量的增多，未来主旋律电影市场可能存在更激烈的竞争，也需要花费更多心思调动观众积极性。

（三）推进"产品出海"成为重大焦点问题

党的二十大报告指出，要加快构建中国话语和中国叙事体系，讲好中国故事、传播好中国声音，展现可信、可爱、可敬的中国形象。[2] 中华文化走出去和网络视听产品出海紧密联系。平台出海需要克服诸多困难，需把握好国际地区政治格局变化，把握好东西方文化和价值认同差异，优化配置资源，并积极应对Netflix、Disney+、HBO Max等国际巨头的市场竞争。[3] 在全民传播和全球传播的传播格局下，网络视听产业的商业性和娱乐性有助于其拓展海外市场，进而提升中国网络视听产业的国际竞争力，拓展文化产业的海外市场。

当前网络视听产业已经做出一些尝试。早在2017年，网络剧《无证之罪》《河神》《白夜追凶》就由海外流媒体提供商Netflix播出。2022年，网络

---

[1] 《重磅首发 | 我国主旋律视听作品生态报告（2020—2022）发布》，清华大学影视传播研究中心，2023年3月29日，https://mp.weixin.qq.com/s/uuk7t_lK4WPKE5nhlJdUsA。
[2] 习近平：《高举中国特色社会主义伟大旗帜 为全面建设社会主义现代化国家而团结奋斗——在中国共产党第二十次全国代表大会上的报告》，人民出版社，2022。
[3] 杨向华：《流媒体平台开展国际传播路径分析——爱奇艺的出海策略与实践》，《传媒》2023年第4期。

视听的国际传播也取得一定进展。网络纪录片《理解中国》由五洲传播中心制作，讲述外国人对中国的认识；《数字里的中国》由Discovery探索传媒集团与华数集团联合制作，讲述中国的数字化建设和基础设施建设。网络综艺《这！就是街舞》采用"嘉宾导师+专业舞者真人秀"的模式，拿下国内网综海外版权的最高成交价格[1]；《这！就是灌篮》是一部青春篮球成长竞技真人秀，被美国福克斯订购；轻综艺《有朋自远方来》邀请6位外籍友人与6位省内民族地区村寨高校学生探寻民族文化，节目登上众多海外新媒体平台，受到多家海外大型媒体关注。网络视听产品出海对于提升中华文化软实力和国际影响力有着重要作用，也是实现产品海外赢利、开拓市场增量的一种路径。当前，中国网络文学出海热潮已经形成，网络视听行业若能开辟出坚固的国际传播新阵地，对于中华文化走出去有着尤为重要的作用。

---

[1] 《国产综艺"出海"观察》，流媒体网，2022年9月6日，https：//lmtw.com/mzw/content/detail/id/218241。

分 报 告
Sub-reports

B.2 2022年网络剧行业发展报告

曹书乐 帕孜丽娅·阿力木*

摘 要： "提质减量、降本增效"是2022年网络剧行业的新常态。从宏观政策来看，《"十四五"中国电视剧发展规划》为网络剧行业健康有序发展保驾护航。"网标"和"剧标"的出现，以及对行业从业人员法律与道德的强调，进一步推动了网络剧行业的法治化管理。2022年，网络剧行业供应总体稳定，剧集"去水"效果和精品化趋势明显，高热度与高口碑并行。会员费依旧是视频平台的重要收入来源。尽管平台会员有效播放得到提升，但非会员权益收窄，会员与平台矛盾继续存在。长短视频竞合态势使"以短带长"成为新现象，以抖音为代表的短视频平台成为网络剧营销的主流选择。从行业类型看，现实题材口碑领先行业，古装剧重夺行业高地，网络剧多元化趋势明显。网络剧发展的挑战在于，平台对剧集评级的决定权影响腰部剧集的立项与上线，对网络剧行业多元

---

* 曹书乐，博士，清华大学新闻与传播学院长聘副教授、博士生导师，主要研究方向为传播学术思想史、影视传播与网络视听等；帕孜丽娅·阿力木，清华大学新闻与传播学院博士研究生，主要研究方向为影视艺术、青年文化。

发展有一定阻碍。微短剧也与长网络剧形成了竞合态势。

关键词： 网络剧　"网标"　"剧标"　古装爱情剧　视频平台

引　言

2022年的网络剧行业呈现"提质减量、降本增效"的"新常态"。

《"十四五"中国电视剧发展规划》《关于使用国产电视剧片头统一标识的通知》等规划与通知的发布从政策层面为网络剧行业的健康有序发展保驾护航。尤其是"网标"的出现与实行，意味着线上线下内容在生产、发行、播出上"向标准一致的法制化管理迈出了具有转折意义的关键一步"[①]，这也将进一步推动网络剧精品化的全面落地。

从剧集播放来看，2022年，长视频供应大致稳定。爱奇艺、腾讯视频、优酷、芒果TV四大长视频平台的会员有效播放同比上涨表现明显，会员收费制依然是长视频平台的一大赢利模式。值得关注的是，长视频平台为进一步增加收益，修改调整会员模式，收窄非会员权益，用户与平台间的矛盾依然突出。而此前备受关注的长短视频之争在2022年有了新变化，爱奇艺与抖音宣布合作，"以短带长"成为剧方的重要营销方式。

2022年，上新的网络剧内容热度和口碑表现突出，精品化制剧趋势越发明显，即"去流量、重人文内涵、提升内容创新指数、拓展现实题材空间、提倡温暖现实主义创作、弘扬主旋律、关注女性意识、叙事趋向人性化和生活流"。[②] 对观众而言，这样的变化无疑是好事。

本报告的主要内容涵盖2022年中国网络剧的宏观环境与市场政策、网络剧行业的新现象、网络剧内容分析、网络剧的发展机遇与挑战等四个方面。

---

① 许婧：《以大历史观构建中国故事的多元话语场和文化主体性——2022年中国电视剧的创作播出观察》，《当代电视》2023年第1期。

② 许婧：《以大历史观构建中国故事的多元话语场和文化主体性——2022年中国电视剧的创作播出观察》，《当代电视》2023年第1期。

一　网络剧的宏观环境与市场政策

（一）《规划》推动电视剧高质量发展，建设电视剧强国

根据《中华人民共和国国民经济和社会发展第十四个五年规划和2035年远景目标纲要》《"十四五"文化发展规划》《广播电视和网络视听"十四五"发展规划》《关于深化影视业综合改革促进我国影视业健康发展的意见》，2022年2月10日，国家广播电视总局（以下简称"国家广电总局"）印发《"十四五"中国电视剧发展规划》（以下简称《规划》），加快推进中国电视剧高质量发展，建设电视剧强国，满足人民美好生活需要，扩大中华文化影响力。

《规划》指出，中国电视剧当前已进入高质量发展阶段，"把社会效益放在首位、社会效益和经济效益相统一的精品创作生产机制和现代产业体系已具备坚实基础"。[1] 与此同时，电视剧产业发展不平衡的现象依然存在，精品剧供给与需求不完全匹配，产业竞争力不强。因此，《规划》强调要优化供给结构和产业布局，聚焦电视剧产业转型升级，生产更多高质量的电视剧作品，以满足人民群众日益增长的精神文化需要。

"十四五"时期，中国电视剧发展目标为：主题创作引导激励机制更加完善；精品供给能力显著增强；现代产业体系和市场体系进一步健全；发展环境日益优化；国际交流合作深化拓展；良好职业道德和行业风气更加巩固。[2]

在具体创作和传播层面，《规划》指出要加强电视剧创作规划布局，鼓励并推动多种体裁、风格的电视剧的生产创作，在进一步推进重点电视剧选题规划的同时，发挥各地区、各企业的创作优势，以形成百花齐放的景象。此外，

---

[1]《"十四五"中国电视剧发展规划》，http://www.nrta.gov.cn/module/download/downfile.jsp?spm=chekydwncf.0.0.1.EDOFxS&classid=0&showname=《"十四五"中国电视剧发展规划》.pdf&filename=18dcccdbe36a48e78feda7e191d2baef.pdf。

[2]《"十四五"中国电视剧发展规划》，http://www.nrta.gov.cn/module/download/downfile.jsp?spm=chekydwncf.0.0.1.EDOFxS&classid=0&showname=《"十四五"中国电视剧发展规划》.pdf&filename=18dcccdbe36a48e78feda7e191d2 baef.pdf。

要坚定文化自信，坚持创作具有中国特色、中国风格的电视剧作品，打造中国电视剧品牌，并将高质量作为电视剧创作的生命线，打造具有中国特色的精品项目。与此同时，推动建立优秀作品传播机制。加强电视剧海外传播，推动中国电视剧"走出去"，扩大中国文化的海外影响力。在产业层面，《规划》强调要在生产、传播、资源配置等多方面建立完善高标准体系，规范电视剧市场秩序。尤其是要坚决打击和反对市场的恶性、不正当竞争，在发挥市场在资源配置中的决定性作用的同时，增强中央的调节监管能力，对从业人员加强法律、思想教育，规范包括演员在内的收入分配秩序，进一步打击行业违法违规乱象，进而建立完善有序、高效的电视剧市场体系。

《规划》为包括网络剧在内的电视剧行业确立了基本的指导框架。《规划》强调已确立100余个重点电视剧选题项目，在紧紧围绕习近平新时代中国特色社会主义思想的同时，把握党和国家大事，紧跟时代脉搏，"以重大现实、重大革命、重大历史题材为主"，开展常态化创作督导，不断"推动主题电视剧创作展播活动"，扩大主题剧集社会影响力，营造更好的文化环境；另外，在电视剧创作生产层面加强建设全流程质量管理体系，"建立国家广电总局电视剧精品项目库"，"全面提升电视剧质量水平，为建设电视剧强国奠定坚实质量基础"。[①]

在此政策背景下，"十四五"时期的网络剧生产必将围绕精品化进一步改革升级。网络剧的创作将从选题层面把握时代脉搏，以更灵活、更多元的形式生产"更多思想精深、艺术精湛、制作精良"的优秀剧集，完成从追求量到追求质的转型升级。生产和播出网络剧的视频平台将促进各类资源向优秀项目倾斜。从传播机制来看，高质量网络剧将在平台定级、排播和宣传上占更大优势，以满足用户和观众的观剧需求。

上海电视节"白玉兰奖"等重点电视剧奖项将网络剧纳入评审范围，这意味着网络剧的评价体系进一步完善。网络剧不再"难登大雅之堂"，优秀网络剧同样有机会获得主流奖项的认可，这也将从机制上激励网络剧从业人员生产创作优秀剧集。

---

① 《"十四五"中国电视剧发展规划》，http://www.nrta.gov.cn/module/download/downfile.jsp?spm=chekydwncf.0.0.1.EDOFxS&classid=0&showname=《"十四五"中国电视剧发展规划》.pdf&filename=18dcccdbe36a48e78feda7e191d2baef.pdf。

值得注意的是,《规划》特别就"国剧出海"提出指导方针,指出要从全球视野出发,加快推动中国电视剧走向世界,提升中国电视剧的海外传播力和影响力,建设电视剧强国。近几年,网络剧在出海方面表现突出。爱奇艺、优酷、腾讯视频等长视频平台的海外板块日趋成熟,持续输出的内容收获了大批海外观众与用户。海外观众对中国网络剧喜爱度渐涨,也逐渐培育起中国电视剧的海外消费市场。以日韩、东南亚等为代表的海外国家与地区相继购入中国电视剧,有效地提升了中国文化内容的海外影响力。

(二)完善视听综合治理,推出"网络剧片发行许可证"

2022年是视听领域法规政策大举之年。在网络视听领域,国家广电总局相继制定、修订并发布了《广播电视和网络视听节目内容标识标签规范》《立体声和环绕声音频测试序列》《广播电视和网络视听节目对外译制规范》《网络主播行为规范》《广播电视和网络视听领域经纪机构管理办法》《广播电视和网络视听工程建设行业标准管理办法》等政策文件。此外,国家广电总局在微短剧、游戏等领域也出台了一系列规定与办法,进一步规范视听领域制作、经营等行为,不断完善行业规制体系。

"网络剧片发行许可证"(以下简称"网标")的出台格外引人关注。2022年6月1日起,"网络剧片发行许可证"正式发放。国家广电总局要求,"包括网络剧、网络微短剧、网络电影、网络动画片等在内的国产重点网络剧片上线播出时,应使用统一标识,将发行许可证号固定于节目片头的显著位置展示"。[①] 这意味着网络影视业完成了从"备案"到"网标"的升级。

早在2019年,网络大电影、网络剧就已落实在正式播放前进行备案和公示的要求,并取得相关备案号。此次"网标"的出现,标志着网络视听管理的迭代升级。网络视听业在经历快速生长期后,成为中国互联网领域和平台经济中不可或缺的重要部门。截至2022年6月,中国网络视频用户(含短视频)规模为9.95亿人,占网民整体的94.6%。[②] "网标"的发放意味着主管部门对

[①] 《明天起,"网标"来了!对网络剧、网络电影有什么影响?》,光明网,2022年5月31日,https://m.gmw.cn/baijia/2022-05/31/1302974243.html。

[②] 中国互联网络信息中心:《第50次〈中国互联网络发展状况统计报告〉》,http://www.cnnic.net.cn/NMediaFile/2022/0926/MAIN1664183425619U2MS433V3V.pdf。

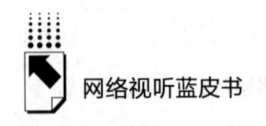

网络视听领域内容质量的高度重视。相关法定条件和法定程序的公布，也使标准明确，能有效推动网络视听内容的精品化发展。

与"网标"相对应的是"剧标"。2022年9月20日，国家广电总局发布了《关于使用国产电视剧片头统一标识的通知》，规定自次日起，"国产电视剧播出时，须使用片头统一标识，准确标注国产电视剧发行许可证号，放置于每集电视剧片头前展示"。① 国产电视剧发行许可证号被业界通俗地称为"剧标"。

自此，中国的影视内容有了电影"龙标"、网络视听"网标"、电视剧"剧标"这三种片头标识。"网标"与"剧标"的推出，意味着网络剧与电视剧的备案渠道进一步明确，也意味着"网上网下统一标准"的进一步落实。电视剧与网络剧按照"网上网下统一导向、统一标准、统一尺度"的要求，"管理举措进入到新的发展阶段，从管理到引导，从引领到服务，电视产业也将赢得获得更广阔的发展空间"。②

（三）强调经纪机构和从业人员的法律与道德责任

2022年5月20日，国家广电总局印发《广播电视和网络视听领域经纪机构管理办法》（以下简称《办法》），明确相关领域经纪机构的责任与义务，从制度层面为广播电视和网络视听行业的健康有序发展提供了保障。《办法》从"督导依法纳税、正确引导粉丝、加强未成年人保护等方面对经纪机构及从业者提出相关要求"。③

近年来，有关部门就"饭圈治理"多次发布规范要求，整顿视听领域乱象，推动行业有序健康发展。2021年6月，中央网信办启动了"清朗·'饭圈'乱象整治"专项行动，全面清理"饭圈"粉丝互撕谩骂、侮辱诽谤、拉踩引战、造谣攻击等有害现象，重点打击诱导未成年人应援集资等五类问题。

---

① 《国家广播电视总局办公厅关于使用国产电视剧片头统一标识的通知》，国家广播电视总局网站，2022年9月21日，http://www.nrta.gov.cn/art/2022/9/21/art_113_61775.html。
② 《"剧标"来了！》，看电视微信公众号，2022年9月22日，https://mp.weixin.qq.com/s?__biz=MzAxMjI3MDQ4Ng==&mid=2749460546&idx=1&sn=ebd7eee1183d30a7a1fcb050f00bc381&chksm=bda1bebb8ad637ad61f7ebddce88dfd3ce6e0a36857c6dce3171cf3b254d6e52485d23e7e263&scene=27。
③ 《广电、视听经纪人委员会成立，经纪机构管理办法出台，经济行业迎规范化时代》，网易网，2022年9月14日，https://www.163.com/dy/article/HH7F1GH80517D57R.html。

同年9月，中共中央宣传部印发《关于开展文娱领域综合治理工作的通知》，从规范市场秩序到压实平台责任、强化行业管理等7个方面提出具体要求和措施，并明确加大对违法失德艺人的惩处力度。其中在"饭圈治理"方面，要求进一步整治流量至上乱象，强化明星自我约束，限制未成年人非理性追星等。

此次《办法》的颁布，是对此前治理举措的延续和进一步规范化。尤其在未成年人保护和"饭圈治理"方面，《办法》强调经纪机构需加强服务对象官方粉丝团、后援会等账号的日常管理，不得授权未成年人担任后援会、粉丝团等相关账号的群主或管理者，"不得以打赏排名、刷量控评、虚构事实、造谣攻击等方式进行炒作，不得以虚假消费、带头打赏、应援集资等方式诱导粉丝消费"。[①] 此外，《办法》还就从业人员广告代言、纳税申报、政策法规和职业道德培训等方面提出明确要求，强调将进一步打击行业违法、违背公序良俗等现象，以规范广播电视和网络视听行业。

在《办法》印发和施行后，2022年7月20日，中广联合会广播电视和网络视听经纪人委员会（以下简称"委员会"）在京成立。这是"落实中宣部部署开展文娱领域综合治理的重要举措，有利于为广播电视和网络视听高质量发展营造良好的行业生态"。[②]

从网络剧行业来看，《办法》的颁布与委员会的成立意味着对经纪机构和相关从业人员的法律责任的进一步强调，对其行为规范的进一步明确。旨在应对随着市场繁荣而出现的影视从业人员偷税漏税及其他违法失德现象。《办法》的施行从制度层面强调了企业与从业人员的责任，借此遏制资本的不良牟利倾向，有助于维护消费者的合法权益。对网络剧播出平台和投资制作方而言，这也意味着需要在生产制作剧集过程中谨慎选择演员，招商、播映期间慎重选择广告合作商，以规避可能存在的市场风险，保证网络剧行业顺利运作。

（四）加强数据治理，推动行业数据规范化标准化

在国家广电总局广播电视规划院主办的"2022年中国广电视听十大科技

---

① 《广播电视和网络视听领域经纪机构管理办法》，http://www.nrta.gov.cn/module/download/downfile.jsp?spm=chekydwncf.0.0.1.Sn5ClR&classid=0&showname=广播电视和网络视听领域经纪机构管理办法.pdf&filename=c55d50be7c804a3dba0860ff8cca63cc.pdf.

② 《广电、视听经纪人委员会成立，经纪机构管理办法出台，经济行业迎规范化时代》，网易网，2022年9月14日，https://www.163.com/dy/article/HH7F1GH80517D57R.html.

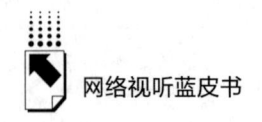

关键词评选活动"中，"广电视听行业数据治理"成为其中的关键词。2022年7月，国家广电总局召开广播电视和网络视听行业数据规范化标准化电视电话会议，在分析行业数据治理面临的形势和存在的问题的同时，对推进行业数据规范化标准化工作提出三方面要求，强调数据管理、数据安全在广电行业数据治理工作上的重要性。

网络剧依托互联网平台播出和传播，与数据、流量有着天然的联系。"播放量为王""流量至上"现象随着网络剧行业的繁荣甚嚣尘上。"刷流量""数据造假"等不良现象长期存在。

2018年8月24日，全国首例因在视频网站刷量而引发的不正当竞争案，在上海开庭审理。被告人因2017年2月1日至6月1日在视频网站制造了不少于9.5亿余次的虚假访问，被视频网站告上法庭。最终，法院以被告干扰、破坏视频网站访问数据、构成不正当市场竞争为由，要求被告赔付视频网站50万元。

随着视频网站访问量、播放量越来越受关注，爱奇艺与优酷分别于2018年9月和2019年1月宣布关闭前台播放量显示，并称将告别"唯流量时代"，转以各自平台综合讨论度、互动量等数据形成站内热度，以站内内容热度排名取代前台播放量排名。2022年6月，腾讯视频也宣布关闭播放量显示，用根据用户播放、搜索、互动等行为综合评估而成的"热度值"作为替代。至此，腾讯视频、优酷、爱奇艺三大视频平台全部关闭了前台播放量显示，播放量"注水"现象在一定程度上受到遏制。

播放量显示虽然关闭，但"站内热度"这一评价体系的存在，依然意味着剧集之间存在数据竞争，只是用户的观看行为和粉丝的数据劳动取代了曾经简单的"刷量"。制片方与演艺人员及其粉丝越发重视与剧集流量有关的数据。剧集数据直接影响平台对剧集的推荐位，而推荐位又会进一步影响剧集数据。粉丝为让偶像参演的剧集有一个好的成绩单，自愿或不得不投入大量时间、精力和金钱来增加剧集的播放量、弹幕数、搜索次数等数据，努力投入视频平台的数据劳动。从某种意义上说，粉丝取代"刷量公司"成为新的"流量女工"。这也意味着没有流量明星参演的低成本剧集会在数据竞争中处于劣势。为获得广告投入和更好的数据，制片方不得不选用人气更高的流量明星，而不是演技更佳的演员。这种全然市场化的生态不利于优质剧集的生产。

因此，无论是《"十四五"中国电视剧发展规划》还是广播电视和网络视听行业数据规范化标准化电视电话会议，都强调在注重数据安全的同时规范剧集收视数据调查和发布秩序，推动数据统计调查分析和剧集综合评价机制的有机结合，促进市场公平竞争，"防止资本无序扩张，鼓励资本与产业良性互动"①，推动完善市场长效治理机制。

二 网络剧行业的新现象

（一）长视频提质减量、降本增效成为行业共识

2022年，国产电视剧市场平稳前行，长视频大盘流量趋于稳定。从数量来看，2022年上新国产电视剧为414部，较上一年减少42部，同比下降9.2%，但网络剧较上一年增加12部，总数为264部。总体而言，各视频平台剧集上新总数缩减，"爱奇艺上新国产剧集200部，同比减少14部；腾讯视频上新135部；优酷上新125部，同比减少37部；芒果TV上新60部，同比减少23部"。②

与此同时，限制每部剧集数不可超过40集的"限集令"的影响进一步彰显。在政策驱动和市场引导的双重作用下"一剧两播、分次备案"的新模式涌现，2022年上新剧的平均集数由2021年的31.5集下降至29.9集，减少1.6集。

"限集令"主要是针对前几年的剧集"注水"现象提出的。国家广电总局在2020年印发的《关于进一步加强电视剧网络剧创作生产管理有关工作的通知》中提到，电视剧网络剧拍摄制作提倡不超过40集，鼓励30集以内的短剧创作。如确需超过40集，制作机构需提交书面说明，详细阐释剧集超过40集的必要性并承诺无"注水"情况。"限集令"颁布后，集数减量、追求质量已成为行业共识。

从数据上看，2022年，剧集在减量的同时，整体口碑较2021年有明显上

---

① 《"十四五"中国电视剧发展规划》，http://www.nrta.gov.cn/module/download/downfile.jsp?spm=chekydwncf.0.0.1.EDOFxS&classid=0&showname=《"十四五"中国电视剧发展规划》.pdf&filename=18dcccdbe36a48e78feda7e191d2baef.pdf。

② 《报告 | 2022年连续剧网播表现及用户分析报告》，云合数据微信公众号，2023年1月4日，https://mp.weixin.qq.com/s/td-TFdwCkhSh2DUlKkxjtg。

升。以豆瓣评分为例，2022年，上新剧集豆瓣评分均分6.2分，比2021年的5.7分上涨0.5分，也是过去四年来的最高分。其中的高口碑剧集，现实题材表现突出，表明观众对贴近现实生活的剧集抱有较大的热情（见表1）。

表1　2022年上新剧集豆瓣评分TOP10

单位：分

剧集名称	豆瓣评分	类型/题材	播出平台
《大山的女儿》	9.3	现实题材	芒果TV
《警察荣誉》	8.5	现实题材	爱奇艺
《三悦有了新工作》	8.4	都市	哔哩哔哩
《异物志》	8.4	奇幻悬疑	腾讯视频
《天下长河》	8.3	历史古装	芒果TV
《风吹半夏》	8.2	现实题材	爱奇艺
《超越》	8.2	冬奥献礼	爱奇艺/腾讯视频/优酷
《人世间》	8.1	现实题材	爱奇艺
《风起陇西》	8.1	历史古装	爱奇艺
《正义的算法》	8.1	都市喜剧	哔哩哔哩

资料来源：根据相关材料自制。

从高口碑剧播出平台来看，2022年，爱奇艺在剧集质量上最受认可。哔哩哔哩虽然近几年才逐渐进入网络剧赛道，但因剧集类型与风格符合本站用户喜好，赢得较好的口碑。"小而美"的风格让哔哩哔哩在网络剧赛道中拥有一定竞争力。

高口碑剧集同时拥有高热度，这是2022年剧集市场的一大亮点。数据显示，2022年，豆瓣评分人数超过10万人的剧集共有20部，评分人数超10万人且分数超过7分的有14部，其中，《梦华录》《开端》的豆瓣评分人数超过80万人。① 这一现象不仅说明豆瓣评分作为评价剧集质量的标准被更多人接受，也说明越来越多的观众习惯于在互联网上评价与讨论电视剧。

此外，2022年豆瓣评分排名前十的剧集除《超越》外均为独播剧集。就

---

① 《2022剧集数据解读：头部爆款频出，高口碑与高热度并行》，新剧观察微信公众号，2022年12月30日，https://mp.weixin.qq.com/s/AHxeDrOeuK0gEVFxgQ3sWw。

上新剧集来看，独播剧占比也超过40%，反映出2022年多平台联播剧集的占比进一步下降。

（二）非会员权益收窄，会员与平台间"权益争夺战"持续

会员费是视频平台收入的重要来源①，活跃会员的观看与使用行为也给平台带来宝贵的流量，能有效增加平台的广告收入。为此，各平台为提升会员数进行了各种尝试。为吸引会员续费，2022年，各视频平台持续扩充会员内容，"2022年全网剧集中共含会员集11.6万集，同比增长10%；全网剧集会员内容有效播放1464亿，同比增长25%"。会员播放量的增加，与平台将越来越多的剧集变为"会员纯享"有关。

从图1可看出，在四大视频平台中，爱奇艺的剧集会员内容有效播放有显著提升。结合表1可知，爱奇艺在2022年独播了多部高口碑高热度剧集，用高质量内容留住了会员。

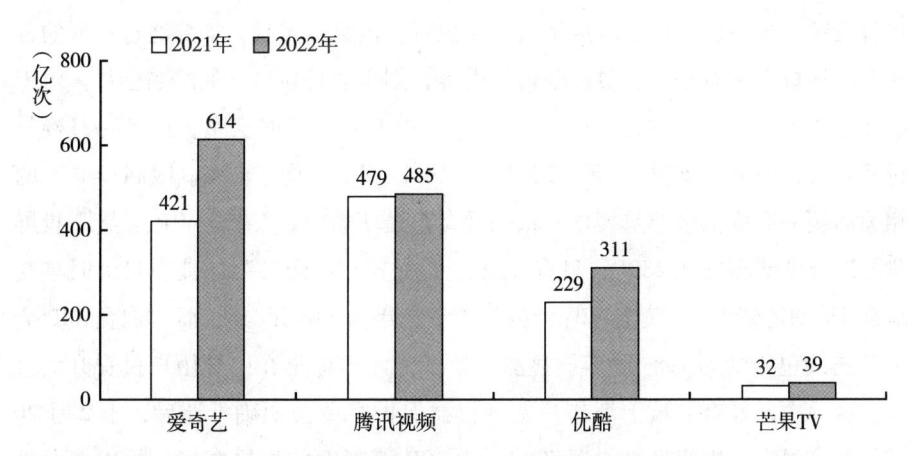

图1　2021~2022年四大视频平台剧集会员内容有效播放

资料来源：云合数据。

一方面，各平台的会员播放量明显增长；与之相对应，各平台的非会员权益空间进一步缩小。视频平台开始缩减非会员能观看的片库内容，在播出新剧

---

① 《报告 | 2022年连续剧网播表现及用户分析报告》，云合数据微信公众号，2023年1月4日，https://mp.weixin.qq.com/s/td-TFdwCkhSh2DUlKkxjtg。

时也不断缩减非会员的免费窗口期。2022年的上新网络剧在排播上基本采用这种方式：网络剧上线时会员可以抢先看，通常能比非会员多观看6集；之后会员与非会员大致保持同样的节奏获得更新的剧集，但会员始终具有领先优势。剧集全部更新完后有一个短暂的"限时转免期"，非会员在这期间可以观看全剧。"转免期"结束后，剧集就成为"会员纯享"内容，非会员此时想要观看全剧内容，只能先缴费成为会员。

但即使成为会员，观众与长视频平台之间也依然存在矛盾。2020年初，吴某因《庆余年》采用付费超前点播模式向法院提起诉讼，会员与平台间的权益矛盾便成为社会热点。2021年9月，中国消费者协会发文指出视频平台应取消超前点播、逐集解锁等方式，保障用户权益。同年10月4日，爱奇艺、腾讯视频、优酷等多个平台宣布取消超前点播，使这场"权益争夺战"暂时落下帷幕。

直到2022年7月20日，某优酷手机会员发现其无法通过"投屏到电视"观看视频，才将这一话题再度带入公众视野。该会员发现，如要通过投屏的方式在电视机上观看手机会员能获得的内容，则需额外付费开通酷喵会员。对于已开通优酷的手机/平板会员的用户而言，要升级为酷喵会员，还需每月额外付费8元，即全年支付96元。2023年1月12日，"爱奇艺App限制投屏"的相关话题一度登上微博热搜榜。根据爱奇艺最新规定，"黄金VIP会员"投屏只能选择低清晰度的480P，只有升级为"白金VIP会员"才能在投屏时享受最高4K的清晰度。"黄金VIP会员"连续包年为118元/年，而"白金VIP会员"连续包年则为198元/年。显然，爱奇艺此举也是在引导用户付费升级会员。这一次，爱奇艺被上海市消费者权益保护委员会明确批评后，于2月20日修改该规定，恢复黄金会员720P、1080P清晰度的投屏资格，并取消登录设备数的限制。会员用户与视频平台的又一次纷争以平台妥协结束。

会员收费制对提升平台的营收而言极为重要。也因此，2020年以来，长视频平台进入提价周期，在直接提高会员价格的同时，尝试使用"会员权益分拆""降速减质胁迫"等方式推动渗透性消费、多次重复收费。[1] 只是，提

---

[1] 然玉：《限制会员投屏清晰度，视频平台胁迫式涨价只会尽失人心》，光明网，2023年1月13日，https://m.gmw.cn/baijia/2023-01/13/36300564.html。

价始终是消费者与平台之间拉扯的议题，要实现产业良性循环及行业可持续发展，对网络视听平台部分创新性的经营策略，如"超前点播""投屏业务"等，不宜简单化作技术判断、刹车处理，仍需探寻新出路。

（三）点映礼与付费花絮拓展营收新渠道

所谓"超前点播"，即 VIP 会员在已经比普通观众多看 6 集的基础上，如果额外花钱，还能以 6 元一集的超前点播费提前解锁最后几集。这个做法起源于 2019 年的爆款剧《陈情令》，终于 2021 年的爆款剧《扫黑风暴》。2021 年 10 月爱奇艺、优酷、腾讯视频在中国消费者协会的压力下先后宣布取消超前点播后，观众以为超前点播、逐集解锁已成为历史。然而，在 2022 年夏天，腾讯视频在播出大热剧集《梦华录》时，开创性地推出"大结局点映礼"，取得巨大成功。芒果 TV、优酷迅速跟进，大结局点映礼成为超前点播新形式。2022 年，全网共有 11 部剧采用"点映礼"的模式，其中腾讯视频 4 部，芒果 TV4 部，优酷 3 部。

"点映礼"的形式主要为：额外付费的观众与主演团队一同用直播互动的方式观看大结局，直播过程中，主演团队分享剧集拍摄过程中的趣事，观众喜欢的"CP"也会在直播中"营业"，以满足观众的情感想象。

付费点映礼与此前的超前点播模式的主要区别在于，超前点播是付费购买提前观看的权益；而付费购买点映礼，则可以获得主演团队的直播陪看以及互动服务。2022 年，《梦华录》《星汉灿烂》《沉香如屑·沉香重华》等剧集在大结局时均提供主演连线，吸引了大批粉丝，也让观众有了更强的参与感。正是这种参与感让许多观众愿意为点映礼付费。

受此启发，平台广泛采用主演团队直播的方式来为剧集造势。爱奇艺独播剧《苍兰诀》举办了全员直播会，这场直播会不仅让主演王鹤棣与虞书欣的"棣欣引力""CP 粉"大呼满足，也让剧集用另一种方式提升了知名度与影响力。

此外，"收费花絮"成为 2022 年的新现象。例如，优酷暑期档剧集《沉香如屑·沉香重华》专门推出"精品花絮包"，包含 25 支剧集花絮，解锁全部内容需付费 30 元。尽管这种模式引起了一些争议，但已成为平台一种有效的赢利手段。剧集拍摄期间，有专门负责拍摄花絮的团队，演员也

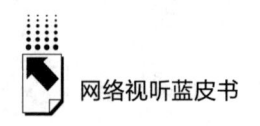

配合花絮拍摄，以便于后期的剪辑宣传。付费花絮在爱情剧、流量明星参演的剧集中尤为受欢迎。明星粉丝、"CP粉"都期待看到演员们在拍摄现场的互动，将这种看似没有剧本的互动视作演员的真情流露，在自己脑中形成想象。

无论是大结局点映礼、付费花絮抑或剧集周边，都反映出视频平台不断尝试创新赢利方式的努力。

（四）长短视频竞合态势更趋明显

短视频自诞生以来，就表现出对用户的强大吸引力。长短视频之争，已有数年。短视频一方面在抢夺长视频的用户，另一方面也在无偿掠夺长视频和传统影视的版权内容，通过剪辑版权影片的片段制作内容、吸引流量。

2021年4月，爱奇艺、腾讯视频、优酷等主流长视频平台与多家影视协会、影视公司与艺人联合发布倡议，反对网络短视频侵权。同年12月15日，中国网络视听节目服务协会发布了《网络短视频内容审核标准细则（2021）》，明确规定短视频平台不得"未经授权内容自行剪切、改编电影、电视剧、网络影视剧等各类视听节目及片段"。[1] 长短视频平台因版权纷争而始终处于剑拔弩张的状态。

因此，2022年7月19日，爱奇艺与抖音宣布达成合作，令很多观众感到意外。双方表示："爱奇艺将向抖音集团授权其内容资产中拥有信息网络传播权及转授权的长视频内容，用于短视频创作。"[2] 爱奇艺与抖音的这一合作，意味着长期以来横亘于长短视频间的内容壁垒被打通。今后，内容、版权将以更灵活的形式流动于长短视频平台之间。这标志着长短视频平台开启合作，尝试取得共赢。

从2022年的剧集表现来看，爱奇艺与抖音的这场合作无疑是成功的，《苍兰诀》便是一个典型案例。抖音的影视剪辑短视频引流成功，将爱奇艺的《苍兰诀》送上年度爆款剧的高位。两大平台达成合作后，短视频带动长视频

---

[1] 《网络短视频内容审核标准细则（2021）》，国家广播电视总局官网，2021年12月15日，http://www.nrta.gov.cn/art/2021/12/15/art_113_58926.html。

[2] 《爱奇艺与抖音达成合作，赢的是好内容》，湃客号"刺猬公社"，2022年7月21日，https://m.thepaper.cn/baijiahao_19096745。

效应明显,爱奇艺上新剧集有效播放持续上升,经典老剧的有效播放也不断提升。数据显示,"2022年爱奇艺老剧有效播放累计522亿,较去年增长40亿,同比增长8%"。①

"以短带长"还表现为短视频营销成为主流。2022年,95%的上新剧集使用抖音作为宣发渠道之一,以抖音剧集话题带动剧集在长视频平台的播放量。2022年9月,抖音发布二创激励计划,鼓励围绕爱奇艺片单创作解说、混剪、杂谈等高原创度内容,二创激励计划又一次提升了爱奇艺上新剧集热度。《唐朝诡事录》导演郭靖宇就将该剧的出圈归功于长短视频界限的打通。此外,抖音在剧集营销上联动艺人个人IP,推出陪伴式直播,实现角色与角色、角色与观众的互动。据统计,爱奇艺热门剧《卿卿日常》11位主演在播出期共直播12场,累计观看人数670万人次,实时在线人数超30万人以上,达到极佳营销效果。

但抖音与腾讯视频的"战争"并未结束。2022年10月26日,西安市中级人民法院就《云南虫谷》案做出一审判决,法院认为,抖音平台上有大量用户对该剧实施了侵权行为,而抖音未有效遏制该侵权行为构成帮助侵权,"应立即采取有效措施删除、过滤、拦截相关视频,并赔偿腾讯视频经济损失及合理费用3240余万元"。② 此次判决中的赔偿金额刷新了全国法院网络影视版权案件赔偿记录,再次引起大众对长短视频版权之争的讨论,也让抖音与腾讯视频两大平台间的关系更加紧张。这种紧张直接表现为腾讯视频剧集在抖音剧集热度与营销上受挫,相较于优酷与爱奇艺,腾讯视频独播剧集在抖音平台没能赢得足够的流量,剧集热度也受到一定影响。

三 网络剧内容分析

(一)现实题材网络剧以高口碑、高热度领跑市场

近几年,现实题材影视剧热度居高不下。2022年,现实题材剧集依然

---

① 《云合数据 X 抖音联合发布2022抖音剧集年度报告》,云合数据微信公众号,2023年1月16日,https://mp.weixin.qq.com/s/T3mRgvtvJQJiia7o98iLHA。
② 《创纪录!抖音播放〈云南虫谷〉剪辑片段,被判赔偿腾讯3200万》,观察者网百度百家号,2022年10月31日,https://baijiahao.baidu.com/s?id=1748189535947979944&wfr=spider&for=pc。

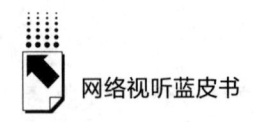

备受关注。这一年的现实题材剧集在叙事与选材上将视角下沉，以最接近观众的"小人物、小故事"切入，展现时代变迁中的人物故事。2022年，上新主旋律&现实题材剧集共50部，在全部上新剧集中占比12.1%，正片有效播放在整体上新剧集有效播放中占比达26.6%[1]，超过全部剧集有效播放的1/4。

以新中国发展50年历史为时间轴，唤醒各年龄层观众情感共鸣的"平民史诗"《人世间》作为开年大剧，累计正片有效播放47.6亿次，位居2022年全网连续剧有效播放霸屏榜首位。[2]有别于此前诸多叫好不叫座或者高收视、低网播的现实题材剧集，《人世间》不仅在电视收视上赢得极亮眼的成绩，也在以年轻群体为主要用户群的网络视频平台取得好成绩。该剧贴近人们生活，突出"平民"质感，融入高浓度情感，在展现社会变迁的同时，也表达了家庭的温暖和关怀、个人的成长和改变，突破了从前现实题材剧集中展现家庭苦情、家庭伦理的表现方式，完成了现实主义的尖锐度与社会进步的温暖性相互结合，形成了"温暖现实主义"的创作态度。[3]

此外，讲述新冠疫情之下县城普通人家备考生和其身后家长、教育工作者群像的《大考》；以城乡接合部普通派出所的平凡警察生活切入，讲述普通警察遭遇的种种鸡毛蒜皮背后的社会问题的《警察荣誉》；依托于《秋菊传奇》创作的，通过个人奋斗成长展现农村百姓奔小康的《幸福到万家》；展现以许半夏为代表的民营企业家在生机勃勃的20世纪90年代创业的《风吹半夏》；从姑嫂、房子矛盾切入展现当代社会不同阶层群体生活的《心居》；聚焦基层干部，讲述基层关系的《县委大院》等一部部贴近群众生活的现实题材剧集，在2022年的剧集市场中成为独特的存在，也为现实题材剧的创新开启了新方向。

---

[1] 《报告｜2022年连续剧网播表现及用户分析报告》，云合数据微信公众号，2023年1月4日，https://mp.weixin.qq.com/s/td-TFdwCkhSh2DUlKkxjtg。

[2] 《报告｜2022年连续剧网播表现及用户分析报告》，云合数据微信公众号，2023年1月4日，https://mp.weixin.qq.com/s/td-TFdwCkhSh2DUlKkxjtg。

[3] 尹鸿、张维肖：《减量提质　降本增效——2022中国电视剧、网络剧发展趋势》，《传媒》2023年第2期。

（二）古装爱情剧重回市场顶峰

在经历短暂的"冷却期"后，古装爱情剧于 2022 年重回"顶流"。以《梦华录》《苍兰诀》《星汉灿烂·月升沧海》《沉香如屑·沉香重华》为代表的古装剧重掀古偶热潮。在 2022 年连续剧有效播放排名前 10 名中，7 部是古装剧，足见古装剧在受众中的号召力。从平台来看，2022 年，爱奇艺上线古装剧 16 部，优酷、腾讯视频分别上线 10 部，芒果 TV 则上线 7 部。在这些作品中，有不少一上线便刷新了所在视频平台的热度记录。古装剧是当之无愧的 2022 年度人气题材类型（见图 2）。

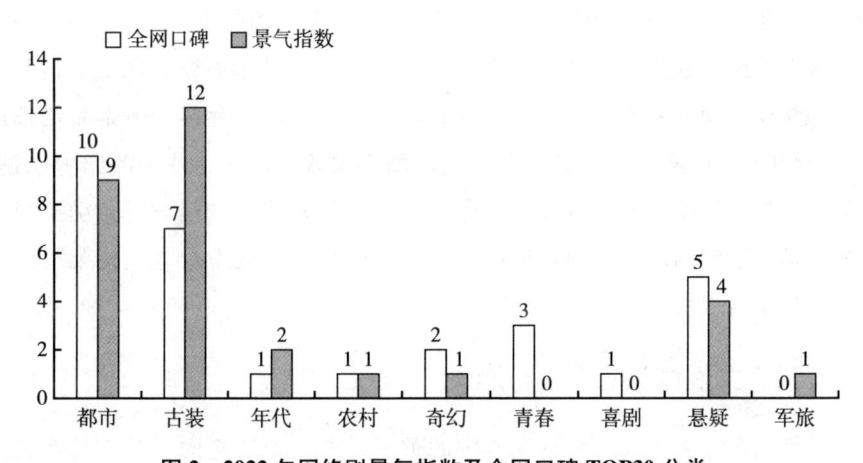

图 2　2022 年网络剧景气指数及全网口碑 TOP30 分类

资料来源：德塔文电视剧数据库。

由刘亦菲、陈晓主演的《梦华录》因新颖的题材、精美考究的服化道以及对传统文化的多方面展现，成为 2022 年热门古装剧的代表。虽然故事改编自元杂剧《赵盼儿风月救风尘》，但《梦华录》将时代设定在宋代，并对剧情做了符合当代观众审美喜好的调整，在展现男女主人公爱情之外，主打女性励志、女性互助等话题，在网上掀起广泛讨论。甫一上线，《梦华录》就以时隔多年刘亦菲重回电视剧的噱头引起观众的广泛关注。新颖的主角人设、讲究的镜头语言、对宋代市井生活的展现让该剧在播出后颇受好评。尽管《梦华录》后期因剧情、人设等问题口碑有所下降，但无疑开启了 2022 年古装剧的高光时刻。

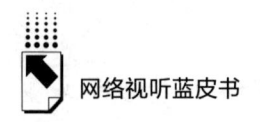

《星汉灿烂·月升沧海》凭借独特的家庭叙事成为暑期档的热播剧。《苍兰诀》则是低成本、高收益的古装剧代表，凭借吸睛的特效和男女主的独特设定成为年度热剧。这两部由"95后"小花、小生主演的网剧也产生了大量"CP粉"。"CP粉"们奋战在剧集宣传的第一线，贡献了大量免费劳动，为演员商业价值的提升发挥了重要作用，让市场再次相信古装剧具有"造星"能力。

优质古装剧广受欢迎，成为国剧海外传播主力，国内外平台联动上线日益成熟。优酷平台《沉香如屑·沉香重华》成为泰国最大的付费长视频平台TrueID有史以来播放成绩最好的华语剧。2022年7月，优酷App上线国际版，《沉香如屑·沉香重华》实现了同步国内播出并上线了越南语、泰语等多个语种的配音版，这也是国产剧首次实现海外多语种配音的同步上线。

爱奇艺平台独播的《卿卿日常》因具有新意的故事背景、轻松的情节和当代视角受到观众喜爱，播出7天热度破万，也是2022年唯一一部集均播放量破7000万次的剧。《卿卿日常》由网络小说改编而来，并一改原著压抑、克制的风格，转而以浓郁的喜剧色彩完成了"日常化"的呈现。充满笑料的轻松剧情、紧跟网络流行的趣味玩梗让《卿卿日常》成为"电子榨菜"的代表，实现了对观众的"心灵按摩"。

（三）女性题材的崛起与迷失

女性议题在近年来成为影视剧中的重要元素。2021年的《我在他乡挺好的》《爱很美味》等小而美的剧集，使女性题材剧渐成热门，围绕女性爱情、事业、家庭、生育、成长等社会热门话题展开的内容创作也纷纷出现。但在经历了此前成长与爆发期后，2022年女性题材电视剧或许正在走向迷失。

女性题材剧目前的一大问题是话题与噱头先行，故事内容却不令人满意。2022年的电视剧中有主打"女性题材"的《二十不惑2》和《欢乐颂3》这类依托原有IP的群像剧。但这些"打着女性旗号收割红利的作品，不仅难以在套路化的内容设置上逃脱流俗的命运，同时还因为新鲜面孔的缺乏加剧了观众们的审美疲劳"。[1] 在这些剧集中，女性意识只是宣传话语，剧集本质上依

---

[1] 《剧集2022稳中争先丨年度特辑·九大趋势》，骨朵网络影视微信公众号，2023年1月2日，https://mp.weixin.qq.com/s/IDV9okX_TbYWH_-KqK1P8w。

然是套路化的爱情剧，女性的现实困境并未得到充分展现。

《梦华录》和《卿卿日常》则在古代叙事中融入现代女性意识。《梦华录》从开播时就宣传该剧是讲述"女性互助""女子创业"的故事。该剧前半部分以《赵盼儿风月救风尘》为故事蓝本，其"女性互助"的主题也在相应剧集播出时受到观众充分认可。但故事发展到后期，男女主确立亲密关系后，女主人设突变。剧情开始强调"双洁"，也即在剧中公开表明男方和女方都是处子之身，尽管男方是权臣，而女方是乐妓。该剧口碑自此急剧下降，被诸多观众认为是披着"女性互助"外壳的"娇妻"爱情故事。

《卿卿日常》将故事架设在男尊女卑的新川，讲述一群来自不同地方的少女们之间互助友爱的故事。该剧从宣传到内容都主打"反雌竞"，强调女性角色没有明争暗斗只有互帮互助，并不断通过不同角色强调女子并不比男子弱、女性生存境遇艰难等主张。但一味提出主张，口号往往多过实际；在古装剧中执着于贯彻现代女性观念，会使故事逻辑难以自洽；剧情主要围绕女子互助展开，更使男女主人公的情感线变得十分稀薄，甚至使男主人公显得十分多余。

在古装剧中融入女性意识、现代意识，固然符合时代审美，颇具新意。但合理的、好看的剧情始终是电视剧最重要的部分。如果因辞害义，因强调现代意识而破坏整个故事的合理性和可信度，可谓得不偿失。

《摇滚狂花》是女性题材剧的另一种新鲜尝试。该剧跳出诸多都市剧所关注的女性职场、家庭育儿等叙事框架，而是塑造了一个另类的、边缘的、一心追求摇滚的"落魄妈妈"，以及与另类妈妈对应的"叛逆女儿"。这对非典型母女间的关系构成了该剧的叙事重点。母女关系是女性叙事中常见的议题，《摇滚狂花》在创作中也试图通过母女"斗法"和母女和解来展现当代另类女性的人生。遗憾的是，在本剧的叙事中，母女斗争永无休止又十分雷同，人物个性虽然鲜明却没有成长或变化，仿佛从头至尾都在原地踏步，让本可以丰富、饱满且独具特色的女性形象变得刻板、单一，不可谓不遗憾。

扶贫题材"大女主剧"《幸福到万家》与电影《秋菊打官司》来自同一长篇小说IP《秋菊传奇》，讲述嫁入万家庄的何幸福在事业、婚姻、家庭的多重考验下不断实现自我成长的故事，不仅是讲述致富，更批判了"婚闹"等风俗，作品侧重精神文明和法治建设的表达，彰显了时代性。

近几年，随着女性意识的觉醒，女性题材影视剧大量出现。这表明女性题

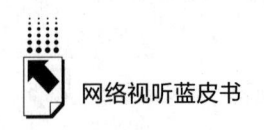

材市场仍有大量开掘空间。但如何避免女性叙事成为一个内里空洞的壳，依然值得创作者们孜孜以求。

（四）新颖形态频出，轻喜剧元素抢手

2022年的网络剧行业"始于"《开端》。《开端》在国产剧中开创性地使用了循环叙事，给观众带来强烈的刺激。在紧张与悬念下，是温暖的故事内核，加上精彩的人物表演，使《开端》成为2022年悬疑剧的代表作。"锅姨"等剧集相关热梗也带来了超高话题度。此后，《一闪一闪亮星星》《救了一万次的你》《我的反派男友》《超时空大玩家》等剧尽管口碑褒贬不一，但叙事新颖，涉及平行时空、时间循环、书穿召唤等，推动着网络剧题材的多元化发展。

就类型而言，悬疑剧与多种风格的结合成为2022年剧集类型的新亮点。这一年，悬疑剧上线40部，较2021年增加4部，播映指数平均值则同比上涨30.3%。除《开端》外，《猎罪图鉴》也凭借创新的人物设定和紧凑的节奏出圈。而《罚罪》则打破了以往刑侦剧惯用的表现手法，爽感与价值观传递交织，能让观众产生代入感与共情。古装单元探案剧《唐朝诡事录》则凭借奇闻志怪和悬疑氛围赢得观众认可。

2022年的剧集市场有不少小众题材赢得高口碑。由哔哩哔哩出品的《三悦有了新工作》将视角投向少有编剧关注的殡葬行业，讲述了"95后"殡仪馆化妆师赵三悦从最初的惶惑到最后成为合格遗体化妆师的成长故事。该剧的独特之处不仅在于其聚焦的行业，还在于其用静谧、舒缓、轻巧的方式展现生命与女性成长，这种独特的故事气质是网络剧创作中的新尝试。

从风格来说，"喜剧"元素、"轻喜风"成为2022年最为抢手的热门元素之一。除原本就有一定受众市场的喜剧，《破事精英》《家有姐妹》等情景喜剧也开始流行。这些轻松幽默的轻喜剧能够让观众在观剧时忘掉烦恼，疗愈内心。显然，能让观众短暂逃离现实苦闷的轻喜剧迎合了当下的时代情绪和受众的观剧需求。

四 网络剧的发展机遇与挑战

2022年，网络剧用户大盘趋于稳定。网络剧质量明显提升，在多种题材、多个领域取得明显进步。提质减量、降本增效成为行业共识。主管部门从制度

法规层面进一步打击违法乱纪现象，推动网络剧行业规范化发展。从行业现状来看，"以短带长"成为不争的事实。长短视频平台在数年的版权纠纷后，开始走向协同发展。

从未来发展来说，网络剧行业还面临不少挑战。

受疫情影响，近年经济下行，影视行业的大环境不佳。为减少成本，影视公司在剧集创作数量、集数上都有所收缩，而平台的话语权日益增大。平台决定剧集能否上线，平台对剧集的评价、评级直接决定着剧集制作成本与潜在收益。"平台至上"成为近两年网络剧行业的突出现象。

为最大限度降低风险、增加收益，平台在判定剧集级别时，与剧本内容相比更看重主要演员。只要能有一线明星出演，平台就可能将剧评定为"S"甚至"S+"。相反，如若无法保证有市场号召力的演员参演，剧集基本会定为 A 级及以下。这也使制片方为赢得平台青睐，只能邀请一线明星出演，无论明星演技是否过关、与角色是否适配，只要能有他们加入，就能保证剧集顺利过评。

但这两年，长视频平台积压了不少未播剧集，加之平台在不断压缩购剧成本，直接导致平台购剧数量下降。这带来的最直接的结果就是投资较小的腰部剧受到极大冲击，影视公司竞争进一步加大，而平台则将更多剧直接定级为分账剧。这意味着，没有明星加持的剧集要在激烈的竞争中赢得市场，只能降低成本、提高质量。

当前市场在倒逼影视公司提高作品质量、推动网络剧精品化，但平台评级过度依赖明星的现状依然会带来诸多问题。一方面，明星中心制意味着平台对剧集的判断标准单一化，且无法保证剧集质量，进而影响平台收益；另一方面，过度依赖特定明星也会让观众产生审美疲劳，对演员市场的有序发展产生不利影响。

另外，网络微短剧在过去两年迅速发展，逐渐成为不容忽视的类型，与常规长度的网络剧形成了竞争关系。网络微短剧制作周期短、成本低、回报高的特质使越来越多的传统影视制作公司纷纷布局微短剧赛道。尤其是随着制作水平和内容质量的提升，网络微短剧逐渐挣脱"粗制滥造"的刻板印象，开始向高流量、高热度、高口碑的方向发展。在短视频的影响下，越来越多的观众缺少观看长剧的耐心，微短剧的快节奏、强情节具有天然的吸引力。随着今后微短剧制播发行体系的逐步完善，微短剧与长剧的竞争会更趋激烈。

B.3
2022年网络综艺行业发展报告

范可欣　石小溪*

摘　要： 2022年的中国网络综艺在整体播放量收缩、节目题材受限以及各种大环境的不利因素下积极探索自救之径。各平台多采取稳中求进的理念，将优势资源向"综N代"节目倾斜。在市场新变上，衍生综艺与微综艺表现突出，以小体量撬动大流量，分账模式的运用拓宽了平台的变现路径与合作效能，为网络综艺行业带来新的发展机遇。在美学与文化特征方面，2022年的网络综艺向着切口小、内在美、情绪足、形式新的方向发展，在题材定位上细分垂类赛道，在创作理念上彰显人文关怀、强化怀旧情绪，在视听效果上追求高度沉浸，让虚拟现实美学为观众创造观综新体验。

关键词： 网络综艺　媒介融合　怀旧元素　情感治愈　"综N代"

2022年，中国网络综艺在多重挑战中砥砺前行。在降本增效、疫情反复、招商困难等不利因素的影响下，网络综艺的节目制作方面临策略选择与内容创新的双重挑战。直面环境之变，网络综艺行业按下减速按钮，在理性成长中积极探索破局之路，以精固稳、以稳求进。各平台与制作方谨慎布局、创新策略，在内容选材、价值输出、文化表达等方面均有可圈可点的表现。

---

* 范可欣，南开大学新闻与传播学院广播电视学专业2020级本科生，主要研究方向为视听传播理论与实践；石小溪，南开大学新闻与传播学院讲师，主要研究方向为影视文化理论、网络视听。

本报告以爱奇艺、腾讯视频、优酷、芒果TV等平台于2022年1月1日至2022年12月31日上线的网络综艺为监测对象，对2022年的网络综艺展开行业数据、发展新变、美学与文化特征、反思与前瞻四个方面的分析探讨，以期为中国网络综艺行业的持续健康发展提供借鉴与参考。

一 行业数据分析

从整体数据来看，热度回落、品类集中、稳中求胜是2022年网络综艺行业的三大关键词。

（一）上新量与播放量

据云合数据统计，2022年网络综艺的供给数量保持稳定，上新季播综艺（不含衍生综艺、晚会等）163部，同比增加6部。但细观各个平台，"爱腾优"三巨头的上新数量均有所回落（见图1），2022年爱奇艺上新季播综艺74部，同比减少24部；腾讯视频上新82部，同比减少12部；优酷上新72部，同比减少2部；只有芒果TV逆势增长，上新66部，同比增加11部。[①]

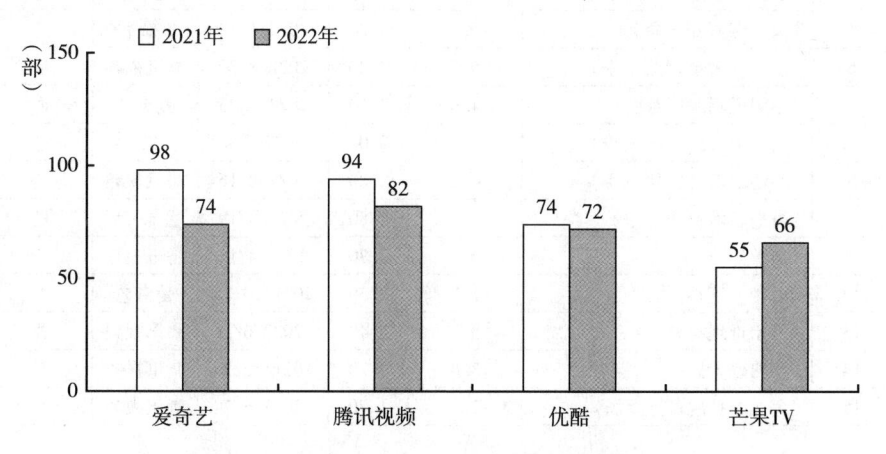

图1 2021~2022各平台上新季播综艺部数对比

---

① 参见《报告 | 2022年综艺网播表现及用户分析报告》，云合数据微信公众号，2023年1月4日，https：//mp.weixin.qq.com/s/D3GjYOP73uBAB34B9vSYog。

在播放量上，2022年的网络综艺播放数据的大盘出现急剧下滑。全网网络综艺正片有效播放156亿次，同比降低11%。[①] 从正片有效播放[②] TOP20榜单（见表1）来看，2022年的网络综艺整体呈现"综N代"霸屏、爆款缺位的态势。在正片有效播放前二十的节目中，有12部是"综N代"，且前六名的位置均被"综N代"作品占据。排名第一的《乘风破浪》（第三季）获得的正片有效播放是6.6亿次，市场占有率为4.30%。相较于2021年排名第一的《萌探探探案》的9.79亿次有效播放，以及2020年排名第一的《青春有你》（第二季）的19.32亿次播放量，2022年的排名第一作品在有效播放上逊色不少。

表1 2022年全网网络综艺正片有效播放TOP20榜单

排名	综艺名称	正片有效播放（亿次）	市场占有率（%）	上线日期	播放平台	是否为"综N代"
1	《乘风破浪》（第三季）	6.6	4.30	2022/5/20	芒果TV	是
2	《哈哈哈哈哈》（第二季）	6.3	4.00	2021/11/20	爱奇艺/腾讯视频	是
3	《一年一度喜剧大赛》（第二季）	6.1	3.90	2022/9/23	爱奇艺	是
4	《萌探探探案》（第二季）	5.0	3.20	2022/5/27	爱奇艺	是
5	《大侦探》（第七季）	5.0	3.20	2022/1/28	芒果TV	是
6	《脱口秀大会》（第五季）	5.0	3.20	2022/8/30	腾讯视频	是
7	《中国说唱巅峰对决》	4.8	3.10	2022/6/25	爱奇艺	否
8	《密室大逃脱》（第四季）	4.6	3.00	2022/7/8	芒果TV	是
9	《心动的信号》（第五季）	4.4	2.80	2022/8/16	腾讯视频	是
10	《披荆斩棘》（第二季）	4.3	2.80	2022/8/19	芒果TV	是
11	《新游记》	4.2	2.70	2022/4/16	腾讯视频	否
12	《一年一度喜剧大赛》	3.8	2.50	2021/10/15	爱奇艺	否
13	《开始推理吧》	3.8	2.40	2022/6/3	腾讯视频	否
14	《半熟恋人》	3.4	2.20	2021/12/28	腾讯视频	否
15	《怎么办！脱口秀专场》	2.7	1.70	2022/6/7	腾讯视频	否

① 参见《报告 | 2022年综艺网播表现及用户分析报告》，云合数据微信公众号，2023年1月4日，https://mp.weixin.qq.com/s/D3GjYOP73uBAB34B9vSYog。
② 正片有效播放指综合有效点击与受众观看时长，去除异常点击量，并排除花絮、预告片、特辑等干扰的播放量，能真实反映影视剧的市场表现和受欢迎程度。

续表

排名	综艺名称	正片有效播放（亿次）	市场占有率（%）	上线日期	播放平台	是否为"综N代"
16	《这！就是街舞》（第五季）	2.6	1.70	2022/8/13	优酷	是
17	《喜欢你我也是》（第三季）	2.6	1.70	2022/4/6	爱奇艺	是
18	《五十公里桃花坞》（第二季）	2.1	1.40	2022/6/12	腾讯视频	是
19	《一往无前的蓝》	1.9	1.20	2022/2/19	腾讯视频	否
20	《声生不息》	1.8	1.10	2022/4/24	芒果TV	否

资料来源：《报告｜2022年综艺网播表现及用户分析报告》，云合数据微信公众号，2023年1月4日，https://mp.weixin.qq.com/s/D3GjYOP73uBAB34B9vSYog。

虽然"综N代"节目在数据上的表现并不尽如人意，但2022年的网络综艺节目，尤其是新综艺在口碑方面获得较大进步：豆瓣评分整体上扬、高分段节目数量占比大幅增加。其中，芒果TV推出的《快乐再出发》获得豆瓣9.6分的高评价，评分人数更是高达26万人，创国产综艺最高分以及评分人数最多纪录。此外，《快乐再出发》（第二季）、《乐队的海边》《闪亮的日子》、《名侦探学院》（第六季）四部网络综艺的豆瓣评分也均突破了9分。《朝阳打歌中心》凭借豆瓣8.6分的高分成为2022年评分最高的音综，在"综N代"音综口碑普遍下滑的情况下为音综市场注入新鲜而优质的血液。

（二）题材品类

2022年，偶像养成类选秀节目退出综艺赛道，原本就具有受众基础的舞台竞演、喜剧、推理和情感题材更受市场青睐，成为各平台"维稳"的安全牌。如图2所示，云合数据统计，2022年，正片有效播放TOP20的网络综艺主要集中于这四大品类，其中舞台竞演类节目占比最多，喜剧类、推理类、情感类节目则紧随其后。

偶像养成类节目消失，但观众对于舞台的热情并未消散，舞台竞演类节目依旧是网络综艺行业热度最高、出圈最快的类型之一。《乘风破浪》（第三季）占领正片有效播放TOP20榜首，《这！就是街舞》（第五季）、《中国说唱巅峰对决》、《披荆斩棘》（第二季）、《声生不息》亦均位列榜单前二十。喜剧节目延续2021年的势头，凭借强有力的娱乐性、大众性和互动性，成为网络综艺行业的话题制造

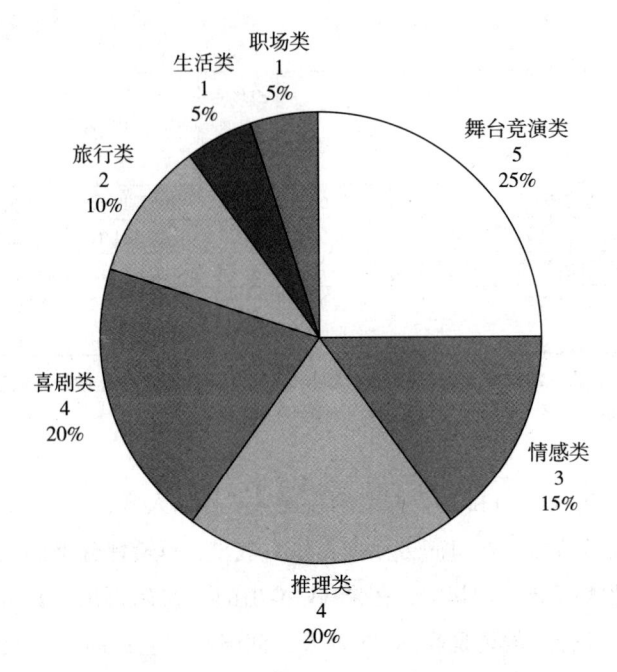

图 2　2022 年正片有效播放 TOP20 综艺题材分布

资料来源：《报告丨2022年综艺网播表现及用户分析报告》，云合数据微信公众号，2023年1月4日，https://mp.weixin.qq.com/s/D3GjYOP73uBAB34B9vSYog。

机。《一年一度喜剧大赛》（第二季）和《脱口秀大会》（第五季）强势回归，以6.1亿次和5.0亿次有效播放分别位列榜单第3名和第6名，节目中的出圈爆梗也在社交平台持续霸屏。推理类综艺和情感类综艺在播出数据方面的表现也较为亮眼。老牌迷综《大侦探》（第七季）、《萌探探探案》（第二季）、《密室大逃脱》（第四季）均进入榜单前十，新节目《开始推理吧》以3.8亿次的有效播放位居榜单第13名；《心动的信号》（第五季）、《喜欢你我也是》（第三季）、《半熟恋人》三部恋综稳定发挥，分别位列榜单第9名、第17名和第14名。

（三）平台格局

2022年，各平台将稳中求进作为首要策略，深耕自身优势赛道，突出平台特色。与此同时，长短视频平台之间也积极探索着更多元的合作可能性。

爱奇艺坚持"开源节流"，将主要力量资源集中于平台重点项目。《萌探探探案》（第二季）、《一年一度喜剧大赛》（第二季）、《中国说唱巅峰对决》、《我们民谣 2022》等头部综艺均取得亮眼的网播成绩。此外，爱奇艺还结合时下热点推出一系列年轻态节目，实现平台内容与用户喜好同频共振。如《一起露营吧》作为国内首档露营真人秀，契合"Z 时代"青年热衷的露营慢生活潮流；《元音大冒险》则抓住风靡年轻群体的元宇宙概念，用充满科技感和未来感的画面为观众带来新鲜的潮流体验。

腾讯视频采取多元题材全面覆盖、长中短节目综合出击的打法，在多个垂类赛道均推出大热节目。喜剧赛道的《脱口秀大会》（第五季）、《怎么办！脱口秀专场》，恋综赛道的《心动的信号》（第五季）、《半熟恋人》，职综赛道的《一往无前的蓝》，迷综赛道的《开始推理吧》以及旅行类综艺《新游记》，生活类综艺《五十公里桃花坞》（第二季）均登上网络综艺正片有效播放 TOP20 榜单。在媒介融合方面，腾讯视频在中短节目领域发力显著，《毛雪汪》《闪亮的日子》《爱情这件小事》等"小鲜综"亦获得较好的播出效果和口碑反馈。

优酷深耕王牌"综 N 代"。《这！就是街舞》（第五季）热度不减，位列正片有效播放 TOP20 榜单第 16 名；《圆桌派》（第六季）维持口碑优势，获得豆瓣评分 8.9 分的好成绩。优酷在潮流赛道与人文赛道具备不可小觑的潜力：《无限超越班》《朝阳打歌中心》《超感星电音》《了不起！舞社》开发了演技、打歌、电音、舞社等新主题；《不要回答》《没谈过恋爱的我》《麻花特开心》等形式新颖的人文、情感、喜剧类节目亦引发了观众较高的讨论度。此外，优酷还与河南卫视共同打造国潮节目带，推出《山海奇幻夜》等一系列高品质文化类综艺。

芒果 TV 实行"新老合璧"的双打布局策略，尝试以数量和质量突围。一方面，芒果 TV 继续深耕"综 N 代"节目，着力发挥《乘风破浪》《披荆斩棘》《明星大侦探》《密室大逃脱》等爆款 IP 的热度。另一方面，它还积极试水新的主题和表现形式，不仅推出跻身正片有效播放 TOP20 榜单的国内首档音乐献礼综艺《声生不息》，所创作的《欢迎来到蘑菇屋》《快乐再出发》等小成本、高口碑节目也为未来的网络综艺发展提供了极具参考价值的范本。

基于平台特点与用户生态，以抖音、快手为代表的短视频平台在网络综艺节目的尝试上更容易跳出节目形式的限制，进行花式创新。快手推出的《11 点睡吧》采取多直播间平行直播的形式，为观众带来十分新鲜的体验；抖音制作的《百川综艺季》利用平台自带的流量池和算法逻辑进行精准的用户画像测评，推出《百川文明诀》《百川高校声》等六个高度契合潜在受众喜好的板块。此外，长短视频平台之间也一改往日针锋相对的强竞争状态，转而开始探索合作之路。2022年3月，抖音与搜狐视频达成合作，获得搜狐全部自制作品二次创作相关版权；2022年7月，抖音与爱奇艺达成合作，宣布双方将共同探索长视频内容的二次创作与推广。这些变化或许预示着长短视频将从此前剑拔弩张的竞争转向和谐共生、互利共赢的新阶段。

二 行业发展新变

尽管整体行业情绪偏冷，但2022年的网络综艺仍出现一些可圈可点的新变化和新亮点。在节目形态上，衍生综艺异军突起，展现出不可小觑的实力；在内容体量上，微综艺以小博大，发挥出值得关注的商业潜能；在商业模式上，分账综艺出现雏形，拓宽了平台的变现路径与合作效能。从这些变化中，我们不仅能感知到网络综艺行业发展的新风向和新趋势，亦可以看到未来行业的无限可能性。

（一）衍生综艺成为黑马

衍生综艺近几年的发展势头强劲。如学者所言，"在综艺行业不断挖掘其长尾价值、长尾效应的过程中，衍生综艺异军突起，成为极为显性的综艺节目样态和传媒艺术现象"。[①] 早期的衍生综艺形式较为简单，多为原生综艺"边角料"的剪辑重现，只能起到节目预热与补叙功能。经过几年时间的发展，衍生综艺逐渐显现出独立化与个性化的节目特点。到2022年，衍生综艺已成为综艺市场里的最大黑马，在制作水平、招商能力、播出效果等方面均展现出独当一面的实力。

首先，衍生综艺在口碑与热度上实现极大飞跃。在云合数据发布的2022年上新综艺豆瓣评分TOP10榜单中，衍生综艺占据四个席位。《乐队的海边》和《星星的约定》作为《乘风破浪》（第三季）的衍生团综，分别获得豆瓣

---

① 刘俊：《衍生综艺：界定、价值与媒介变迁》，《中国电视》2021年第9期。

9.2分和8.8分的高评价。《向往的生活》的衍生综艺《欢迎来到蘑菇屋》凭借真实有趣的节目效果，不仅赢得收视与口碑的双丰收，还帮助节目嘉宾（由07快男选手组成的"再就业男团"）成功翻红，并促成了后续大热综艺《快乐再出发》系列和《快乐回来啦》的诞生（见表2）。

表2 2022年上新综艺豆瓣评分TOP10（评分人数≥5000人）

排名	综艺名称	豆瓣评分（分）	评分人数（人）	是否为衍生综艺
1	《快乐再出发》（第一季）	9.6	259140	否
2	《快乐再出发》（第二季）	9.5	47468	否
3	《乐队的海边》	9.2	9924	是
4	《闪亮的日子》（第一季）	9.2	9108	否
5	《名侦探学院》（第六季）	9.1	5982	是
6	《圆桌派》（第六季）	8.9	5453	否
7	《星星的约定》	8.8	6266	是
8	《快乐回来啦》	8.6	16032	否
9	《欢迎来到蘑菇屋》	8.4	37741	是
10	《朝阳打歌中心》	8.4	5252	否

资料来源：《报告丨2022年综艺网播表现及用户分析报告》，云合数据微信公众号，2023年1月4日，https://mp.weixin.qq.com/s/D3GjYOP73uBAB34B9vSYog。

其次，衍生综艺的依附性减弱，逐渐成为具备独立属性的品牌节目。2022年，许多衍生综艺在保留原生综艺核心元素的基础上，采用全新的嘉宾阵容或节目模式，形成独立的叙事逻辑，不再仅作为原生节目的"附属品"。如《乘风破浪》（第三季）的两部衍生团综以及《披荆斩棘》（第二季）的衍生团综《我们的滚烫人生·骑行季》（也称《我们的滚烫人生》第二季）和《大湾仔的夜》（第二季），虽是邀请的"原生"嘉宾，但在内容上却重新构建了主题和叙事。《初入职场的我们·法医季》的衍生综艺《入职后的我们》和《法医探案团》也突破了原有节目的叙事模式，前者邀请原嘉宾走进湖南特色警局，展现他们入职一线后的工作日常；后者则采用"实景剧本杀"的形式，让嘉宾运用法医知识进行案件推理和普法教育。

最后，衍生综艺的商业价值进一步得到市场认可。在综艺市场招商困难的2022年，仍有多部衍生综艺赢得赞助商的青睐。上文提到的《乐队的海边》

《星星的约定》《我们的滚烫人生·骑行季》《大湾仔的夜》（第二季）均获得多个品牌方的冠名与赞助。衍生售后恋综《爱情这件小事》也获得圣罗兰的独家冠名赞助。《名侦探学院》作为《明星大侦探》系列的衍生节目，现已推出第六季。这档衍生综艺在垂直领域圈粉无数，已发展为具有一定市场价值的独立IP，节目嘉宾从素人学霸到综艺常客的身份转变也体现其强大的造星能力。衍生综艺在增强观众黏性、促进原生IP增值方面发挥着重要作用，正在从网络综艺行业的边缘不断向中心靠拢。

（二）微综艺以小博大

在降本增效的大背景下，低成本、小体量的微综艺迎来快速发展期。2022年的微综艺呈现多方入局、精耕细作、以小博大的态势，成为综艺市场一股不可忽视的新生力量。

在战略布局方面，各平台将更多的注意力和资源投向微综艺赛道，品牌化、栏目化运营策略的采用，不断提升着微综艺在平台生态中的地位。无论是腾讯视频的"小鲜综"栏目、优酷的"一刻综厂牌"系列，还是芒果TV的"大芒计划"，都显示出长视频平台对微综艺的重视。此外，以知乎、小红书为代表的社交平台也强势加入微综艺赛道，打造契合自身调性的特色化节目。知乎微综艺主打知识性标签，对站内热门议题进行深入剖析，《荒野会谈》《我的高考笑忘书》《我所向往的职业啊》三档节目均收获了较高的站内播放量与站外曝光量。小红书微综艺聚焦平台热议板块，推出旅行类微综艺《我就要这样生活·露营季》，亲子互动类微综艺《满满一大碗》以及剧本杀推理微综艺《我们一起推理吧》，以贴合用户兴趣需求的节目丰富社区的内容生态。

在节目制作方面，头部公司的入局使微综艺在选题、拍摄和后期等各环节都向着更加精良、专业的维度迈进。曾出品过《向往的生活》《中餐厅》等王牌节目的大千影业在2022年推出生活观察类微综艺《闪亮的日子》系列，聚焦年轻人的独居日常；《脱口秀大会》《吐槽大会》的制作公司笑果文化全新打造微综艺《打工不如打电话》，将职场生活与脱口秀形式有机结合；由龙丹妮带领的知名团队哇唧唧哇制作推出的年番综艺《毛雪汪》，讲述毛不易、李雪琴与朋友之间的有趣故事。这些微综艺瞄准观众心理与社会情绪，在缩减成本的同时不降低制作标准，用专业态度打造高质感节目。

在品牌招商方面，微综艺的商业潜能日益凸显。由于"品牌主投放微综艺的成本更低、内容的定制化程度更高，且品牌主选择微综艺也能增加自己对内容的主动掌控性，甚至可以由品牌独家定制"[1]，因此，微综艺受到越来越多的品牌主青睐。这些商家纷纷选择与自身品牌属性高度匹配的微综艺进行广告投放，如新国货粉 Buff 胶原蛋白肽饮品独家赞助了女子推理微综艺《漂亮的推理》，纽瑞滋奶粉、bambini 亲子户外服饰、Mamamia 妈妈咪呀纸尿裤等多个母婴品牌与亲子微综艺《星妈请回答》达成合作。

"小而美"的微综艺所具备的以小博大潜力，已得到平台方、制作方和品牌主的集体关注。在可预见的将来，微综艺还会持续释放出更多的内容优势和商业潜能。

（三）分账综艺已具雏形

在"降本增效"的环境影响下，为了降低风险，2022 年的网络综艺在发行方式上还开启了分账新玩法。分账综艺沿用分账剧的商业模式，即视频上线后，平台根据用户点击观看情况，在规则框架内与片方进行收益分账。以腾讯视频 2023 年 1 月发布的分账规则为例，会员分账收益＝有效观看人次×内容定级单价×分账比例。[2]《闪亮的日子》系列就采用了这种分账模式。该节目由大千影业出品，在腾讯视频以会员专享形式播出，二者之间根据付费用户的观看行为进行分账。该节目在 2022 年 1 月 17 日首播后，已推出三季，根据腾讯视频官方微博公布的数据，截至 2022 年 9 月，节目总分账金额已突破 900 万元。

分账模式的实施在降低平台制作压力的同时，也再次激活了网络综艺的市场生态，带来新的发展机遇。首先，分账模式能拓宽综艺的变现路径。一方面，在招商困难的背景下，依靠平台会员费获取收益的分账模式为制作方提供

---

[1] 曹玉月：《品效合一视角下"微综艺×品牌"传播范式的创新路径》，《传媒观察》2021 年第 5 期。

[2] 有效观看人次的计算方法为：在分成周期内，任一付费用户连续观看单期付费授权内容超过该授权内容单期总时长 30% 的一次观看行为，计为一次有效观看人次。内容定级单价指：平台将根据合作方提供的节目内容、题材类型、制作质量等综合评定出内容合作级别，该级别对应的单价即为内容定级单价。分账比例为：独家 90%，非独家 45%。参见《腾讯视频综艺品类分账规则升级》，综艺视听微信公众号，2023 年 1 月 16 日，https://mp.weixin.qq.com/s/NXKBhJKsF2An1ptmQIprqA。

了新的出路；另一方面，各平台对于分账金额不设上限，低投入、高收益成为可能。其次，利益共享、风险共担的分账模式能充分发挥平台与制作方之间的合作效能。"平台方不仅能够提供制作方关注的版面资源，更能凭借自身的站内算法、联播策略、宣发生态等其他资源为制作方提供全流程、全方位的服务和支持。"① 最后，分账改变的不仅是营收模式，更影响着内容的生产，以观众为中心的分账模式能倒逼制作方提供更优质的内容。以《闪亮的日子》系列为例，面对营收压力，该节目充分发挥创意，用真诚的内容和精良的后期吸引观众，并根据观众反馈及时调整后续制作。《闪亮的日子》第一季获得豆瓣9.2分之高分，其成功体现了分账综艺背后的内容逻辑，证明了利用内容价值实现变现的可行性。

如今，分账网络电影与分账剧已迈入发展成熟期，但分账综艺尚处于尝试阶段，分账模式在实际运作中道阻且长。对于中下游制作公司而言，分账项目执行阶段的前期成本为其带来了巨大的现金流压力，该模式所带来的收益不确定性也使其不敢贸然入局，这会在一定时间内影响综艺节目的制作规模和立项数量。但随着各平台扶持力度的加大以及更加完备的分账规则的建立，分账综艺在未来或许会迸发出更大的活力。

三　美学与文化特征

2022年的网络综艺在美学与文化方面呈现切口小、内在美、情绪足、形式新的特征：在题材定位上，坚持垂直深耕，以差异化优势在细分赛道中寻求突围；在创作理念上，重点布局现实向综艺，通过社会热点话题和熟人综艺传递人文关怀，彰显节目的内在之美；在内容构建上，利用怀旧元素，为观众提供情绪价值；在视听效果上，发挥技术优势，以虚拟现实美学引领观综新体验。

（一）垂直深耕：细分赛道寻求突围

2022年的网络综艺节目整体呈现"一切皆可综艺"②的创作态势。各平

---

① 王兰侠：《中国分账网络电影和网络剧的发展》，《电影评介》2021年第3期。
② 张智华、杨禹琪：《2022年中国网络综艺节目发展评析》，《当代电视》2023年第1期。

台和制作方在题材定位上垂直深耕，精准洞察观众的个性化需求，在恋综、职综、音综、体育综艺等各个热门赛道均实现了题材再细化，打破了同题竞争的桎梏。

观察样本细分与题材类型融合是 2022 年恋综的两大关键词。近几年的中国恋综致力于"通过对素人恋爱样本的观察及讨论直击当代年轻男女的感情痛点"[1]，细分观察样本、实现精准定位也成为制作方在赛道竞争中建立独特优势的重要策略。例如，《半熟恋人》将目标对象锁定为"30+"的都市轻熟龄男女；《灿烂的前行》与《春日迟迟再出发》分别聚焦失恋群体与离异群体；《没谈过恋爱的我》则将镜头转向无恋爱经验的单身群体。在节目类型方面，"恋爱+"成为热门模式。《相遇的夏天》将恋爱与旅行结合；《一起探恋爱》叠加恋综和迷综两大热门元素；剧综交互式社交实验节目《我在你的未来吗》将真人秀形式与剧本故事巧妙融合，为观众带来新鲜的观看体验。

职场综艺的细分体现在行业延展与代际扩容上。2022 年的职综不再囿于律师、医生等传统热门职业，具有神秘感、使命感的冷门行业与特殊行业成为新焦点。《一往无前的蓝》带领观众全方位沉浸式体验消防员的工作日常；《初入职场的我们·法医季》将视角对准法医这一冷门职业，填补职综赛道空白；《我们的滚烫人生》（第一季）以特警、乡村教师等不同岗位上的"小人物"为切口，塑造立体而鲜活的英雄群像。2022 年的职综还将视野拓展至职业生涯的各个阶段，展现职场百态。《跃上高阶职场》直击 30 岁左右轻熟龄职场人的跃升之路；《上班啦！妈妈》（第二季）锁定职场妈妈群体，关注职场中的女性力量。

2022 年的音综实现了个性化推送与特色化呈现。这些节目力图与更多圈层受众建立起情感连接，用更加丰富的呈现形式、更加生动的音乐故事增强节目的观赏性与共情性。《中国说唱巅峰对决》《我们民谣 2022》《超感星电音》分别聚焦说唱、民谣和电音三个不同乐种，推动音综在音乐品类方面走向分众化。此外，音综还在舞台呈现方面不断开拓新形态。《来看我们的演唱会》在综艺节目中还原了演唱会的场景，满足了被疫情困在家里无法去现场听演唱会的观众的娱乐诉求；《朝阳打歌中心》《令人心跳的舞台》《百分百开麦》针

---

[1] 胡亚聪：《国内恋爱观察类综艺节目的困境与突围探析》，《中国电视》2022 年第 2 期。

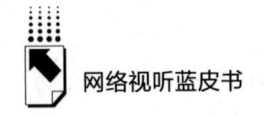

对"内娱无打歌舞台"的行业现状，为年轻歌手和唱跳爱豆提供了分享音乐、展示实力的平台；《去炫吧！乐派》、《边走边唱》（第二季）还音乐以自由，在旅行中还原音乐的自然魅力。

由于2022年有冬奥会、世界杯等重大体育赛事的举办，体育综艺也在这一年得到蓬勃发展，尤其是与赛事相关的垂类项目及其圈层文化均得到深度挖掘。《飘雪的日子来看你》《超有趣滑雪大会》《跟着冠军去滑雪》等冰雪综艺在北京冬奥会举办期间涌现，以"科普+竞技"的形式深度挖掘冰雪运动的魅力。《前进吧！现代足球少年》《Hi！足球少年》等节目紧跟卡塔尔世界杯热度，进一步激发观众对于足球运动的热情。除此之外，一些年轻人热衷的体育项目也被纳入综艺范畴，拓展了体育综艺的细分赛道。腾讯视频推出的《战至巅峰》讲述电竞行业生态与电竞选手的成长故事；快手出品的《打球嘛朋友》则融合了NBA篮球文化与竞技元素，做到了趣味性与专业度的兼备。

（二）观照现实：社会热点话题与熟人综艺流行

2022年，网络综艺在分众赛道垂直深耕，更加关注社会环境中的个体情绪与个性需求，观照现实的生活向、纪实向综艺也成为各平台布局的重点。这类节目通过对真实日常生活与真挚人际关系的再现，彰显现实世界的温暖底色，在充满不确定因素的时代为观众带来情感疗愈与价值思考。

聚焦于社会热点话题的网络综艺在2022年蔚然成风。从先前体验乡野自然的慢综艺兴起，到如今直面社会议题的社会热点内容流行，网络综艺的现实主义倾向与人文价值关怀越发凸显。2022年的网络综艺不断向普通人的平凡生活靠拢，以日常话语和日常经验拉近与受众之间的情感距离。如快手推出全网首档明星劝睡综艺《11点睡吧》，关注与普通人息息相关的睡眠问题，倡导健康作息的理念。腾讯视频《五十公里桃花坞》（第二季）延续社交实验概念，进一步探究现代人的社交法则；《打工不如打电话》开设"打工人专属吐槽热线"，以戏谑的方式纾解职场人的负面情绪。爱奇艺《做家务的男人》（第四季）继续聚焦家庭分工问题，传播实用家务生活美学。芒果TV《爸爸当家》（第一季）将视角锁定于"全职爸爸"育儿现象，探讨家庭教育中男性角色的重要性。这些话题覆盖生活习惯、人际交往、家庭关系等诸多方面，既可治愈人心，亦能起到价值观引领作用，弥合观众心灵与现实的间隙。

熟人综艺这一综艺样态在2022年焕发出无限生机。"所谓熟人综艺，是指主打熟人社交的综艺节目，参与的嘉宾通常在现实生活中就是朋友或工作伙伴。"[1]《欢迎来到蘑菇屋》和《快乐再出发》系列邀请"再就业男团"，他们之间的默契感与兄弟情打动了无数观众；《毛雪汪》以原生朋友关系为切入点，展示年轻人真实的交往日常与精神世界；《来看我们的演唱会》邀请原生好友组队演出，重拾共同记忆、唱响友情故事；《朋友请听好》（第二季）延续上一季模式，何炅携挚友谢娜及其他好友共同开办广播小站，为来信者排忧解惑；《哈哈哈哈哈》（第二季）的常驻嘉宾依然是鹿晗、邓超与陈赫这三位彼此熟悉的老搭档……这些节目在叙事上弱化了故事冲突，而是将更多注意力转向对好友之间熟人关系的呈现，让嘉宾在节目中流露出更为鲜活自然的真人状态。对于制作方而言，熟人综艺的制作风险更低，嘉宾之间的熟悉感与默契感能使他们快速进入节目状态，亲密关系间独有的气场氛围也更容易碰撞产生奇妙的化学反应，制造更多具有记忆点的包袱笑料。对于观众而言，熟人嘉宾之间自然无拘束的交流互动以及流露出的真挚情感更容易与观众自身的现实体验形成映照，熟人局自带的热闹属性亦可以消解观众在现实中的孤独情绪。

（三）怀旧狂欢：利用情怀元素，激活观众情绪价值

2022年的网络综艺掀起全面怀旧的风潮。当旧人重回荧屏、旧作再登舞台、旧事被再次提及，观众的情绪价值被情怀元素激活，节目也更易收获较高的讨论度。于是，越来越多的网络综艺将怀旧元素作为节目的重要内容设定和吸引受众的宣传点。它们将旧人、旧作、旧场景视作可再生的文化IP资源，通过翻新、衍生、再造等形式对其进行意义赋载，最大限度地激发观众情感与记忆形成新的流量吸附力。

怀旧风的盛行首先体现在节目的嘉宾选择和主题设定方面。从嘉宾来看，自带情怀属性的老牌艺人"再就业"成流行趋势。例如前述的"再就业男团"便因参加《欢迎来到蘑菇屋》和《快乐再出发》系列重回大众视野，成为

---

[1] 石小溪、王含月：《媒介竞合·交互沉浸·关切时代：2022年中国综艺节目探析》，《现代视听》2023年第1期。

2022年综艺市场备受关注的存在。王心凌和苏有朋分别在《乘风破浪》（第三季）和《披荆斩棘》（第二季）C位出道，凭借回忆杀金曲实现现象级翻红。老狼、水木年华等老民谣人在《我们民谣2022》中再唱经典旋律，带领观众在一首首曾循环播放的歌曲中重拾当年的感动。在主题设定上，怀旧向节目以经典IP唤醒大众的集体记忆。芒果TV《声生不息·港乐季》与优酷《无限超越班》瞄准香港文化，从香港前辈歌手与新一代音乐人唱响经典港乐，到TVB视帝视后与内娱青年演员共同演绎港剧片段，情怀元素高密度出现在综艺舞台上。爱奇艺《萌探探探案》（第二季）实景还原了《家有儿女》《武林外传》《流星花园》等经典影视作品，用家喻户晓的剧情弥合不同代际人群的兴趣差异。哔哩哔哩首档户外综艺《哔哩哔哩向前冲》重现十年前的电视闯关节目，用最传统的模式为观众带来返璞归真般的快乐。

怀旧不只是一种现象，更是一种情感诉求和文化现状。"通过对过去的重构和再创，怀旧顺应并满足了现代人对于心灵宁静的需求，并以其'疗伤'或'修复'手段承担起文化救赎功能。"[1] 从受众心理层面出发，熟悉事物的回归能安抚人们的不安情绪。在高速运转的消费社会，过载的信息挑战着人们的认知能力，而怀旧元素的出现使人们可以从已知的过去里寻求安全感。与此同时，人们在怀旧行为中也更容易获得认同感与归属感。怀旧意象在社交平台的讨论与传播过程实则是群体情感与群体认同的建构过程，在共鸣感的驱动下，怀旧情绪被大范围传递扩散，最终成为一种大众共识，个人回忆也化为集体共情。

值得注意的是，综艺节目对怀旧、对文化IP的痴迷又恰是当下文娱整体在内容和表达上匮乏的一种表征。情怀牌是对存量资源的重新开发与利用，显示出从综艺中诞生新爆款内容的困难性。怀旧对制作方而言是一种借势营销的手段，对观众而言是一种情感宣泄的途径，但对整个文娱行业而言，亦是对创新力缺位的警示。

（四）高度沉浸：虚拟现实美学引领观综新体验

"虚拟现实美学作为当前视觉文化美学转型的趋势之一，对于网络综艺节

---

[1] 赵静蓉：《怀旧文化事件的社会学分析》，《社会学研究》2005年第3期。

目的美学空间扩展而言具有重要意义。"① 随着虚拟技术的升级与迭代，2022年的网络综艺在技术植入与视听呈现方面均取得较大进步。

首先，虚拟技术与现实场景的高度交融使"元宇宙"在综艺领域实现了从概念到落地的巨大飞跃。2021年的元宇宙网络综艺大多仅停留在虚拟形象的应用上，且受技术所限，虚拟形象的"假"与真人秀的"真"之间存在明显割裂。而在2022年，元宇宙综艺更好地实现了"虚实交互"。爱奇艺推出全球第一档虚拟现实游戏闯关真人秀《元音大冒险》，运用AR、VR、XR、实时动捕、虚拟建模等多项前沿技术，构建了一个月球上的虚拟世界——MEMOON元音大陆。嘉宾身着动捕服，真正连接到虚拟世界进行闯关冒险，获得沉浸式体验。《元音大冒险》以虚实结合的互动游戏为核心要素，在节目概念和技术应用方面都更加契合元宇宙的内核。

其次，仿真影像与沉浸式舞台重塑观众的观看习惯。2022年的虚拟现实类综艺将更多重心置于增强观众的浸入感上，通过技术手段模拟现实中无法触及的场景。芒果TV推出文化科普类综艺节目《遇见馆藏·太空季》，全程采用可视化虚拟摄影棚进行拍摄，将光学空间定位、实时渲染和3D虚拟场景制作等技术完美融合，使嘉宾与观众仿佛置身于浩瀚的太空世界。YY直播携手百度希壤共同打造沉浸式竞演歌会《超能音乐汇》，打造多元化3D虚拟场景，突破直播边界，在真实空间与虚拟空间的交叉与变幻中为观众带来一场视觉盛宴。

尽管2022年的虚拟现实类综艺在技术水平与内容呈现方面仍存在一系列短板，如观众尚未完成从"看综艺"到"玩综艺"的转变，他们与虚拟场景之间仍存在壁垒，无法像嘉宾一样获得切身互动感，但这也是虚拟现实类综艺初级试验阶段的必经之路。2022年11月工业和信息化部等部门联合发布的《虚拟现实与行业应用融合发展行动计划（2022—2026年）》指出："虚拟现实（含增强现实、混合现实）五大重点任务包括要加速虚拟现实在'演艺娱乐'行业场景中的应用落地。"随着应用规模的扩大和技术进步的加速，相信虚拟现实类综艺在未来定会朝着更具科技感、更富想象力的方向发展，为观众带来更多视听惊喜。

---

① 石小溪、张博涵：《2021年中国网络综艺年度景观：市场、美学与文化》，《现代视听》2022年第1期。

四 反思与前瞻

2022年，网络综艺行业在冷静发展中努力探索破局之策。尽管大环境带来了诸多限制，但网络综艺行业正在努力克服掣肘，于稳中求进。无论是衍生综艺的强势逆袭，还是微综艺的以小博大，又或是分账综艺对于全新商业模式的探索，都展现出网络综艺积极寻求突围的行业生命力。切口小、内在美、情绪足、形式新是这一年网络综艺呈现的核心美学与文化特征。它们将个人化的表达与社会的共性情感需求有机结合，在对个体和群体的关怀中实现情感疗愈和人文思考。这些都是值得肯定的优点。但与此同时，2022年的网络综艺发展也仍有许多需要重视与反思的问题。

其一，选秀过后，如何再造爆款？失去选秀的综艺市场似乎失去了打造新爆款的能力。越来越垂直的题材定位使节目话题大多只能停留在某一特定圈层内。"综N代"霸屏、怀旧风盛行亦显示出当下网络综艺行业新鲜内容的缺位。当流量退潮、红利散去，网络综艺节目如何走出舒适圈，挖掘出更具深度、能吸引大众广泛讨论和情感共振的新议题，是2023年平台和制作方亟须解决的难题。

其二，如何探索出平衡商业化与节目口碑的两全之策？受疫情、政策、经济下行等因素影响，2022年的网络综艺面临招商困境。品牌商更倾向于将商务资源投放至受众群体相对稳定的"综N代"，但很多"综N代"节目却陷入"商业价值与口碑不成正比"的尴尬局面。低成本的新节目更容易出现播放效果上的不确定性风险，这也使品牌商不敢轻易投资，如《半熟恋人》《欢迎来到蘑菇屋》等在播出后取得极佳热度与口碑的新节目，最初都遭遇了"裸播"之困。相信随着大环境的变化和市场的复苏，2023年网络综艺在招商方面或许会迎来更多机遇。网络综艺制作方也应抓住机遇，以更加优质的内容寻求商业与口碑的双赢，促进网络综艺行业的良性发展。

其三，网络综艺行业对于文化类综艺的重视度有待提高。从横向来看，各大卫视频道在2022年持续深耕文化类节目，打造出《非遗里的中国》《诗画中国》《美好年华研习社》等极富中华美学内涵的出圈节目，在产出数量和节目质量方面都胜过网络综艺。从纵向来看，一些曾在过去引发热烈反响的文化类网络综艺节目并未在 2022 年得到延续，如爱奇艺的《登场了》系列综艺、哔哩哔哩的《舞千年》等。网络综艺制作方和各平台在未来应更加重视文化 IP 的赋能，在传统文化与现代话语之间构建联通桥梁，打造更多具有审美价值与文化内蕴的特色节目，推动传统文化实现创造性转化与活态传播。

其四，网台共生背景下，如何实现真正意义上的共创双赢？网台共生是近年来网络平台与卫视平台互相融合、互相合作的重要趋势。[1] 尽管网络综艺和电视综艺已逐步实现了联合制播、资源共享，如湖南卫视与芒果 TV 在 2022 年正式启动双平台融合发展模式，实现台网同频共振；优酷与各卫视平台广泛合作，联合北京卫视打造冬奥节目带、联合河南卫视打造国风节目带、联合天津卫视打造曲艺节目带，还与浙江卫视、安徽卫视等共同推出《无限超越班》《超感星电音》等多部头部综艺。但若想达成更好的合作效果，各大卫视与网播平台还需在多环节齐发力，实现最大限度的优势互补。展望 2023 年，网络综艺与电视综艺能否在深度融合领域取得新突破，进而实现内容共创、传播共振、商业共赢，十分值得期待。

总之，网络综艺的冷静期不会一直持续。2022 年，网络综艺行业不断调整运行节奏以适应文娱行业的复杂环境，释放积极回暖的信号。2023 年，随着疫情的落幕，行业生产重回正轨，网络综艺行业即将开启崭新局面。各平台与制作方应因时而变、守正创新，积极推新综、布新局，创作出更多"思想精深、艺术精湛、制作精良的新时代扛鼎之作"[2]，推动网络综艺行业向着规范化、精品化的方向持续迈进。

---

[1] 陈旭光、张明浩：《论近年来中国网络视听作品的新美学、新趋势与新发展》，《电影文学》2022 年第 19 期。

[2] 参见《广播电视和网络视听"十四五"发展规划》，国家广播电视总局官网，2021 年 10 月 8 日，http://www.nrta.gov.cn/art/2021/10/8/art_ 113_ 58120.html。

B.4
2022年中国网络电影行业发展报告*

黄 莺**

摘 要： 2022年，中国网络电影有了属于自己的"龙标"，意味着中国从政府监管层面对网络电影有了更规范严格的管理措施。爱奇艺、腾讯视频、优酷等视频平台根据提质减量的总方针以及网络电影发展的新状态，在分账、分级、放映模式等方面都有了新策略。从数量和质量来看，中国网络电影行业提质减量效果显著，从票房与类型上来看，网络电影用户群体较为固化，难以破圈，主旋律题材网络电影则有创新。最后，本报告通过《特级英雄黄继光》《目中无人》《阴阳镇怪谈》三个案例进一步说明2022年中国网络电影内容创作的具体状态。

关键词： 网络电影 网标时代 分账票房 主旋律电影

2021年，由于有更多国家政策支持，平台方分账策略的改进，创作者的成熟，观众欣赏水平的提高，以及市场自身的优胜劣汰，中国网络电影行业提质减量效果显著。《封神演义》、《白蛇传》、《西游记》、狄仁杰等旧有的网络电影公版IP已不再是市场灵药，创作者们开始挖掘更多元化的公版IP，现实题材作品也有了突破性发展。2022年，政府层面给予网络电影更多的关注，网络电影有了自己的发行许可证。视频网站在定级、放映等方面推出新策略，鼓励更多元化的网络电影的出现。从数据来看，2022年中国网络电影面临用

---

* 本报告为国家社会科学基金重大项目"视听艺术精品推动中华优秀传统文化创造性转化与创新性发展"（22ZDA083）阶段性成果。
** 黄莺，澳门科技大学电影学院助理教授，主要研究方向为影视产业、影视技术。

户固化、高分账影片减少等问题，但与此同时也出现了很多类型跨界、内容创新的优质作品。

一 指导方针：政府政策与平台发展策略

（一）网络电影龙标时代到来

2022年5月16日，中国网络剧、网络电影终于有了属于自己的"龙标"，国家广播电视总局（以下简称"国家广电总局"）正式开始发放网络剧片发行许可证。这意味着网络电影、网络剧"上线备案号"时代进入尾声，更加规范且严格的"网标"时代到来。截至2022年5月16日，已有3部网络影视剧取得这一"网标"（见图1），分别是网络剧《对决》、网络电影《金山上的树叶》以及《青面修罗》。其中现实题材影片《金山上的树叶》发行许可证编号为"（总局）网影审字（2022）第001号"，由冯绍峰、胡军、金晨、王庆祥等主演的网络电影《青面修罗》发行许可证编号为"（总局）网影审字（2022）第002号"。

此前，国家广电总局在2022年广播电视和网络视听法治工作安排中提到，要进一步健全完善广播电视和网络视听法律体系。提出坚持网上网下统一导向、统一标准、统一尺度，切实推进广播电视和网络视听领域法律法规落地实施。健全完善重大行政决策、重大执法决定、重要合同合法性审查机制，切实推进广播电视各项工作法治化。业界人士普遍认为，这一"网标"的发放，说明"网上网下统一标准"又向前进了一步，广播电视与网络视听法律体系进一步完善。

图1 网络剧片发行行政许可，即"网标"

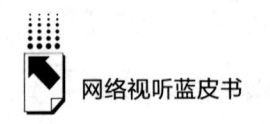

9月，国家广电总局公布了2022年"弘扬社会主义核心价值观，共筑中国梦"主题原创网络视听节目推选结果，有包括《重启地球》《幸存者1937》《雷霆行动》《我们的新生活》《中国救援·绝境36天》《逆流而上》在内的8部网络电影进入百部优秀网络视听节目名单。①

（二）视频平台网络电影发展策略

在视频平台网络电影发展策略方面，2022年4月1日起，爱奇艺全面升级网络电影的合作模式："云影院首映模式合作的影片，在当前点播分账基础上，叠加会员分账，此举将进一步为电影片方扩展分账模式和分账周期，实现在线发行的多窗口共赢获益。网络电影新分账模式从前六分钟有效观看分账升级为按时长分账，这意味着平台从规则上为网络电影质量进一步提升创造了更公平的发展环境，新的合作模式下，电影片方收益和用户观影选择直接相关，能够做好创作、讲好故事、作品完成度更高的片方将会获得更高的收益。"②

根据时长分账，具体的会员分账期票房计算方式为：会员分账有效时长（小时）×分账单价（元/小时）。其中，会员分账有效时长指的是会员用户在影片会员分账周期内观看授权作品的累积有效总时长，以小时为单位计算。独家网络电影分账单价为1.5元/小时，非独家为1.05元/小时。分账周期为180天。从以前的"前六分钟决定命运"到"让每一分钟都创造价值"，通过这样的分账变化鼓励片方提高网络电影质量，增强付费会员的平台黏性。另外，爱奇艺取消平台定级，把投票权真正交给了观众，让每一部作品在同一条起跑线上出发。

腾讯视频在2022年1月推出了创新赛道扶持计划，对内容定级与单价进行了模式升级。内容级别分为S Pro、S+、S、A、B、C，除了C级别为非独家合作之外，其他几个级别都是独家合作方式，分账单价依次是5元、4元、3.5元、

---

① 《腾讯在线视频副总裁、总编辑王娟：发展新赛道塑造新优势，创新赋能电影行业》，中国电影报微信公众号，2022年11月23日，https://mp.weixin.qq.com/s?__biz=MzA3NDYzMDA3Mg==&mid=2649981741&idx=1&sn=482ce5358aa58941e6718d3d3376481b&chksm=877bf5fab00c7cecd812bb11e33267b54ed298a6f2a2c93f15b6a5c643c021cf4013f6f199e9&scene=27。

② 《爱奇艺网络电影合作模式升级：云影院首映影片可获线上双窗口期分账 会员分账步入按时长分账时代》，爱奇艺行业速递微信公众号，2022年3月3日，https://mp.weixin.qq.com/s/zSQhQqqhR2ze5NjMO4FXOw。

2.5元、1.5元及1元。分账周期除了C级是上线之日起3个月，其他都是上线之后的6个月。

5月，腾讯视频将原来的"月度分账票房榜"，改成"月度盘点"，不再公布分账票房、有效观影人次等数据。

年底，腾讯视频推出网络电影内容激励计划。这一计划针对的是2022年11月1日10：00到2022年12月31日10：00在腾讯视频平台以分账模式上线的网络电影，类型上主要有4个激励赛道，每个激励赛道下包含多个题材，只要属于该题材且符合评选条件的，均可以参与评奖。4个激励赛道分别是：(1) 动作，其中包含军事枪战、扫黑除暴等动作类型；(2) 喜剧，包含各类喜剧；(3) 东方幻想，包含冒险、怪兽、玄幻动作、民间传奇等；(4) 创新，包含正能量、现实题材、科幻、动漫、女性、悬疑，以及其他各类有突出创新的内容。此次激励以票房和口碑指数为考核标准，奖金分别为：第一名200万元，第二名100万元。评奖标准以影片口碑指数来衡量。影片口碑指数根据腾讯视频创作平台的精彩指数、搜索指数综合加权得出，评奖中票房权重占比70%，口碑指数占比30%。

优酷在2022年1月11日，发布了针对网络电影的"扶摇计划"。这一计划希望联动全网多家优质IP内容平台，精选书、游、影、剧、漫等多元化优质IP，面向优质影视制作公司开放合作，以此来促进优质内容的生产，助力网络电影形成持续破圈影响力。除此之外，优酷还不断提升网络电影的营销专业性，正逐步建立网络电影营销标准化体系。2022年8月，优酷发布营销有效性奖励计划，对处于上线前14天到上线30天核心营销期的网络电影，只要在优酷内容开放平台"每日搜索指数"累积量达到奖励规则对应标准即可获得相应奖金，经过优酷平台审核确认后，在影片分账期内就可以直接获得奖励，奖金加入影片分账票房中。每日搜索指数累计在1000万（含）以上的奖励300万元，600万（含）~1000万的奖励200万元，400万（含）~600万的奖励100万元。

二 数量与质量：提质减量效果显著，破千万影片数量减少

2020年6月，全国网络视频用户为8.88亿人，2021年6月为9.44亿人，

2022年6月为9.95亿人。① 可见，网络视频用户增速已经大幅放缓。不仅用户新增量低，而且影片上线的数量和影响力也在下降，2022年全年线上电影正片有效播放为387亿次，2021年线上电影（包括新片和片库已有的电影）正片有效播放为452亿次，2020年这一数字为528亿次。单与2021年相比，2022年线上电影正片有效播放同比就缩减14.4%。2022年网络电影正片有效播放97亿次，2021年与2020年这一数字皆为112亿次，2022年同比缩减13.4%。网络电影在线上电影正片有效播放不断下降的情况下，市场占有量较为稳定。

2022年，平台方通过取消定级、推出点播付费分账模式等措施，实现网络电影的进一步提质减量。从上新数量上来看（见图2），2022年网络电影上新388部，这一数字比2021年的551部下降29.6%。2020年，网络电影上新数量为769部，可见中国网络电影近三年上新数量呈现逐年下降趋势。从2014~2022年整体趋势来看，网络电影上新数量在2016年达到巅峰，之后就逐年下降，2022年上新数量已经低于2014年的网络电影元年。从上新网络电影部均正片有效播放来看，2020年部均正片有效播放为992万次，2021年上涨37.4%，达到1363万次，2022年比2021年上涨16.1%，达到1582万次。正片有效播放破千万次影片比例2020年为19%，2021年为39%，2022年为46%。从数量的减少和有效播放的增加可知，中国网络电影已从野蛮生长时期正式进入数量与质量均衡发展时期。

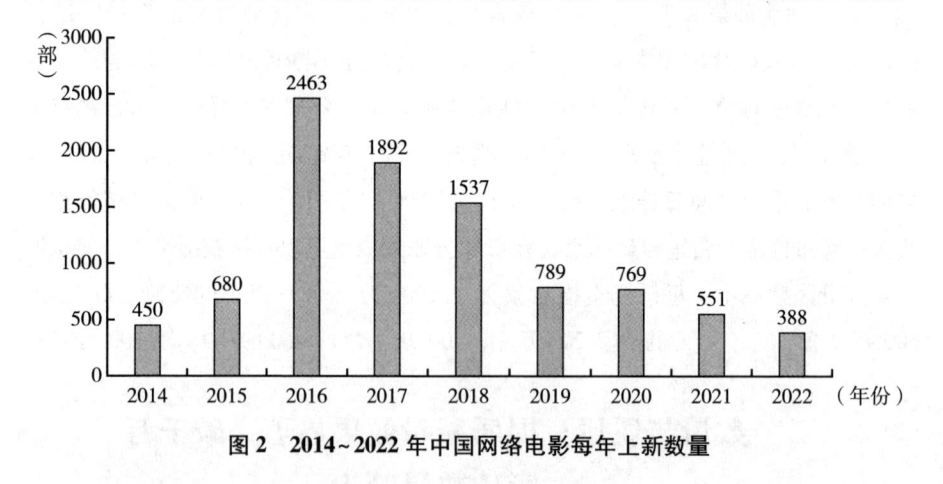

图2 2014~2022年中国网络电影每年上新数量

① 《重磅发布｜2022网络电影年度报告》，云合数据微信公众号，2023年1月18日，https：//mp.weixin.qq.com/s/LR-DxErI8yk8uanKEGXY3A。

虽然提质减量颇有成效，但是由于平台分账规则的成熟，网络电影用户群体还未实现破圈增加的趋势，分账破千万元影片减少。2022年，"爱优腾"上新网络电影公开分账规模17.2亿元，总分账破千万元影片53部（单平台发行影片22部，多平台发行影片31部），同比减少15部。其中爱奇艺上新网络电影200部，超1000万元不到1500万元影片11部，超1500万元不到2000万元影片5部，2000万元及以上影片7部；7部是云影院首映模式影片，破千万元影片累计分账4.03亿元。腾讯视频上新197部，超1000万元不到1500万元影片3部，超1500万元不到2000万元影片2部，2000万元及以上影片4部；破千万元影片累计分账1.59亿元。优酷上新网络电影51部，超1000万元不到1500万元影片5部，超1500万元不到2000万元影片2部，2000万元及以上影片1部；破千万元影片累计分账1.33亿元。

三　票房与类型：网络电影用户固化，主旋律有创新

2022年，中国网络电影分账票房前十名分别是《阴阳镇怪谈》《大蛇3：龙蛇之战》《开棺》《张三丰》《盲战》《恶到必除》《东北告别天团》《老九门之青山海棠》《亮剑：决战鬼哭谷》《龙云镇怪谈》。这十部作品中，只有《东北告别天团》的豆瓣评分达到及格分6分，其他作品最低分仅有3.8分，且像《老九门之青山海棠》这样有一定知名度IP的作品也只拿到3.9分的分数。

从2020年至2022年分账破千万元影片来看，2020年的《鬼吹灯之湘西密藏》《奇门遁甲》两部达到5000万元以上的分账票房；《倩女幽魂：人间情》和《海大鱼》两部达到4000万元以上的分账票房；《狄仁杰之飞头罗刹》《鬼吹灯之龙岭迷窟》两部达到3000万元以上的分账票房；《狙击手》《武动乾坤：涅槃神石》《蛇王》《大幻术师》《奇门相术》《东北往事：我叫刘海柱》《龙无目》7部达到2000万元以上的分账票房；《九指神丐》《鬼吹灯之龙岭神宫》《亿万懦夫》《封神榜·妖灭》《老爹特烦恼》《灭狼行动》《中国飞侠》7部达到1800万元以上的分账票房。

2021年，分账票房破4000万元的有《兴安岭猎人传说》《发财日记》两部；破3000万元不到4000万元的有《重启之蛇骨佛蜕》《无间风暴》《硬汉枪神》《浴

血无名川》《狙击之王》《鬼吹灯之黄皮子坟》《新逃学威龙》《白蛇：情劫》8部；破2000万元不到3000万元的有《四平警事之尖峰时刻》《黄皮幽冢》《东北恋哥》《赘婿之吉星高照》《生死狙击》《龙棺古墓：西夏狼王》《扫黑英雄》《封神榜：决战万仙阵》《二龙湖往事惊魂夜》《大嫂归来》10部。2021年，虽然没有破5000万元票房的网络电影，但是前20名中都是超过2000万元票房影片。

2022年也没有超过5000万元票房的网络电影（见表1），超过4000万元不到5000万元票房影片只有1部，超过3000万元不到4000万元的影片有3部，超过2000万元票房不到3000万元影片有11部，超过1800万元不到2000万元影片有5部。超5000万元票房影片只有在2020年出现了两部，在2019年、2018年没有出现，说明2020年疫情所带来的宅经济在网络电影市场上有显著反映。超4000万元不到5000万元票房影片、超3000万元不到4000万元票房影片在2022年减少，超1800万元不到2000万元分账票房影片增加，相比2021年，前十名的网络电影累计票房锐减近6000万元，整个行业累计分账超过3000万元的作品数量同比下滑50%，说明了头部网络电影难以实现观众范围的突破，中国网络电影观众群体呈现较为固化的现象。

表1 2022年网络电影分账票房榜TOP20（不含点播付费模式）

排名	片名	分账票房（万元）	上线时间	分账平台
1	《阴阳镇怪谈》	4097	1/8	爱奇艺/腾讯视频
2	《大蛇3:龙蛇之战》	3421	1/22	优酷
3	《开棺》	3380	5/2	腾讯视频/优酷
4	《张三丰》	3071	1/22	爱奇艺
5	《亮剑:决战鬼哭谷》	2709	3/3	爱奇艺/优酷
6	《恶到必除》	2673	7/28	爱奇艺/腾讯视频/优酷
7	《东北告别天团》	2601	4/22	腾讯视频
8	《老九门之青山海棠》	2557	2/10	爱奇艺
9	《龙云镇怪谈》	2527	1/20	爱奇艺
10	《猎毒者》	2345	1/12	爱奇艺
11	《山村狐妻》	2321	6/2	爱奇艺/腾讯视频/优酷
12	《棺山古墓》	2319	11/12	爱奇艺/腾讯视频
13	《我不是酒神》	2163	1/29	爱奇艺/优酷
14	《鬼吹灯之精绝古城》	2130	9/1	腾讯视频

续表

排名	片名	分账票房（万元）	上线时间	分账平台
15	《民间怪谈录之走阴人》	2029	8/5	腾讯视频
16	《烈探》	1961	7/8	优酷
17	《阴阳打更人》	1855	1/19	腾讯视频
18	《狙击英雄》	1854	6/30	爱奇艺/优酷
19	《新洗冤录》	1801	1/6	爱奇艺
20	《浩哥爱情故事》	1800	3/11	爱奇艺/腾讯视频/优酷

2023年初，爱奇艺在"爱奇艺网络电影榜单"小程序中推出云影院首映模式电影数据查询服务，发布了2022年票房榜。其中，《盲战》《目中无人》《倚天屠龙记之九阳神功》《一盘大棋》《倚天屠龙记之圣火雄风》《逃狱兄弟3》《青面修罗》7部影片拿到超过1000万元票房，《盲战》更是高达3936.6万元票房，《目中无人》2976.4万元，《倚天屠龙记之九阳神功》2716.9万元。爱奇艺开发这一小程序首先是因为线上电影市场变化速度太快，随着单片付费、爱奇艺云影院等新模式的不断出现，第三方票房数据系统已经无法完全满足从业者的需求。相较于第三方数据机构，爱奇艺票房实时查询系统覆盖范围更全面，不仅支持查看日榜、年榜，还提供全生命周期数据明细查询服务，用户可从内容热度、用户画像等多个细分维度来查询、分析数据。比如《盲战》，爱奇艺小程序就提供了用户画像概览，指出观看此电影的人群以男性为主，年龄主要集中在25～35岁，地域主要集中在新一线城市。点击用户画像详情，还可知该片女性观众占23.3%，男性观众占76.7%。地域上看，新一线城市观看率19.98%，一线城市观看率9.96%，二线城市观看率18.38%，三线城市观看率17.55%，四线城市观看率16.6%，五线城市观看率12.62%，其他城市观看率4.9%。爱奇艺副总裁、电影中心总经理宋佳表示，目前爱奇艺网络电影榜单的数据仍处于初级阶段，后续还会有更多详细数据视合作方需求来进一步开放。

在2022年的上新影片中，制作成本超过600万元的网络电影占全部上新影片的74%，成本过千万元影片相比2021年，从占比30%降至24%。在影片类型方面，动作类型仍旧是数量最多的，惊悚、悬疑也是2022年的热门类型

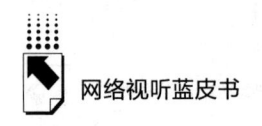

题材。《盲战》《恶到必除》等影片满足用户对硬核动作类型的需求，《阴阳镇怪谈》《开棺》在原来网络电影惊悚题材基础上进行类型融合、叙事结构创新，都取得不错的成绩。主旋律影片方面，《狙击英雄》《冰雪狙击》《烽火地雷战》《特级英雄黄继光》《勇士连》等分账票房都突破千万元，其中《特级英雄黄继光》在豆瓣获得8.1分的高分，实属不易。

四　案例分析：《特级英雄黄继光》《目中无人》《阴阳镇怪谈》

（一）主旋律网络电影的创新：《特级英雄黄继光》

《特级英雄黄继光》以中朝两国授予抗美援朝特级英雄称号的黄继光为原型，展现了黄继光如何参军并在军队里得到锻炼，不断提高自己的意志力和战场技巧，最终成为一名优秀的战士的故事。在上甘岭战役中，为了完成上级下达的任务，为了整个部队的胜利，面对地堡中敌人的机枪，黄继光牺牲自己，英勇堵枪眼，为战友争取到短暂的时间，从而消灭了敌人。

该片分账票房破千万元，为1033.8万元，其中优酷246.3万元，爱奇艺474.2万元，腾讯视频313.3万元，在全平台分账票房获得14次日冠军，优酷分账票房日冠军17次，爱奇艺分账票房日冠军7次，腾讯视频分账票房日冠军10次。根据爱奇艺公布的数据，在爱奇艺上观看该片的用户以男性为主，占76.3%，女性为23.7%，年龄主要集中在25～35岁。地域上主要集中在新一线城市，占20.95%，一线城市10.57%，二线城市18.52%，三线城市17.67%，四线城市16.73%，五线城市11.69%，其他城市3.88%。

导演兼编剧周润泽在豆瓣中写了自己创作的过程。这部影片是建立在大量的史料收集、阅读基础上的，并在历史与创作、商业与艺术、宏大构思与较少预算之间不断平衡，经过数月的潜心研究和创作，才让黄继光这个中国观众十分熟悉的历史人物，重新变成一个让人可以信服的电影人物形象。因为黄继光是通信员，而不是战斗员，所以创作中就着重描写通信员的成长和训练。因为黄继光和他母亲的信件是存世的，因此就尽量把信件内容与剧本内容相贴合。

战斗过程中许多桥段、细节的填充，都是从老兵回忆录中找的，避免缺少实际证据。

（二）单片付费模式成功案例：《目中无人》

《目中无人》是 2022 年 6 月 3 日爱奇艺通过云影院首映模式推出的网络电影，在豆瓣获得 7.1 分的不错成绩。这一成绩不仅在网络电影中属于较佳成绩，而且放在 2022 年国产电影中，都是口碑前十的作品。与《硬汉枪神》《灵魂摆渡·黄泉》这些高评分网络电影不同的是，《目中无人》是一部单片付费模式的网络电影，这要更高的观众付费意愿才有可能获得高票房，而《目中无人》仍旧获得 2976.4 万元的高票房。在观看用户中，20.1% 为女性，79.9% 为男性。年龄分布上 26~30 岁最多，超过 30%，31~35 岁其次，再次是 36~40 岁。观看用户地域分布上，新一线城市占 20.94%，一线城市占 10.57%，二线城市占 18.52%，三线城市占 17.67%，四线城市占 16.73%，五线城市占 11.69%，其他城市占 3.88%。

豆瓣是一个中国影迷聚集最集中的平台，这里有着一群对电影质量要求极高的用户。在这样的场域中，网络电影获得好评价是很难的。《目中无人》让很多用户认真地对电影的剧本、动作、镜头设计进行评价，并从创意动作戏设计联想到《座头市》《杀死比尔》《疾速追杀》这些经典动作电影，说明制片方在创作过程中十分用心。

《目中无人》讲述的是一个盲侠为了伸张正义不断与恶人对抗的复仇故事。本片故事节奏很快，内容简短有力，片长仅 74 分钟，虽然不到一部院线电影的体量，但是作为网络电影而言，这个长度是合适的。因为中国网络电影受众以男性居多，地域方面以新一线和二线、三线城市的受众为主，这样的用户更倾向于故事线清晰简洁、节奏快的网络电影。《目中无人》在这一方面就做到了极致。武术动作是这部电影的重头戏，男主角的武功招数不仅整体凌厉、快狠准，而且做到了层层递进，与情节发展息息相关。

文戏是这部电影极度压缩的部分，由于制作周期较短、演员演技仍有待提高，该电影整体在文戏创作上较为薄弱。因此，《目中无人》就尽可能扬长避短，一方面既凸显该片快节奏、重打戏的特点，另一方面也最大限度发挥主角谢苗的优势。

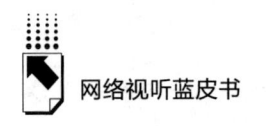

（三）民俗惊悚新尝试：《阴阳镇怪谈》

《阴阳镇怪谈》是在爱奇艺和腾讯视频双平台推出的网络电影，2022年1月8日上线，短短半个月分账票房就突破3000万元，有效观看人次超过1200万，短视频播放量突破30亿次，并获得2022年全网分账票房第一名。该片讲述憨宝人阎阳一和宝葫芦误入诡异阴阳镇，这里只能进不能出，凡是擅自离开者就会离奇的死亡。阎阳一和宝葫芦在追寻阴阳镇真相过程中，发现这个小镇更加惊人的秘密。该片除了票房表现非常好之外，在单平台实现拉新会员也达到40%。《阴阳镇怪谈》这类民俗惊悚电影虽然从类型上来看，是网络电影的老题材了，可以说红利期已经过了。但从《阴阳镇怪谈》的成功来看，在旧题材上进行合理的创新突破，仍然可以做出受用户欢迎的作品。导演张涛指出，网络电影发展了近十年的时间，很多创作者为了保证自己的分账票房成绩，会刻意给影片增加各种元素。例如，古董题材与怪兽题材的结合，创作方不是遵循创作规律来进行有机的类型跨界融合，而是单纯认为不加怪兽元素，商业性就不强。还有一些出品方为了保证不赔钱，不愿意创新，只想做出一部跟已经赚钱的影片类似的作品。这种求稳的方式，导致网络电影内容高度重合，把观众对一个类型的信任度与好感度迅速消耗掉，因此才形成所谓的红利期减退的问题。

张涛认为，一个作品可以在类型题材上是传统的，但在具体创作上应该比之前的作品有成长。每种类型的电影的红利都是一直存在的，只是看创作者用什么样的方式去产出作品，是否将作品品质放在首位。张涛作为第一代网生导演，已经拍出《道士出山》三部曲、《阴阳先生之末代天师》等类型化作品。这次的《阴阳镇怪谈》，张涛认为拍的是民俗惊悚，而不是惊悚民俗。这两个词语位置的调换，决定的是该片的整体风格倾向。民俗惊悚重点在民俗，惊悚不是主要的，只是辅助。该片希望能将中国民间传说故事、民间传统文化表现出来。

为了拍摄这部影片，张涛带领团队对作品与受众进行了市场调查。他发现，西方惊悚恐怖电影最经常出现的两大元素是宗教和血腥视觉。随着使用频率的不断提升，这两大元素对中国观众的吸引力持续下降。具有中国民间元素的中式惊悚仍旧可以吸引不少观众的注意，但同时也要注意打好故事基础，确保故事的可信度高。网络电影预算虽然不如院线电影，打磨一个质量好的剧本实际上最多花费不到 50 万元，因此把剧本做好，是一个最省钱并且可以将有限投入最大限度释放出价值的方式。

在《阴阳镇怪谈》创作过程中，张涛也在探索元素跨界融合的方式，他希望像老港片那样，把惊悚和喜剧进行结合。这种结合既已经有历史上积累下的观众基础，又能吸引更多不同受众。单纯的惊悚可能会让一些并不喜欢这一类型的观众对该片望而却步，而能让人哈哈大笑的喜剧元素则可以很大程度释放惊悚部分带给观众的心理压力，从而在受众面上有所突破。

B.5
2022年网络直播行业发展报告

李建亮　庞胜楠*

摘　要： 2022年网络直播行业发展态势良好，行业生态不断优化，资本投入进一步扩大，受众市场不断下沉，从"万物皆可直播"走向"万人皆可直播"时代。跨界直播的兴起为乡村振兴提供了助力，同时成为不少企业面对政策变化实现转型的重要方式。政府对网络直播的监管力度进一步加大，出台了诸多旨在规范网络市场秩序、促进新业态健康有序发展的政策法规。网络直播平台的主体竞争格局依旧趋于稳定，开始朝跨领域、跨边界方向发展。头部平台开始注重多元价值体系建设，虚拟主播不断破圈，对真人主播的优势地位造成了冲击，主播生态朝着多元化、专业化方向发展。

关键词： 网络直播　跨界直播　虚拟主播　多元价值体系

一　网络直播行业的发展动态

2022年，在新冠疫情依旧存在与宅经济不断增长的状况下，网络直播行业也在不断地发展调整。电商直播在各类直播中依旧保持着较大的比例，游戏直播保持着增长，而体育直播和演唱会直播则异军突起。同时，2022年度的政策出台和监管力度持续加大，各地深入贯彻相关政策并治理影响网络直播生态健康的"灰色地带"。

---

* 李建亮，澳门科技大学数字媒体专业博士研究生，研究方向为数字影视艺术；庞胜楠，清华大学新闻与传播学院博士后，清华大学影视传播研究中心助理研究员，山东师范大学硕士生导师，研究方向为新媒体传播。

（一）行业生态优化调整

根据CNNIC第50次《中国互联网络发展状况统计报告》，截至2022年6月，中国网络直播用户规模达7.16亿人，较2021年12月增长1290万人，占网民整体的68.1%（见图1）。电商直播和游戏直播的用户规模涨幅不大，分别增加533万人和290万人，分别占网民整体的44.6%与29.0%。体育直播和演唱会直播的用户规模涨幅较大，分别增长2232万人和1194万人，分别占网民整体的29.1%和15.4%。真人秀直播的用户规模则有所减少，较2021年12月减少793万人。从细分领域来看，电商直播以4.69亿人的用户规模遥遥领先，稳居市场第一，行业地位难以撼动；游戏直播和体育直播用户规模依旧强劲增长，该市场凭借大型赛事的举办、技术模式升级和丰富的观赛体验迎来发展契机；随着实时计算和虚拟现实技术的不断发展，直播延时的降低与画质的提高，演唱会直播的用户规模有了显著的增长；真人秀直播则被游戏直播、体育直播、演唱会直播的回温所挤压，整体用户规模下滑，优势不再。

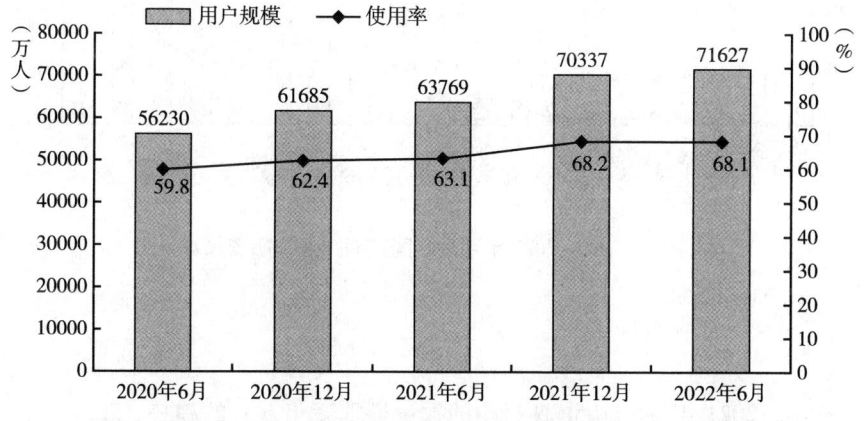

图1 2020年6月至2022年6月中国网络直播用户规模及使用率

资料来源：CNNIC中国互联网络发展状况相关统计调查。

2022年初，随着疫情防控形势的变化，许多人陆续回到工作岗位，经济发展开始回温，网络直播用户规模保持整体扩大趋势，行业细分领域的增长态势进一步"分化"，电商直播、游戏直播、体育直播表现更为突出。随着直播内容进一步垂直、直播场景进一步拓展、直播技术进一步迭代，用户的圈层化、分众化趋势更为明显。在稳定受众基本盘的同时，如何有效刺激增量市场、吸引优质用户仍是行业新课题，在线直播行业继续对业态进行优化调整。

（二）资本市场不断扩大

根据艾媒咨询提供的数据，中国直播行业投融资数量集中在2016年，全年高达309起。2021年，中国直播行业全年投融资金额为559.59亿元，投融资数量达61起。近两年，直播行业在投融资数量上虽不如之前活跃，但大额投融资项目的频现从侧面印证了直播行业继续受到越来越多的资本方青睐（见图2）。

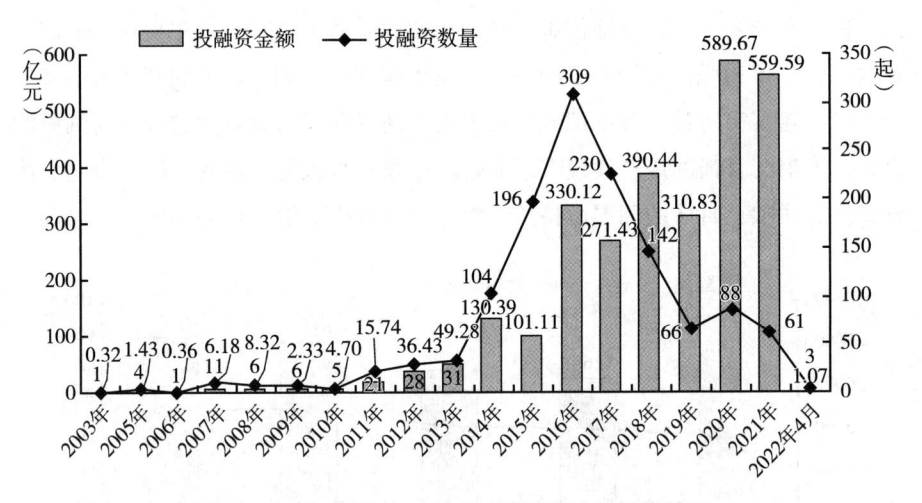

图2 2003~2022年4月中国直播行业投融资情况

注：2004年暂缺。
资料来源：艾媒咨询。

2016~2021年，中国MCN机构的数量呈现逐年上升的趋势。2021年，中国MCN机构数量突破3万家，预计到2023年将突破4.7万家。中国MCN机构数量的增长体现出国内直播运营不断向专业化、精细化、规范化的方向发展，这为在线直播的持续发展提供了有力的支撑（见图3）。

2020年，行业步入发展成熟期，资源集聚效应使早期头部平台陆续完成上市或已提上日程。2022年，面对品控不严、偷税漏税、数据造假等行业乱象，政府出台了相应的法律法规对网络直播行业进行规划，重拳打击了网络

"灰色地带"。随着规章制度的不断健全，以及对网络直播市场投资的增加，网络直播的资本市场会不断地扩大。

图3　2016~2023年中国MCN机构数量及同比增长率

＊截至2023年12月，笔者仍未检索到有关2022年MCN机构数量、确切市场规模的最新公开数据，在此保留2022年和2023年预测数据。

资料来源：艾媒咨询。

（三）跨界直播引领新潮流

中国直播电商受众市场逐渐下沉，直播门槛不断降低，从"万物皆可直播"走向"万人皆可直播"，这为跨界直播创造了良好的条件。

疫情期间，县域数字经济和实体经济融合加速推进，带动农村电商的迭代创新，新业态和新模式如直播电商、网红带货、社区团购和农旅直播等也在县域掀起一股热潮。手机、数据和直播成为新型农业工具、新型农资和新型农活。商务部数据显示，截至2020年底，国家级脱贫县的网商总数达到306.5万家，较2019年增加36.6万家，同比增长13.6%。

通过公益直播，官方直播力量介入并以助力脱贫攻坚为目标，县长直播带货的现象应运而生。早在2019年4月，阿里乡村事业部就启动了"乡村振兴县长研修班"，安排县长参加直播卖货体验课。研修班累计邀请了来自全国24个省份的534名县长或副县长进入直播间。从2019年末开始，网红县长开始崛起，并有政府工作人员加入直播带货队伍，填补了县域产品直播的空白。这种跨界直播不仅为县

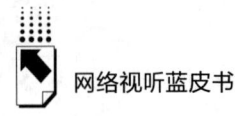

级融媒体中心的攻坚建设提供了新思路，更为县域经济的发展注入新的活力。

疫情期间，直播助农成为各电商平台助力脱贫攻坚的适时举措，也促进了流量的收获。其中，县长直播是直播助农带货的重要形式之一。淘宝将3月定为"春播月"，开展"战疫助农"直播活动，130余位县长进入直播间带货。同一时间段，抖音启动"战疫助农"县长直播系列活动。截至2022年5月，已有81位市长、县长参加了直播活动，销售农产品超过175万件，销售额达9252万元。京东在"618"期间发起"百大县长直播团"，超过100名地方政府领导参与京东超市百大县长直播团项目，为家乡好物直播带货，整体观看互动达到1.2亿人次，直播期间参与的品牌店铺GMV破亿；拉动参与活动"产业+商品"销售额提升300%以上。

直播也成为助力企业应对政策变化实现转型的重要方式。新东方教育集团受"双减"政策影响陷入困境，其创始人俞敏洪宣布新东方业务转型开启跨界直播，推出东方甄选。从2021年12月28日首播，东方甄选账号从1个增加到6个，粉丝总量突破3600万人，已推出52款自营产品，总销量达1825万单。东方甄选成立之初直播状态较为低迷，而主播凭借双语直播迅速出圈，带动GMV、日均观看量持续走高。2022年6月10日，董宇辉老师中英双语"带货"突然走红，东方甄选GMV和观看人次数据在当日出现爆发。根据蝉妈妈数据，6月10日东方甄选观看人次、GMV分别达到907万人次、1457万元。6月11日数据继续提升，观看人次、GMV分别达到1275万人次、2014万元。从更长的周期看，东方甄选日均销售额从近180天的85.6万元，提升至近7日的606.3万元，GMV的提升由销售量和客单价共同推动。日均观看人次从近180天的61.5万人次，提升至近7日的394万人次（见表1）。

表1 东方甄选直播间运营数据（以2022年6月10日为基准）

时间	日均观看人次（万人次）	日均销量（万单）	日均销售额（万元）	客单价(元)	日均UV价值
近7日	394.2	7.9	606.3	77	1.35
近15日	226.6	4.5	342.3	76	1.4
近30日	152.9	3.0	224.3	75	1.36
近90天	81.5	1.7	114.1	67	1.26
近180天	61.5	1.4	85.6	61	1.3

资料来源：蝉妈妈、浙商证券研究所相关统计。

随着网络直播受众群体的不断扩大，跨界直播成为一种新的潮流。"棋手战鹰"原本是一位围棋主播，她的直播以围棋教学和讲解为主，最初在哔哩哔哩上只拥有5万名粉丝，但当她开始"整活"后，粉丝数量飙升到94万人，增粉率1780%，战鹰一跃成为哔哩哔哩热门主播；九段棋手连笑2022年底跨年夜狂砍2600个舰长；柯洁除了直播围棋之外，也会去直播网游《云顶之翼》，拥有着143.3万名粉丝，直播切片播放量频频过百万人次……围棋选手跨界直播，吸引了大量的人气，引起了更多的人对围棋的关注。

（四）监管力度持续加大

随着网络直播行业的迅猛发展，直播行业各种数据造假、言行失范、低劣商品等乱象屡有发生。为了肃清行业风气，净化网络环境，多地方、多部门再度重拳出击，对直播商品质量、营销合规操作等提出明确要求，旨在规范网络市场秩序、促进新业态健康有序发展。

2022年3月，国家互联网信息办公室等三部门印发《关于进一步规范网络直播营利行为促进行业健康发展的意见》，对解决电商直播行业偷逃缴纳税款问题具有指导作用，推动了网络直播行业的规范发展，保证其不走弯路。

2022年5月，中央文明办等四部门发布《关于规范网络直播打赏 加强未成年人保护的意见》，对解决游戏直播、真人秀直播存在的未成年人主播与打赏问题提供了指导，有利于未成年人网络保护环境的改善。

针对网络主播行为规范缺乏统一标准的问题，国家广播电视总局等两部门于6月联合印发《网络主播行为规范》，规定了31类网络主播禁止实施的行为，有利于提高网络主播队伍的整体素质。

当前，随着相关的法律法规不断完善，直播营销的各种"灰色地带"均被纳入监管的范围，我们应时刻警惕直播中的各种乱象，并应当认识到，无论是何种触及红线、打擦边球的行为，最终都会受到法律的制裁。

二 网络直播平台分析

2022年以来，网络直播平台的主体竞争格局依旧趋于稳定，开始朝跨领域、跨边界发展。头部平台除了继续加码优质内容之外，还在多元价值体系的挖掘上下功夫，同时也更加主动自觉地承担社会责任。

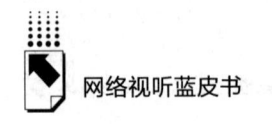

（一）提供优质内容优化直播生态

2022年，在线直播平台更加注重内容与经济效益、社会效益的协同发展，一方面深度挖掘、输出精品，另一方面促进流量与消费转化、公益与收益并重。基于此，各大平台频频动作，直播的内容品类更多样、场景更丰富。在之前的云影院、云展演、云旅游、云课堂等新业态遍地开花后，传统曲艺、非遗文化、知识科普成为新的热门内容。

抖音平台共记录4559万次居家云健身、上网课等内容，得到用户上百万次打卡。"云端"模式成生活新方式。居家期间，用户偏好在平台"云旅游"，西湖成年度最受欢迎景点，动物园直播累计观看近4亿次。众多餐厅、景点首次开启线上直播。

线上直播为演艺产业注入新活力。2022年，抖音演艺类直播开播超3200万场，演出场次同比上涨95%，平均每场观众超3900人。热度攀升最快的五大演艺类直播类型为音乐剧、中国舞、话剧、喜剧、杂技，其中音乐剧直播观看人次同比增长978%。

传统文艺在线下市场遇冷，但在直播平台迎来"第二春"，呈现一片繁荣景象。平台不仅依靠流量优势，发起公益类直播普惠大众，还通过电商、打赏、广告等收益体系反哺优质内容创作。在正向循环下，"内容经济"效应被长线放大，内容生态体系愈加完善。

（二）主动承担社会责任

除了提供优质内容外，网络直播平台也越来越注重承担社会责任。在疫情期间，网络直播平台积极响应政府号召，推出多项公益活动，帮助抗疫一线的医护人员和普通群众。例如，腾讯视频联合全国各大医院共同推出"云医院"服务，为患者提供线上医疗服务；抖音平台推出"宅家挑战"和"为爱打卡"等公益活动，激励用户在家中积极参与公益活动，为抗击疫情做出贡献。

除了疫情期间的公益活动，网络直播平台在其他领域依旧能够发挥重要作用。例如，在灾难发生时，网络直播平台可以通过直播的形式，及时报道灾难情况，向社会传递最新的信息。在一些公共事务中，网络直播平台也能够发挥重要作用，例如直播政府公告、政策发布等，方便用户及时获取信息。

此外，网络直播平台在营造健康向上的网络氛围，推动社会文明进步方面也承担着不可或缺的社会责任。网络直播平台积极倡导文明直播，鼓励用户发布正能量内容。同时，网络直播平台对违规行为进行严格管理，对于低俗、暴力、恶意攻击等违规行为采取零容忍的态度。

总之，网络直播平台在提供优质内容的同时，也在积极承担社会责任，推动社会文明进步。未来，网络直播平台还将继续创新发展，为用户提供更加丰富多彩的服务。

（三）探索多元价值体系

在探索多元价值体系方面，网络直播平台也有着重要的作用。随着社会的发展，人们的观念也在逐渐多元化，传统的价值观念已经不能完全满足现代社会的需求。网络直播平台可以通过推广多元文化，促进社会的多元化发展，让更多人了解和尊重不同的文化、信仰、生活方式等。

例如，在网络直播平台上，可以通过推广国内外的文化艺术活动，让观众了解不同国家和地区的文化特色和艺术表现形式。此外，网络直播平台还可以通过开设讨论节目和访谈节目等形式，邀请来自不同领域和不同文化背景的人士分享他们的观点和经验，促进观众的思想交流和文化融合。

同时，在探索多元价值体系方面，网络直播平台也应该重视用户的意见和反馈，积极听取用户的声音，提供更加个性化的服务。例如，通过数据分析和用户反馈，网络直播平台可以了解用户的兴趣和需求，推荐更加符合用户口味的内容。此外，网络直播平台还可以开展用户参与活动，让用户参与到内容的制作和推广中来，提高用户的参与度和归属感。

总之，网络直播平台在探索多元价值体系方面有着重要的作用，应该积极推广多元文化，促进社会的多元化发展，同时也应该重视用户的意见和反馈，提供更加个性化的服务。未来，网络直播平台还将继续探索多元价值体系，不断创新发展，为用户提供更加丰富多彩的服务。

三　网络直播主播分析

随着直播经济的迅猛发展，网络直播行业对主播市场的需求体量也剧增。在行业高速发展态势下，主播生态朝着多元化、专业化方向发展；但是主播生态的乱象也依然存在：大量主播不顾法律的约束，在监管的灰色地带游走。随着整治力度的不断加大，监管部门的重拳出击，主播生态的风气得到改善。而近年来大火的虚拟主播的破圈，也对真人主播的优势地位造成了冲击。

（一）市场需求不断增加

2022年，中国短视频/直播用户付费类型主要集中于购物，占比84.1%，49.8%的用户每月在平台支出的费用占其可支配收入的5%~10%，较2021年有所上升。淘宝、京东等传统平台和抖音、微信视频号等新兴平台的功能不断迭代优化，成为MCN运营和网红孵化的主要平台。游戏、电竞、二次元等领域的平台不断发展，进一步丰富了MCN行业的运营模式。随着MCN行业竞争越发激烈，MCN机构需要完善人才培养机制来促进企业可持续发展。人才培养机制需形成专业化、系统化的体系。

同时，2021年我国居民人均消费支出显著提升，总体保持稳定增长态势，其中2021年我国居民人均教育文化娱乐支出为2599元。随着疫情防控成效不断凸显，未来国民在文化娱乐方面的消费欲望将得到进一步释放，为MCN行业市场的发展提供动力（见图4）。

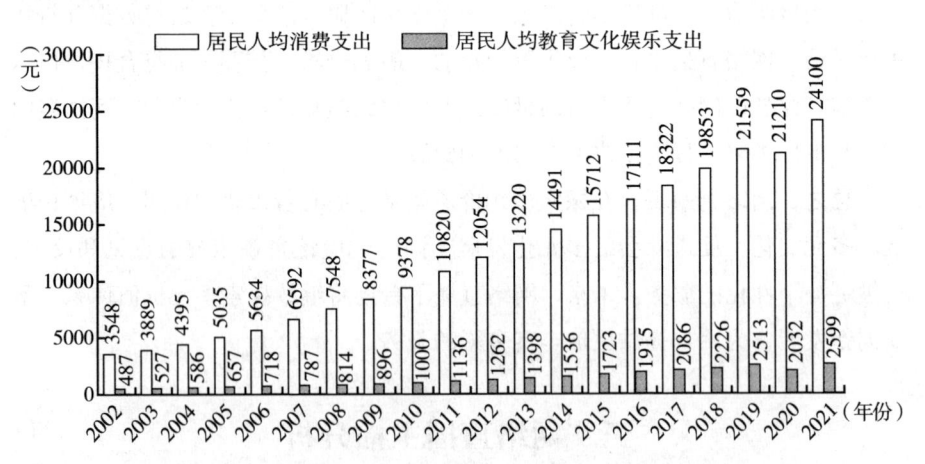

年份	居民人均消费支出	居民人均教育文化娱乐支出
2002	3548	487
2003	3889	527
2004	4395	586
2005	5035	657
2006	5634	718
2007	6592	787
2008	7548	814
2009	8377	896
2010	9378	1000
2011	10820	1136
2012	12054	1262
2013	13220	1398
2014	14491	1536
2015	15712	1723
2016	17111	1915
2017	18322	2086
2018	19853	2226
2019	21559	2513
2020	21210	2032
2021	24100	2599

图4　2002~2021年我国居民人均消费支出及人均教育文化娱乐支出

资料来源：艾媒咨询。

近年来，中国 MCN 市场规模迅速扩大。2022 年，中国 MCN 市场规模将达 432 亿元，预计 2025 年达 743 亿元（见图 5）。以直播电商、短视频为代表的新兴网红经济的崛起，使 MCN 机构的服务需求持续增长。2019 年，MCN 行业投融资金额达最高；2020~2021 年，MCN 行业投融资次数较为密集。随着电商直播产业迅速发展，以及短视频行业的高速发展，MCN 机构加快自身资本化进程和企业战略升级，形成多元化的商业模式。

图 5　2015~2025 年中国 MCN 市场规模及同比增长率

* 截至 2023 年 12 月，笔者仍未检索到有关 2022 年 MCN 机构数量、确切市场规模的最新公开数据，在此保留 2022~2025 年的预测数据。

资料来源：艾媒咨询。

（二）虚拟主播崛起

在娱乐需求增加、AI 等技术不断迭代的背景下，中国虚拟人产业高速发展，元宇宙的热潮加速推动虚拟人产业升级。调研数据显示，有 70.7%的受访用户会给虚拟主播"打赏"；接近九成的用户月均"打赏"金额在 300 元以内；超过七成（77.2%）的受访用户会购买虚拟人代言产品或周边产品。

相关数据显示，虚拟人产业保持稳定增长态势，2021 年，中国虚拟人带动产业市场规模和核心市场规模分别为 1074.9 亿元和 62.2 亿元，预计 2025 年分别达到 6402.7 亿元和 480.6 亿元（见图 6）。虚拟人形象在产品设计方面有较强的可塑性，结合人工智能技术等前沿科技，能够在虚拟主播、数字员

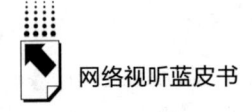

工、虚拟偶像等新业态上满足用户的多样化需求，产生巨大市场机会，推动虚拟人产业的高速发展。

目前，虚拟人行业仍存在缺乏政策与资本支持、关键技术不够成熟以及人才供应体系不完善等挑战。元宇宙的热潮加速推动虚拟人产业的发展。企业除持续构建多样性的虚拟人IP矩阵外，还开拓虚拟人智能化、场景化发展。随着泛娱乐生态的繁荣发展，虚拟人物形象将会在音乐平台、游戏、直播等更多线上场景涌现。元宇宙为虚拟人的发展提供了契机，虚拟人的商业价值不断被挖掘和释放（见表2）。

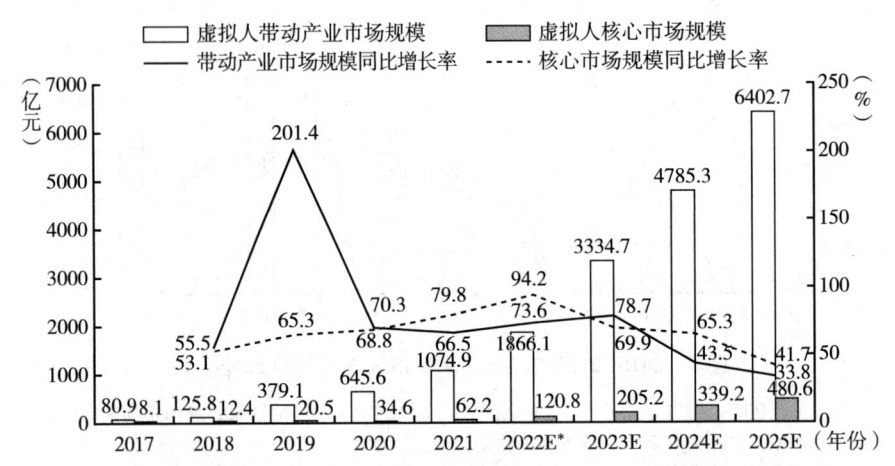

图6 2017~2025年中国虚拟人核心市场和带动产业市场规模及同比增长率

* 截至2023年12月，笔者仍未检索到有关2022年中国虚拟人核心市场和带动产业市场规模的最新公开数据，在此保留2022~2025年的预测数据。

资料来源：艾媒咨询。

表2 2022年上半年中国虚拟人百强榜名单（前二十名）

排名	虚拟人形象	运营厂商	金榜指数
1	洛天依	上海禾念	89.46
2	柳夜熙	创壹科技	83.62
3	嘉然	乐华娱乐	82.00
4	泠鸢yousa	哔哩哔哩、彩虹社	81.04
5	乃琳	乐华娱乐	79.88
6	Hanser	哔哩哔哩、彩虹社	79.64
7	贝拉	乐华娱乐	79.49

续表

排名	虚拟人形象	运营厂商	金榜指数
8	小妮	京东	79.09
9	珈乐	乐华娱乐	79.06
10	向晚	乐华娱乐	79.02
11	凌魂少女（凉然、暖沁）	美的华凌空调	78.81
12	言和	上海禾念	78.70
13	yoyo 鹿鸣	米哈游	78.33
14	多多 poi	哔哩哔哩	78.29
15	冰糖 IO	哔哩哔哩	78.27
16	集原美	集映画	77.98
17	乐正绫	上海禾念	77.94
18	元七七	元气联萌	77.81
19	虚拟鹤追	虚拟影业	77.75
20	新小微	新华社、搜狗	77.73

资料来源：艾媒咨询。

为了促进虚拟人/虚拟主播行业的持续发展，亟须建立一个统一的虚拟数字人标准体系。这个标准体系应该以国内实际情况为基础，同时借鉴国际经验，并加强虚拟人标准化工作的总体规划和顶层设计。此外还应统筹开展虚拟人关键技术、基础应用、服务平台、产品应用及服务和安全等领域的标准化研制，以满足虚拟人产业发展的需求。

（三）生态格局重塑，"去中心化"趋势渐显

随着市场需求不断增加和虚拟主播的崛起，网络直播主播产业正在经历着一次生态格局的重塑。而在这个过程中，去中心化趋势也渐渐地开始显现。

网络直播主播产业的发展不仅为数字化时代的文化娱乐行业注入新的活力，也为互联网生态中的去中心化发展提供了新的机遇。相比于传统的中心化娱乐产业模式，网络直播主播产业更加注重用户与主播之间的互动，强调个性化、多样化和自由化的特点。在这个过程中，虚拟主播和虚拟偶像等新业态的兴起，也在不断推动着网络直播主播产业的去中心化进程。

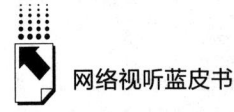

同时，随着技术的不断创新和产业的逐步成熟，虚拟人产业的去中心化趋势也日益明显。在数字化时代，虚拟人的形象和声音已经不再受限于传统娱乐产业的中心化运作模式，而是可以通过区块链、去中心化应用等技术手段营造更加自由、开放、民主的生态环境。在这个过程中，虚拟人产业也将逐步从中心化向去中心化的方向发展，实现更加多元化、分散化、公平化的产业格局。

综上所述，虚拟人产业的崛起和市场需求的不断增加，正在推动着网络直播主播产业生态格局的重塑和去中心化趋势的渐显。

B.6
2022年网络短视频行业发展报告

周才庶 唐诗韵*

摘 要： 2022年，短视频行业增速放缓，产业布局稳中有变，市场竞争整体呈现存量博弈的态势。平台加大对主流化内容的扶持，实用及知识类视频强势发展；影视、体育、娱乐等优势垂类布局加快，长短视频日渐融合；"短视频+"连接起更多生活场景，直播电商和生活服务业得到显著增长。受众结构趋于稳定，各大平台积极采取不同的商业策略，挖掘潜在用户增量，探索存量变现的路径。

关键词： 网络短视频 用户细分 网络平台 短视频

引 言

2010年以后，中国短视频行业进入飞速发展的黄金时期。2022年，中国的移动短视频行业市场规模进一步扩大、竞争格局稳中有变。微信视频号跻身短视频行业前列，资讯类平台渐露锋芒。内容治理更加立体、全面，政策环境更加严格，平台积极拥抱主流文化，弘扬主流价值；内容生态不断完善，影视、体育、娱乐等垂类持续加强布局，实用及知识类视频仍是平台开拓重点。受众结构趋于稳定，"Z世代"、下沉用户和银发人群成为主要规模增长点，挖掘并细分用户需求是各大短视频平台提升用户黏性、激发创作活力的关键路径。

---

* 周才庶，博士，南开大学新闻与传播学院副教授，主要研究方向为新媒介文论、影视传播；唐诗韵，南开大学新闻与传播学院硕士研究生。

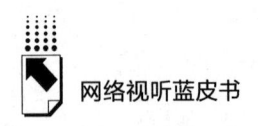

与此同时，短视频行业由增量市场转向存量市场，用户规模增速下滑，单纯依靠流量增长的模式难以获得突破性发展，因此短视频平台从单一走向复合，与直播电商、生活服务等内容结合得更加紧密，深层次嵌入民众的日常生活场景。在商业化进程加速的背景下，以抖音、快手、微信视频号为代表的短视频平台结合自身属性采取不同的商业策略，提供多样化服务，进一步提高存量变现能力。

一 行业发展概览

（一）政策环境：进入强监管阶段，外部引领与内部规制融合运行

2022年，短视频行业在全面落实"十四五"规划的宏观政策背景下，细化多项行业规制，国家和企业共同发力，监管范围更加立体、全面。

一年来，中宣部、国家网信办、国家广电总局、国家市场监管总局等多部门出台20多个涉短视频监管的规范性文件，如《互联网信息服务算法推荐管理规定》《关于规范网络直播打赏 加强未成年人保护的意见》《互联网用户账号信息管理规定》《数字乡村标准体系建设指南》等，对短视频和直播电商加以引导，范围涵盖内容管理、平台治理、从业人员、服务算法、账号管理等各环节。

2022年，"清朗"系列专项行动持续开展，综合周期覆盖全年，与2021年"清朗"八大重点任务相比，本次行动时间更长、领域更广，增加了网络谣言、直播电商和短视频领域乱象、MCN机构及其所属账号操控网络舆论等违法违规现象的重点整治任务。相关工作主要以平台企业履行内部规制的方式展开。2022年抖音直播启动违规行为专项治理行动41次[1]，快手启动违规行为专项治理行动40次。抖音、淘宝、微信视频号等16家重点直播、短视频平台共处置违规直播间56.3万个，清理违规短视频235.1万条，关闭违规用户账号12万个，处置处罚违规主播、短视频账号21.86万个，推动网络直播、短视频行业信息内容不断净化。[2]

---

[1] 《2022抖音直播平台治理白皮书》，巨量算数网站，2022年8月30日，https://trendinsight.oceanengine.com/arithmetic-report/detail/783。

[2] 《网信部门重拳整治网络直播、短视频领域乱象》，网信中国微信公众号，2022年7月30日，https://mp.weixin.qq.com/s/gGUSaGfMgjqa8vesJGGkIg。

在政策监管、行业规制与平台自律的多方联动下，贯穿短视频内容生产、传播运营、营销变现、生活服务等各环节的良性发展格局正在形成。

（二）市场规模：用户渗透率走高，存量市场增速趋缓

根据中国互联网络信息中心（CNNIC）发布的第50次《中国互联网络发展状况统计报告》，截至2022年6月，中国网民规模为10.51亿人，其中短视频用户达9.62亿人，较2021年12月增长2805万人，占网民整体的91.5%。[1] 受2022年疫情驱动，短视频用户渗透率达93.2%，较2021年增长约2.8个百分点。[2] 在社交媒体、长视频、图文资讯、搜索等互联网应用场景用户增长接近停滞的情况下，短视频仍然是2022年用户增长明显的互联网赛道。

随着用户规模的进一步增长，短视频与电商行业融合加速，信息发布、内容变现能力逐渐增强，内容电商市场竞争持续白热化。第三季度，快手电商交易总额（GMV）达2225亿元，同比增长26.6%。[3] 2022年全年，抖音带货视频数同比上涨331%，交易总额同比增长2.2倍[4]；微信视频号电商来自下单口径的交易总额为1300亿元左右[5]。

同时值得注意的是，比起增量时期短视频用户持续、高速的增长态势，2022年用户规模增速明显放缓（见图1），增幅从2021年的9.3%降至6.4%。[6] 短视频行业从爆发式增长的流量红利时代步入注重高质量发展的存量化竞争时代，用户增长日益困难，对用户需求的深度关注与挖掘将成为创新

---

[1] 《第50次〈中国互联网络发展状况统计报告〉》，中国互联网络信息中心网站，2022年8月31日，http://www.cnnic.net.cn/n4/2022/0914/c88-10226.html。

[2] 《短视频使用评价稳提升，用户变迁催生新机遇——CSM重磅发布2022年短视频用户价值研究报告》，收视中国微信公众号，2022年12月7日，https://mp.weixin.qq.com/s/wQIRjYS1Yue5uqaY9yz_Cg。

[3] 《快手Q3成绩单：国内业务连续两季度盈利，月活跃用户突破6.2亿》，快手大数据研究院微信公众号，2022年11月22日，https://mp.weixin.qq.com/s/0BOjdBmMge56hD1wJxQMHw。

[4] 《2022年短视频直播与电商生态报告》，飞瓜数据，2023年1月19日，https://www.djyanbao.com/report/detail?id=3415496&from=search_list。

[5] 《2023年，视频号电商的五大利好》，卡思数据微信公众号，2023年2月3日，https://mp.weixin.qq.com/s/6wWa8fnvQY_fXqzFjHzZRw。

[6] 《短视频使用评价稳提升，用户变迁催生新机遇——CSM重磅发布2022年短视频用户价值研究报告》，收视中国微信公众号，2022年12月7日，https://mp.weixin.qq.com/s/wQIRjYS1Yue5uqaY9yz_Cg。

的起点。截至2022年11月底，短视频行业全年仅完成14起投融资事件，公开披露的融资总金额约为10.16亿元；而在一级市场最活跃的2017年，短视频行业共完成128起投融资。[①] 资本投资的态度折射出，短视频平台的上升空间正在缩窄。短视频用户规模增速下滑是不可避免的，行业拐点也逐渐显现，各大短视频平台的工作重心需要从前期用户拉新转向中后期的用户留存和活跃度提升上。

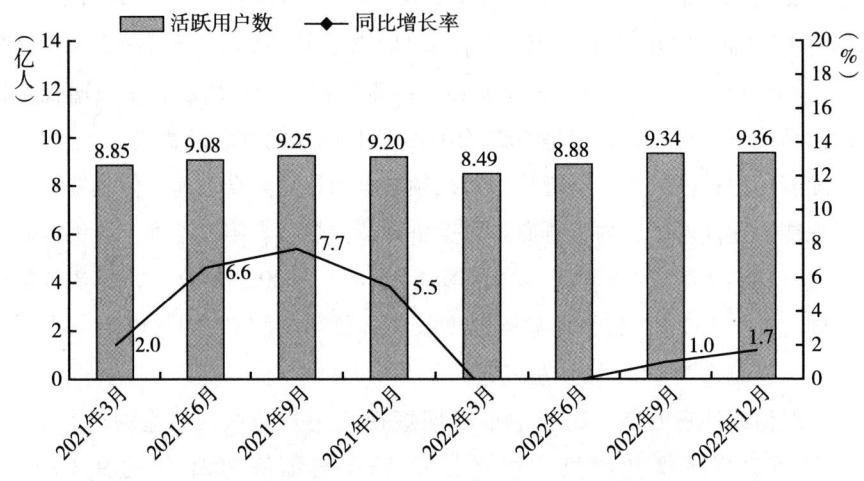

图1 2021年3月至2022年12月短视频活跃用户数及同比增长率

资料来源：根据易观千帆提供的数据整理而成。

（三）产业布局："两超多强"稳中有变，资讯类平台紧随其后

目前，中国短视频行业主要有字节跳动系、腾讯系、快手系、百度系、新浪系、阿里系、美图系、B站（哔哩哔哩）系等，短视频平台派系呈现百花齐放的局面，行业竞争格局相对稳定。根据综合用户占比、用户活跃度、创作者数量等多维度数据来看，抖音、快手应用仍稳居行业第一梯队。截至2022年12月，短视频App活跃用户规模榜单前10位分别为抖音、快手、快手极速版、西瓜视频、抖音极速版、抖音火山版、好看视频、腾讯微视、央视频、美图美拍

---

① 《2023年中国短视频行业投融资现状及兼并重组分析 行业投融资热度下降》，前瞻产业研究院网站，2022年11月23日，https://bg.qianzhan.com/trends/detail/506/221123-b4435312.html。

（见图2）。① 其中，抖音和快手两大短视频平台活跃用户规模占据整个市场规模的五成以上。头部短视频App用户环比增速有所放缓，只有抖音、快手、快手极速版、央视频四个平台实现同比正增长。

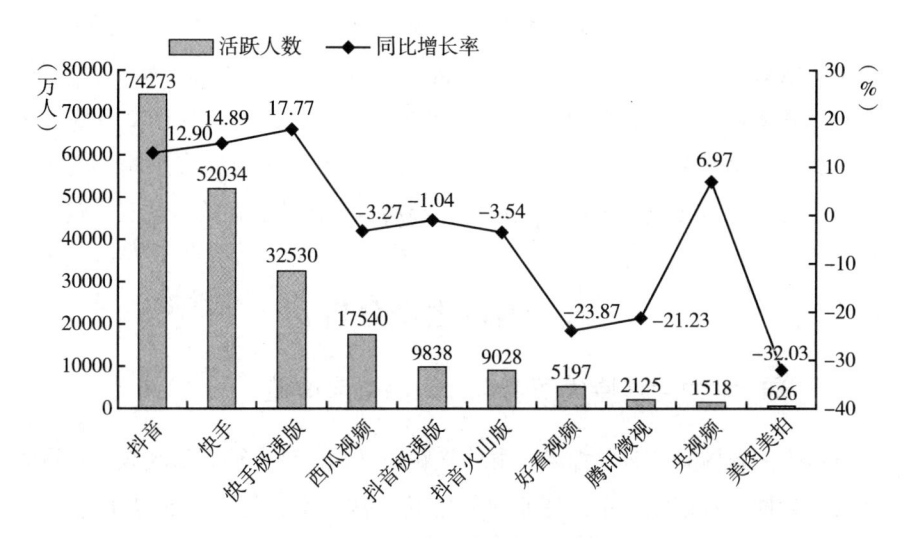

图2 2022年短视频领域活跃TOP10

平台	活跃人数（万人）	同比增长率（%）
抖音	74273	12.90
快手	52034	14.89
快手极速版	32530	17.77
西瓜视频	17540	-3.27
抖音极速版	9838	-1.04
抖音火山版	9028	-3.54
好看视频	5197	-23.87
腾讯微视	2125	-21.23
央视频	1518	6.97
美图美拍	626	-32.03

资料来源：《2022年12月视频行业用户洞察：优质IP创新与开发助力用户留存》，搜狐网，2023年1月31日，https：//www.sohu.com/a/635945392_ 120610664。

与此同时，微信视频号依托微信实现了跨越式发展。截至2022年上半年，微信视频号活跃用户规模突破8亿人，超过抖音的6.8亿人、快手的3.9亿人，与之形成用户竞争，且与抖音的竞争更为激烈，微信视频号中抖音用户活跃渗透率接近六成。② 随着微信视频号内容生态日趋完善，越来越多的商家和达人将自己运营的社群用户与微信视频号场景进行联动，扩大自己的私域规模，实现了长期、可持续的稳定经营。但是，微信视频号实际上是一个三级入口，较高的打开难度导致人均使用时长与抖音、快手相比有较大差距，加上微

---

① 《2022年12月视频行业用户洞察：优质IP创新与开发助力用户留存》，搜狐网，2023年1月31日，https：//www.sohu.com/a/635945392_ 120610664。
② 《QuestMobile2022中国移动互联网半年大报告：流量分发底层逻辑巨变，各家变阵应对，月活破亿应用58个、企业38家》，QuestMobile研究院微信公众号，2022年7月26日，https：//mp.weixin.qq.com/s/3LwB1_ eQFMYHbKRO_ AO4Tw。

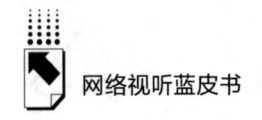

博视频号、哔哩哔哩 StoryMode、小红书等平台的加速布局，未来的发展前景仍待观察。

从用户渗透率的角度来看，短视频头部平台格局有所变化。2022 年，在抖音、快手、微信视频号、央视频上看过短视频的用户，合计占比达 74.9%；资讯平台紧随其后，今日头条、腾讯新闻跻身前五。[①] 作为总台旗下客户端，央视频以冬奥赛事等热点传播为契机，依托多元内容创新及其社交板块"央友圈"的强互动传播，用户使用率快速提升。受疫情多点高发影响，资讯类平台也瞄准用户对热点资讯的高关注度，利用自身优势属性抢占注意力资源。

二 内容生产分析

（一）加大力度扶持优质内容，传播主流价值

近年来，媒体融合日趋深入、群体接触面日趋广泛，许多短视频平台进入理性发展时期。在国家政策、行业规范之下，短视频平台主动承担社会责任，不再盲目地追逐热点与流量，在舆论引导、文化传承、非遗扶持等方面发挥积极作用，推动主流化发展。

短视频与主流媒体双向赋能，在内容、技术、渠道上深度融合，头部账号发力建设，短视频平台成为舆论引导的重要阵地。截至 2022 年底，主流媒体在抖音、快手平台拥有 668 个百万级以上粉丝量账号，较年初增长 6.9%，其中百万级抖音账号占比已超四成，快手平台百万级粉丝账号占比已超三成。[②] 主流媒体担当正能量、主旋律传播的"主力军"，围绕国家的重点工作、重要事件进行有声势、有力度的新闻宣传，例如"中国共产主义青年团成立一百周年""香港回归 25 周年""中国人民解放军建军 95 周年"等重要时间节点，以及北京冬奥会、党的二十大召开等重大事件，不断提高舆论影响力，开展网络文明建设。平台给予流量倾斜和资源扶持，增加主流媒体的曝光量。央视新

---

① 《短视频使用评价稳升，用户变迁催生新机遇——CSM 重磅发布 2022 年短视频用户价值研究报告》，收视中国微信公众号，2022 年 12 月 7 日，https://mp.weixin.qq.com/s/wQIRjYS1Yue5uqaY9yz_Cg。

② 《2022 主流媒体年度网络传播力榜单及解读》，央视市场研究股份有限公司网站，2022 年12 月 31 日，https://www.ctrchina.cn/rich/report/516。

闻、《人民日报》等头部账号洞悉各平台特点，打造优质正向内容，爆款内容频出。据新抖数据统计，抖音全年共有29条视频点赞破千万，其中25条都是新闻资讯内容，14条来自"@人民日报"。

同时，短视频平台大力弘扬优秀传统文化，传播主流价值，营造健康和谐的氛围。抖音先后发起助力戏曲传承的"DOU有好戏"、助力中国舞普及的"舞蹈传承计划"、助力国乐传承的"DOU有国乐"等计划，从资源、流量、服务等层面助力传统文化找到线上"第二舞台"。快手也推出"快手非遗带头人计划"，吸引普通人加入非遗保护传承队伍。"敦煌壁画""只此青绿""唐宫夜宴"等IP凭借身后的文化底蕴在短视频平台频频出圈。2022年1~9月，抖音平台文化相关内容视频量超过19亿条，播放量同比增长达6倍。① 快手平台全年涉及非遗与民间艺术直播开播超2000万场。② 主流化内容在短视频平台的传播价值日益凸显。

（二）持续加强垂类布局，长短视频博弈融合

短视频平台持续加强内容运营，增强优势垂类布局，引入影视版权内容、平台自制娱乐节目、体育赛事及明星资源。这一方面是为了丰富内容供给，另一方面是能够降本增效。相较红包等一次性费用，内容是可留存与发酵的资产，在实现用户拉新与留存的同时，投资回报率更高。

2021年以来，长视频平台等多方对未授权的二次创作进行维权，中国网络视听节目服务协会就此发布了"最严新规"。2022年，为了规避版权内容方面的风险，短视频平台在获取影视版权上格外重视。抖音在3月和7月相继与搜狐视频、爱奇艺合作，获得《法医秦明》《武林外传》等作品的二创版权；快手在6月与乐视视频达成二创合作。长短视频的版权合作，一方面不但能够帮助短视频平台降低侵权风险、激发优质作者创意；另一方面也能促使长视频平台收获额外的流量和变现价值。整体来看，长短视频平台有望在新的模式下推动有序竞争，实现共赢。

---

① 《远见——2022巨量算数年度观察报告》，巨量算数网站，2023年1月3日，https://trendinsight.oceanengine.com/arithmetic-report/detail/842。
② 《2022快手直播生态报告：温暖陪伴，与老铁们同行》，快手微信公众号，2023年1月4日，https://mp.weixin.qq.com/s/MJpdjEWFH9HquIu7FupMwQ。

体育生态是近年来短视频平台重点布局的一大领域。围绕版权赛事，平台通过短资讯、连麦、二创等丰富的多元娱乐化玩法，促进用户互动。2022年，抖音获得东亚杯、卡塔尔世界杯等赛事版权，快手相继获得北京冬奥会、欧冠、ESLCSGO等体育与电竞赛事版权，平台关于欧冠赛事相关视频总播放量达到55.13亿次[1]；除专业赛事之外，大众体育、全民健身也成为当下潮流。快手推出"村BA""快手钓鱼红人节"等特色体育项目，抖音出现了"@刘畊宏"直播"顶流"，并创下一天涨粉1000万人，一周内涨粉5000万人的记录。[2]

短视频平台同时还从事综合视频业务，通过试水短剧、微综艺和微纪录片以及自制娱乐类节目等，长短视频的博弈呈现融合发展的态势。快手作为国内最早发力的平台，今年星芒短剧播放量破亿的项目超过100个，日活用户已超过2.6亿人，成为站内活跃度和黏性最强的垂类之一。[3] 此外，西瓜视频围绕"大咖背书""线上线下联动"等关键词，生产出高质量的娱乐IP节目，如《野人计划》《健谈大会》《高能育儿团》等微综艺。抖音在年末拍摄了人物纪录片《生活闪亮时2022》、人物访谈《时间的答案》，分别获得6.2亿次和1.4亿次的播放量。但短视频跨界综合视频业务目前面临两个问题，一是碎片化时长与叙事完整性之间的矛盾，二是长短视频边界交融后创新不足导致同质化严重，未来需要设定精品化发展的策略，突出自身的独特性与创新点。

（三）实用及知识类视频仍为"刚需"，内容经济发挥新价值

科技部、中宣部和中国科协共同发布《"十四五"国家科学技术普及发展规划》，提出"大力发展网络科普，鼓励和支持以短视频、直播等方式通过新媒体网络平台科普，培育一批具有较强社会影响力的网络科普品牌"。2022年，知识和科普内容依然是短视频平台开拓的重点，知识领域除了专业型创作

---

[1]《6年来，94%的百万粉创作者持续活跃在快手》，快手大数据研究院微信公众号，2022年7月29日，https://mp.weixin.qq.com/s/bpko6Kkc6nWrrPh9QQvWwA。

[2]《爆红、隐退、出走、回归……——2022年行业大事记盘点》，卡思数据微信公众号，2023年1月19日，https://mp.weixin.qq.com/s/cIRr3IqXr9HQH3LQl9Tcew。

[3]《品牌营销的新增长点，"藏"在短剧里？》，卡思数据微信公众号，2022年12月27日，https://mp.weixin.qq.com/s/mueU4-CmHnuchKr2ZyzG6Q。

者生产系统知识外，还有大量的分享型创作者生产实用类知识。

抖音推出萌知计划、学浪计划、知识先锋计划、知识跨年季等知识类扶持计划；在首页增加学习频道，聚合知识创作者内容，视频发布量较2021年增长118%。[1] 快手启动"快手新知播"计划，携百余位创作者开启降温"冷知识"，收获10亿次观看量。央视频推出美育周，打造出多部宅家必看的高分纪录片，主题覆盖多领域。好看视频在军事知识领域深耕多年，国际、军事、历史等垂类强势发展，到2022年第三季度末，其打造的"好看优创联盟计划"已经与多个领域的114位作者合作，生产745篇内容，篇均播放量达到30万次。[2] 各个平台给予知识创作者大量的扶持和激励，一方面营造充满正能量的环境，另一方面保证内容创作者的专业性。

上半年，受乌克兰危机、各地疫情频发等国际国内事件影响，新闻知识的传播力持续攀升。短视频平台的"猜你想搜"和"热榜"两大板块，实时更新时事热点和讨论话题，给用户提供了大量新闻资讯，满足知识需求。12月快手上线"新冠疫情防治专题"，覆盖出行政策、疫情数据、在线问诊，推出约130场疫情防护直播，累计观看人数达到8.03亿次。[3]

随着知识板块的消费规模越来越大，平台不断探索"内容经济"的商业价值，各类泛知识内容打造IP、强化认知，让用户为"喜欢"买单。目前，快手的付费内容"基建"最为完善，有专门入口。在付费内容广场上，既有热门课程，也有付费录播与付费直播。付费直播频道下提供了近百个直播预告，价格从1元到9800元不等，直播类型比较多元，大多为实用的技能教学直播。抖音出现了"@东方甄选"直播间，以"知识+直播"的形式，开启了"知识带货"的直播新纪元。2022年6月至今，直播间人气居高不下，销售额一路上涨，12月日均交易总额超过3000万元。[4]

---

[1] 《一起来涨知识啦！2022抖音知识年度报告》，巨量算数微信公众号，2022年12月29日，https://mp.weixin.qq.com/s/oJV6JWYlXVazJlRKOyt8eQ。
[2] 《好看视频聚焦中坚人群，"优创联盟计划"持续落地 | 2022万象大会精彩回顾》，好看视频App微信公众号，2022年9月30日，https://mp.weixin.qq.com/s/Cd7vwm4ESPlFRA0eK8Pyrw。
[3] 《2022快手直播生态报告：温暖陪伴，与老铁们同行》，快手微信公众号，2023年1月4日，https://mp.weixin.qq.com/s/MJpdj EWFH9HquIu7FupMwQ。
[4] 《爆红、隐退、出走、回归……——2022年行业大事记盘点》，卡思数据微信公众号，2023年1月19日，https://mp.weixin.qq.com/s/cIRr3IqXr9HQH3LQl9Tcew。

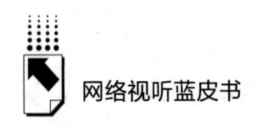

（四）"短视频+"赋能多样需求场景，生活服务业成为新增长点

2022年，新冠疫情期间，人们无法进行线下娱乐和消费，于是对短视频、直播等传播形态的依赖程度逐步加深。当用户被大量短视频里"吃喝玩乐"的内容吸引时，他们对平台提供的线上服务需求就更高，"短视频+生活服务业"便成为各大平台的重要战略，利用短视频和直播融入用户日常生活的多个场景。

在内容"种草"带动消费的大背景下，生活服务实体经济与线上内容形成了新的融合方式，用户、达人和商家高度联结。商家与平台合作提供渠道和产品服务，达人进行内容"种草"，用户产生兴趣后可以利用平台购买或者进行线下消费，后者又进行更多的线上分享，形成"线上种草+线下拔草"相互促进的正循环。一年来，抖音生活服务达人数量增加143%，发布的种草短视频共16.7亿个，覆盖超过370个城市。[①]

抖音、快手两大短视频平台通过不同路径开展生活服务业。抖音独立发展本地生活业务，2022年，抖音开放平台正式亮相，并迎来饿了么等合作伙伴，以抖音小程序为载体，助力商家更好发展。在抖音同城生活页面，已经提供了包括美食、休闲娱乐、景点周边游等8个大类的本地生活服务。截至2022年12月，抖音开放平台已面向企业主体开放20大行业243种细分场景类目入驻。[②] 快手选择与第三方平台合作的方式，成为线上线下一体化的综合服务平台。2022年1月，"快手小店"更多瞄准汽车、房产、法律、健身等冷门领域，对本地生活行业商家开放入驻，布局线上交易；同时通过与美团、顺丰在配送领域进行合作，推进自身在线下市场的大规模布局。

（五）内容电商助推产品营销，直播切片短视频焕发新商机

直播高速发展时期，商家都把短视频作为导流的工具，认为只有直播才能

[①] 《2022抖音生活服务数据报告 | 让每次心动都值得》，抖音微信公众号，2023年1月3日，https://mp.weixin.qq.com/s/YZcVsodEVLwKd9Y4HB8B5g。

[②] 《抖音2022年的13个关键词》，抖音微信公众号，2022年12月31日，https://mp.weixin.qq.com/s/FvJ9ZFLaeZiifJ_hZ1u0NA。

真正激发用户的消费欲望。因此，大部分 MCN 公司会利用短视频进行引流，直到账号粉丝数量达到预期后，让短视频"退居二线"，取而代之的是用直播开启商业变现的蓝图。随着现在国内电商进入下半场，用户红利退去，以及直播监管逐渐严格，即便商家费尽心力经营，直播带货也很难有施展的空间。在这样的情况下，寻找新的机会点势在必行。

短视频具备特有的传播优势，在平台政策加持下，挂车短视频①成为营销带货的新阵地。目前，主流的内容电商有两种，一种是独立于直播，直接以短视频挂载商品的形式开启变现；另一种是作为直播的附属，通过直播切片短视频②带货。

剧情向的挂车短视频备受欢迎，产品被植入其中，用内容促成转化。一些专攻短视频的商家，已探索出标准化、模式化的剧情向短视频带货方式。MCN 机构"银色大地"主打剧情向账号孵化运营，旗下拥有"@姜十七"、"@浩杰来了"等知名 KOL。其中，"@浩杰来了"围绕"浩杰"这一主角打造了大量感情短剧，目前该账号已有 1142.3 万粉丝，发布的视频中均有商品链接。

5 月起，抖音、快手上开始涌现出大量直播切片短视频进行带货。用户刷到直播切片短视频时，可点击 live 头像快速进入直播间，实现"播中引流"的效果。例如快手主播"@胖大宝"团队不仅会在直播过程中发布直播切片，还会在开播前提前预告，直播结束后，也会剪辑和发布高光趣味片段。平台电商为商家推出日常及大促期间的曝光扶持政策，给予商家确定性的流量支持。除此之外，主播还可以将直播间切片授权给代理商，获得分销收入，"@张柏芝""@朱梓骁""@广东夫妇"等头部主播都开放了直播切片的授权。

值得警惕的是，当前直播切片短视频的质量参差不齐，用户会对大量低劣的切片短视频感到反感。因此，平台、商家和主播团队都需要有针对性地进行投放和整治，避免滥发和乱发。

---

① 挂车短视频，指的是挂载商品链接的短视频。
② 直播切片短视频，指的是将短视频平台头部主播日常的宣传物料（比如直播录屏、已发布的短视频等）进行二次创作发布到短视频平台，提高知名度并进行短视频带货的行为。头部主播可以利用切片短视频的头像 live 引流直播间，也可以将 IP 授权给一些私人账号，通过挂车短视频或者高热度内容共享直播外长尾带货收益。

三 用户细分运营

(一)"Z世代"与未成年人保护

目前短视频用户结构趋于稳定,各年龄段的人数占比与触网人数占比基本持平(见图3)。截至2022年6月,中国网民规模为10.51亿人,其中短视频的用户达9.62亿人,由此可见,"Z世代"[①]人群在短视频平台上的人数比例不可小觑。同时,"Z世代"在移动视频上花费的总时长占比达到37.4%,排行第一,且高于全网平均水平[②];并且短视频备受少年人群青睐(见图4),比整体人群的使用率高10%[③]。

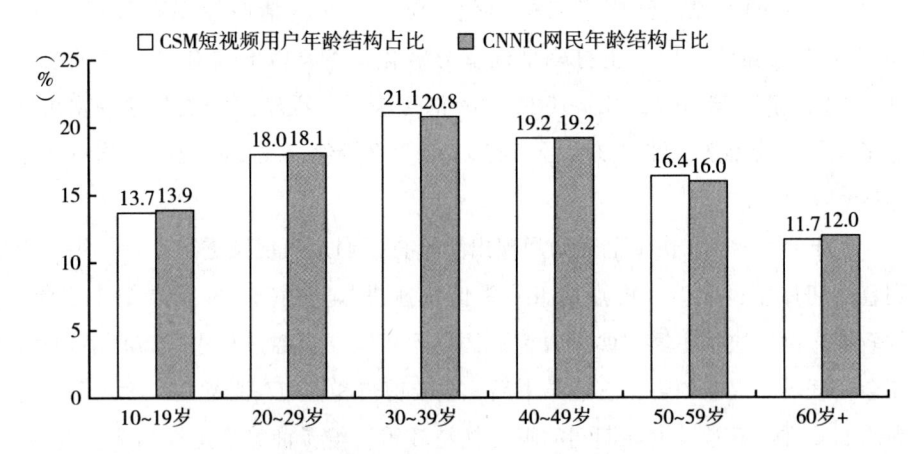

图3 2022年短视频用户年龄结构占比

年龄段	CSM短视频用户年龄结构占比	CNNIC网民年龄结构占比
10~19岁	13.7	13.9
20~29岁	18.0	18.1
30~39岁	21.1	20.8
40~49岁	19.2	19.2
50~59岁	16.4	16.0
60岁+	11.7	12.0

资料来源:根据中国广视索福瑞媒介研究[④]提供的数据整理。

[①] 主要指1995~2009年出生的一代人,一出生就与网络信息时代接触,受数字信息技术、即时通信设备、智能手机产品等影响比较大。

[②] 《QuestMobile2022 Z世代洞察报告:3.42亿"原住民"线上消费能力和意愿持续攀升,移动视频、社交及手游最受欢迎》,QuestMobile研究院微信公众号,2022年8月16日,https://mp.weixin.qq.com/s/sfej69ISgSZwtnE3NExOtw。

[③] 《Z世代网络趋势大观》,新生代市场监测机构微信公众号,2022年9月16日,https://mp.weixin.qq.com/s/VY0AhVh-aaOU_OQuPWURwA。

[④] 《短视频使用评价稳提升,用户变迁催生新机遇——CSM重磅发布2022年短视频用户价值研究报告》,收视中国微信公众号,2022年12月7日,https://mp.weixin.qq.com/s/wQIRjYS1Yue5uqaY9yz_Cg。

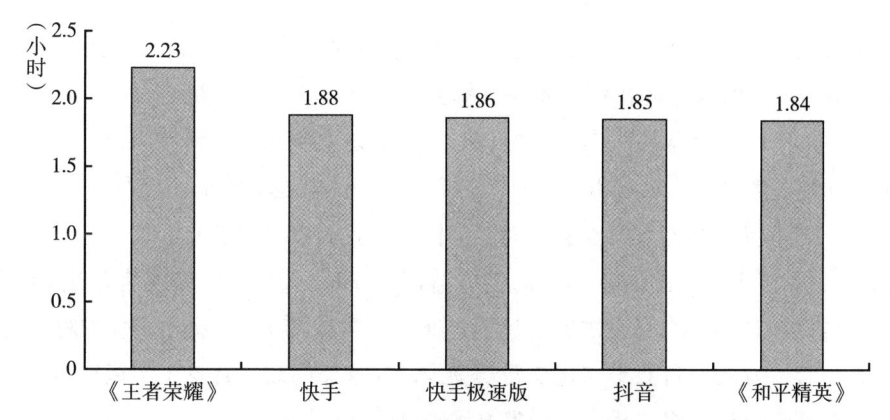

```
（小时）
2.5  2.23
2.0       1.88    1.86    1.85    1.84
1.5
1.0
0.5
 0
    《王者荣耀》 快手  快手极速版 抖音  《和平精英》
```

图4　2022年6月"Z世代"用户App月人均单日使用时长TOP5

资料来源：根据QuestMobile研究院①提供的数据整理。

短视频平台上的"Z世代"人群市场规模大、投入时间长，24岁以下的用户还有增长空间，短视频平台需要进行细分运营，重视未成年人保护，完善青少年模式，防止其上瘾沉迷。

抖音、快手针对未成年人参与直播与短视频消费的行为，建立了严禁未成年人打赏的全流程机制，在事前预防、事中拦截、事后保障三个方面入手，提高未成年人打赏门槛。同时，持续开展专项治理行动，主要内容涉及影响未成年人身心健康的有害内容、诱导打赏、自行直播或出镜、未成年人游戏账号租售服务等。

在加大处罚力度之余，多个短视频平台联合高校、机构打造更适合青少年的优质内容，包含兴趣才艺、自然科普、绘画手工、网络保护及儿童安全等领域。抖音青少年模式内，平均每天新增9146条优质视频，平台开展科学公开课、冬奥会知识竞答、寒假充电计划等专项活动，其中，"抖音开学季""向上！中国少年""中科院跨年演讲"等相关内容，累计超过2000万人观看。②

（二）下沉市场用户与乡村振兴

随着短视频生态内容愈加丰富、直播场景更加多元，下沉市场用户对短视

---

① 《QuestMobile2022 Z世代洞察报告：3.42亿"原住民"线上消费能力和意愿持续攀升，移动视频、社交及手游最受欢迎》，QuestMobile研究院微信公众号，2022年8月16日，https：//mp.weixin.qq.com/s/sfej69ISgSZwtnE3NExOtw。

② 《比起〈孤勇者〉，当代小朋友其实更喜欢这个》，抖音微信公众号，2022年5月30日，https：//mp.weixin.qq.com/s/Z8z8oOPhZo3v2qOsYlE8rQ。

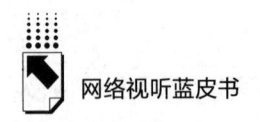

频平台表现出明显偏好，千万级的用户增量超半数来源于下沉市场，活跃用户规模和人均使用时长都超出平均水平，抖音、快手收获较多下沉流量。在抖音平台，下沉市场是内容主要供给来源（61%），也是主要的内容消费力量，内容观看占比超过55%，且表现出更高的互动偏好，互动量超过57%。①

中国下沉市场庞大的消费潜力，是扩大内需的重要增长点。2021年，"十四五"规划明确提出实施"数商兴农"行动；2022年初，中央网信办等10部门联合发布《数字乡村发展行动计划（2022—2025年）》，提出丰富农村信息消费内容，发展乡村数字文化消费新场景。在这样的政策背景下，短视频平台推出多项举措助力乡村振兴、激发县域经济②活力。

抖音重点扶持"三农"领域，先后推出"新农人计划"、出台"任务充电站""入驻激励"等措施，吸引更多新农人入局创作，"乡村守护人""乡村英才计划""山货上头条""我的乡村生活"等均为热门话题。快手开启"2022年快乐幸福乡村带头人计划"，产业发展影响覆盖人数近1000万③，并且面向下沉市场推出"快聘""理想家""快相亲"等直播模式，解决用户工作、买房、家装、相亲等难题。哔哩哔哩上线Story Mode降低创作门槛，一众以竖屏视频为主要内容形式的达人脱颖而出，例如展现乡村生活的"@帅农鸟哥"，仅用10天粉丝量便突破百万。有别于早期为博眼球吸引流量的低俗内容，现在的短视频向外界输出积极的乡村景象，这有利于平台和下沉用户的互利共赢。

（三）银发人群与柔性关怀

存量竞争时代，随着中国老年人口数量逐渐增多，"银发经济"显示出巨大潜力。QuestMobile数据显示，46岁及以上中老年用户为2022年上半年

---

① 《发现新机遇——2022抖音下沉市场数据洞察分析报告》，巨量网站，2022年11月23日，https://trendinsight.oceanengine.com/arithmetic-report/detail/836。
② 县域经济，是指以县城为中心、乡镇为纽带、农村为腹地的一种行政区划型经济，以实现城乡兼容。
③ 《2022快手年度数据报告发布：全年评论7.7亿个"加油"、1.1亿个"努力"》，快手大数据研究院微信公众号，2023年1月17日，https://mp.weixin.qq.com/s/RFhEp8HYWStXZWF1shDvmA。

移动互联网的主要增长源,较 2021 年同期增长 3.1%,达到 34.1%的用户占比[1],是占比最高也是增速最快的群体,这意味着移动互联网正在向尚未触网、存在触网潜力的中老年人群渗透。银发人群线上娱乐化特征明显,对于短视频平台的使用黏性高于全网平均水平(见图 5),他们不仅观看消遣,还主动分享自己的退休生活。例如"我有八百个心眼子"的"@我是田姥姥"、远嫁日本追爱的"@东北老妈在日本"、"@50 岁阿姨自驾游"等抖音博主,在平台中不断输出极具生活气息的视频内容的同时也俘获着大批受众的心。

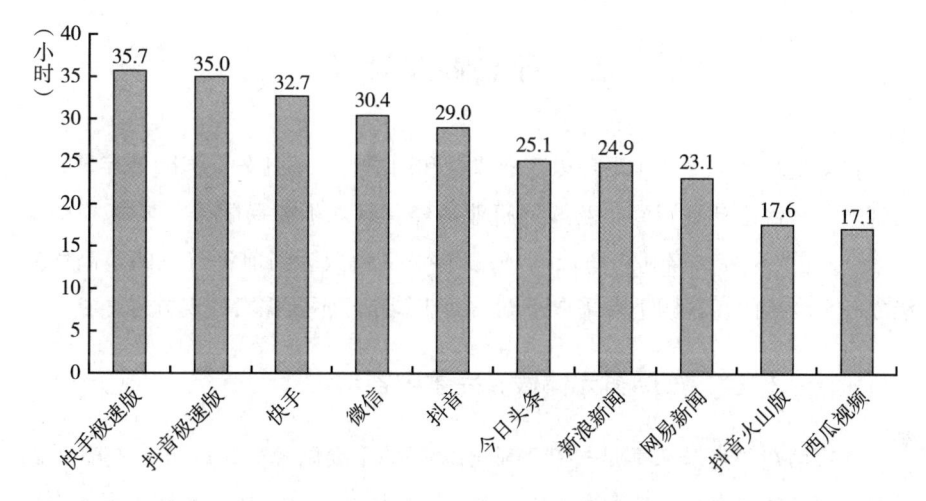

图 5　2022 年 8 月银发人群 App 月人均使用时长 TOP10

资料来源:根据 QuestMobile 研究院[2]提供的数据整理。

越来越多的银发人群在短视频平台上发光发热,这是"后喻文化"时代老年群体积极学习与表达的体现。为了让中老年用户更加便利地获取知识、进行自我展示和互动社交,短视频平台纷纷在"适老化"方面进行创新。

---

[1]《QuestMobile2022 银发经济洞察报告:下沉市场成增长核心,生活购物、医疗服务等消费爆发,如何抓住?》,QuestMobile 研究院微信公众号,2022 年 10 月 18 日,https://mp.weixin.qq.com/s/rxkp5VB3ayAo-73UT1AkgQ。

[2]《QuestMobile2022 银发经济洞察报告:下沉市场成增长核心,生活购物、医疗服务等消费爆发,如何抓住?》,QuestMobile 研究院微信公众号,2022 年 10 月 18 日,https://mp.weixin.qq.com/s/rxkp5VB3ayAo-73UT1AkgQ。

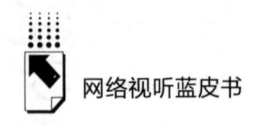

抖音对自身的产品功能进行了完善和升级，上线了"长辈模式"，放大字体、简化界面，并上线智能服务提醒功能，帮助老年用户进行有效时间管理；它推出的"银色闪耀计划"为平台中的银发人群提供了打破数字鸿沟的机会，让老年用户能够快速掌握短视频平台使用和内容创作的技能。快手和中国老龄事业发展基金会多次合作，推出"银龄心愿单"计划、养老服务机构创作者孵化计划、"养老反诈快行动"计划等。

在银发经济走向繁荣，银发网红生长的背后，老年人的权益保护和平台适老化改造等方面，依然需要注入更多关注。

四 平台商业策略

在增量时期，短视频平台以获取流量和用户为首要任务，但随着存量时代的到来，平台逐渐意识到，互联网行业的经营理念不能局限于"唯规模的增长论"，还要重视"赢利式增长"，所以存量变现成为当前各行业的最高优先级之一。今年的短视频平台采取不同的商业策略，不断探索变现方式。

（一）抖音：布局多元体裁，完善内容建设

内容消费一直以来都是抖音商业化发展的重要路径。2022年，抖音不断扩充内容体裁，重点扶持图文和中视频，降低图文准入门槛，拓展中视频内容深度，多种形式满足个性化创作需求，从而推动创作者生态的发展。

抖音发力图文，从商业价值角度考量，其最大意义便在于补全了"种草"环节。在提出构建"全域兴趣电商"后，由商城、店铺构成的渠道与包括短视频、直播在内的内容相互赋能，上游"种草"内容的构建情况，决定着下游用户"拔草"的消费力。

在图文体裁方面，抖音从流量激励、产品功能等方面全方位扶持图文创作者，将超过四成的流量向攻略测评和小众兴趣倾斜；在内测首页"探索"一级流量入口，增加图文双列分发。上半年，先后上线"春日图文伙伴计划""图文大赢家"等多个专题活动，为创作者带来更多内容曝光机会。2022年上半年，主话题"#抖音图文来了"播放量逼近1100亿次，图文内容的收藏率

是视频的 1.47 倍，互动率也达到视频的 1.32 倍。①

除了图文，抖音还在中视频领域不断探索。此前，抖音内测了多人联合创作的共创功能，现在该功能已经面对万粉创作者开放。未来，抖音还将开放发布 30 分钟以上视频的权限，支持上传 4K120 帧视频，最大支持上传 64GB 的文件。它上线了表达提醒和发文先审助手等原创保护功能，方便创作者生产深度内容。

就内容生态建设进行长期的可持续规划，如何让多种体裁发挥最大作用，如何与创作者、商家等合作伙伴共建共赢，如何让每个参与者都获得价值感和可观收益，是抖音等短视频平台未来需要考虑的重要命题。

（二）快手："X+达人"创新营销形态，开发特色项目

2021 年，快手提出"新市井商业"的概念。快手的用户和内容覆盖率较高，产品、品牌与大量达人的日常内容创作相融合，潜移默化地积累了信任价值，从而催生出"新市井"这个独特的商业消费模式。新市井以人为社交节点，将线下世界的社交关系映射到线上，形成"平台的平台"（Platform of Platform）。在快手，一个达人就是一个平台，他们融合了社会属性和商业属性，既是社区中的关系纽带，又集流量、渠道于一身，成为商业变现的催化剂。

2022 年，快手推出新市井创新营销形态——"X+达人"。"X"可以是快手平台的优质内容、互动话题、电商经营，达人可以是平台顶流达人、明星娱乐达人、强势垂类达人和电商带货达人等多种类型。用户和内容协同互促，开发特色项目，助力品牌营销效果最大化。

"内容+达人"能加速品牌内容出圈，例如快手 S 级脱口秀综艺《超 NICE 大会》采用"明星艺人+快手顶流达人"同台竞技的新模式，连接智联招聘、美团、货拉拉等品牌，收获海量曝光率；"互动+达人"以互动话题增强营销效果，例如蚂蚁集团和快手合作推出品牌片《相信相信的力量》，借助奥运热点开启同名挑战赛话题，18 位达人集体发声，传递品牌精神，互动量达到

---

① 《2022 上半年短视频直播与电商生态报告》，飞瓜数据网站，2022 年 8 月 31 日，https：//dy.feigua.cn/article/detail/800.html。

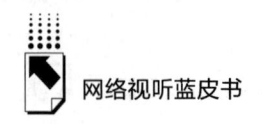

1.26亿次；① 除此之外，还有"电商+达人""植入+达人"等形态，所释放的价值覆盖超过42个垂类②，帮助22个行业打造了内容营销的特色项目。

围绕不同需求场景，快手以内容和达人为核心，深度连接品牌营销诉求，开发贴合品牌属性的特色内容和项目，从而达到商业变现的目的。

（三）微信视频号：回归用户表达需求，提升内容价值与商业能力

自内测上线以来，微信视频号用两年时间先后补齐了直播电商和"推流、连麦、打赏"功能，并上线视频号小店；2022年，随着互选平台、优选联盟、信息流广告的陆续推出，微信视频号商业化速度明显加快。据2023年1月微信公开课PRO数据，微信视频号总用户时长已经超过朋友圈总用户时长的80%，直播看播规模增长300%，直播带货销售额增长800%。如今微信视频号能够通过一系列组件链接、社交关系获取自然流量和付费推广，内容营销由此全面铺开，成为微信商业变现的重要方向。

在内容创作领域，微信视频号的核心内容生态理念为"回归到用户本身的需求"上，通过与微信生态全面打通，提供公域、私域多个入口触达微信视频号的方式，满足用户在不同场景下的表达需求，为用户进行自由创作打下基础。微信视频号利用多项服务功能和扶持计划，泛娱乐、泛生活类内容播放量同比增长185%、291%，站内账号TOP500累计入榜2340个，发布作品超过83.4万个。③ 之前，知识和时事新闻垂类较为强势。2022年，生活、影视娱乐、情感垂类占据前三。可见，微信视频号创作门槛降低，创作群体快速壮大，内容生态正朝着用户需求自由表达这个目标迈进。

直播也是微信视频号发展的重点。官方先后推出跨年庆祝、明星演唱会、文博展览、暑期公开课、戏曲戏剧、电商带货等多个方向的直播内容，积极覆盖网民"看、玩、学、买"的多重需求。微信视频号主页与小程序打通、企

---

① 《开启内容营销新主场，磁力引擎发布2022年内容营销通案》，快手磁力引擎商业洞察微信公众号，2022年4月26日，https：//mp.weixin.qq.com/s/JiR9PEJW6XwA5YWFjWbjcQ。
② 《〈2022磁力引擎内容营销通案〉更新H2版，上新40余个项目》，快手磁力引擎商业洞察微信公众号，2022年10月9日，https：//mp.weixin.qq.com/s/Q7i-r7I4z919yEZmS9JVHg。
③ 《2022年度视频号发展白皮书》，洞见研报网站，2023年1月19日，https：//www.djyanbao.com/report/detail？id＝3415487&from＝search_list。

业微信支持转发直播等举措帮助企业和个体经营者调动微信流量，提升微信视频号的商业能力。

结　语

2022年，中国短视频行业的用户规模和市场整体格局趋于稳定成熟，行业监管更加立体全面，内容生态和商业进程谋求共赢。

在内容创作上，受疫情多变频发、舆论复杂的环境影响，短视频与主流媒体双向赋能，把握话语格局；受众对实用及知识类视频的需求增加，"学习型消费者"不断涌现，知识的商业价值凸显。同时，行业发展增速进入瓶颈期，平台持续加强优势垂类布局、打造重点领域精品项目，通过内容竞争吸引并留住用户。

在用户特征上，短视频用户结构呈现向低龄、中高龄用户以及下沉用户扩张的主要特点，平台关注到细分用户的需求变化，基于不同需求挖掘发展机遇，如聚焦未成年发展、乡村振兴、适老化改造等，进一步提高运营效率和服务水平。

在商业转型上，短视频行业发展活跃，新业态、新模式不断涌现。短视频和直播电商形成闭环发展，深度嵌入民众的日常生活场景，本地业务、休闲娱乐、生活服务等多元化功能逐渐显现。内容电商进行多场景营销和精细化运营，直播切片短视频加持带货能力，用户体验持续增强。头部短视频平台采取不同的商业策略，分别在兴趣电商和信任电商上发力，利用强算法和强关系构建自己的内容生态，提升存量变现能力。

B.7
2022年网络音频行业发展报告

邵文洁　周培源*

摘　要： 2022年，声音"伴随性"特征被挖掘，人们对声音内容的需求不断增强。国内外在线音频用户持续增加，网络音频行业前景广阔。相关平台看到机遇，将持续加大对网络音频的投入力度。国内网络音频平台形成"四大细分领域"竞争格局，其中综合类音频平台更具优势。网络音频应用场景更加多元，消费者付费意识不断增强。网络音频用户年轻化、社群化，"在线音频+同好社交"模式兴起，内容创作更加优质，行业不断向好发展。同时，技术也在进步，借助人工智能，不仅大大提高了创作效率，还驱动音频产品更加人性化。但不可否认，网络音频行业还面临复合型人才匮乏、竞争加剧等困境。未来依托跨界产业协同，有望打造音频产业生态链，借助AI等技术，继续拓宽应用领域，推动网络音频行业更好发展。

关键词： 网络音频　"在线音频+同好社交"　音频产业协同　AI赋能

新冠疫情加深了用户对线上音视频资源的依赖，声音内容也成为用户刚需，"耳朵经济"随之蓬勃发展，助推中国在线音频内容消费市场进入成熟期。中国互联网络信息中心（CNNIC）发布的第51次《中国互联网络发展状

---

* 邵文洁，南开大学新闻与传播学院本科生，主要研究方向为新媒体、网络传播；周培源，南开大学新闻与传播学院讲师，南开大学融媒体研究中心研究员，主要研究方向为计算社会科学、媒体融合、国际传播。

况统计报告》显示，截至 2022 年 12 月，中国网民规模达 10.67 亿人。① 易观分析的报告指出，如将音乐也纳入统计范畴，在线音频的市场规模全网渗透率已超过 80%。全球互联网用户基数在稳健增长同时，我们也能看到在线音频用户的规模同步持续增加，同时音频用户的触网程度也在稳步加深。相关报告显示，2022 年，互联网用户的人均使用时长大幅增长，用户的线上黏性越发增强。② 网络音频行业发展持续向好，相关主体对此达成共识，认为网络音频行业发展驶入快车道，前景广阔，将加大对网络音频的投入力度。

一 2022 年中外网络音频发展概况

（一）国外网络音频行业发展概况

1. 媒体持续加大对网络音频的投入力度

2022 年，声音的"伴随性"特征再次被挖掘，"听新闻"成为网络音频用户的新选择。许多主流媒体加速布局网络音频应用，借助 AIGC 方式高效率高质量制作新闻类音频节目，用户拓展了获取权威新闻信息的渠道，媒体组织也在多平台用户覆盖上尝到甜头，媒体与用户实现双赢。牛津大学路透新闻研究院发布的《2023 年全球新闻业趋势预测报告》显示，"更多媒体转向关注年轻用户多的音视频社交媒体平台，2023 年媒体将减少对 Facebook 和 Twitter 的关注，转而将更多精力投入 TikTok、Instagram 和 YouTube 等年轻人喜欢的平台。在内容格式方面，2023 年多数媒体将重点放在数字音频（包括播客）、时事通讯和数字视频方面"。③

2. 人工智能驱动音频产品更趋人性化

网络音频行业的各个细分赛道均借助人工智能技术发展的东风，持续探索

---

① 《CNNIC 发布第 51 次〈中国互联网络发展状况统计报告〉》，中国互联网络信息中心网站，2023 年 3 月 2 日，https://www.cnnic.net.cn/n4/2023/0302/c199-10755.html。
② 《QuestMobile2022 中国移动互联网年度大报告》，钛媒体网站，2023 年 2 月 21 日，https://www.tmtpost.com/6420465.html。
③ 《路透新闻研究院：2023 全球新闻业趋势预测》，36 氪网站，2023 年 2 月 7 日，https://www.36kr.com/p/2121719522331016。

优化用户体验，探索出AI驱动的音频主播、基于人工智能的TTS播客制作等新路径。人工智能技术的更新迭代与强势介入，不断降低网络音频内容的生产成本，极大提高了内容创作的效率。为增强用户使用体验，增加音频产品的温度，《纽约时报》宣布，2023年初将推出新的音频产品，每个新闻开头都有记者真人语音进行个人介绍，然后插入特殊设计的声音。真人语音会大大增强音频产品的"人性化"色彩，增加吸引力。不过所谓"记者朗读"可能并非真人阅读录音，目前的人工智能克隆语音技术发展逐渐能以假乱真，挪威《晚间邮报》和南非媒体News24都使用了该项技术成功克隆了著名的播客主持人的声音。① 国内喜马拉雅也使用TTS技术复现了单田芳的声音，类似的技术迭代将使播客声音更符合用户需求，增强其综合吸引力。

据广告业务机构IAB的报告，播客广告拥有着相对较高的投资回报率。我们通常会认为网络音频的赢利方式之一是植入广告，但频繁的广告植入又会削弱播客的传播效果，降低用户使用体验。《2023年全球新闻业趋势预测报告》指出，目前动态植入和更有针对性的"智能"广告使播客在播放时长已经到顶的情况下，广告收入却还在增长。据美国互动广告局和普华永道预计，2024年美国的广告收入将翻一番，达到40亿美元。② 不过从目前的发展趋势看，2023年的播客节目将普遍推出"无广告"选项，用户可以根据个人需求选择，这也是音频内容提供方从用户视角出发做出的暂时决定。

3. 音频消费的复苏与交互体验的提升

音频行业快速发展，网络音频与用户日常生活深度融合，各类音频设备的使用时长也水涨船高，用户对音频的品质功能提出更高要求，同时也追求更高更好的音频体验。Qualcomm与音频技术行业分析机构SAR Insight & Consulting通过对6000名全球年轻用户的调研，合作推出《音频产品使用现状调研报告2022》，挖掘全球消费类音频设备的用户行为和需求驱动因素。该报告显示，消费者比以往更加重视音质，58%的受访者表示，他们希望获得高分辨率或无损音质；连续两年超过70%的消费者将音质作为重要参考指标，并认为音质

---

① 《路透新闻研究院：2023全球新闻业趋势预测》，36氪网站，2023年2月7日，https://www.36kr.com/p/2121719522331016。

② 《路透新闻研究院：2023全球新闻业趋势预测》，36氪网站，2023年2月7日，https://www.36kr.com/p/2121719522331016。

有助于提升幸福感。同时随着消费者对空间音频了解的不断增加，消费者愿意为支持该特性的设备支付更多费用。①

《2022 数字新闻报告》指出，播客的增长似乎已经恢复，数据显示，Spotify 在许多国家继续稳步发展；YouTube 也因视频导向和混合播客等策略而受益。② 尽管以 Clubhouse 为代表的音频社交遇冷，但"互动播客"的概念与实践依然拥有一定的市场，在部分兴趣圈层中依然扮演重要角色。个性化主持人、智能化内容管理以及轻松惬意的基调成为"好声音"的核心竞争力，这也使互动播客、时事播客收获了稳定的用户规模。"《金融时报》介绍最新交易的 Due Diligence（尽职调查）时事通讯、Vox 传媒探讨播客商务的 HotPod 通讯都取得成功。还有些媒体正在做跨平台内容生产，如乌龟传媒的 Sensemaker 就可提供时事通讯和播客两种格式。"③ 国内荔枝集团的即时语音通讯平台 VoderX 也将在全球市场上全面启用，为更多产品提供定制化技术支持。

（二）国内网络音频行业发展概况

1. 数字音频行业前景广阔

第三方数据显示，中国在线音频用户规模保持连续增长态势，2022 年在线音频用户规模预计达到 6.9 亿人。④ 中国声音经济产业市场规模保持连续增长态势，2022 年声音经济产业市场规模达 3816.6 亿元，预计 2023 年将超过 5100 亿元。⑤ 用户在疫情期间对网络音频形成的消费习惯依然延续，并且消费需求仍在持续增长，中国网络音频市场未来将持续平稳增长。

数字音频已经深入用户的生活中，可以满足其学习、运动、娱乐、居

---

① 《2022〈音频产品使用现状调研报告〉》发布：空间音频、LEAudio、游戏、办公场景成关键趋势》，知乎，2022 年 10 月 27 日，https：//zhuanlan.zhihu.com/p/577583227。

② Nic Newman, "Overview and Key Findings of the 2022 Digital News Report," https：//reutersinstitute.politics.ox.ac.uk/digital-news-report/2022/dnr-executive-summary。

③ 《路透新闻研究院：2023 全球新闻业趋势预测》，36 氪网站，2023 年 2 月 7 日，https：//www.36kr.com/p/2121719522331016。

④ 《尼尔森报告：被低估的耳朵经济，喜马拉雅助力品牌"声"入人心》，知乎，2022 年 6 月 14 日，https：//zhuanlan.zhihu.com/p/528814875。

⑤ 《艾媒咨询 | 2022 年中国声音经济数字化应用发展趋势报告》，艾媒网，2023 年 2 月 20 日，https：//www.iimedia.cn/c400/91728.html。

家办公等各方面的需求。而且它适用于其他娱乐项目无法触及的场景，比如开车通勤、睡眠辅助等。随着汽车保有量增长、车联网市场的扩大，智能汽车领域在近年来获得广泛的关注，而音频也在这样的趋势之下，借由车载信息娱乐系统，实现了向车载端更进一步的渗透。而在"宅经济"的大潮下，更多人感受到情绪解压的重要性，聊天和倾听依然被渴望，耳朵经济以从未有过的"被需要"速度兴起，音频陪伴也逐渐成为年轻人选择的解压以及舒缓方式，具备"伴随性"的音频已成为夜间收听活跃度最高的互联网产品之一。光是车载端、睡眠辅助这两个不可替代的场景，就具有广阔的市场前景。

2. 形成"四大细分领域"竞争格局，综合类音频平台更具优势

如今，在线音频领域形成了以喜马拉雅、蜻蜓 FM 等为代表的移动音频平台，以掌阅、番茄小说等为代表的有声数字阅读平台，以 QQ 音乐、网易云音乐等为代表的在线音乐平台及以得到 App 为代表的知识服务类平台的"四大细分领域"竞争格局。[①] 其中综合类音频更具优势。首先声音所代表的连接感、亲密感、陪伴感，区别于其他媒介类型，有望深挖出不小的潜力，综合类音频平台收听场景广泛多样，音频需求不断释放，能为平台带来更多的机会。其次在用户体量上，大平台的成熟产品占绝对优势。比如国内综合类音频平台的头部企业喜马拉雅，内容创作机制多元，覆盖领域多样化，应用场景和用户覆盖面广，市场有较深的下沉空间，其从中保持获利性增长的机会也更多。

3. 多元化场景应用与付费习惯的培育

网络音频已位列 2022 年在线用户休闲项目体验比例 TOP5，越来越多的人在闲暇时间选择使用网络音频。随着智能技术的发展，智能车载端、智能家居、智能穿戴设备等出现，让网络音频可以进入运动、学习、通勤、睡前助眠等各个场景中。而在这些场景下，其并不会与短视频等其他娱乐方式冲突，而是具有自己的不可替代性。艾媒咨询的数据显示，七成用户购买过付费在线音频节目，近六成用户愿意为知识技能型音频付费。[②] 疫情

[①]《尼尔森报告：被低估的耳朵经济，喜马拉雅助力品牌"声"入人心》，知乎，2022 年 6 月 14 日，https://zhuanlan.zhihu.com/p/528814575。

[②]《耳朵经济新发展：用户基础扩大，技术支持赋能》，央广网，2023 年 2 月 22 日，https://ad.cnr.cn/hyzx/20230222/t20230222_526161457.shtml。

期间，人们居家学习办公，通过网络音频学习知识、提升自我的需求越来越多。后疫情时代，人们仍然保留这种需求，越来越多的人也愿意为知识付费。消费者也越来越意识到版权问题，愿意为原创内容付费，保护原创者的权益。

二 中国网络音频行业发展特点

（一）网络音频行业新变化与用户新特征

1. 传统广播转型与有声书产业发展

音频传媒作为一个专门内容领域，在国内生长和发展已有10余年历史，经历了传统广播与网络音频的泾渭分明期、传统电台广播数字转型期、传统广播与网络音频发展融合期，如今进入4.0时代蓬勃扩容期。[①] 网络音频快速发展，传统广播也在寻求转型之道。2020年，央视推出"云听"，标志着移动音频"国家队"强势入场。通过两年来的转型探索，"云听"打通总台5G智能新媒体中台，对总台央视视频内容进行音频化再生产，为传统广播媒体的转型发展与融合创新赢利模式带来新的启迪。以"云听"为代表的传统媒体借助融合创新理念、强化以人为本，科技赋能、破圈联动，彻底实现了移动互联网向智能化互联网的迭代。[②] 这也倒逼更多传统广播与网络深度融合，越来越多的传统广播媒体也开始推出自己的App，以期成功转型，不被行业淘汰。

此外，近年来，有声书在中国成为越来越受欢迎的音频产品，中国已成为全球有声书第二大市场，有声书产业不断快速发展，市场体系也逐渐成熟。[③] 智研咨询在其发布的《2023—2029年中国有声读物行业发展现状调查及前景战略分析报告》中预计，2023年我国有声读物市场规模将有望突破100亿元，未来几年我国有声读物行业市场规模仍将显著增长。在快节奏的生活之下，人

---

① 《尼尔森报告：被低估的耳朵经济，喜马拉雅助力品牌"声"入人心》，知乎，2022年6月14日，10https://zhuanlan.zhihu.com/p/528814875。
② 张超、钱尔赫：《从"云听"看音频新媒体产业的发展》，《传媒》2022年第9期。
③ 颜春龙、申启武主编《中国音频传媒发展研究报告（2022）》，社会科学文献出版社，2022，第233~250页。

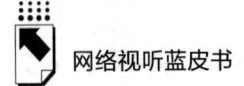

们的阅读习惯有所改变，"碎片化"阅读成为很多人的选择，有声读物因此加速发展，越来越多的人愿意为有声读物知识付费，2020年我国有声读物知识付费模式占比从2015年的1.02%扩大至40.72%，2023年有望扩大至43.41%。

中国有声书行业市场蓬勃发展，市场竞争格局已经基本形成：以喜马拉雅、蜻蜓FM、懒人听书为代表的平台占据市场较大份额，而当当、京东、腾讯、中信出版集团等商业平台和出版机构也加入了有声读物市场的角逐，竞争越发激烈。

2. 用户年轻化、社群化，兼具消费能力和消费意愿

网络音频的用户呈现年轻化趋势，年轻用户的分享欲进一步刺激社群传播，音频内容的圈层传播、社交传播也是行业发展的新特征。喜马拉雅2022年末发布《2022年原创内容生态报告》，该报告显示该平台年龄小于30岁的创作者占比45%，年轻人成原创内容创作主力军。从内容消费群体的分析看，城市白领、大学生是播客忠诚度最高的群体，音频播客正逐渐成为年轻人的生活方式。在声音经济的消费者中，女性占半数以上。这与女性更加感性，对情绪价值有更多的需求有一定的联系。当代年轻人爱好社交，更愿意以声音为媒介拓展社交圈层，这也使网络音频用户社群化趋势更为显著。比如，年轻的网络音频用户会对科幻、悬疑、情感等不同板块产生兴趣，这些板块也就汇集了基于兴趣社交形成的传播圈层，圈内用户分享情绪、抱团取暖，进一步增强音频内容传播效能。相比于传统广播，网络音频的消费者以居住在一线和二线城市以及中等收入群体居多，他们职业发展稳定，未来预期明朗，也更具消费实力，稳定的预期叠加用户年轻化趋势，这些有利因素均有助于提升行业付费率，推动行业快速稳健发展。

（二）网络音频内容创作特征

1. 抒情与娱乐：创作者瞄准用户需求，自主创作欲望强烈

艾媒咨询的调查数据显示，"在2022年中国网民创作音频内容的原因中，54.76%消费者创作音频内容的原因是抒发情感，51.59%消费者创作音频内容的原因是消遣娱乐，38.1%消费者创作音频内容的原因是赚取收入，27.78%消费者创作音频内容的原因是分享个人生活和兴趣，7.14%消费者创作音频内容的原因是交友互动"。① 创作网络音频的原因主要为抒情、娱乐，这与消费者需求一致。相关报告还显示，超过五成的（54.6%）音频用户有意愿进行音频内容创作；37.8%的用户表示需要根据具体情况考虑是否自主创作音频内容。现有的音频平台也积极鼓励个人进行内容创作，各大平台也通过增强创作者的内容生产体验，降低制作门槛、简化音频制作流程，发布一系列音频制作指导等方式，使创作更方便，也促使更多的人愿意尝试自主创作。

2. 内容注重价值内核，彰显网络音频新时代的责任担当

如2022年"云听"设置的全国"两会"报道专区，其中"两会现场声"节目围绕"两会"热点，聚焦代表和委员的精彩发言，以几分钟的短音频原声呈现，带听众感受现场氛围，听懂"两会"要点，截至2022年3月14日，已经有17.39万次的播放量，受到广大用户欢迎。阿基米德FM推出音频党课《给90后讲讲马克思》，由8位中共上海市委党校"80后"青年博士主讲，以讲故事的形式，让年轻人在他们熟悉的话语体系中，更好地了解马克思这个"熟悉的陌生人"。② 喜马拉雅开设了专栏红色频道，荔枝开设专栏正能量。

3. 人工智能重构生产力，AIGC打开想象力

更多的创作者开始使用AI创作工具，人工智能可以帮助他们剪辑音频，降低了内容创作的门槛，大大提升了创作效率。比如喜马拉雅为音频创作者开发了"云剪辑"工具，在线即可剪辑，其集智能音量、智能配乐等强大功能于一体，是行业首款在线多轨剪辑轻应用，首次实现音频文字化剪辑。再比如针对众多创作者感染新冠"阳康"后咳嗽影响录音质量的情况，喜马拉雅推出AI"智能止咳"，通过AI技术达到识别咳嗽声并一键降噪的效果。此外，人工智能也能辅助生产内容，喜马拉雅推出创作者平台"喜韵金坊"，通过TTS技术帮助主播实现与AI共同创作音频节目。截至2022年底，喜马拉雅已通过AIGC创作有声书专辑超37000部，AIGC内容日播放时长超250万小时，AIGC进一步丰富了网络音频的内容生态，创新了音频内容生产模式。经过多年发展，目前在线音频行业已经有了非常稳定的内容生产结构。以喜马拉雅为例，该平台已经形成"PGC+

---

① 《在线音频行业数据分析：54.76%消费者创作音频内容的原因是抒发情感》，艾媒网，2022年10月14日 https://www.iimedia.cn/c1061/89373.html。

② 张超、钱尔赫：《从"云听"看音频新媒体产业的发展》，《传媒》2022年第9期。

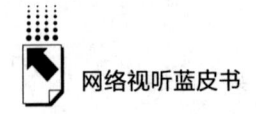

PUGC+UGC"的金字塔式的内容结构。可观察到,目前各大平台纷纷加码人工智能,伴随AIGC、TTS、ASR等AI技术在音频行业的突破式发展,其将让这个行业重新打开想象力、迸发出行业新活力。①

(三)网络音频行业的营销特点

1. 网络音频社交属性增强

随着居民生活质量的不断提高和疫情得到有效控制,未来国民在文化娱乐方面的消费欲望将不断上涨,为在线音频市场的发展提供充足的动力。随着"在线音频+同好社交"模式的兴起,音频平台的应用场景更加多元化,社交属性不断增强,满足了消费者同好社交的需求。艾媒咨询的数据显示,2022年中国网民通过在线音频平台认识具有相同爱好的新朋友的意愿中,41.27%消费者非常愿意通过在线音频平台认识具有相同爱好的新朋友,33.33%消费者比较愿意通过在线音频平台认识具有相同爱好的新朋友,22.22%消费者通过在线音频平台认识具有相同爱好的新朋友意愿一般,3.17%消费者比较不愿意通过在线音频平台认识具有相同爱好的新朋友。②

2. 在线音频具备营销不可替代性

在这个"无品牌不营销"的时代,用户每天需要面对数量庞大的品牌信息,如何在用户心中留下深刻的印象是每个品牌都在思考的问题。易观分析发布的《2022年中国在线音频内容消费市场分析》显示:品牌联动音频平台的数量相较以往呈现明显的上升态势,同比涨幅达到55%,相比短视频,直播音频营销有其不可替代性。声音具有天然的接近性特点,更多的时候是一种陪伴。伴随技术的发展,音频不再是转瞬即逝的声音,网络音频媒体可覆盖用户全时段的生活。如今,声音的陪伴性,可以不受时间和空间的限制,可以随时随地根据你的需要来抚慰你内心的渴望。

---

① 《AIGC重构生产力,喜马拉雅再做一遍音频生意》,和讯网百度百家号,2022年12月23日,https://baijiahao.baidu.com/s?id=1752971107250337826&wfr=spider&for=pc。
② 《在线音频行业数据分析:41.27%消费者非常愿意通过在线音频平台认识同好的新朋友》,艾媒网,2022年10月14日,https://www.iimedia.cn/c1061/89369.html。

三　网络音频行业发展面临的挑战与未来展望

（一）行业痛点

1. 平台对用户的价值引导不足

当下不少音频新媒体积极拓展知识赛道，在对知识内容进行"再媒介化"的过程中，部分商业音频新媒体平台出现了过分迎合用户需求，追求听觉感官刺激的现象，让原本体系化的知识内容沦为大众的娱乐消遣。也有不少用户出现"功利化"倾向，人们之前用来集中学习获取知识的时间，被肢解成了碎片化时间，获取的知识更加片面。商业音频新媒体作为声音知识内容的加工者，为获得经济效益，仅仅迎合与满足用户的消遣性、娱乐性、功利性的需求，价值引导意识不足。另外，音频新媒体的 UGC 内容生产模式虽然可以激发用户创作热情，丰富平台内容，增强用户黏性，但在实际实施过程中却出现了内容质量良莠不齐、主播专业素质较低等问题。

2. 复合型音频人才匮乏

音频新媒体的声音传播不同于传统广播，声音形态和技术把关都将随着媒体形态的改变而改变，因此音频新媒体的出现不只是媒介形态的变革，也是对音频人才转型的考验，然而目前音频人才短缺的问题较为突出。在内容人才方面，专业的主持人和记者在传统媒体都有着固定的节目档期，音频新媒体节目创作需要占用其额外的时间，需要专业主持人、记者保持较高的创作热情，因此音频新媒体节目在数量和质量上都面临发展困境。音频新媒体要想吸引并留住用户，不仅要识别不同场景受众的收听喜好，还要深谙不同平台的算法逻辑，因此目前音频新媒体在技术把关和数据测算上亟须人才投入。而且，核心技术人员多位于视频等领域，音频新媒体所占有的人才资源较少，在技术层面还有待取得实质性突破。

新兴声音业态延伸职业普遍面临人才缺口情况，声音培训市场需求旺盛。目前新兴声音产业中人才缺口最大的是音频直播，人才缺口约 1000 万；其次是有声书演播，人才缺口约 800 万，基础教育体系供给的人才数量，已逐渐无法满足日益增长的声音人才需求，与声音相关的职业技能培训机构不断涌现。

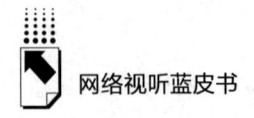

3.创新发展思路受限，行业竞争更趋激烈

头部音频平台喜马拉雅暂时领跑，但荔枝、蜻蜓FM不甘示弱、紧随其后。在线音乐平台腾讯音乐在内容版权上占据优势，其他音乐平台奋力与其竞争，同时在线音乐平台也开始发展长音频，与喜马拉雅等音频平台展开竞争。字节跳动也入局音乐音频领域，在行业内部争夺存量用户资源和原创内容等，竞争更加激烈。竞争加剧可能会导致原创版权费用更高，平台不得不投入更多的经费，会提高成本，使平台难以赢利。社会传播视频化转向在2022年表现得更为显著，在用户注意力资源有限的约束条件下，声音赛道虽说有创新增长空间，但仍存在行业洗牌、格局重构的冲击与挑战。加之AIGC兴起带来的新变量，各大平台如何更早、更好实现数据与技术的深度对接，以创新发展的思路寻找行业新机遇，突破现有红海竞争困境，将是未来值得关注和探索的重点内容。

（二）未来展望

1.跨界产业协同，打造音频产业生态链

"音频+商业化空间"有利于打破资源壁垒和版权壁垒，将音频新媒体智能化交互内容运用于多维场景，为音频新媒体带来新的增长点。音频新媒体未来将更重视打造IP衍生产业链，联合商业品牌，开发互动产品，实现线上线下一体化场景体验，构建关联产业生态圈，实现品牌体验和用户黏度不断增强。还有不少品牌正积极入驻音频新媒体打造自己的博客，联合音频新媒体平台实现"双赢"，如巴黎欧莱雅联合喜马拉雅推出明星播客栏目《我说我值得》，咖啡品牌永璞和三顿半分别上线了"播客小岛广播站""飞行电台"等。[①] 这对音频新媒体平台来说，既能丰富PGC内容，又能实现品牌粉丝的流量引入；对于品牌来说，这是品牌在音频端口的精准投放，以较低的成本开拓新营销方式，提高了用户对营销广告的接受程度。

2.品牌借助音频营销，实现共创共赢

音频是营销媒体的补点，且具有不可替代性。音频对于信息接收来说是一种碎片化的补点，其"伴随性"特征，使品牌信息得以"广泛、深度"覆盖，

---

① 张超、钱尔赫：《从"云听"看音频新媒体产业的发展》，《传媒》2022年第9期。

在陪伴与互动中创造特殊的用户体验。但目前仅有很少部分品牌植入或定制化推出音频节目，表明这一市场仍处在蓝海阶段，相较于其他成熟的营销方式，音频营销还有很大的发展空间。①品牌与优质的音频内容合作，好的收听表现可以使品牌内容更打动听者，"声"动人心的内容新"声"态正在形成。（相关品牌方通过推出具有品牌印记的音频内容，既为品牌注入新鲜感，又能持续积累品牌资产，延长了品牌的活力与生命周期，成为其在市场中强有力的营销利器。）

3. AI 技术赋能，拓宽应用领域

受物联网、AI、5G 等技术的赋能，音频质量大幅提升，其应用领域也得到拓宽。物联网技术使音频生态场景变得多元化，涵盖车载端、智能音箱、智能穿戴等领域。5G 技术实现音频质量大幅提升，如环境音效、催眠音效获得更好的输出效果。AI 技术提升了播客主的语音能力和音乐创作能力，音频的玩法变得更加多元。汽车逐渐智能网联化使音频新媒体积极布局车联网，研发车载场景智能语音技术，车机端相较于手机端更加适用于车载场景，在内容上更加符合车主的喜好，在体验方面符合驾驶出行的使用习惯。"云听"成立了5G 车联事业部，未来将更好地发挥总台的资源和平台优势。智能音箱作为音频新媒体的智能终端，也被纳入音频新媒体的未来战略，阿里巴巴、京东、百度等公司相继推出智能音箱产品。有音频新媒体创作者收到天猫精灵的入驻邀请，打造属于自己的播客领域，这是由数字播客向智能播客转变的又一拐点。

4. 中文播客有望由小众走向大众

近年来，播客日益流行，收听播客逐渐成为年轻人的生活方式。全球知名市场研究机构 eMarketer 的数据显示，2021 年，中文播客的听众数量达到 8600 万人，而 2022 年中文播客的收听人数或将超过 1 亿人，真正成为当下最受关注的流媒体形式之一。喜马拉雅创始人兼 CEO 在 2023 喜马拉雅创作者大会上说"播客不等于小众，也不一定是音频，播客是一切语言类原创内容。喜马拉雅远远不止是听书，播客型主播有非常大的空间和机会"。而喜马拉雅也推

---

① 《嘿，你有在听吗？——音频市场，"耳朵"里的新经济》，澎湃新闻网，2022 年 7 月 8 日，https://m.thepaper.cn/baijiahao_18917854。

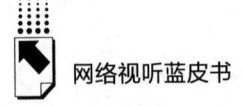

出"万千星辉"原创扶持计划,助力播客主发展。疫情期间,民众长时间的居家生活成为播客繁荣的催化剂。后疫情时代,人们对知识学习、情感陪伴等的需求依然强烈,播客能够提供情绪价值、文化知识等,让越来越多的人关注到播客。明星入驻播客,《奇葩说》《一年一度喜剧大赛》等热门综艺通过播客满足观众更多需求,明星效应、综艺热度助力播客出圈。随着自媒体的发展,文化博主等也在小红书、微博等平台大力宣传优秀的播客作品,比如JustPod 的《忽左忽右》被无数博主推荐,助力其出圈。

数据与技术是驱动媒介更迭的核心要素。ChatGPT 的走红与深度介入社会生活与发展的方方面面,再次表明未来包括网络音频在内的传播媒介仍将面临新的不确定性与极大的挑战,行业预计会迎来大规模的兼并、收购和合作等浪潮。从国内外的平台布局看,大部分综合性平台依然看好声音赛道,既关注"眼前"也重视"耳朵"。从网络音频的内容生产与服务提供方看,谁能更快更好地连接用户数据、掌握 AI 技术,谁就能更好地理解市场、理解用户,掌握未来行业发展先机。同时,可预见的是,包括 ChatGPT 在内的人工智能的全面应用将极大拓展网络音频行业发展的空间,我们也需要警惕,AIGC 的低门槛将带来新的道德难题和监管盲区,网络音频的内容规范与传播伦理或成为新的关注议题。

B.8
2022年网络纪录片行业发展报告

刘忠波 杨悦*

摘　要： 2022年，网络纪录片在内容创作、美学表达与文化特色、生产与传播方面平稳发展。网络纪录片总体数量有所减少，题材类型丰富，审美表达新意迭出，大众文化带动了"纪录+"的创作模式。在网络纪录片的制播方面，头部视听平台仍然保持创作优势，短视频平台逐渐加强纪录片布局，中外合拍的网络纪录片明显增多，以国际视野讲述中国故事。网络纪录片需要创新传播方式，增强中华文化表现力，推动纪录片行业高质量发展。

关键词： 网络纪录片　纪录片行业　美学表达　创作模式

2022年，网络纪录片配合党的二十大重大主题宣传，在记录现实生活、弘扬传统文化和展现自然生态方面，开拓题材内容，创新表达形式，涌现了一批兼具美学活力和文化内涵的优质作品。根据国家广播电视总局发布的数据统计，国内全年上线网络纪录片318部，相较于2021年的377部，制播数量有所减少，有42部网络纪录片获得优秀评价。2022年，网络纪录片品质提升，社会认可度和传播影响力日益强化。

一　2022年网络纪录片的题材类型

2022年是党的二十大召开之年，网络纪录片围绕新时代十年的重大决策，

---

* 刘忠波，南开大学新闻与传播学院教授，主要研究方向为纪录片、影视传播；杨悦，南开大学新闻与传播学院硕士研究生，主要研究方向为广播电视与文化传播。

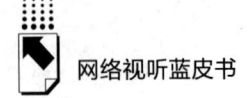

从多个侧面讲述中国社会的发展变化，一批主题鲜明的作品在平台热播，形成与主旋律同频共振的局面。各网络视听平台纷纷推出主题主线宣传纪录片，《这十年》《这十年·向未来》《这十年·幸福中国》等描述了党的十八大以来社会基础设施建设和社会发展成就，也表现出十年间大众获得感、幸福感和安全感的显著增强。《这十年》和《这十年·向未来》采用微纪录片形式，播放量较高，《这十年》聚焦扶贫书记、电商卖家、航天工作者等新时代发展的见证人，集合50个人的50个奋斗故事，展现了一个属于奋斗者的时代；《这十年·向未来》是纪实类访谈节目，借助石油、交通等各行业工作者的党的二十大报告学习心得，帮助大众感知中国式现代化的历史性贡献；《这十年·幸福中国》一方面回溯中国古人在科学技术和文化艺术方面的探索与求真，另一方面记录新时代中国各个领域普通人的工作与生活故事，挖掘并呈现中国人民的创造精神。2022年，网络纪录片围绕迎接、宣传、贯彻党的二十大，规划各阶段宣传重点，精准发力，找到了主流意识形态话语和青年受众观赏兴趣的衔接点。

2022年，网络纪录片题材广泛，关注社会生活细节，触摸大众社会心理的变化，人物故事更具有现实穿透力，能与观众产生情感共鸣。《真实生长》是一部青春校园题材纪录片，该片关注北京市十一学校的教学模式创新，记录三位"95后"少年的高中生活，通过观察他们的心智成长，阐释素质教育如何帮助学生寻找和实现自我价值。《大象出没的地方》聚焦河南省儿童医院，关注患有白血病、抑郁症、自闭症的儿童个体，视角也扩散至留守儿童、隔代抚养等社会现象。面对老龄化这一社会议题，《我想这样变老》围绕拥有服装设计、展览策划、艺术疗愈等爱好的6位老人，讲述他们的晚年生活，传达的是一种老龄豁达的乐观态度。《亲爱的敌人》从4位婚姻家事律师视角，记录离婚涉及的财产分割、抚养权争执等问题，展现家庭关系矛盾结构，法律与情感的深层关联也在其中展开。这些纪录片聚焦个体生命，关注社会议题，提供了观察社会百态的多样视角。

近年来，国潮文化产品深受年轻群体喜爱，网络纪录片将传统文化内容和互联网文化的审美潮流结合，吸引不少年轻观众。多部人文历史纪录片通过了观众和市场的检验，在2022年推出续集作品，成为具有可持续开发价值的IP。《中国》（第二季）延续第一季的构思，按照思想文化脉络梳理自唐代至辛亥革命的中国历史，以宋徽宗、张居正、乾隆皇帝等关键人物为主体，讲述他们的人生轨迹与时代兴衰之关联，其中的中华文明传统精神对大众的感染力度不减。《但是还有书籍》和《文学的日常》的第一季传播效果良好，2022年《但是还有书籍》（第二季）也随之上线，围绕古籍善本编纂、漫画创作、文学翻译、专业编辑等，塑造了钟爱书籍的人物群像；《文学的日常》（第二季）进入更具烟火气的生活空间，捕捉作家们的生命感悟，紧扣文学点亮日常的主题。《闪耀吧！中华文明》来到考古发掘现场和博物馆，采用发起人、追光伙伴和专家学者的现场交谈形式，讲述重要考古发现，阐释历史文物的内涵与价值。

2022年，自然地理纪录片涉及植物、动物、综合生态等题材，视听创新特色突出，增强了受众的观赏体验，也体现了先进摄制技术在纪录片中的出色应用。《众神之地》围绕东北虎、白海豚、亚洲象和野生牦牛四类动物，以全景式呈现动物们的生存环境，该片被宣传为"哔哩哔哩首部HDR调色技术、杜比音效自制纪录片"，以高还原度的声音效果体现了动物世界的神奇性。《与象同行》借助航拍机器和地理信息系统的支持，记录了云南野生亚洲象由北至南自然迁徙的历程。《万物之生》采用超高清摄像技术，聚焦云南地区独特的生态环境，跟踪记录研究学者采集植物标本的过程，揭示了动物、植物、微生物如何在雨林气候中共生共存。

二 2022年网络纪录片的美学表达与文化特色

2022年，网络纪录片在美学表达和文化特色方面体现出变化与发展，尤其是互联网空间的青年亚文化对网络纪录片创作有持续而深入的影响。

（一）纪实美学与戏剧元素交融

纪实美学强调对现实生活的记录以及真实感的呈现。2022年，网络纪录片关注不同群体的生活状态和生命态度，还原真实人生和社会生活质感，表现生命母题和人性光辉，也是大众情绪在视听创作中的直接反映。《一次远行》《真实生长》《人生第二次》是2022年纪实美学特质较为充沛的作品。例如，《一次远行》聚焦生活在德国、美国、法国、以色列等国家的5位中国留学

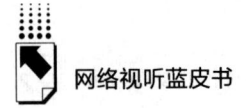

生,跟踪拍摄他们被疫情影响的学习和生活。纪实性体现在纪录片对学生心理活动的刻画中,镜头捕捉了他们面对疾病困扰、就业压力、战争冲突等现实问题时的焦灼与困苦,让大众从个体层面对留学生群体有了更多理解。

流行文化推动了网络纪录片的工业化生产,商业性和市场化对纪实主义的影响变得更为普遍。网络纪录片把握用户喜好,关注大众日常生活体验,吸收戏剧元素,以新的故事语态革新传统纪实理念。《守护解放西》是"纪实+真人秀"模式的警务类纪实节目,于2022年上线播出第三季,延续前两季跟踪直播的拍摄方式,这一季仍然记录长沙市坡子街派出所的警民生活日常。该片采用倒叙结构率先呈现案情结果,再按照警察出警、破获线索、侦办案件的顺序讲述情节,加入动图、花字、表情包等网感化包装形式,在生动且风趣的综艺风格中,强化了纪录片中戏剧元素的表现力,实现了纪录片的年轻化表达。

(二)传统文化美学表达出新

网络纪录片在阐释中华文化的思想观念和人文精神方面,将中华美学精神和当代审美文化追求相结合,运用古典美学的审美逻辑,为纪录片美学出新提供创作灵感,增强了网络纪录片的艺术表现力,审美品质也随之提升。

2022年,多部人文历史纪录片美学表达有新意,也代表了近几年纪录片美学探索的延续。《中国》用两季22集探寻古典美学写意观念的现代转化,创造了"假定性美学"的审美逻辑。《中国》(第二季)审美风格清新明丽,以舞台化的场景布局,以意象化的手段,寻找代表传统中国文化、思想和制度变迁的符号,一座土墙代表百家争鸣、一地青瓷碎片喻示失意人生、一艘航船就是一个大航海时代,还着力再现了历史人物情感世界,创新影像阐释历史的方式。《国宝里的新疆》围绕新疆博物馆馆藏文物,借助食物、钱币、仕女图、镇墓神兽等文物,遥观古代中国。该片沿袭《如果国宝会说话》的创作风格,体量短小,内容亲和,以年轻化的视听语言,既传递出历史的厚重感,又能适应碎片化和轻量化的网络传播。例如,第6集《一千三百年前的作业》围绕学生的抄写本作业,展现了文脉传承的动人魅力。《风云战国之枭雄》是《风云战国》系列纪录片的第二季,这一季延续历史人物的角色扮演模式,影像风格大气浑厚,热度指数较高。优酷近年来推出《探墓笔记》《朱砂下的宝藏》《水下地宫现形记》《国宝100》《古蜀秘境：三星堆迷踪》等片，探索了文物科普、考古探秘的新鲜表达方式，2022年《洛阳铲下的古国》（第二季）根据出土文物和古代葬俗，在历史陈述中加入悬疑与推理元素，借助考古人员破解墓主人身份的过程，追溯了历史上大小不一的古国，带来奇幻的观看体验。

网络纪录片借助古典美学的审美观念，开发了诸多代表传统文化的视听符号，充盈了纪录片审美表达，也发扬了中华优秀传统文化的当代价值。2022年，《我是你的瓷儿》集中关注瓷器的釉彩和花纹，再现了郎红、茄皮紫、豆青釉、鸡油黄等别致色彩，以及斗彩、粉彩、珐琅彩等特殊工艺，流露出各个朝代的美学风尚，表达传统中国的审美文化史。《不止考古·我与三星堆》则对准三星堆考古现场，通过跟踪记录考古人的生活日常，尤其是年轻一代考古人的幽默风趣，为考古纪实拍摄注入活力，也带动大众理解考古工作背后文物与人的关系。这种审美创新既符合年轻受众的观看兴趣，也代表着网络纪录片对民族化审美风格的探索。

（三）大众文化引领形式创新

网络视听平台积聚了相当体量的短视频用户，也为网络纪录片带来观众基础。2022年网络纪录片拓展大众文化的表现形式，开发娱乐性和知识性内容，统合谈话纪实、行旅体验等节目形态，在"纪实+真人秀""纪实+剧情""纪实+短视频"等模式中探索新形态。2022年融合纪实与真人秀的网络纪录片关注度不断走高，生活纪实类纪录片则成为流行品类，如《边走边唱》（第二季）跟踪拍摄音乐人前往旅行目的地的过程，以慢节奏展现地域文化，丰富音乐作品内涵，片中自然景色与人文景观交织，增添了观看的层次感，知名人物作为嘉宾也使这一类纪录片更易吸引网络受众。《去你家吃饭好吗》（第二季）是哔哩哔哩独家出品的人文剧情纪实节目，播放量已超过1亿次，弹幕超过29.4万条。节目所体现出的对综艺感和趣味性的追求，虽存在消弭纪实与剧情边界之嫌，但对人物情感世界的素描，又具有传统纪录片的人文关怀和思想深度。2022年，大众文化纪录片适应网络用户的审美习惯，不仅催生了更为广泛的受众群体，提升了纪录片的关注度，也有助于纪录片产业发展。

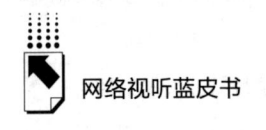

三 网络纪录片的生产与传播态势

（一）融合传播效果明显

纪录片结合短视频平台的传播逻辑，跨屏互动的传播效果明显，特别是新型主流媒体利用网络视听矩阵，推动纪录片的融合传播。电视纪录片《领航》通过融合长、短视频形态，触动了网络用户对新时代十年社会发展变化产生共鸣，与之相关的融媒体产品在社交媒体平台得到广泛关注。根据美兰德传播咨询公布的数据，2022年10月，《领航》在咪咕视频月点击量突破11.6亿次，融合传播综合指数为67.10，视频热度达到86.88，媒体曝光度65.88，网民评议度为54.80。融合传播既适应网络用户的信息收视习惯，也提升了纪录片的收视期待，形成了跨媒介的主题主线宣传，最大限度发挥了纪录片的传播价值。

近年来，腾讯视频、爱奇艺、优酷、哔哩哔哩等网络视听平台更为重视纪录片的独家播出和联合制作出品，在系列化、精品化方面持续发力，新型主流媒体也持续加大对网络纪录片的投入力度，平稳产出。2022年，第24届冬奥会在北京举行。多家网络视听平台以冬奥会为契机，或借助主流媒体资源优势，或主动配合重大事件宣传，多部冬奥会题材纪录片集体上线。腾讯视频联合新华社音视频部带来纪录片《冰雪Z世代》，记录不同文化背景下青少年对冰雪运动的追逐；快手上线了纪录片《二十》，讲述冰雪赛场之外普通人的坚守；优酷联合《中国青年报》上线人物纪实纪录片《银花》，讲述新疆禾木图瓦少女银花坚持滑冰梦想的故事。短视频平台主动投身网络纪录片生产，不时在题材和表达上带来新创意，其中西瓜视频、快手和抖音等短视频平台积极布局网络纪录片，社交媒体平台也提升了网络纪录片的融合传播热度。

（二）品牌价值持续开发

从头部平台的品牌纪录片来看，相比以往，2022年美食题材纪录片的创作热度有所消减。2021年，哔哩哔哩推出过"逃不掉的美食纪"系列，一时间带来美食题材纪录片的收视热潮，积累了众多忠实观众，但2022年的《新疆味道》《一面之词》等作品，反响不大。优酷继《江湖菜馆》《江湖搜食记》之后，在 2022 年春节播出《上菜了！新年》，展示 12 个地方的春节佳肴，探讨了各地春节的饮食习惯和文化差异。腾讯视频在美食题材纪录片上持续发力，推出《风味人间 4·谷物星球》、《早餐中国》（第四季）、《宵夜江湖》（第二季）、《排队小吃》（第二季）、《人间有味山河鲜》、《拿一座城市下酒》等，逐渐形成相对稳定的纪录片矩阵。

根据中国视听大数据（CVB）发布 2022 年收视年报，2022 年 1 月 1 日至 12 月 31 日央视和地方卫视频道共播出电视节目 50.8 万小时，其中，纪录片 6.4 万小时[1]，这说明纪录片仍是最主要的内容构成，对大众有着不小的吸引力。2022 年，哔哩哔哩联合多家媒体宣布，将每年五月的第一个星期设立为纪录片开放周，这期间平台纪录片片库免费提供给用户，不仅动员大众观看纪录片，也树立了哔哩哔哩的品牌形象。从优酷发布的《2022 文博节目报告》来看，《国宝 100》《古蜀秘境：三星堆迷踪》等文博纪录片兼具知识性和娱乐性，受到"95 后"年轻人欢迎，构成优酷文博类节目矩阵中的重要一环。

纪录片品牌依靠内在的价值理念支撑，长期积累而来的品牌特质能强化大众的品牌认知。优质的纪录片品牌既能成就纪录片的传播力，也能够增强纪录片的商业吸引力。"人生"系列纪录片具有稳定的品牌 DNA，《人生第一次》于 2020 年播出，在电视端和新媒体端都收获不菲成绩，豆瓣评分高达 9.2 分，助推"人生三部曲"的培育和开发。2022 年，由央视网、上海广播电视台、哔哩哔哩联合出品的《人生第二次》，深化了《人生第一次》对生活起伏和命运波折的思考。一经播出，累计全网斩获热搜话题 48 个，全网话题阅读量累计突破 2.8 亿次；豆瓣评分 9.5 分；位列哔哩哔哩热门纪录片 TOP1；在抖音、快手热榜上，《人生第二次》相关短视频、话题也收获近 2000 万次点击量。[2] 纪录片品牌的思想力和内容的深刻性影响着纪录片的市场细分、目标市场和市场定位，也决定了目标受众的基本画像。年轻受众对网络视听内容质量更为敏感，往往也能够助推系列内容的口碑传播。

---

[1] 《中国视听大数据发布 2022 年收视年报》，中国视听大数据网站，2023 年 1 月 13 日，http://www.cavbd.cn/news/20230111ssnb.html。

[2] 《高分纪录片回归，〈人生第二次〉首播告捷》，澎湃新闻网，2022 年 5 月 30 日，https://www.thepaper.cn/newsDetail_forward_18335241。

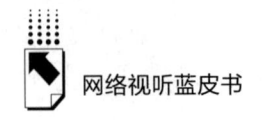

网络纪录片的品牌价值也是由平台与用户共同激发的。2022年，《我不是英雄》和《我的高考笑忘书》入选国家广播电视总局优秀网络视听作品推优作品，前者是快手为平台用户拍摄的人物纪录片，后者是知乎出品的高考纪实人物访谈节目。两部纪录片基于各自平台定位和用户特征而推出，尤其《我不是英雄》集中体现了快手短视频App"拥抱每一种生活"的品牌文化，以关注平凡人物的普通生活打动观众，不仅在平台内部获得一定传播热度，而且用户社区的内容偏向也随之表现出来。与网络纪录片一同传播的，不只是对社会生活的思考，还有各大网络视听平台的价值取向和公共精神。

（三）对外传播意识增强

2021年，中共中央宣传部办公厅、国家广播电视总局办公厅发布《关于实施中国纪录片对外传播推优扶持项目的通知》，鼓励扶持纪录片的对外传播。2022年，网络视听平台充分发挥共享性、互动性、平民化的跨文化传播优势，制作和播出一系列凸显对话精神和合作意识的纪录片。多家网络视听平台与美国探索频道和国家地理频道、英国BBC、日本NHK等国际纪录片知名品牌深化合作，上线播出众多纪录片。在中外合拍的网络纪录片方面，其数量可观，题材多样，交流传播的形式更为丰富。

《理解中国》由五洲传播中心制作，以五分钟一集的形式，借助外国人在华的工作和学习情况，讲述他们对生态中国、创新中国、文化中国等的理解，增进国际社会对当代中国的认识。《数字里的中国》由Discovery探索传媒集团与华数集团联合制作，该片凝练出1111生活、318国道、798社区、423家庭等数字，用以描述中国数字化的生活进程、基础设施建设、文化产业运行等现实状况，以客观数字为中国社会面貌留下注脚。《舞台上的中国》由五洲传播中心、哔哩哔哩、英国雄狮制作公司等联合制作，以声乐、器乐、舞蹈、戏剧等表演艺术为切口，通过主持人采访串联各部分内容，展现中国传统艺术和当代文化于舞台上的交汇，该片在哔哩哔哩播放超过1200万次。《最美中国：四季如歌》以"冬去春来""夏花秋实""秋收冬望"为主题展陈中国大地的四季变化，从民族文化交融、大国工程建设、自然生态保护多个方面讲述大众生活，反映中国社会万象更新的面貌。与之类似的还有《精彩中国》、《中国符号》（第三季）等，这些具有国际视角的纪录片针对"Z世代"人群的信息消费习惯，吸收海外纪录片的创作理念，以文化濡染国内外受众，呈现真实的人文生态和百姓生活，从而塑造生动立体的中国形象。

四 网络纪录片的发展路径

（一）以片场化聚合内容传播

网络纪录片打造矩阵化内容，也在以片场化模式开展渠道传播。网络纪录片片场是网络纪录片传播形式的创新，是指将内容题材、审美表达、价值取向较为相近的纪录片进行集合化、系列化的传播，逐渐成为网络纪录片传播新趋势。2022年，网络纪录片片场产生了不小的影响力。如腾讯视频纪录片"人间真实"片场系列，其中有《真实生长》《一次远行》《了不起的妈妈》《亲爱的敌人》《大象出没的地方》等。这些纪录片刻画了社会群像，既讲述青少年的成长烦恼，也体现父母的困惑；既以留学生的特殊视角关注新冠疫情，也思考个人成长和社会发展中的普遍问题。"人间真实片场"是网络纪录片内容运营的新尝试，系列纪录片借助不同个体的命运得失，投射更为普遍的社会问题，延伸纪录片对生活的多义思考，而类型化内容的集中呈现，也形成相对稳定的纪录片观众群体。

电视栏目曾是纪录片传播的主要形式，网络纪录片可以发扬电视纪录片的栏目化、频道化传统，进行片场化传播实践。网络视听平台以同一题材、同一类型的纪录片聚合受众，通过持续地、系列性地推进纪录片创作，巩固纪录片片场的内容基础。网络纪录片在片场化内容运营中，形成了一定的标识度，提升了纪录片的传播声量，培养了核心受众群体，方便受众定期浏览，也利于广告主实现更为精准化、规模化的广告投放，增强网络纪录片的创收能力。

（二）探索传统文化视听表达方式

2022年，传统文化类网络视听节目成为流行内容，网络纪录片开掘中华传统文化资源，利用数字技术呈现历史文化。《闪耀吧！中华文明》围绕三星堆、殷墟、秦始皇陵等考古遗迹和历史文物，穿插使用国风动漫和特效动画，描绘文物，还原历史场景。《我是你的瓷儿》《穿越时空的古籍》《不止考古·

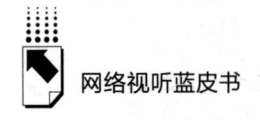

我与三星堆》等，从传统技艺、经典著作、考古文物中透视中华文明，并对准年轻受众，既有第一人称稍显活泼的解说词，也有饱含科技感的景别变化，带来新奇的视听体验。

未来，网络纪录片应该进一步思考如何能够将中华文化的思想观念、传统美德和人文精神融会在视听语言中，即如何进行中华文明精神传统的影像阐释。现代影像技术是纪录片美学创新的动能，应充分应用数字化手段发扬传统文化人文品格，还原传统文化意象，创造虚实相融的技术美学，建立陌生化审美意境，延展纪录片的审美张力，推动形成具有中华民族品性的纪录片美学。

结 语

2022年，网络纪录片数量上有所减少，但其在美学表达和文化内涵方面都较往年有所深化，并且运用视听技术创新和跨屏传播等方式，提高了融合传播力。网络纪录片可以继续在主流价值引领、传承中华文化方面发力，重视年轻化视听语态的开发，以符合年轻受众审美习惯。同时，也应当进一步完善市场逻辑，促进纪录片和文化产品的联动，形成多样化赢利模式。整体而言，2022年，网络纪录片有文化底蕴，有现实深度，也有情感温度，体现了新时代纪录片高质量发展趋势，也为网络视听行业发展注入动力。

B.9
2022年网络微短剧行业发展报告

张维肖 司若*

摘 要： 近年来，"网络微短剧"作为网络视听节目新形态，一方面延续了长视频的创作路径，另一方面融合了短视频的传播特征，凭借其体量小、更新快、节奏强、情节爽、题材多元、以竖屏观看为主的特点，迅速获得广大用户的青睐。2022年，网络微短剧入局条件宽松、低成本高回报、变现容易、项目周期短等优势因素，吸引了大批资本进军该赛道，国家广播电视总局对该类别的重视程度逐渐提高，《关于进一步加强网络微短剧管理 实施创作提升计划有关工作的通知》等监管政策文件相应出台，但官方公示的微短剧备案数量及发行许可数量仍呈现爆发式增长，微短剧赛道成为一片"网络视听蓝海"。本报告从2022年网络微短剧行业政策环境、市场规模、产业布局的发展概观切入，分析目前网络微短剧内容生产特征及代表作品，并提出对行业未来的展望。

关键词： 网络微短剧 垂类深耕 平台战略

一 网络微短剧行业发展概观

（一）政策环境

早在2020年8月，国家广播电视总局（以下简称"总局"）的备案后台新增"网络微短剧"（文中也简称"微短剧"）类目，将网络微短剧这一"新剧

---

* 张维肖，清华大学新闻与传播学2021级博士研究生，主要研究方向为影视传播、广播电视艺术学；司若，清华大学新闻与传播学院教授、博士生导师，主要研究方向为影视传播、文旅产业。

种"正式纳入监管，同年12月，总局又下发《关于网络影视剧中微短剧内容审核有关问题的通知》，对网络微短剧的定义、制式标准和审核流程等进行补充说明："单集时长不足10分钟；具有影视剧节目形态特点和剧情、表演等元素；有相对明确的主体，用较专业手法设置的系列网络原创视听节目等。"①

官方监管对网络微短剧的播出要求，提至与电视剧和网络剧同样严格的高度，促使网络微短剧逐渐步入创制正轨。2022年，随着网络剧片正式发行行政许可"网标"的出台，官方对网络微短剧的监督管理也在进一步加强，11月14日，总局发布的《关于进一步加强网络微短剧管理 实施创作提升计划有关工作的通知》指出，网络微短剧总体呈现向上向好的发展态势，但是一种新兴的"小程序"类网络微短剧利用技术手段脱离监管，发展快、势头猛、不规范、问题多，形成对主流作品"劣币驱逐良币"的挤出效应，对网络传播秩序造成冲击。②

面对行业乱象，平台与制作机构积极主动对微短剧类内容进行自查自纠、持续治理。2022年12月，微信、抖音、快手等平台陆续发布公告，打击微短剧中的低俗、血腥暴力、色情、极端心理等不良内容，处罚方式包括但不限于微短剧下架、流量管控、限制提现等。

为健全网络微短剧创作生产和播出机构内容管理制度，积极防范和应对复杂的网上意识形态风险，网络微短剧相关的监管责任主体及行业生产经营单位都应做到：以习近平新时代中国特色社会主义思想为指导，深入学习贯彻党的二十大精神，深刻把握网络微短剧具有的意识形态和文化产品双重属性，坚持正确的政治方向、舆论导向、价值取向和审美趣向，坚持以人民为中心的创作导向，积极主动将社会主义核心价值观融入网络微短剧的创作与宣传推广，以不断增强人民群众精神力量为出发点和落脚点，把社会效益放在首位，推动网络微短剧健康有序繁荣发展。③

---

① 杨慧、向桃：《变局与新机：2021年中国网络剧盘点》，《现代视听》2022年第1期。
② 《国家广播电视总局办公厅关于进一步加强网络微短剧管理 实施创作提升计划有关工作的通知》，国家广播电视总局官网，2022年12月27日，http：//www.nrta.gov.cn/art/2022/12/27/art_ 113_ 63062.html。
③ 《国家广播电视总局办公厅关于进一步加强网络微短剧管理 实施创作提升计划有关工作的通知》，国家广播电视总局官网，2022年12月27日，http：//www.nrta.gov.cn/art/2022/12/27/art_ 113_ 63062.html。

（二）市场规模

2022年，随着中国网民规模持续稳定增长，网络微短剧市场规模相应扩大，入局者暴增。CNNIC发布的第51次《中国互联网络发展状况统计报告》显示，截至2022年12月，中国短视频用户规模首次突破10亿人，用户使用率高达94.8%，短视频内容不断丰富，带动用户规模增长和黏性增强，成为移动互联网时长和流量增量的主要来源。[①] 各大长视频、短视频平台持续布局，联合MCN机构、影视公司、网文平台、网络红人等创作主体，拓展市场空间，推出迎合当下观众"碎片化、沉浸式、N倍速"观看需求的精品短剧内容。

2022年，微短剧分账票房分布从"沙漏型"转变为"三角形"，头部、中层以及腰尾部模型形成。分账票房1000万元以上的头部作品稳定出现，500万~1000万元的中层作品异军突起，500万元以下的腰尾部作品群逐步扩大，健康的生态模式正在形成。与之相对应的是微短剧制作水平的进一步提升。2022年，豆瓣评分人数超过900人的微短剧，数量相较2021年略有增加，整体评分也有较大提升。[②]

网络微短剧行业撬动了风险较高的传统影视市场，不断释放"投资回报率高、变现灵活"的红利信号，吸引了大量机构入局试水。总局"重点网络影视剧信息备案系统"数据显示，2022年上半年相关机构制作的微短剧数量相较于2021年同期实现超500%的增长。烹小鲜在《2020—2022年微短剧发展观察报告》中提到：根据各项目公布的分账数据估算，2022年全年，微短剧总分账体量约超2.5亿元；2020年1月1日至2022年9月30日，长视频平台共上线965部微短剧，备案总量3297部；2021~2022年上半年共有1263家影视制作机构有微短剧备案或取得发行许可；同时，2022年上半年有807家机构有新增备案剧集，其中新增620家机构，取得微短剧发行许可的机构共92家，其中新增75家机构。如图1所示，2022年上半年网络微短剧备案数量呈现井喷式增长，5月、6月均有超过400部网络微短剧在总局通过登记且取得

---

① 《CNNIC发布第51次〈中国互联网络发展状况统计报告〉》，中国互联网络信息中心官方网站，2023年3月2日，https://www.cnnic.net.cn/n4/2023/0302/c199-10755.html。
② 《优酷内容开放平台2022年度报告：让好内容走得更远》，优酷短剧微信公众号，2023年1月10日，https://mp.weixin.qq.com/s/hBUyPAsQs_Zq-VPb5yXKCA。

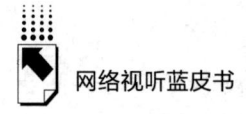

规划备案号。预计2023年，微短剧市场规模水涨船高，市场不确定性逐渐降低，内容面临更为白热化的赛道竞争和不断收紧的监管政策，这势必淘汰处于金字塔结构下部、依赖"粗放式生产"的大批制播机构，市场秩序也将趋于稳定。

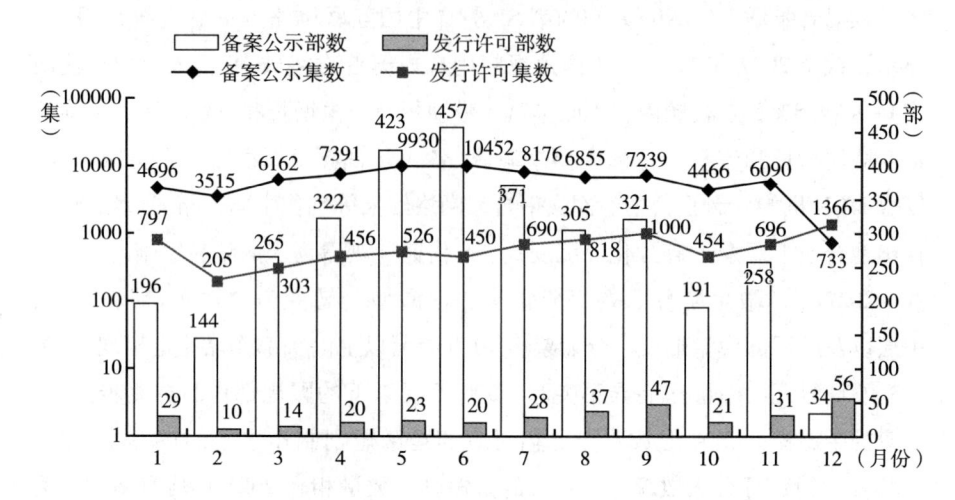

图1 2022年网络微短剧备案公示及发行许可情况

资料来源：云合数据。

（三）行业布局

微短剧行业目前主打"网络剧轻量化"和"短视频剧情化"两种生产模式，长、短视频平台针对微短剧业务呈现"剧场化、档期化"的常态化布局，实现垂直类经营。[1]

以优酷、腾讯视频、爱奇艺、芒果TV、哔哩哔哩为代表的长视频平台截至2021年末均完成了微短剧品牌的孵化，依托相对完备的影视工业体系持续加码精品内容，用户端也为推广微短剧迭代升级，其中优酷、腾讯视频的App首页一级入口均加设了明显的微短剧频道。优酷早在2013年即首播微短剧"万万没想到"系列，该5分钟剧集系列作为微短剧"出圈鼻祖"，曾创下20亿次播放量，现优酷"扶摇计划"以IP改编为切入口，凭借"投资+分账"

---

[1] 《〈2020—2022年微短剧发展观察报告〉重磅发布》，烹小鲜微信公众号，2022年11月11日，https://mp.weixin.qq.com/s/rKkyATWFYghnKRWPYDe_Ag。

合作模式深度参与项目开发，根据目标方定制内容，切实降低制作方风险。腾讯视频的"十分剧场"以喜剧季、国风季、热血季等分季播出，迈入内容矩阵化和营销分季化的新阶段。爱奇艺最早开辟有"竖屏控剧场"，2022 年推出的"小逗剧场"深耕类型化喜剧，针对年轻用户开发互动玩法。芒果 TV 开设"下饭剧场"并上线了独立的"大芒 App"，重点满足平台女性用户对微短剧内容的刚性需求以实现差异化竞争，通过与米读小说合作、高校孵化等内容研发方式，加深人才与平台的绑定。哔哩哔哩上线"轻剧场"厂牌，支持 UP 主进行微短剧创作，相比于第三方制作内容，平台原生 UP 主的 UGC 内容明显更符合平台调性、贴合用户观看喜好。

短视频平台微短剧发展主要集中在快手、抖音两大巨头上，对比两平台既有的海量泛娱乐类短视频，微短剧对剧情、制作、达人策划团队的综合能力要求更高，从单纯的 UGC 转变为 PUGC 的剧集既依赖平台已培养的网络红人为流量护航，也能巩固网络红人的粉丝黏性，2022 年 4 月，快手率先推出重点征集 5 分钟以上横屏微短剧的"扶翼计划"，针对评估为 S 级以上的微短剧项目投入超过 15 万元的制作费和 2000 万的流量扶持。6 月，抖音将原有的"短剧新番计划""千万爆款剧乐部"等微短剧战略整合升级为"剧有引力计划"，对账号粉丝量、微短剧形式（单元剧或连续剧）等均不设限，抖音、快手为优秀微短剧入局亮起绿灯，实现从"低门槛"到"无门槛"。

长、短视频平台针对微短剧提出利好政策，一方面对虹吸头部微短剧项目、扶持优质作者、细化分账合作模式、优化平台内容生态、助推短剧变现等都有较强激励作用；另一方面，也印证了布局自制剧无谓资源倾斜的"长短之争"，在融媒体环境下只有打造优质内容触达观众所需、依托平台优势促进剧集品牌成立、推动新老剧种创制融贯互补，才能实现平台收益的动态升级。

二 网络微短剧的内容生产分析

目前，主流视野中的网络微短剧内容生产呈现三大特征：一是制作成本较低，孵化周期较短，剧情结构和镜头语言相对简单，叙事体量、视听质感、演职员知名度或宣发规模仍与长视频有断层差距；二是题材丰富多元，紧跟热点话题，多数作品以"爽剧、土味、虐恋、玄幻、悬疑、治愈"等为剧情核心卖点迎合大众市场，内容呈现同质化、粗放化、通俗化倾向；三是依托场景植入，突出引流变现，由于微短剧赛道存在大量小微企业和用户自制内容团队，资金流带给生产模式的压力令剧集对广告植入、流量变现、平台补贴等较之长视频网剧和普通短视频有着更强的依赖，微短剧赢利的底层逻辑与其传播媒介一脉相承，均沿用了MCN机构对特定账号及主播的"培养逻辑"，剧集作为整体内容消费的分支，与短视频平台的信息流广告、直播带货、达人经济等商业化链路高度一体化，部分作品并不依靠故事本身赢利，而是以剧集为账号和演员"引流"后，通过直播带货和信息流广告变现。①

随着观看微短剧逐渐成为一种新兴的文化消费景观，精品化内容也将带动消费者为内容本身买单。据2022年美兰德调查数据，14.12%的受访短视频用户有过付费观看微短剧作品的经历。如表1所示，2022年，云合数据发布的全网微短剧有效播放榜单中，已有7部作品的正片有效播放突破1亿次大关，其中《拜托了！别宠我》《奇妙博物馆》等形成了品牌化、序列化的头部IP，预期未来微短剧的高质量生产，或将推动短视频平台推出与长视频平台类似的"包月会员""超前点映"等观看特权服务。

表1 2022年全网微短剧有效播放霸屏榜TOP20

单位：次，集

排名	剧集名称	正片有效播放	上线日期	总集数	播出平台
1	《拜托了！别宠我》（第一季）	2.0亿	2022/1/7	24	腾讯视频
2	《千金丫环》	1.4亿	2022/9/8	30	优酷
3	《奇妙博物馆》（第一季）	1.1亿	2020/6/23	80	哔哩哔哩
4	《别跟姐姐撒野》	1.1亿	2022/5/13	20	优酷
5	《拜托了！别宠我》（第二季）	1.0亿	2022/1/24	21	腾讯视频
6	《念念无明》	1.0亿	2022/4/2	18	芒果TV
7	《夜色倾心》	1.0亿	2022/7/2	24	腾讯视频

① 周矗：《"土狗爱看"的微短剧，正在成为爱优腾芒的"新宠"》，娱理微信公众号，2022年10月20日，https://mp.weixin.qq.com/s/vMrvi6TSbRahYNMHJ1PFVg。

续表

排名	剧集名称	正片有效播放	上线日期	总集数	播出平台
8	《花颜御貌》	9898万	2022/1/26	24	腾讯视频
9	《将军府来了个小厨娘》	9284万	2022/9/27	24	腾讯视频
10	《致命主妇》	9144万	2022/1/11	24	优酷
11	《纨绔医妃》	9037万	2021/10/9	50	腾讯视频
12	《奇妙博物馆》（第三季）	8929万	2020/7/6	12	芒果TV/哔哩哔哩
13	《奇妙博物馆》（第二季）	8806万	2020/7/4	40	芒果TV/哔哩哔哩
14	《拜托了！别宠我》（第三季）	8168万	2022/2/11	24	腾讯视频
15	《重返1993》	8133万	2022/11/14	25	腾讯视频
16	《师兄请按剧本来》	8119万	2021/12/22	40	腾讯视频
17	《别惹前女友》	7778万	2022/8/29	20	腾讯视频
18	《浮生印》	7721万	2022/9/1	24	腾讯视频
19	《霜落又识君》	7601万	2022/3/7	25	腾讯视频
20	《独女君未见》（第一季）	7568万	2022/4/22	18	优酷

资料来源：云合四象分析系统（EVA），统计范围为2022年1月1日至2022年12月31日全网微短剧（单集时长20分钟以下），网播全端覆盖PC端、移动端及OTT端。

从上榜作品来看，"爱情"题材作品占据市场主流，其大多改编自网络文学、漫画等IP。如腾讯视频推出的微短剧《拜托了！别宠我》系列，讲述了作为网文作者的女主角颜一一，误入自己未完成的小说世界成为后宫嫔妃，却面临"必须在冷宫待足100天才能回到现实世界"的条件，为此不得不胡作非为而笑料百出的故事，该系列第一季至第三季集合了"甜宠、宫斗、喜剧"类型，定位清晰明确，第四季将剧中原班人马由古代宫廷转换到现代都市的故事情境，延续情感喜剧的模式，通过呼应前三季内容的"老梗翻新""稳定品控"，加深与剧迷群体的情感联系，保证该系列的"可持续发展与可沉淀价值"，持久延续IP效应。[1] 学者占琦结合"甜点效应"指出，"甜宠微短剧"通过打造具备奇观叙事、爽感文化、BE美学等特征元素的内容，刺激用户情感阈值，以"大女主"视角满足女性婚恋和职业臆想，另外，微短剧受文化消费主义加持，也

---

[1] 顾韩、李春晖：《微短剧IP化，〈拜托了！别宠我〉做到了》，娱乐硬糖微信公众号，2023年1月8日，https://mp.weixin.qq.com/s/aOI5pIfrSRfooeS0rYmEOQ。

易成为"文化工业流水线上的情感催眠剂和电子糖精"。① 微短剧创作者同样认识到，一味"撒糖"并非长久之计，微短剧呈现向长视频学习"类型融合"叙事的演变态势，主打"爱情+"或"女性+"叙事策略的《千金丫环》、《念念无明》、《致命主妇》、《独女君未见》（第一季）等热门头部作品即印证了这一点。《念念无明》以中式古装类型包装了"史密斯夫妇"的故事原型；《致命主妇》以强情节解决婚姻中的伦理争端和弱势女性困局；《独女君未见》（第一季）紧扣"大女主重生复仇"的爽文化；《一双绣花鞋》以悬疑探案、中式民俗等奇观化叙事元素包装女性情感故事……以上作品均聚焦垂类内容的差异化竞争，发力打造类型融合作品，以《千金丫环》为例，该作品将甜宠故事与民国军阀混战的历史背景相融合，2022年9月8日在优酷海内外同步上线后即引发追剧热潮，实现分账破千万、优酷站内热搜持续霸榜超312小时、主要社交平台在榜热搜超200条、猫眼短剧热度榜连续6天合计13次日冠。

《2022中国电视/网络剧趋势报告》指出，在题材、年代选择上，当代都市题材的微短剧占到50%以上，与网络剧高度相似，但"当代都市题材"目前仍缺乏兼具收视与口碑的现象级代表作品。② 2022年，穿越创业年代剧《重返1993》、当代都市悬疑剧《对方正在输入中》结合当下"创业、家暴"等社会热点问题，从人物动机、情节逻辑、视听适配性等方面进行打磨，令微短剧少了几分"悬浮"，多了几分现实观照和人文情怀，在用户自制内容方面，快手平台创作者"@龙二【知行合一】"以"良心的价值""老师该有的样子""忠孝难两全"等作为主题创作的微短剧③，呈现了其在伦理道德、职业操守等方面的个人观点表达，是微短剧在立意层面更注意体察时代的创作实践。2023年，由杨蓉、王一菲等长剧集演员加盟的双女主时尚情感短剧《二十九》，亦聚焦了两位都市丽人在生活与职场中相互救赎的姐妹情谊。可见，微短剧内容生产在思想传达与艺术表现等方面有了更多可能，创作者不应再一味迎合下沉市场，而是以长线思维追求剧集内涵的深化与影响力的跃升，力图与更广大观众形成思想和精神上的共鸣。

---

① 占琦：《网络微短剧的叙事特征与情感张力》，《新闻知识》2022年第10期。
② 《重磅首发 | 2022中国电视/网络剧趋势报告》，清华大学影视传播研究中心微信公众号，2022年11月2日，https://mp.weixin.qq.com/s/Iwc4adM5RDq3vD_bhFPM0Q。
③ 朱天、文怡：《多元主体需求下网络微短剧热潮及未来突破》，《中国电视》2021年第11期。

三　网络微短剧的发展机遇与挑战

2023年1月3日，总局网络视听节目管理司发布"2022网络视听精品节目集锦"，其中涵盖《大妈的世界》《"中国节气"系列节目》《大海热线》3部网络微短剧。上述作品镜头分别对准社区妇女、传统节气、电信诈骗等相关主题，展现时代生活的小而美、趣而新，唤起观众共情的同时也存在一定科普、警示、教育意义。在抖音、快手等平台，越来越多的精品微短剧"正规军"已有"网标"加持，在以人民为中心的创作导向和以社会效益优先的大前提下，在"降本增效，提质减量"的行业背景下，"网标"的出台标志着内容管理逐步规范化、标准化，预示着优化生产结构、题材求新多元的创作风向，"受众为本，深耕精品"的时代已经来临，微短剧的整体格局必然向高质量发展阶段迈进。

法国社会学家布尔迪厄在《关于电视》一书中围绕"场域理论"曾阐释了"大众文化媒介"如何在文化场域中与各资本博弈，指出"内容生产的排他性追求在其他场域可能会催生原创，在电视场域却促成了越来越千篇一律的景观""暴力、色情、社会丑闻是吸引大众注意力的畅销议题"。[①] 在借鉴、类比长视频剧集实践经验的基础上，网络微短剧在自身"文化生产次场域"中的生产与传播早就走过了"为艺术而艺术"的自主性获得阶段，群体行为倾向逐渐成形，正在向"自主极—他律极"的双重结构博弈和建立阶段过渡。粗放发展时期，微短剧场域之于整体文化生产场域而言，是一个"专业化较低、自主权较高"的次场域，行业惯习鲜明但行业秩序仍在不断形塑，经济资本为了保证利益，在提高人才密度的同时积极向"象征资本"妥协靠拢。

从长远看，微短剧或从顶层布局的剧场化经营、优质自制内容扶持计划、强化剧集IP效应、拓宽现实题材创作视角等业态升级思路解决部分问题。同时，"微短剧出海"也是微短剧精品化后拓宽市场的必由之路。以《千金丫环》为例，截至2023年1月，该微短剧相关标签下普通用户产生的二创视频，

---

① 皮埃尔·布尔迪厄：《关于电视》，许钧译，北京大学出版社，2020，第46页。

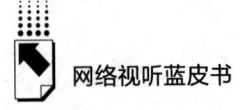

在 Tiktok（抖音海外版）中合计播放量超 3 亿次，Youtube 以及 Facebook、Instagram、Twitter 等社交媒体合计播放量超 5000 万次，互动数达 140 万次，曝光量近 3 亿次，最高播放峰值比肩头部古装剧。在融媒体时代与"大视听格局"的当前，要想真正做到把握发展机遇，监管方、平台方与微短剧制作方均应对现有的"价值失范""传播伦理失范""生产同质化"现象采取更为主动的优化措施。

B.10 2022年网络分账剧报告

李雪琳 李红梅 胡佳雪 耿二莎*

摘 要： 2022年，在长视频播放疲软的背景下，分账剧流量逆势增长，成为长视频行业少有的亮点。虽然分账剧上新部数减少，但有效播放实现正向增长，是剧集市场中难得的增量。尽管目前分账剧在整体中占比仍然很小，但它所反映出来的潜力不容小觑。其中，2022年初爱奇艺上线的《一闪一闪亮星星》累计票房突破1亿元，优酷男频向分账剧《我叫赵甲第》收官票房7075万元，悬疑探案类型的《拆案》系列热播期分账6000万元。可以看到，在甜宠之外，平台与片方都致力于对题材类型的拓展与深耕，在走精品化之路的同时，不断创新丰富分账剧品类，树立新的行业标杆。相信在这样一个更加聚焦内容质量和用户消费反馈的市场中，行业将迸发出更大的创作活力和创新动力。

关键词： 网络分账剧 观看行为 变现模式

网络分账剧[①]（以下简称分账剧）是通过付费用户的观看行为进行分账而共享收益的网剧变现新模式。与以往的定制剧/自制剧不同，分账剧由片方和社会资本承担成本，平台前期不出资，待内容上线后根据播放表现才开始付出成本。这样一来，风险就转移到片方，平台不用承担风险，且不用面对现金流

---

* 李雪琳，云合数据创始人&CEO，主要研究方向为网络视听、中长视频；李红梅，云合数据运营VP，主要研究方向为长视频内容；胡佳雪，云合数据分析师，主要研究方向为分账内容；耿二莎，云合数据市场负责人，主要研究方向为网络视听内容。

[①] 网络分账剧：指视频上线后，平台根据点击观看情况，在规则框架内从会员费中抽取资金分账给片方，是通过付费用户的观看行为进行分账而共享收益的网剧变现新模式。

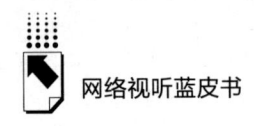

的压力。同时，分账模式也给予了片方最大限度的自由，在题材和内容创作、选择组建主创团队、分配投资额度等方面都享有更大的自由度。

从商业模式上看，分账剧根据会员观看时长来计算收益，其主要收入来源从平台方转变为平台上的付费用户，是ToC的商业逻辑，从过去的由平台决定内容价值，转变为由用户决定内容价值。而对片方来说，当播放表现与票房收益直接挂钩，这就激励创作端更加专注于剧集品质，内容成为片方的生命线。可以说，分账模式形成了一种全球独特的健康的长视频变现模式。

2021年，"爱腾优"竞相升级分账规则，均将会员观看时长作为会员分账收入的计算标准，优酷推出"播后定级"概念。2022年10月，爱奇艺取消对分账剧的平台定级，并且在原会员观看时长分账基础上，增加会员拉新分账。这意味着内容质量成为衡量作品成败的最关键因素，平台和片方的目标更加一致，即制作精品内容，吸引目标观众，增加收益。精品化已成为分账剧产业发展的必由之路。相信在更加聚焦内容质量和用户消费反馈的市场中，行业将迸发出更大的创作活力和创新动力。

一 分账剧行业数据解读

从2022年的分账剧整体数据来看，其在上新数量、正片有效播放、题材样态等方面均体现出稳中求进的发展特点。

（一）上新数目减少，流量逆势增长

在降本增效的大环境下，剧集的拍摄备案量、视频平台的新剧上线量均有缩减，2022年共上新国产连续剧414部，较2021年减少42部，降幅为9.2%。其中分账剧共上新61部，较2021年减少11部，降幅为15.3%（见图1）。

虽然上新数量减少，但在长视频播放疲软的背景下，分账剧流量逆势增长，成为长视频行业少有的亮点。2022年，上新分账剧正片有效播放为56亿次，较2021年增长24.4%（见图2）。上新分账剧正片有效播放在上新网络剧中的占比为9%，上涨3个百分点（见图3）。

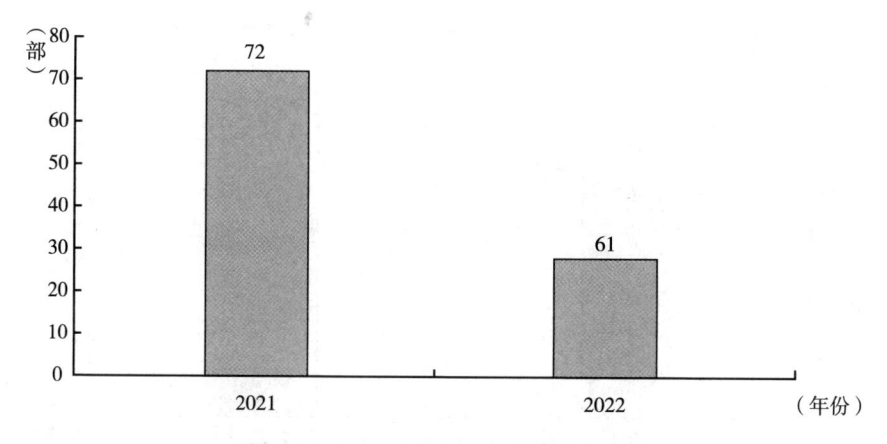

图1 2021~2022年全平台分账剧上新量

资料来源：云合数据。

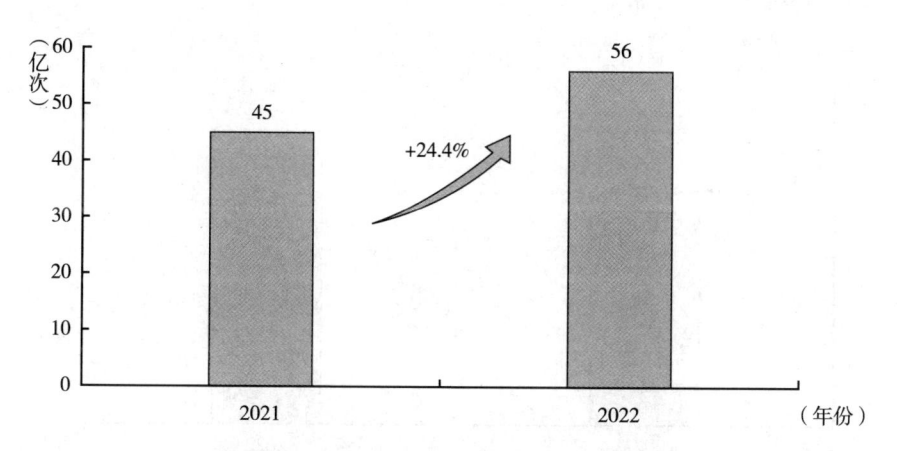

图2 2021~2022年上新分账剧正片有效播放

资料来源：云合数据。

（二）有效播放正向增长

随着正片有效播放的上涨，分账剧在剧集市场中的占比也得到进一步提升，2022年，上新分账剧正片有效播放占比为5.2%，较2021年增长1.4个百分点（见图4）。

尽管目前分账剧在整体剧集市场中占比仍然很小，但它所反映出来的

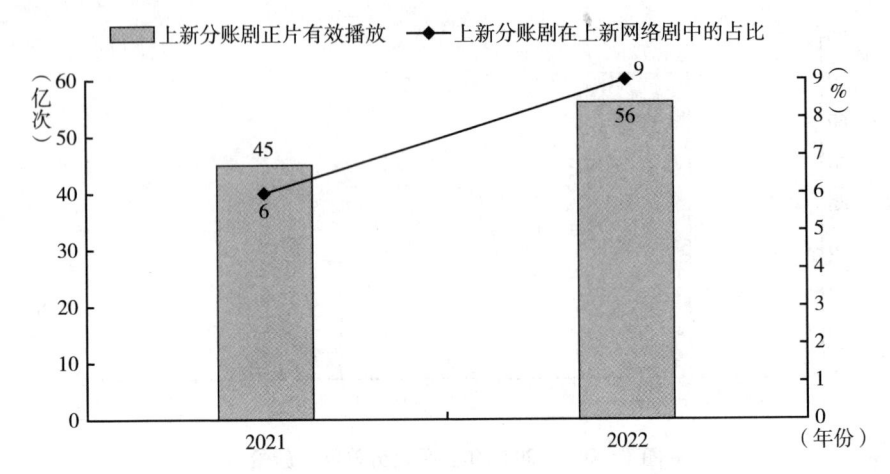

图3　2021~2022年上新分账剧正片有效播放及在上新网络剧中的占比

资料来源：云合数据。

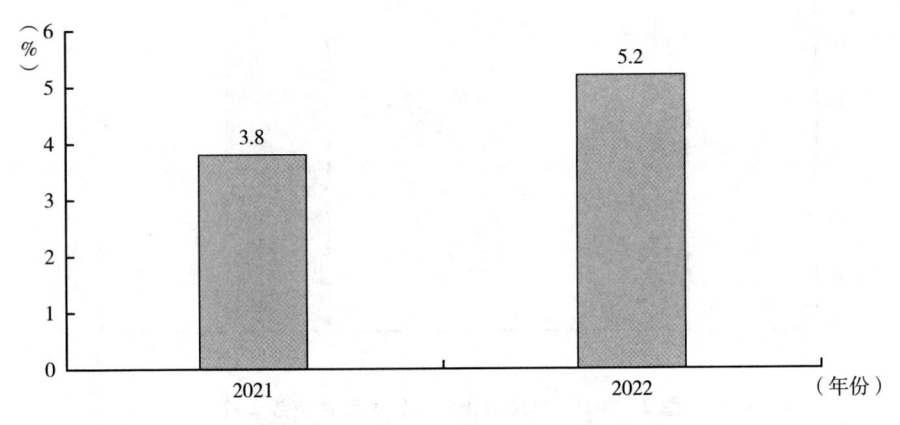

图4　2021~2022年上新分账剧正片有效播放占比

资料来源：云合数据。

潜力不容小觑。在2022年有效播放的头部市场中，就出现了中小体量的分账剧内容。2022年，《一闪一闪亮星星》正片有效播放6.7亿次，位居全网分账剧有效播放TOP1；第二名为男性向小说改编剧集《我叫赵甲第》，正片有效播放4.3亿次；第三名为甜宠题材剧集《终于轮到我恋爱了》，正片有效播放3.5亿次（见表1）。

表1 2022年分账剧正片有效播放TOP10

单位：次，集

排名	正片有效播放		总集数	上线日期	播放平台
1	《一闪一闪亮星星》	6.7亿	24	2022/1/26	爱奇艺
2	《我叫赵甲第》	4.3亿	30	2022/3/31	优酷
3	《终于轮到我恋爱了》	3.5亿	24	2022/6/10	爱奇艺
4	《拆案2》	3.2亿	24	2022/5/2	爱奇艺
5	《花与罪》	2.7亿	16	2021/11/30	爱奇艺
6	《通天塔》	2.4亿	30	2022/6/22	腾讯视频
7	《眼里余光都是你》	2.4亿	24	2022/1/10	爱奇艺
8	《烈火战马》	2.1亿	39	2022/6/30	爱奇艺
9	《东北插班生》（第一季）	1.9亿	24	2022/9/21	爱奇艺
10	《原来是老师啊！》	1.9亿	40	2022/4/1	爱奇艺

资料来源：云合数据。

2022年上新分账剧中，共6部集均30天有效播放[①]破500万次，《一闪一闪亮星星》集均30天有效播放1668万次，位居榜首（见表2）。

表2 2022年上新分账剧集均30天有效播放TOP10

单位：次，集

排名	集均30天有效播放		计算集数	上线日期	播放平台
1	《一闪一闪亮星星》	1668万	24	2022/1/26	爱奇艺
2	《我叫赵甲第》	766万	30	2022/3/31	优酷
3	《通天塔》	615万	30	2022/6/22	腾讯视频
4	《明天也想见到你》	599万	12	2022/4/14	爱奇艺
5	《终于轮到我恋爱了》	547万	24	2022/6/10	爱奇艺
6	《见面吧就现在》	531万	20	2022/9/9	爱奇艺
7	《民间怪谈录》	489万	12	2022/8/11	腾讯视频
8	《惹不起的千岁大人》	481万	15	2022/2/14	爱奇艺
9	《东北插班生》（第一季）	479万	24	2022/9/21	爱奇艺
10	《拆案2》	433万	24	2022/5/2	爱奇艺

资料来源：云合数据。

① 集均30天有效播放（集均V30）：每集30天累计有效播放/集数，通过集均V30可客观且直观地对比长短剧集的有效播放表现。

《一闪一闪亮星星》云合评级达到S级，《我叫赵甲第》《通天塔》《明天也想见到你》均为A+级；同时，《一闪一闪亮星星》《通天塔》《终于轮到我恋爱了》《龙一，你要怎样》《烈火战马》《我叫赵甲第》《原来是老师啊！》7部剧在热播①期间均进入云合数据每日热播榜TOP10。《一闪一闪亮星星》单日有效播放市占率更是突破了7%，随着制作成本的提升、精益化的制作，分账剧将迎来更大市场空间（见表3）。

表3　2022年每日热播榜分账剧最高排名 & 市占率峰值

剧名	最高排名	剧名	市占率峰值（%）
《一闪一闪亮星星》	4	《一闪一闪亮星星》	7.2
《通天塔》	6	《通天塔》	5.0
《终于轮到我恋爱了》	6	《我叫赵甲第》	4.3
《龙一，你要怎样》	7	《终于轮到我恋爱了》	3.8
《烈火战马》	7	《原来是老师啊！》	3.3
《我叫赵甲第》	8	《烈火战马》	3.2
《原来是老师啊！》	9	《龙一，你要怎样》	3.2

注：统计范围为2022年1月1日至2022年12月31日每日连续剧热播榜。
资料来源：云合数据。

（三）垂类题材极致化，爱情、喜剧、悬疑类表现突出

分账剧题材较为垂直，爱情、喜剧、悬疑类分账剧占据2022年上新分账剧部TOP3。在2022年上新分账剧中，爱情类剧集部数占比和正片有效播放占比分别为73%、63%。爱情题材剧集《一闪一闪亮星星》《终于轮到我恋爱了》《眼里余光都是你》《原来是老师啊！》均进入2022年分账剧正片有效播放TOP10。悬疑类分账剧部数占比为6%，正片有效播放占比为12%，《通天塔》以2.4亿次正片有效播放位居2022年上新悬疑类分账剧正片有效播放TOP1；喜剧类分账剧部数占比为8%，正片有效播放占比为6%，喜剧类分账剧正片有效播放TOP1为《东北插班生》（第一季）（见图5）。

从受众画像层面观察，相对于连续剧的整体受众画像而言，分账剧的用户更加年轻，其中29岁以下占比51%，比非分账剧高出11个百分点；从性别上

---

① 热播：在更及完结未满两周的剧集。

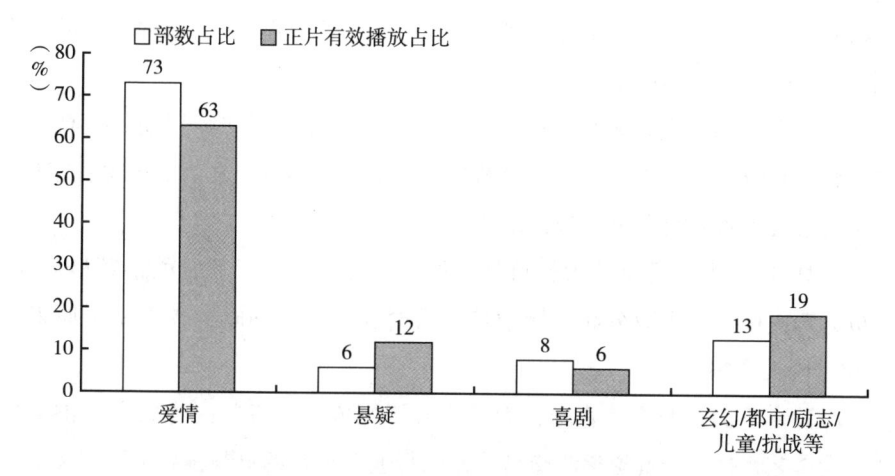

图5　2022年上新分账剧题材部数占比及正片有效播放占比

资料来源：云合数据。

来看，分账剧更受女性用户青睐，女性占比70%，比非分账剧女性占比高11个百分点（见图6）。

图6　2022年上新剧集29岁以下用户占比&2022年上新剧集女性用户占比

资料来源：云合数据。

二　视频平台分账规则

（一）爱奇艺分账规则变化

自2016年5月公布网剧"ABCD四级分成"创新模式开始，爱奇艺正式

147

开始实施网络剧分账。2018年5月，爱奇艺调整了合作方AB级项目分成的比例，由50%上升至70%。

2020年5月，爱奇艺分账剧推出月度回款，缩短了结算周期，提高了片方资金周转效率；2020年6月，分账规则中的有效播放定义由单集观看超过6分钟转为会员观看付费单集时长超过6分钟。

2021年12月，爱奇艺为扶持优质剧集，提升内容品质，鼓励题材创新，会员分账由按观看次数分账升级为按观看时长分账，同时集数限制由原来的12集下降至3集。

2022年8月，爱奇艺宣布，为了让分账剧成为爱奇艺内容的主要供给模式，爱奇艺将把甜宠赛道逐渐交给分账剧行业，平台的自制剧、定制剧及版权剧将逐步退出这个赛道，并把已经储备的优质IP分享出来跟分账剧制作方进行内容共创。

2022年10月，新的分账规则中又取消评级，按播后热度来分配推广资源，给优质内容更好的宣传推广；总分成中新增会员奖励分成，"会员奖励分成"是指因分账内容而订阅会员带来的这部分收入，平台将在扣除渠道费的基础上，和片方五五分成。在此模式下，平台和片方的目标更加一致，即制作精品内容，吸引目标观众，获得增量收益（见图7、表4）。

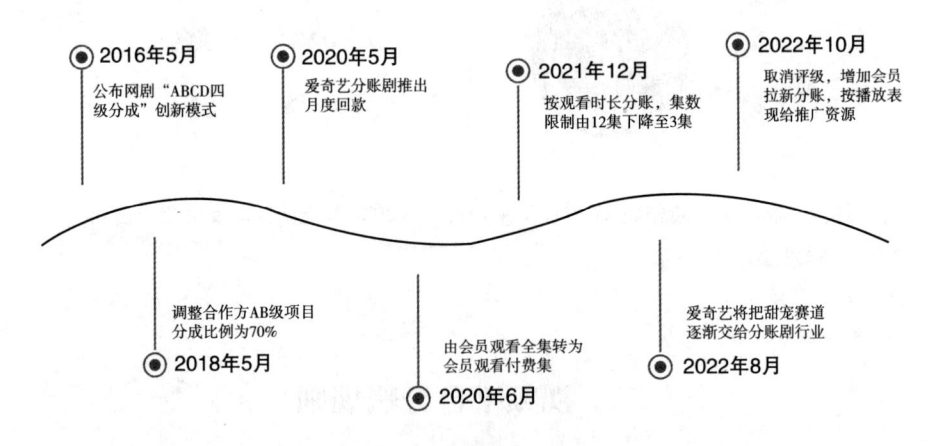

图7 爱奇艺分账规则变化

注：在此仅对相关平台分账规则重点进行概括，不刻意追求与正文一致，下同。
资料来源：公开数据。

表4 爱奇艺分账规则概观

时间	2016.05	2018.05	2020.06	2021.12	2022.10
分账规则	会员付费期分账金额+广告分账期分账金额			会员分账+广告分账+激励基金+补贴	会员基础分成+会员奖励分成+广告分成
评级	A级:10元/季(部) B级:8元/季(部) C级:6元/季(部) D级:4元/季(部)			S+:1.2元 A+:1.0元 A:0.6元 B:0.4元	取消评级
分账时间	未明确	跟播期+1年月转免+会员分账期(1年)	跟播期+回转期(1年)+免费期(广告收益)	跟播期+1年(6个月回转期,6个月广告收益期)	跟播期+6个月
分账基数	单集观看超过6分钟		观看付费单集超过6分钟	分账有效时长	分账有效时长(分端)
推广资源	未明确			按评级给推广资源	按上线后热度给推广资源
集数限制	未明确	单部/季网络剧正片时长(除去片头片尾)不少于240分钟,集数不少于12集		单部网络剧正片时长不少于240分钟,总集数不少于3集,单集时长不少于20分钟	

注：在此仅对相关平台分账规则重点进行概括，不刻意追求与正文一致，下同。
资料来源：公开数据。

（二）腾讯视频分账规则变化

2017年1月，腾讯视频发布网络剧成片合作模式及对接流程（2017版）。文章中提到S、A、B类网络剧合作方式为"付费分成+CPM分成"，其中S、A类合作，合作方分成比例为70%，B类为60%。C类免费播出无分成。付费分成的结算依据为有效付费点播次数（会员用户播放单个付费视频时长超过5分钟的一次或以上的观看行为，记为一次有效付费点播）。有效付费点播单价=10元/集数，且集数限制在单季12集以上。

2018年1月，腾讯视频又发布网络剧成片合作模式及对接流程（2018版），文中提到S类合作为保底合作形式，保底金额以平台反馈为准，合作方分成比例不低于70%，分成期不低于6个月。

A类合作和B类合作分成期均为6个月，A类合作以纯分成合作为主，合

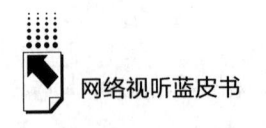

作方分成比例为70%；B类合作为纯分成合作，合作方分成比例为60%。

2020年7月，腾讯视频分账剧的合作模式全新升级，优化了分账单价、优质内容激励政策、推广资源配置、收益结算周期等方面的规则。总分账收入由会员分账收入和广告分账收入组成，其中会员分账收入＝会员有效播放次数×会员有效播放次数单价×分账比例，分账单价统一使用会员有效播放次数单价作为唯一单价，单价均为1元，独家内容分账比例为90%，非独家为45%；鼓励优质内容，对分账金额超1000万元且收入在TOP5的剧集提供激励奖金，同时对优质独播分账剧设有保底政策；推广资源根据流量调整，所有剧集在首播时均可获得一定的推广资源，后续的推广资源根据流量进行调整；收益按月结算，减轻片方回款压力。

2020年9月，腾讯视频调整了部分规则，授权期由原来的分账周期（6个月）结束后，腾讯视频有权永久享有网络播放权改为：单部分账剧分账周期一般为6个月，授权期限不少于5年，具体由合作方与腾讯视频协商确定；同时时长和集数也有了新的规定，取消了对集数的要求，正片时长要求每集不少于20分钟。

2021年6月，腾讯视频再次发布新的分账规则，在分账单价、分账比例、内容补贴、保底规则、推广资源配置上，都进行了一定更新升级。分账收入的组成更新为"会员分账收入+广告分账收入+补贴+保底"，新增了补贴部分，当该剧集的"会员分账收入+广告分账收入"合作金额每达到相应级别时，合作方可以就该级别对应的金额部分享受相应比例的补贴。

会员分账收入由原来的"按会员有效播放次数分账"升级为"按会员用户累计观看时长分账"；合作方分成比例上升，独家合作分成比例由原来的90%上升至100%，非独家合作的分账比例由原来的45%上升至60%。时长限制也放宽，由原来的正片时长每集不少于20分钟更新为正片时长每集不少于10分钟。

2023年2月6日，腾讯视频再次升级了分账剧规则，取消（旧规中的）补贴与保底，提出"有效正价会员开通数"的计价标准，合作方总分账收入为"会员分账收入+广告分账收入+激励收入"，会员分账收入的计价标准从（旧规中的）会员观看时长更新为"有效正价会员开通数"［有效正价会员开通数：用户在腾讯视频平台为观看合作剧集正片而付费购买正价腾讯视频VIP会员（包含超级影视SVIP会员）的有效人次］。

会员分账收入由有效正价会员开通数、会员分账单价和合作方分成比例三者之积。腾讯视频分账剧设置的会员分账单价为50元，包含基础单价30元和平台补贴20元。并且不管独家还是非独家合作，与片方的分成比例均按100%施行，让内容价值实现更充分的释放，让内容决定收益。

激励收入以有效正价会员开通数为标准，采用超额累进方式计算，各个区间的有效正价会员开通数与相应激励单价乘积并进行加总。超额累进，激励单价最高可达100元，即，剧集拉一位新会员，最高可得100元激励收入。用户端反应越热烈，有效正价会员开通数越多，激励越多。对于这项收入组成，独家/非独家合作均可享受（见图8、表5）。

2017年1月
明确成片付费分成和CPM分成结算依据

2020年7月
不评级；
资源位根据流量调整；
收益按月结算；
对优质内容和独播内容有激励政策

2021年6月
按会员用户累计观看时长分账；
分账单价一小时2元，合作方分成比例上涨；
正片单集时长调整为不少于10分钟

2018年1月
明确分成期，S类提供保底

2020年9月
分账期6个月，授权期限不少于5年；
正片时长要求每集不少于20分钟

2023年2月
引入有效正价会员开通数计价标准；与片方100%分账

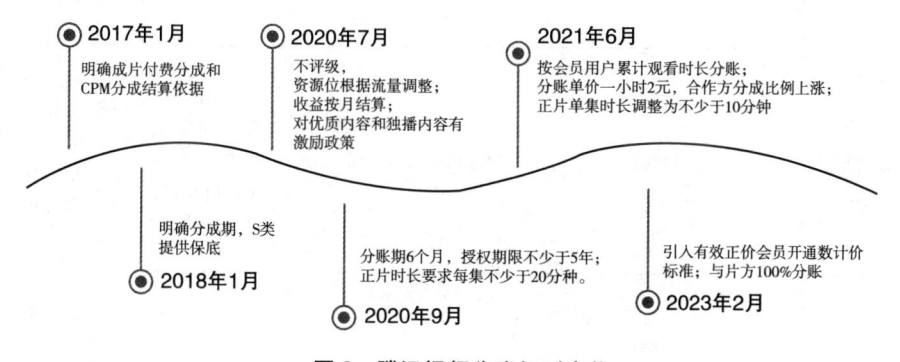

图8　腾讯视频分账规则变化

资料来源：公开数据。

表5　腾讯视频分账规则概观

时间	2017.01	2018.01	2020.07	2020.09	2021.06	2023.02
分账规则	付费分成+CPM分成		会员分账收入+广告分账收入+激励奖金+保底		会员分账收入+广告分账收入+补贴+保底	会员分账收入+广告分账收入+激励收入
分成比例	S类/A类：70% B类：60% C类：免费播出，无分成	S类：提供保底合作，分成比例不低于70% A类：70% B类：60% C类：免费授权，无分成	取消评级，分成比例为独家：90%　非独家：45%		取消评级，分成比例为独家：100% 非独家：60%	独家和非独家均为100%

151

续表

时间	2017.01	2018.01	2020.07	2020.09	2021.06	2023.02
会员分账	会员有效播放次数×会员有效播放次数单价×分账比例				会员用户累计观看时长（小时）×分账单价×合作方分账比例	有效正价会员开通数×会员分账单价×合作方分成比例
分账时间	未明确	S类:不低于6个月 A/B类:6个月	首播后6个月	一般为6个月	不低于6个月	首次上线日起6个月
分账基数	会员用户播放单个付费视频时长超过5分钟				会员用户观看该剧集正片的总计时长，以小时为单位计算。	用户为观看合作剧集正片而付费购买正价VIP会员的有效人次
推广资源	未明确	首播访谈资源位与合作类别有关，后续根据表现调整	提供首播期资源,后续看流量水平调整			上线即可获得基础资源包,热度越高,可获得更多推广资源

资料来源：公开数据。

（三）优酷分账规则变化

2018年5月，优酷发布《网络剧合作白皮书》，正式开始实施网络剧分账，并以会员分账收入为基础，即有效会员观看时长/正片时长×内容定级单价×集数系数。其中，内容定级单价共有四个等级，分别为S级25元/部，A级20元/部，B级10元/部，C级5元/部；集数系数同样有4个区间，分别为12~23集：0.5，24~35集：1，36~47集：1.5，48集：2。

2019年4月，优酷《网络剧合作白皮书》全新升级，增加了CPM分账收入，题材奖励加成。题材奖励加成主要针对爱情、青春等题材中的创新、优质内容（A级以上），在分账收入金额以外，给予20%的补贴。

2020年2月，为更好地激发分账剧市场活力，优酷成片分账剧合作加磅，推出"COOL V"计划，提供"宣推资源加持+专业宣发服务"。

2021年10月，为了布局源头优质内容，持续提供优质IP，优酷启动了"扶摇"内容合作计划，其将和制片公司一起对IP进行开发、投资、制作等，全链路提供"制宣运营一体"的服务，致力打造从上游IP到下游剧集的良性生态。

同时，为了秉承"内容为王"的理念，优酷推出播后定级概念。自此，优酷全新的分账模式包括：播前定级合作、播后定级合作、广告CPM合作。播后定级合作是指从初始的单价3元/部，根据上线后的播出效果晋级，晋级成功则可按照更高级别单价进行分账。同时，分账规则中的集数系数算法从以前的区间固定价格调整为根据集数变动，集数/24（最大为2），变得更加灵活。同时，优酷明确了分账期时间，会员分账期为"热播期+30天"，广告分账期为整个授权期。

2022年1月，播后定级正式上线，优酷进一步明确了播后定级指数分布规则。播后定级根据剧集上线至全集首次转免之日起第7日，即"T+7"确定剧集播放数据的最终级别，并基于最终级别进行结算。播后定级指数计算方式为有效会员正片观看总时长/剧集总时长，当播后定级指数小于50万时，单价为3元；播后定级指数大于50万，小于等于100万时，单价为10元；播后定级指数大于100万，小于等于150万时，单价为20元；播后定级指数大于150万时，单价为25元（见图9、表6）。

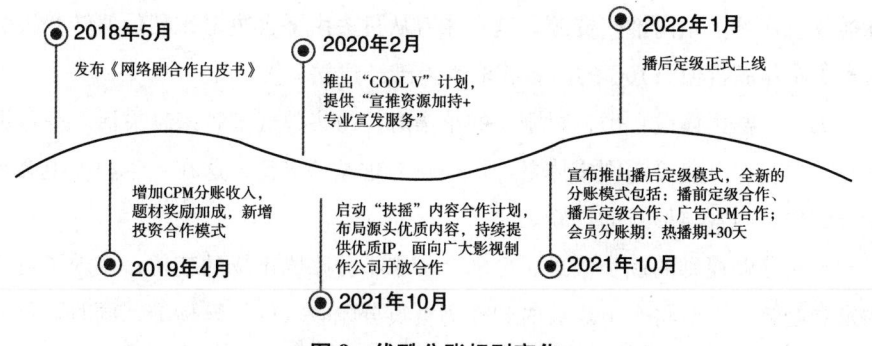

图9 优酷分账规则变化

资料来源：公开数据。

表6 优酷分账规则概观

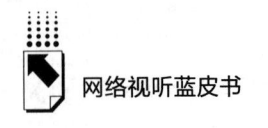

	2018.05	2019.04	2021.10
分账规划	会员分账收入	会员分账收入+CPM分账收入+题材奖励加成	会员分账收入+广告分账收入
评级	S级:25元/部 A级:20元/部 B级:10元/部 C级:5元/部		播前定级合作、播后定级合作、广告CPM合作
集数系数	12~23集:0.5 24~35集:1 36~47集:1.5 48集:2		集数系数=集数/24,集数系最大为2
会员分账	有效会员观看时长/正片时长×内容定级单价×集数系数		
分账时间	未明确		会员分账:热播期+30天 广告分账:整个授权期
集数限制	单项目规格不少于12集,每集不少于30分钟(不含片头尾)		

资料来源:公开数据。

(四)分账规则的演变趋势总结

回顾"爱腾优"三大视频平台分账规则的演变,我们可以总结出大致趋势如下。

第一,会员分账收入计算标准:从会员有效播放次数演变为会员观看时长。会员观看时长更能反映内容对用户的吸引程度,这一变化代表了平台更加注重作品的内容质量,以内容决定收益。

第二,定级:平台定级逐步取消,或采取播后定级模式,平台根据项目实际播放表现给予站内推广资源。这意味着从过去由平台决定作品价值转变为由用户决定作品价值,ToC的内容获取逻辑已经建立。

第三,剧集体量:平台对剧集的单集时长与集数规定越来越灵活。平台更加尊重内容,可接受的剧集体量与形式越来越灵活丰富,这在一定程度上会激励分账作品内容与形式的创新。

平台分账规则的逐步演进,也随之带来了分账剧市场的变化,反映了行业的发展趋势。平台将会员观看时长作为会员分账收入的计算标准,同时弱化评级,这一方面是资源分配方面的转变,即播放表现越好、热度与口碑越高的作品将获得更多推广资源;另一方面意味着内容质量成为衡量作品优劣的最为关键的因素，这更加激励了创作者对精品内容创作的积极性，只有更高品质的作品，才能获得更高的票房收益。

分账剧天生的 ToC 模式，让片方的创作直接面对用户，由用户决定作品收入，这种分账逻辑或将推动内容生产组局方式的升级；而在 ToC 的商业模式之下，分账内容势必要进入精耕细作的阶段，走精品化路线是大势所趋。

三 分账剧的发展趋势

分账剧已经走过 7 年的发展历程。进入 2022 年，视频行业整体都在提质减量、降本增效。分账剧虽然上新部数减少，但正片有效播放却实现了正向增长，是剧集市场中难得的增量，可见分账剧的精品化策略初见成效，天然的良性生产关系让分账剧行业步入正向轨道。

这样的良性业态离不开平台方与内容方的共同努力，其中最根本的就是分账模式让行业得以回归内容本身。一方面，视频平台获取内容的逻辑发生了根本性变化，分账模式让内容价值向 C 端转移，由用户决定内容价值，好内容才能获得好收益。另一方面，平台内容获取逻辑的变化、生产关系的优化，也带来内容组局逻辑的优化，片方要最大限度地提高组局效率与内容生产效率，尽可能地分摊风险，比如出现了编导演等主创投资占股，共同参与收益分账的形式。

在这个过程中，平台方不断改进升级分账规则，让规则更加合理。视频平台建立按照会员观看时长分账的规则，内容质量直接决定内容的商业价值；实行分账收益月度结算，这对回款周期一向比较长的平台乃至整个影视行业来说都具有开拓性的意义。

同时，平台扮演的角色也在不断演进，持续创新并丰富合作模式，为片方提供更加完善的全链路服务。爱奇艺接连启动"云腾""苍穹""青创"计划，优酷也相继推出"优合""一千零一夜""阿拉丁""扶摇"计划，旨在盘活行业优质资源，为片方提供更多 IP 和资金资源的支持；爱奇艺还引入优质金融机构，提供在线供应链金融服务，帮助合作方缩短结算周期、提高资金周转效率。

分账剧真正实现了由 C 端用户决定作品的价值和收益，其商业模式更加

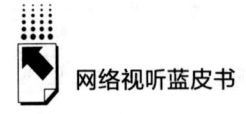

符合视频线上分发的逻辑。如今分账剧正在向精品化阶段不断迈进，相信在这样一个更加聚焦内容质量和用户消费反馈的市场中，行业将迸发出更大的创作活力和创新动力。

综上，分账剧整体行业发展趋势向好。并且精品化已经成为分账剧产业发展的必经之路。天然的良性生产关系让分账模式步入正向轨道。在生产端，围绕分账模式给予核心演职人员分账份额，也已成为新的趋势。作品价值确认重心向观众转移后，倒逼优质内容的生产和良性竞争。好内容才能吸引观众的注意力，而平台也将因为好内容获得更多的收益。如此将形成以好内容为核心的良性循环，促进行业的发展越发的健康稳定。

B.11
2022年网络游戏行业发展报告

何威 李玥[*]

摘 要： 2022年，中国网络游戏行业市场规模和用户规模自2014年以来首次出现"双降"，行业总体处于承压蓄力阶段。中国游戏市场实际销售收入为2658.84亿元，同比下降10.33%；中国网络游戏用户规模达6.64亿人，同比下降0.33%。移动游戏在国内游戏市场所占份额达72.61%，仍占据市场主流。客户端游戏占比有所扩大，国内销售收入达613.73亿元，同比增长4.38%。中国自研游戏海外销售收入为173.46亿美元，同比降低3.70%。国产游戏出海收入已经连续三年突破千亿元人民币规模。在国际形势复杂多变、全球市场竞争加剧的情况下，中国游戏行业积极应对挑战，不断探索海外市场新增量。游戏行业进一步强化未成年人保护工作力度，并在未成年人防沉迷方面取得阶段性成果。游戏产业不仅成为数字经济的重要组成部分，其技术价值和文化价值也日益凸显。

关键词： 网络游戏 数字游戏 游戏技术 文化传播

网络游戏指的是通过计算机网络可单人在线或多人联机在线进行的数字游戏。在中国的相关行业管理实践中，常将网络游戏概念扩大到通过网络游玩、运营、销售甚至下载的各种数字游戏，包括端游（客户端游戏）、页游（网页

---

[*] 何威，北京师范大学艺术与传媒学院数字媒体系教授，主要研究方向为数字媒体传播、游戏产业、文创产业；李玥，北京师范大学艺术与传媒学院数字媒体系博士研究生，主要研究方向为游戏产业。

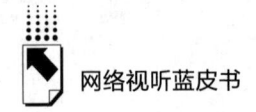

游戏）、手游（移动游戏）、主机游戏、单机游戏及云游戏等多种形态。本报告所论述的"网络游戏行业"，采用基于实践的概念范畴，等同于中国的数字游戏行业。①

2022年，受到新冠疫情和国际局势的影响，中国网络游戏产业面临多重挑战，销售收入、用户规模、出海收入等基本数据均出现多年未见的下降。游戏企业普遍提倡"降本增效"，以应对压力、度过寒冬。另外，游戏产业未成年人防沉迷工作初见成效，舆论生态趋向宽松，自下半年起，版号发放也趋于常态。从主管部门到社会都更多地关注游戏在技术和文化领域的影响与潜力，要求游戏行业高质量、精品化发展。网络游戏行业将继续在压力与机遇并存的情况下发展。

一 中国网络游戏行业概况

（一）国内市场收入十年来首次下降

2022年，全球主要游戏市场规模均有所下降。Newzoo预计2022年全球游戏行业市场规模达到1844亿美元，同比减少4.3%。另外，全球游戏用户数量仍在增长，达32.28亿人，同比增长4.9%。② 另据NPD统计，2022年，美国游戏销售收入约570亿美元，同比下降5%。③ 新兴市场如拉丁美洲、中东和非洲等，由于其中产阶级数量增多、网络基础设施建设不断完善，成为全球游戏用户增长的主要区域。

中国游戏市场实际销售收入出现了2014年以来的首次下降。据中国音数协游戏工委发布的年度产业数据，2022年中国游戏市场实际销售收入约2658.84亿元，与上一年相比减少约306.29亿元，同比下降10.33%（见

---

① 何威、蔡佳宁：《2021年网络游戏行业发展报告》，载陈鹏、司若主编《中国互联网视听行业发展报告（2022）》，社会科学文献出版社，2022，第162~176页。
② "Global Games Market Report 2022," https://resources.newzoo.com/hubfs/Reports/Games/2022_Newzoo_Free_Global_Games_Market_Report.pdf.
③ "NPD：US Game Spending Dipped 5% to ＄57bn in 2022," https://www.gamesindustry.biz/npd-us-game-spending-dipped-5-to-57bn-in-2022.

图1）。而自主研发游戏国内市场实际销售收入为2223.77亿元，同比下降13.07%。①

图1 2014~2022年中国游戏市场实际销售收入及同比增长率

资料来源：中国音数协游戏工委。

2022年，中国游戏实际销售收入同比减少，其主要原因有以下三个方面。一是受到国内外复杂严峻形势影响，宏观经济仍处于恢复阶段，用户付费意愿和付费能力减弱。二是行业对市场发展预期不够乐观，信心不足，头部企业立项谨慎、中小企业难获投资，游戏新品上线数量少。三是受疫情影响，游戏企业面临诸多挑战，发展受限，如经营成本大幅提高、项目储备不足、现金流出现缺口、团队工作效率大幅降低等。

（二）游戏用户规模十年来首次下降，市场需求收缩

中国游戏产业此前多年持续增长所依赖的人口红利已经见顶，正式进入存量市场时代。从时代大背景来看，一方面，中国总人口数量正处在由上升到下降的转折点，2022年中国人口总量已经下降，未来出生人口还将持续减少②；

---

① 本报告所引用的数据和图表，除有特别说明者，均来自中国音数协游戏工委《2022年中国游戏产业报告》，2023年2月14日，https：//www.fxbaogao.com/view?id=3569319。
② 《王萍萍：人口总量略有下降 城镇化水平继续提高》，中国经济网，2023年1月18日，http：//www.ce.cn/xwzx/gnsz/gdxw/202301/18/t20230118_38353400.shtml。

另一方面，中国网络基础设施已全面建成，网民规模已超过10.5亿人，互联网渗透率也接近饱和，因无法使用网络而未接触游戏的潜在用户已经很少。多家互联网企业同样面临增速放缓的局面。①

同时，虽然2022年新冠疫情仍然存在，但由居家带来的用户规模增长效应已消失，疫情还持续对社会经济、公众心理等方面造成负面影响，人们玩游戏的时间、精力和意愿总体减弱；近两年国产游戏缺乏新产品，尤其是缺乏能替代当前头部游戏的精品新作，也导致用户因老游戏的新鲜感和吸引力不足而有所流失。此外，自2021年8月以来政府推行了更为严格的未成年人游戏时长限制政策，也在一定程度上影响了玩家总数的增长。

在此背景下，中国游戏用户规模两年来基本在6.66亿人上下略微波动，2022年底下降到6.64亿人，同比下降0.33%（见图2）。这也是十年来中国游戏用户总人数首次出现同比下降。

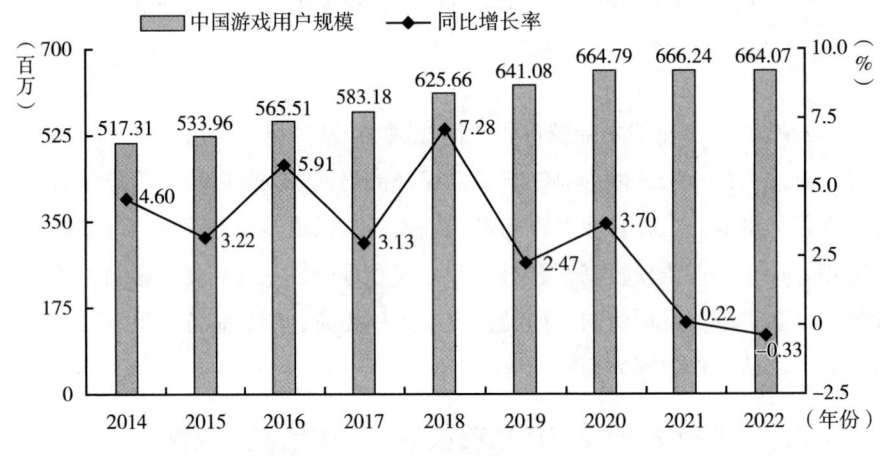

图2 2014~2022年中国游戏用户规模及同比增长率

资料来源：中国音数协游戏工委。

当然，中国游戏玩家当前约占总人口的47%。作为对比，美国这一游戏大国兼发达国家，至少每周玩一次游戏的玩家约占总人口的66%，且玩家平

---

① 《第50次〈中国互联网络发展状况统计报告〉》，中国互联网络信息中心官网，2022年8月31日，https://www.cnnic.net.cn/n4/2022/0914/c88-10226.html。

均年龄也已达 33 岁。① 这说明从长远来看，中国游戏玩家人数仍有不小上升空间。但如何挖掘出这部分潜力，可能既需要经济和社会发展水平的持续上升，也需要游戏行业针对更成熟玩家不断研发推出相应精品游戏，还需要社会舆论对游戏的看法不断转变、民众游戏素养进一步提升。

2022 年，中国游戏市场现存用户的需求也在收缩。长期疫情状态对生产、消费和投资等经济活动造成负面影响，经济发展不确定性升高，人们对未来收入的期待下降，在游戏消费等娱乐方面的支出减少。

一方面，2022 年中国宏观经济面临"需求收缩、供给冲击和预期转弱"三重压力，消费者在娱乐方面的支出整体下滑。全国居民人均消费支出在扣除价格因素影响后，实际下降 0.2%。其中，居民基本生活消费支出增长较快，而人均教育文化娱乐消费支出同比下降 5.0%，占人均消费支出的比重为 10.1%。② 游戏是一种典型的娱乐产品。在面对经济不确定性时，收入减少、失业风险以及对未来收入预期的下降使游戏用户对娱乐支出更加谨慎，消费能力与消费意愿均被削弱。

另一方面，游戏产业也面临短视频、网络直播等其他产业的竞争。居家期间，易获得、碎片化、低付费的短视频与网络直播等非游戏形式的娱乐活动更加普遍，进一步削弱了用户对游戏的消费意愿。在游戏用户规模同比降低的情况下，CNNIC 发布的第 50 次《中国互联网络发展状况统计报告》③ 显示，截至 2022 年 6 月，中国短视频用户规模为 9.62 亿人，较 2021 年 12 月增长 2805 万人，占网民整体的 91.5%；中国网络直播用户规模达 7.16 亿人，较 2021 年 12 月增长 1290 万人，占网民整体的 68.1%。

总之，2022 年中国游戏用户的规模和需求都有所缩减。这也令游戏行业必须设法适应，调整战略，度过寒冬。

---

① "2022 Essential Facts About the Video Game Industry," https：//www.theesa.com/resource/2022-essential-facts-about-the-video-game-industry/.

② 《2022 年居民收入和消费支出情况》，国家统计局网站，2023 年 1 月 17 日，http：//www.stats.gov.cn/sj/zxfb/202302/t20230203_1901715.html。

③ 《第 50 次〈中国互联网络发展状况统计报告〉》，中国互联网络信息中心官网，2022 年 8 月 31 日，https：//www.cnnic.net.cn/n4/2022/0914/c88-10226.html。

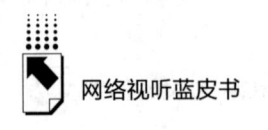

二 中国网络游戏产业现状特点简析

(一) 企业普遍采取"降本增效"措施

对游戏企业而言，2022年是充满变化和挑战的一年。企业需要应对用户游戏支出减少、生产受限以及版号发放限制等多重压力，在困境中寻求突破。

首先，用户游戏支出减少会增加游戏产品间竞争压力、限制企业现金流。由于人口红利减少、用户消费意愿降低等因素，中国游戏市场规模缩紧。游戏消费者对产品的选择会更加严格，对游戏品质和内容的要求越来越高，企业为了提高市场竞争力，需要投入更多资源开发、运营更高质量的游戏，并投入更高的宣传成本。然而，不断减少的收入与不断增加的成本会进一步加大企业生存压力。

其次，受制于疫情的不确定性，游戏生产面临市场环境变动频繁，团队远程工作或跨区域协作时沟通不畅、效率降低等问题。远程工作对效率的影响不仅包括即时沟通效果降低，还体现在员工之间非正式的交流减少，通过日常互动产生创意的可能性降低。

最后，版号发放数量减少，在一定程度上影响了新游戏上线数量。2021年7月以后，国家新闻出版署连续8个月未公布新的网络游戏审批信息（即俗称的"发版号"），直到2022年4月以后才再次公布。没有获批版号，游戏便无法按预期时间上线销售，不能直接向玩家收费。这对依赖新品驱动增长的游戏企业来说压力巨大。

为了应对这些生存挑战，部分企业选择通过停止运营数据不佳的游戏产品、停止开发预期不佳的项目、调整人员架构等方式降低成本。例如，爱奇艺游戏研究中心、百度游戏业务线几乎裁撤了全体员工；完美世界、心动网络等企业按照比例裁员；莉莉丝解散《剑与家园2》项目组、米哈游解散 Project SH 项目组。

知名互联网企业的游戏部门以及头部游戏企业尚且需要通过削减人员开支来降低成本；部分中小厂商，特别是独立游戏开发者需要面对更大的生存压力。据报道，2022年4月获批版号的部分企业出现企业注销、业务变更等经营问题；更有多款游戏官方网站无法打开，或已变成与游戏无关的行业网站。①

新品上线不足进一步影响了用户游戏支出，形成了一种负反馈。因而，仅仅通过削减产品线或调整员工结构来降本增效并不能从根本上解决游戏行业面临的问题，只能短暂缓解企业生存压力。游戏出海仍是2022年游戏企业克服挑战、继续生存并从激烈的市场竞争中脱颖而出的重要策略。

（二）头部游戏地位稳固，长线运营趋势明显

中国游戏产业已进入存量市场，游戏长线运营、精品化发展趋势明显。2022年，头部游戏普遍运营时间较长，全年收入排名前100的移动游戏②中，仅有10%为当年发行，近三年来发行的游戏占比41%（见图3）。

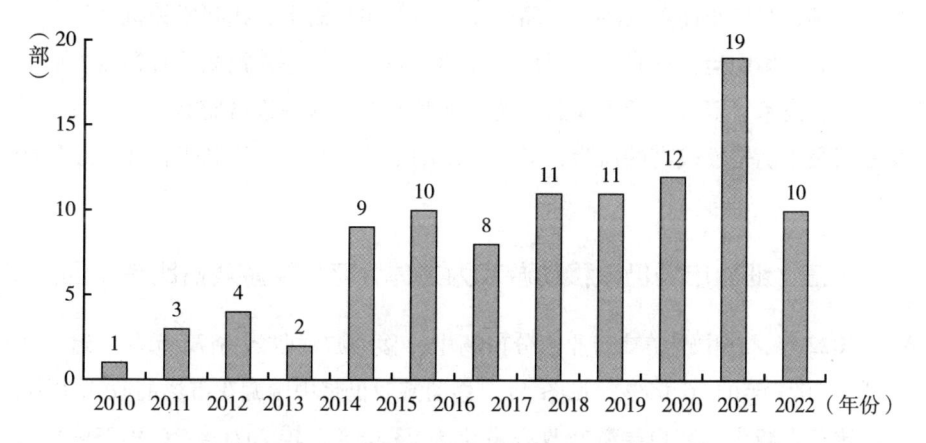

图3 2010~2022年中国收入前100移动游戏发行时间分布

资料来源：中国音数协游戏工委。

其中，收入排名前三的移动游戏《王者荣耀》《和平精英》《梦幻西游》，分别于2015年、2018年和2015年发行。可见，头部老游戏地位稳固。

游戏企业不断打磨、更新现有产品，扩充内容，注重产品整体的用户体

---

① 赵奕、胡金华：《版号来了，公司却已转型！游戏出海能否让中小游戏企业"活下去"？》，华夏时报网，2022年8月5日，https://www.chinatimes.net.cn/article/119689.html。
② 游戏名单由伽马数据提供，发行年取该游戏在AppStore的上线时间。

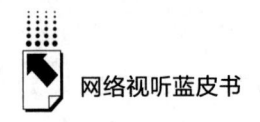

验，少有技术、玩法、画面、剧情、音乐等方面短板，形成了从研发到玩家预期的正向循环。游戏企业加大研发投入力度，为收回成本、实现赢利，从而更加重视运营，玩家因此乐于为精品游戏付费，并进一步提升了对新的游戏产品的期望，促使企业不断致力于提升核心竞争力，达成游戏精品化循环。

2022年，游戏产品差异化趋势更加显著。特别是2010年以来成立的、赢利成绩亮眼的中部游戏企业，大都在垂直领域深耕。例如，米哈游已形成一套关于二次元游戏工业化生产、持续更新游戏内容的成熟体系；莉莉丝专注于策略游戏，其产品《剑与远征》《万国觉醒》在国内外市场都有不俗表现；叠纸聚焦于女性向游戏；等等。

资金有限的初创中小企业在存量市场下面临重大挑战，但仍可以通过发掘细分市场、开发小而美的游戏产品，发现新的用户需求，找到增长机会。

然而，集中运营已有一定用户基础的核心产品、深入挖掘垂直领域，而非将人力、技术、资金等投入新品类的立项和研发，这一策略能够应对游戏产品投资回报不确定性较高的风险，但也会影响游戏多样性，不利于行业持续健康发展。

（三）细分市场仍以移动游戏为主体，客户端游戏占比有所回升

2022年，在中国游戏产业细分市场中，移动游戏收入占72.61%，这一比例低于2021年的76.06%（见图4）。移动游戏仍是中国游戏市场的收入主力，但占比正在减少。客户端游戏收入占比为23.08%，较2021年（19.83%）有较大增长。

2022年，在中国游戏市场规模和用户规模双降、其他各平台游戏收入普遍下降的情况下，客户端游戏市场逆势上扬。2022年，中国客户端游戏市场实际销售收入为613.73亿元，同比增长4.38%（见图5）。其中，收入位居前十的客户端游戏的收入总和，占比48.2%。

客户端游戏收入增长的原因在于，在市场整体缺少爆款新品的情况下，客户端游戏核心用户的游玩习惯、品牌忠诚度、付费习惯和付费率相对稳定，相比移动游戏抗风险能力更强。2022年6月，《永劫无间》突破1000万销量，刷新了中国自研买断制游戏销量纪录，也进一步提振了行业对客户端游戏的信

2022年网络游戏行业发展报告

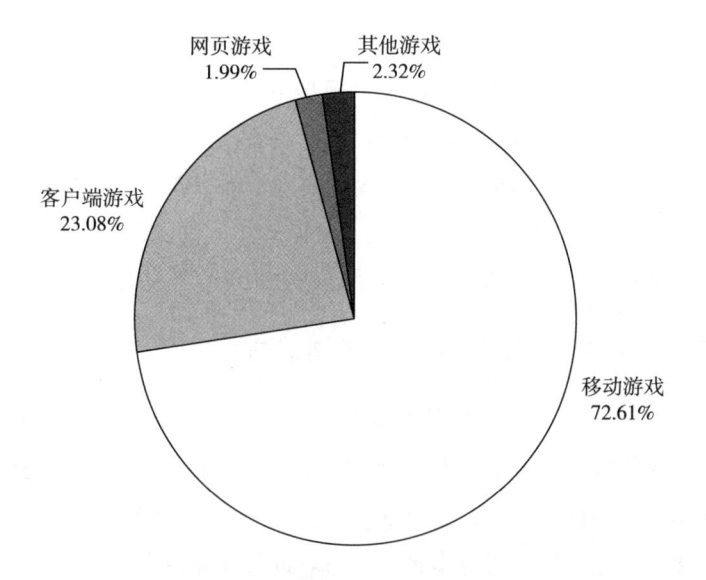

图4　2022年中国游戏产业细分市场收入占比

资料来源：中国音数协游戏工委。

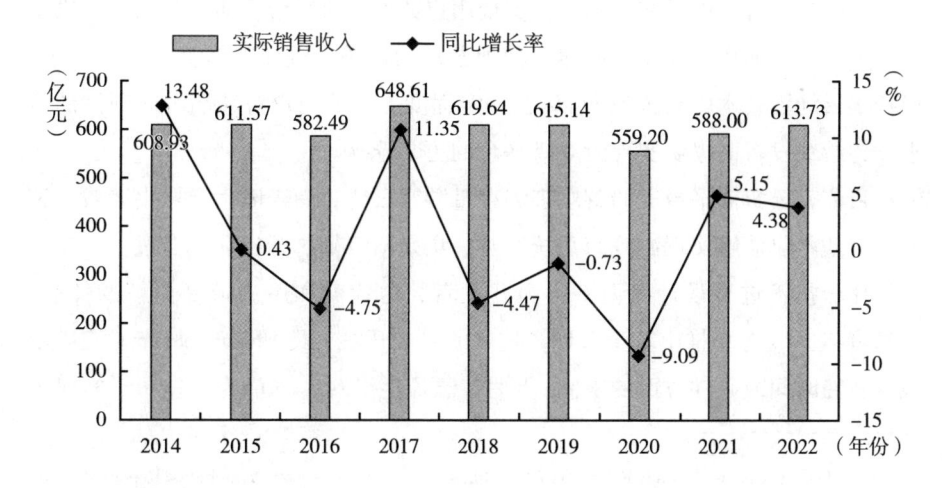

- 网页游戏 1.99%
- 其他游戏 2.32%
- 客户端游戏 23.08%
- 移动游戏 72.61%

图5　2014~2022年中国客户端游戏市场实际销售收入及同比增长率

资料来源：中国音数协游戏工委。

年份	实际销售收入（亿元）	同比增长率（%）
2014	608.93	13.48
2015	611.57	0.43
2016	582.49	-4.75
2017	648.61	11.35
2018	619.64	-4.47
2019	615.14	-0.73
2020	559.20	-9.09
2021	588.00	5.15
2022	613.73	4.38

心。然而，自2014年以来，客户端游戏市场实际销售收入始终在600亿元上下波动，未来客户端游戏是否能够稳定增长还有待观察。

移动游戏同样是全球游戏市场中的主要组成部分，2022年，全球游戏市场中，移动游戏收入占比约为50%。① 根据Data.ai统计，中国游戏发行商母公司在全球移动游戏消费者支出份额中占36.79%，其次是美国，占16.96%。② 然而，除移动游戏之外，全球游戏市场中占比最大的细分市场是主机游戏，为28%；其次是客户端游戏，占比21%；网页游戏占比1%。可见，中国游戏产业在主机游戏和客户端游戏这两大细分市场还有很大发展潜力。

（四）多平台发行已成趋势，云游戏方兴未艾

2022年，游戏平台进一步融合发展。不仅如《英灵殿》等主机游戏相继上线电脑客户端，也有如《我的侠客》《无尽的拉格朗日》等移动游戏增报客户端版本并获得版号审批，更有如《原神》《堡垒之夜》等游戏在开发初期即计划在手机、电脑、主机等多平台发行。部分超休闲游戏如《乌冬的旅店》《咸鱼之王》等既发行移动端，也允许用户通过社交媒体平台内置的小程序获得完整的游戏体验。

多平台发行，以及在此基础上实现用户数据的跨平台互通，为用户提供了不受限于当下的场景和设备而随时随地游玩的体验，进而能够覆盖更多玩家。依托于云计算技术的云游戏③可以在一定程度上降低用户对高端游戏硬件的需求，为游戏发行商提供实现游戏跨平台的更多选择。

目前，云游戏平台上的游戏多为存量游戏云化，尚未诞生云原生游戏。云原生游戏不仅能够实现游戏跨系统交互，更是指策划、开发和运营过程中便充分依托云技术进行设计的游戏，为开发者、运营商和用户带来全新的体验。2022年3月，育碧推出基于云计算技术的游戏开发工具Ubisoft Scalar，突破游戏开发在时间或硬件方面的限制。8月，云原生游戏《春草传》发布了实时云

---

① "Global Games Market Report 2022," https：//resources.newzoo.com/hubfs/Reports/Games/2022_Newzoo_Free_Global_Games_Market_Report.pdf.

② 《2023年移动市场报告》，https：//www.data.ai/cn/go/state-of-mobile-2023/。

③ 根据2022年11月艾瑞咨询发布的《中国云游戏行业报告》，云游戏是一种以云计算技术为基础的在线游戏方式。游戏中的所有计算（包括画面渲染、数据同步、交互逻辑等）全部在云端服务器进行，并通过互联网接受玩家的输入指令，同时将处理完成后的最终画面结果显示在玩家的前端设备上。理想状态下的云游戏场景中，用户的游戏设备只需要具备基本的视频解压能力和联网功能，而无须任何高端的处理器或显卡。

运算技术演示视频，云原生游戏已成为部分公司业务布局的一部分。然而，云游戏技术也面临一些困难和挑战，如带宽有限、时延较长等，云游戏的未来还需要开发者不断探索。

（五）社群释放游戏运营潜力

游戏推广将会越来越注重社群的力量。通过将运营与社交结合，发行商能够更好地扩大用户群体，增强用户黏性和提高用户活跃度，进而提高营收与口碑。

2022年，《羊了个羊》是一个典型的将游戏运营结合玩家社交而获得商业成功的案例。这款消除类游戏利用了人们对地域竞争的好胜心和对游戏难度的好奇心，在微博、抖音、微信等各类社交媒体平台引发大量用户晒图、晒视频、晒成绩，并邀请好友一起来挑战。从而形成一种自发传播效应，吸引更多新用户。2022年12月，《羊了个羊》用户规模达到6666万人。

2022年12月，在月活跃用户规模排名前十的移动游戏产品中，仅有网易《蛋仔派对》是2022年上线的新产品。《蛋仔派对》通过引导玩家创建游戏地图、分享游玩视频、结合网络热歌二创趣味短视频，以此建立UGC生态，调动玩家参与积极性，并不断吸引新用户加入。UCG创意配合短视频平台高速有效的传播渠道，能够实现由创作到分享到再创作的正向循环，从而达成良好的破圈效果。

社群运营能够让用户在游戏之外也能享受到丰富多彩的内容，通过用户自发的创作和互动，增加其归属感和参与感。《原神》和《王者荣耀》都是通过社群运营成功留住用户并实现增值的案例。《王者荣耀》创建并维护共创模式，通过举办设计大赛，激励用户参与英雄技能与皮肤创作，并引发大量玩家关注，很好地维持了游戏生态。

此外，近年来买量成本日渐高昂，纯粹以买量投放的方式开展游戏营销，对于游戏企业的压力也越来越大。在中国游戏行业整体处于承压蓄力、需要降本增效的2022年尤其如此。因此社群化运营、口碑营销等也开始得到一贯信奉"大力出奇迹"的粗暴买量方法论的游戏行业的更多重视和实施。

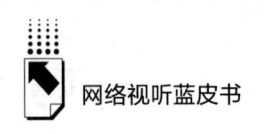

三 中国网络游戏出海情况及分析

随着人们对在线娱乐的需求增加，全球游戏产业在疫情初期蓬勃发展，同时也带动了游戏与其他社交媒体平台的共生发展。受疫情期间餐饮等行业发展不景气的影响，许多人也将游戏视频创作、游戏直播等视为一种职业发展路径。然而，2022年，世界整体进入后疫情时代，游戏产业发展不仅面临存量市场下竞争激烈的挑战，也需要面对来自网络视频、网络直播等其他产业的竞争。

第一，由于"宅"经济红利消退，用户的线上娱乐需求会减少，甚至会低于疫情前水平。海外游戏市场规模在大部分国家和地区增长停滞甚至缩减。根据Data.ai发布的数据①，全球移动游戏总体购买支出为1095亿美元，同比下降5.4%。第二，国际局势越发动荡复杂，地缘政治风险增加，主要经济体政策趋于收紧，世界各国各地区人民币汇率波动频繁，中国游戏产业出海面临的外部环境不稳定因素增多。第三，海外各国各地区越发重视游戏产业在经济、文化以及科技等方面的作用，美国、欧盟、沙特、新加坡等积极推行扶持当地游戏产业发展的政策举措；海外多家巨头公司着手布局游戏及其周边产业链，加大投资和研发力度，中国游戏出海面对日益激烈的国际竞争形势。

然而，在国内市场收入不理想、舆论生态不明朗、政策潜在风险存在的情况下，出海对于中国游戏企业来说，又是不得不走的一步棋。

（一）自研游戏海外市场销售收入连续三年超千亿，但有所下降

2022年，中国自主研发游戏海外市场实际销售收入为173.46亿美元，同比降低3.70%，但仍高于2020年（见图6）。这也是国产游戏在海外销售收入连续第三年超过1000亿元人民币的规模。在中国所有原创数字内容领域，游戏仍然是出口创汇的领头羊。

另Sensor Tower数据显示，2022年，中国出海收入TOP30手游在App Store和Google Play的总收入为92亿美元，较2021年115亿美元下滑20%，

---

① 《2023年移动市场报告》，https：//www.data.ai/cn/go/state-of-mobile-2023/。

2022年网络游戏行业发展报告

图6 2014~2022年中国自主研发游戏海外市场实际销售收入及同比增长率

资料来源：中国音数协游戏工委。

回落至2020年的水平，但仍比2019年高出46%。①

不论是海外市场销售总收入还是头部游戏海外收入的同比下降，都是中国游戏企业出海面对诸多困难的结果。

首先，游戏企业出海需要应对不同地区的政策法律与文化差异，特别是在地缘关系紧张、汇率频繁波动的2022年，游戏产品营收不确定性急剧升高。其次，游戏出海不仅需要与本土游戏公司竞争，还需要与出海的中国企业竞争；2022年，随着竞争压力增大，中国游戏企业在全球市场上的买量成本上升，利润率降低；中小企业难以突破逐步固化的出海格局，进入海外市场。最后，受疫情不确定性影响，国内企业与海外工作室或合作伙伴的沟通不畅，海外市场发展效率降低；并且，国内市场萎缩和疫情限制也影响了中国自主研发游戏在海外的表现和创新。

为了应对紧张的全球局势和激烈竞争带来的挑战，许多中国游戏公司采取了同时面向国内和国际市场进行游戏研发的战略。具体而言，过去，中国游戏公司通常面向国内市场研发游戏产品，等到本土市场稳定后再将其发布到国际

---

① 《2022中国手游出海年度盘点——39款手游收入超过1亿美元，〈原神〉蝉联出海收入冠军》，Sensor Tower，2023年1月，https://sensortower-china.com/zh-CN/blog/most-successful-CN-games-overseas-for-2022。

169

市场。或者，一些游戏公司会以进军国际市场为主，直接面向当地用户开发运营游戏，不太重视国内市场。但是，随着中国游戏市场的不断成熟和国际影响力的不断扩大，现在越来越多的游戏公司从一开始就同时考虑两个市场来立项研发。这种做法有利于更好地把握国内市场和国际市场的发展机遇，应对突发挑战，提高游戏的竞争力和市场份额。

（二）出海品类多元化，关注新兴市场

中国出海的自研游戏绝大部分都是移动游戏。因此，中国自研移动游戏在海外市场的表现能够有代表性地呈现中国游戏出海的市场结构。

从游戏类型上看，2022年，在中国自主研发移动游戏海外市场收入排名前100的产品中，策略类（含SLG）游戏占38.76%，角色扮演类游戏占12.76%，射击类游戏占12.35%。这三类游戏合计占比达到63.87%（见图7）。根据飞书深诺发布的报告①，2022年，海外SLG手游下载量达到12亿次，

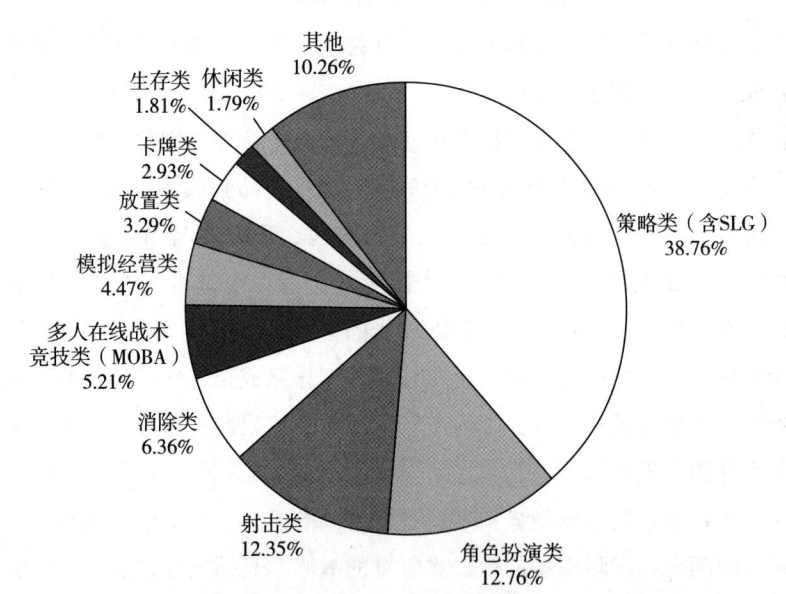

图7 2022年中国自主研发移动游戏海外市场收入前100类型占比

资料来源：中国音数协游戏工委。

---

① 《〈2022—2023年全球SLG游戏市场研究报告〉正式发布》，App Growing网站，2023年2月10日，https://appgrowing.net/blog/2022-2023slg/。

同比增长7.9%；其中，热门SLG手游收入约70亿美元，同比下滑12%；其中，中国SLG手游收入达到37亿美元，占比超过52%。《万国觉醒》《口袋奇兵》《王国纪元》等策略手游，入围2022年美国策略手游畅销榜前10。

近三年，策略类（含SLG）、角色扮演类和射击类游戏一直是中国自研移动游戏出海的重要类型；与2021年相比，策略类（含SLG）游戏的比重略有下降，而角色扮演类和射击类游戏的比重有所上升。值得注意的是，2022年，休闲类游戏的营收占比为1.79%——而此前，这类游戏被涵盖在"其他"中。休闲类游戏的主要营收方式通常为广告变现。

从出海地区来看，2022年，中国自研移动游戏的海外收入仍主要来自美国、日本和韩国市场，占比分别为32.31%、17.12%和6.97%，合计占56.4%，欧洲三国（德英法）的收入占比为9.18%。

目前，在中国自研移动游戏出海收入中，来自欧美日韩等成熟市场的收入占比呈现逐年下降趋势。而来自新兴市场的收入占比有明显增长。2022年，中国自研移动游戏在中东及非洲地区、拉丁美洲和东南亚这三个地区的市场份额增长率分别为11.1%、6.9%和5.1%。这也说明，全球移动游戏市场在主流地区的竞争更加激烈，中国游戏企业需要在新兴市场发力突破。

（三）竞争激烈，但仍在积极出海

Newzoo发布的报告[①]显示，2022年全球上市游戏公司排名中，腾讯以81.21亿美元的年收入排名第一，其次是索尼，收入为35.15亿美元。排名前十的上市游戏公司中，除腾讯外，还有网易，年收入26.49亿美元，排名第五。中国头部游戏企业持续注重对游戏工作室的投资与收购。2022年，腾讯投资了如西班牙Tequila Works、韩国Shift Up、波兰Gruby等游戏工作室；其旗下公司和索尼联合投资《艾尔登法环》开发商From Software，成为第二和第三大股东；网易则宣布收购《底特律：变人》的开发商Quantic Dream。因此，即使在国内市场遇冷的环境中，中国游戏企业仍在积极通过投资并购、跨国合作等方式布局海外，谋求全球化发展。

---

① "Global Games Market Report 2022," https：//resources.newzoo.com/hubfs/Reports/Games/2022_ Newzoo_ Free_ Global_ Games_ Market_ Report.pdf.

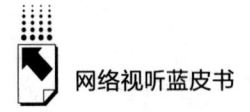

2022年，在海外市场表现突出的自研移动游戏包括：米哈游《原神》、腾讯 PUBG Mobile、趣加 State of Survival、三七互娱 Puzzles & Survival、莉莉丝《万国觉醒》、动视暴雪与腾讯的《使命召唤手游》、江娱互动《口袋奇兵》、IGG《王国纪元》、壳木游戏 Age of Origins、沐瞳科技 Mobile Legends：Bang Bang、网易《荒野行动》、灵犀互娱《三国志·战略版》等。一共有39款国产手游在海外市场的收入超过1亿美元。

其中，《原神》自2020年9月推出至2022年9月两年间，从全球移动游戏市场（App Store 和 Google Play）中获得的收入达37亿美元。在同一时间段内，仅次于《王者荣耀》（55亿美元）和 PUBG Mobile（49亿美元），排名第三。如果单以海外市场看，《原神》在2022年再度蝉联了国产出海手游年度收入冠军。

《原神》的营收成果与多平台全球化、内容驱动、社群运营等策略息息相关。在上线初期，它便采用多平台全球齐发策略，涵盖主机、PC端和移动端，支持多种语言。其核心竞争力是开放世界探索与内容更新结合的长线运营策略，弱化玩家间竞争要素，降低新玩家进入和老玩家回归成本，以内容驱动玩家游玩、消费。《原神》在 Discord 频道中的用户数量早已达100万人上限。2022年，米哈游仍在世界各地开展各种线下活动，推进玩家间交流分享，维护社群活跃。《原神》还在中国音数协游戏工委组织的"游戏十强年度榜"评选中，被评为2022年度游戏十强优秀移动游戏；米哈游也获评2022年度游戏十强优秀"走出去"游戏企业。①

四 中国网络游戏行业发展趋势

（一）未成年人保护工作初见成效，仍将是主管部门及社会关注重点

自2021年新修订的《中华人民共和国未成年人保护法》实施、《关于进一步严格管理 切实防止未成年人沉迷网络游戏的通知》印发以来，截至2022

---

① 《2022游戏十强年度榜正式揭晓》，游戏产业网，2023年2月15日，https：//www.cgigc.com.cn/details.html？id＝08db0f14-5c8a-4bc3-874e-e1f1cecdd306&tp＝gametop。

年9月，中国各地区共推出七十余项涉及未成年人保护的政策。除了强调落实游戏防沉迷体系的基本要求，多地政策还对用户信息保护、产品内容审核、功能性游戏开发等方面提出相应要求。

2023年初由中国音数协游戏工委发布的《2022年中国游戏产业报告》宣告中国游戏产业未成年人防沉迷工作已取得阶段性成果。中国境内被批准运营的游戏已实现100%接入防沉迷实名认证系统，未成年人游戏总时长、消费额度等大幅减少，每周游戏时间在3小时以内的未成年人（包含已不玩游戏的未成年人）占比增长至75%以上。近七成家长表示对防沉迷新规较为了解，其中八成以上的家长对新规的执行效果表示满意；超过85%的家长允许孩子在自己的监护下进行适度游戏，72%的家长认为孩子的游戏行为不对日常生活造成影响。

游戏企业还应用了人脸识别、人工智能和大数据分析等技术手段，监控并及时处理未成年人账号风险，大幅减少未成年人冒用成年人账号登录、充值等的情况。执法机构也积极开展涉及未成年人网络游戏案件的严密调查和惩处行动，对违规发行、不遵守网络游戏实名制规定、引导未成年人非理性消费的网络游戏提供者进行打击和处罚。同时，自2022年《关于加强网络视听节目平台游戏直播管理的通知》发布以来，网络视听平台直播管理等方面的规范也得到加强，"青少年模式"得到普遍应用。

游戏行业还在探索助力未成年人健康成长的多种方法，例如，部分游戏企业推出家长监护/服务平台，便于家长监管和未成年人网络行为引导；开发有利于未成年人健康成长的功能游戏，引导玩家自主学习、提升网络素养；开展各种形式的公益活动，向社会传递健康游戏理念，促进未成年人健康成长。

（二）游戏的文化传播功能日渐凸显

当今的游戏具备丰富多样的内容表现方式和交互方式，融合了影视、戏剧、音乐、舞蹈、文学等各种艺术形态，能够成为重要的文化载体，引起玩家共鸣，实现文化传播。国产游戏成为实现中华优秀传统文化创造性转化、创新性发展，推动文化自信自强的重要途径。

2022年7月30日，由人民网主办的"2022游戏责任论坛"发布了《数字

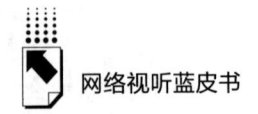

游戏传播中华传统文化报告》，该报告指出在过去十年里所有取得版号且仍然活跃的国产游戏中，约有四成传播了中华传统文化；而在市场收入最靠前的80款热门国产游戏中，传播中华传统文化的比例高达八成。研究者还发现，传播中华传统文化与游戏生命周期正相关；角色扮演和策略类是传播传统文化的主要游戏类型；三国、武侠和仙侠是传播传统文化的主要题材。①

该报告还创新性地提出数字游戏传播中华传统文化的"三境"与"三维"：游戏对中华文化的传播，可能触达三重境界，分别是活用传统文化元素与形式的"符号境"，融入传统文化真实信息、传递知识的"知识境"，在叙事和互动中传承与更新传统文化精神与价值的"观念境"。而人物、环境、行动这三个维度，则是游戏呈现传统文化和玩家体验传统文化的具体途径。

据该报告发布人北京师范大学艺术与传媒学院何威教授介绍，中国社会公众对游戏传播传统文化的态度总体上来说是非常积极正面的。在受调查游戏玩家中，66.8%的人有兴趣玩传播了中华传统文化的游戏，66.4%的人相信游戏对传播传统文化是有用的，64%的人喜爱传播中华传统文化的游戏胜过传播外国文化的游戏，59.4%的人对此类游戏体验表示满意，65.6%的人玩过此类游戏后想在游戏外进一步了解相关的传统文化。②

不难发现，广受国内外玩家欢迎的许多游戏如《原神》《王者荣耀》等，通过刻画具有中国传统文化特色的游戏人物、融入中国风光的场景设计、在叙事和互动中让玩家体验中国传统文化观念，增强了游戏的表现力和吸引力，也对讲好中国故事、增强文化自信做出了贡献。

此外，游戏的跨界合作也在推动文化传承方面发挥着积极作用。游戏开发者和各种文化领域的合作，例如电影、音乐、戏曲、手工艺、文旅等，不仅能够让游戏融入更多文化元素，增强游戏魅力，同时也让更多人有机会接触、了解和喜爱各种文化领域，进一步促进文化传承与传播。

---

① 《何威：游戏传播中华传统文化好比"润物细无声"》，人民网，2022年7月31日，http://jinbao.people.cn/n1/2022/0731/c421674-32490381.html。

② 《何威：游戏传播中华传统文化好比"润物细无声"》，人民网，2022年7月31日，http://jinbao.people.cn/n1/2022/0731/c421674-32490381.html。

（三）游戏技术催生新业态，跨界融合展现巨大潜力

具备多媒介形态融合、多学科交叉成果的游戏产业，一直与前沿科技互为驱动、共生发展。中国音数协游戏工委委托中国游戏产业研究院及头部游戏企业，研判和发掘游戏技术能力与价值，并在2022年中发布了相关研究报告，引发社会关注。一方面，游戏研发、运营等环节会应用如芯片、通信网络、游戏引擎、人工智能、图形图像、混合现实等大量的前沿软硬件技术；另一方面，游戏领域成为新兴前沿科技的"实验田""孵化器""放大器"，由此得到飞速发展的前沿科技也会外溢到其他领域，给工业、交通、医疗等多个实体产业带来积极影响，推动数实融合。

人工智能、虚拟现实与区块链等技术都将不断推动游戏产业发展和变革。人工智能生成内容（AIGC）技术可被应用于包括游戏在内的各种领域，既能帮助游戏开发者提高创作效率和质量，也能通过自动生成游戏场景、角色、对话、剧情等元素，为游戏增加多样性和个性化。例如《逆水寒》将推出由伏羲AI支持的智能NPC，使NPC能与玩家自由对话，并基于对话内容自主给出有逻辑的行为反馈。此外，AIGC还可以与其他技术相结合，如云计算、5G网络等，实现更高级别的交互和体验。虚拟现实（VR）技术则可以打破传统游戏界面和操作方式的限制，创造出沉浸式和真实感强烈的游戏形式。区块链技术可以帮助游戏产业增强安全性，规范数字资产所有权、提升流通性，激励玩家参与，创造新型的商业模式。

游戏产业的技术成果正在被广泛应用于其他多个产业领域。基于游戏建模和映射技术，数字资产在真实城市建筑、文化遗产和自然景观中得到广泛应用。例如，曲江文旅启动了元宇宙项目"大唐灵境"，用户可线上沉浸式游览体验大唐文化。再如"觅境红楼梦 数藏庆余年"主题展示活动，联动手游《庆余年》，推出红楼梦相关数字藏品，以游戏与数字资产相结合的方式传播传统文化。

此外，动作捕捉和图形渲染技术的使用，推动了数字虚拟人的设计与应用。在数字工厂建设方面，游戏引擎和云计算等技术助力传统工业产业信息化转型，并探索远程控制、模拟仿真等数字化工业新功能。在智能交通方面，游戏技术协助模拟驾驶场景，助力自动驾驶技术研发。此外，游戏技术还助力智

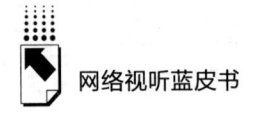

慧城市、航空航天、医疗健康、文化旅游等多个领域的不断创新。

2022年，人民网发布的《人民财评：深度挖掘电子游戏产业价值机不可失》一文，也肯定了游戏产业在科技与文化方面的价值，成为游戏行业的舆论生态转好的风向标。媒体和公众对游戏产业的评价，也有望随着游戏的文化与科技价值的不断发挥，变得更加积极和健康。

（四）电竞或成游戏产业提振新动力

2022年，中国的电子竞技行业同样相对低迷。在疫情背景下，国民经济增长态势放缓、民众收入紧缩及消费意愿降低等宏观因素，令全国各地线下电子竞技活动受阻、部分电子竞技场馆停用、选手训练和参赛均受影响，造成中国电子竞技产业收入出现五年内首次下降，为1445.03亿元，同比下降14.01%；同时国内电子竞技用户规模、赛事举办数量等均有下降。

中国各级政府部门对电子竞技产业及其正向社会价值的发挥多有重视。全国多省区市发布了含有推动电竞产业发展内容的政策，涉及"十四五"规划、基础设施建设、数字经济、繁荣文旅、文化出口、振兴经济等方面。致力于发挥产业集群力量，以赛事为核心，拉动电竞就业和相关消费，推动当地经济发展。

2023年9月在杭州举办的第十九届亚运会也首次将电子竞技作为正式项目，给中国电子竞技产业带来重大发展机遇。"电竞入亚"会有效促进"电竞破圈"，引发全民关注，全方位提振电竞乃至游戏行业的信心，吸引更多电竞乃至游戏行业投资者和从业者进入；还将推动电子竞技产业相关基础设施的建设，标准及规章制度的完善，有效提升行业发展水平。

当前，国际形势也利好电子竞技产业发展。欧盟议会首次通过《关于电竞和数字游戏的决议》，高度认可电子竞技和游戏的巨大价值和潜力，并提出系列倡议，旨在推动欧洲电子竞技和游戏产业快速发展。国际奥委会最近确认，将于2023年在新加坡举办首届奥林匹克电子竞技周（Olympic Esports Week），其在支持电子竞技的道路上又迈出重要一步。

未来，伴随更多赛事开展、更多积极用户的参与，电竞产业将会形成更完善的产业生态，赛事收入占比有望逐步提升；同时其也遵循规范化、多元化、开放化的发展趋势，与网络游戏产业形成良性互促的关系，共同发挥社会正向价值。

B.12
2022年海外视音频市场发展报告

高冉 金天*

摘 要： 2022年，海外视音频市场加速回温，国剧"出海"打开对外传播新局面，微短剧、纪录片、主流媒体助推中华文化"走出去"，从内容、平台、分发等多个维度增强中国视音频产品的传播效能。从总体趋势而言，2022年是众多口碑剧集的收官之年，IP衍生剧成为剧集市场的爆款；全球电影市场迎来复苏，各具特色的本土电影大放异彩；社交媒体平台进一步推进视音频转向，多样化创作激励措施投入运营。2022年，全球化、智能化、商业化持续冲击海外视音频市场，机遇与挑战并存，因此应在重视内容端多元发展的同时，还需注重用户体验，以精细化、专业化促进视音频市场良性发展。

关键词： 视音频 海外市场 对外传播

一 中国视音频产品海外传播现状

（一）国剧"出海"正当时

2022年11月，由国家广电总局发展研究中心课题组完成的首个国产电视剧国际传播报告——《中国电视剧国际传播报告（2022）》在北京发布。该报告显示，2021年，中国电视剧出口已经恢复到疫情前水平，全年电视剧出

---

* 高冉，博士，南开大学新闻与传播学院讲师，主要研究方向为AI传播伦理、全球/国际传播；金天，南开大学新闻与传播学院硕士研究生，主要研究方向为网络传播、媒介文化等。

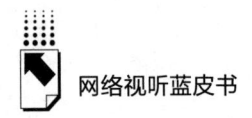

口总额5683万美元,约占中国节目出口总额的75%;全年出口电视剧714部3万多集,时长约2.5万小时,占中国出口节目总时长的71%。中国电视剧已在全球200多个国家和地区播出,电视剧质量不断提升,国际发行网络、国际传播渠道不断拓展和丰富,新的国际传播格局基本形成。①

内容题材方面,中国电视剧"出海"由过往的古装剧、功夫题材为主,进入以当代剧为主、多样化题材并存的新阶段。② 2022年,重大主题剧、当代都市剧和青春偶像剧受到国际市场广泛欢迎,国剧"出海"取得重要突破。悬疑科幻剧《开端》于2022年4月1日登陆网飞(Netflix)分区,上线新加坡、越南、马来西亚、文莱等多个国家,成为继《甄嬛传》《琅琊榜》《白夜追凶》《陈情令》《香蜜沉沉烬如霜》《步步惊心》等剧作之后,网飞采购的又一部优秀国产剧,丰富了国产剧海外传播的类型版图。开年大剧《人世间》创下CCTV-1黄金档电视剧近八年收视新高,开拍一个月即被迪士尼预购海外独家发行版权,国产剧海外传播的影响力和竞争力不容小觑。宏大叙事之外,青春偶像剧成为国际传播新主力,在海外新媒体平台表现亮眼。据统计,在YouTube每集平均播放量超过100万次的85部中国电视剧中,青春偶像剧占52%;在总播放量超过2亿次的10部剧中,有7部是青春偶像剧。③ 古装偶像剧《苍兰诀》(Love Between Fairy and Devil)兼具古装剧的传播势能和青春偶像剧的流量密码,在剧本创作和服化道设计上,巧妙融合东方美学和侠义精神,海内外反响热烈,"墙内墙外两头香",成为2022年夏天的现象级"破圈"剧作,在海外市场实现了商业价值和理念传播"双丰收"。

传播渠道方面,中国电视剧国际传播矩阵不断壮大,"借船出海"和"造船出海"双轮驱动、双向发力,自主打造多样化传播平台,以平台化运营带动产业链合作,进一步拓展海外市场。据《中国电视剧国际传播报告(2022)》,中国电视剧国际传播平台主要由四类渠道组成,包括"造船出海"端的"电视中

---

① 张君成、李婧璇:《国剧"出海"新格局已基本形成》,《中国新闻出版广电报》2022年11月16日,第5版。
② 《中国好剧全球传播》,光明网,2022年11月18日,https://m.gmw.cn/baijia/2022-11/18/36168975.html。
③ 《中国好剧全球传播》,光明网,2022年11月18日,https://m.gmw.cn/baijia/2022-11/18/36168975.html。

国剧场"主平台和中国长视频平台国际版，以及"借船出海"端的国际互联网平台和海外本土新媒体平台。2022年，依托"内容+平台+终端+网络"融合传播新模式，国产剧海外传播的平台现状与效果主要呈现以下特点。

第一，主平台集中发力，精选优秀剧集对外传播，向世界展示真实、立体、全面的中国，纠正海外观众对于中国国家形象的认知偏颇，增强国际认同感。自2019年起，国家广播电视总局实施"视听中国"大型国际传播活动，旨在充分发挥视听作品的独特传播优势，增进海内外文化交流。截至2022年8月，该活动已在38个国家和地区的视听媒体开办了62个"电视中国剧场"，为中国电视剧进入各国主流人群提供了重要渠道。2021年和2022年，"电视中国剧场"累计播出38部优秀剧集，包括《在一起》《山海情》《功勋》《大考》等[1]，通过刻画时代群像，让世界了解中国真实的社情民生情态。

第二，"爱优腾芒"国际化平台各有深耕，聚合垂类用户，以本土化策略维护海外市场，聚合效应逐步显现。2017年，爱奇艺通过《鬼吹灯之牧野诡事》打开海外市场，2019年6月通过推出国际版App iQIYI开启"造船出海"，其后相继上线"迷雾剧场"和"恋恋剧场"，深耕悬疑和情感赛道，并与日本WOWOW、韩国CHANNEL A等主流电视频道开展合作，吸引了一大批海外受众的持续关注。财报显示，在连续亏损超10年后，爱奇艺于2022年前两季度首次实现赢利，其中海外市场势头强劲。[2] 爱奇艺CEO龚宇认为，爱奇艺已经"成功驶离了暴风眼"，其出海业务功不可没。

（二）微短剧市场风头正劲

2022年，微短剧[3]市场风头正劲。爆款微短剧加速在海外开拓阵地的步

---

[1] 《中国好剧全球传播》，光明网，2022年11月18日，https://m.gmw.cn/baijia/2022-11/18/36168975.html。
[2] 《2023，国产影视出海图鉴》，36氪网站，2022年10月27日，https://36kr.com/p/1975738902815361。
[3] 行业主管部门对微短剧已有明确定义。2020年8月，国家广电总局在"重点网络影视剧信息备案系统"中增设网络微短剧快速登记备案模块，并明确提出微短剧的制式标准：单集时长不足10分钟；具有影视剧节目形态特点和剧情、表演等元素；有相对明确的主题，用较专业的手法摄制的系列网络原创视听节目等。但是在行业实践中，微短剧的时长并没有被严格限定在10分钟以内。在长视频平台，有的微短剧单集时长5分钟以上，有的达10~20分钟，横屏为主；而在短视频平台，微短剧单集时长以1~5分钟居多，竖屏为主。

伐，大芒短剧共有 90 部作品上线海外平台，腾讯海外版 WeTV 共上线 32 部。其中，优酷短剧《千金丫环》上线 TikTok，播放量突破 2.3 亿次，在海外平台社交媒体累计播放量超 5000 万次，互动数达 140 万次、曝光量接近 3 亿次。其他短剧也获得较高的播放量，《我的反派夫君》播放量 55 万次，《念念无明》播放量 73 万次，《别跟姐姐撒野》播放量 117 万次。[1]

　　有了流量的加持后，微短剧的出海掘金之路亦逐渐打通，从商业化的角度考量，微短剧出海有着多元化的变现模式。其一，微短剧能带动海外用户的会员拉新；其二，微短剧能通过平台买断版权增加收入；其三，微短剧可以获得海外平台的广告分成；其四，微短剧可以和海外短视频平台合作，开展微短剧二次创作。但是，在中国出海剧集总量中，微短剧只占 10%，且因自身体量小，售价也远低于同类长视频。若想提升微短剧的出海收益，仍然要坚持内容为王的策略，讲好故事，多出爆款。微短剧出海掘金"路漫漫其修远兮"，仍需"上下而求索"。

　　从 BrandOS[2]2022Q4 TOP10 应用类（非游戏）出海品牌社媒影响力榜单来看，视频平台的海外传播力依旧表现出色。2022 年第三季度 TOP5 品牌 WeTV、爱奇艺、Boomplay、TikTok 在第四季度依然位列 TOP5 且排名未发生变化，哔哩哔哩保持高分上涨，以 244.8 分成功跻身 TOP5，位列第四。除了优酷，五大视频平台"爱优腾芒 B"有四家入围前十，加上抖音和快手国际版强势入局，中国视频出海战绩卓著，在长视频和短视频领域都有强大的影响力（见表 1）。2020 年被称为"微短剧元年"，此后微短剧市场快速发展，精品化、规范化成为其发展趋势。各大视频平台纷纷入局，内容题材丰富多元，包括科幻、武侠、都市、古装、乡村、传奇、公安等类型，微短剧题材丰富度甚于长剧。2022 年，微短剧出海成效显著，为中国出海品牌带来流量和影响力，进一步推动中国影视行业从"内容出海"迈向"平台出海"新阶段。

---

[1]《短剧的"钱路"在哪儿？》，36 氪网站，2022 年 12 月 1 日，https://36kr.com/p/2025047150849030。

[2]《BrandOS TOP100 出海品牌社媒影响力榜单》由海外社交媒体数据管理营销平台 OneSight 编制并发布，是首份对中国出海品牌在社交媒体平台表现进行数据排名的榜单。

表 1 BrandOS 2022Q4 TOP10 应用类（非游戏）出海品牌社媒影响力榜单

单位：分

排名	品牌中文名	品牌英文名	LOGO	行业分类	Q4 评分	季度排名变化
1	WeTV	WeTV		娱乐	346.6	▶0
2	爱奇艺	iQIYI		娱乐	285.6	▶0
3	TikTok	TikTok		娱乐	254.8	▶0
4	哔哩哔哩	Bilibili		娱乐	244.8	▲4
5	Boomplay	Boomplay		娱乐	226.5	▶0
6	芒果TV	MangoTV		娱乐	205.9	▼2
7	万兴喵影	Filmora		工具	198.5	▲3
8	BIGO LIVE	BIGO LIVE		娱乐	197.6	▲1
9	Kwai	Kwai		娱乐	185.9	▼3
10	WeComics	WeComics		娱乐	168.5	▼3

资料来源：OneSight2022 年第四季度《BrandOS TOP100 出海品牌社媒影响力榜单》。

（三）主流媒体国际传播影响力不断提升

2022 年，中国主流媒体机构继续展现大国媒体的责任与担当。2022 年 1 月初，汤加火山爆发，中央广播电视总台旗下 CGTN 第一时间连线以实现现场直播，成为唯一联系到视频发布者拿到拍摄素材并被授权使用的媒体；持续跟进俄乌冲突最新动态，俄语 YouTube 账号 CGTN на русском 2022 年 3 月以来粉丝规模从 8 万人迅速增长至 24.5 万人，增幅达 206%，账号累计播放量从 4200 万次迅速增长至 9100 万次，增幅 116.7%。《中国日报》制作短小精悍的外交部发言视频，表达对俄乌冲突和美国行动的坚定立场，其中作品《支持俄罗斯"侵略"乌克兰的国家名誉将受损？外交部回应》累计播放量 1.9 万次。

中央广播电视总台积极传播党的二十大精神，向全球网友展现中国现代化发展的精神全貌。CGTN 在 YouTube 平台全程同步直播党的二十大开幕情况，累计观看量 120 万次。新华社 China Xinhua News Facebook 账号多形式发布党的二十大相关内容，立体化展现时代精神。上海广电环球交叉点 YouTube 账号推出《与世界对话——引领未来的中国智慧》5 集系列访谈，以全球视角讨论中国理念与主张，通过全球好评展现中国发展智慧。陕西广电与阿联酋中阿卫视合作推出《视听中国 陕西时间》，节目覆盖22个阿拉伯语国家的近5亿人口。广西广电通过相约广西（meetingguangxi）TikTok账号向全球网友征集唱歌视频，相关话题#singmyfolk以及账号"相约广西"总浏览量超300万次，累计获赞超6万次。

主流媒体深挖中国传统文化，文化类出海内容广受好评。中央广播电视总台2022年春晚在YouTube和Facebook平台视频播放量超1700万次，三大平台累计触达5081.3万人次，互动量近2000万。各大省级广电也纷纷在YouTube同步地方特色春晚联欢文艺汇演，河南广电展现中华舞蹈之精美，累计播放量达11万次，湖南广电、浙江广电群星荟萃，中国明星闪耀全球，播放量分别达到77万次和43万次。①

（四）纪录片助力中国故事国际传播

纪录片作为国际传播的重要手段，不仅具有娱乐功能，而且承载着远超其他视听作品的责任。它肩负着记录国家、民族记忆的使命，更蕴藏着国际交流与输出的能量。2022年，中国纪录片国际传播更进一步，不断加强中外合作，更好地传播中国声音，向世界展现真实、立体、全面的中国。

2022年，上海广播电视台（Shanghai Media Group，SMG）纪录片中心与探索频道（Discovery）合作的《行进中的中国》第二季登陆探索频道平台众多主要国家和地区的周末黄金时段，全部5集的整体首播收视率超过前四周时段平均收视率70.6%；与美国国家地理合作的《永远的行走：与中国相遇》也已在国家地理亚洲区主要频道海外首播，覆盖7361万亚洲收视家庭，后续还将在国家地理全球其他频道播出。② 此外，2022年，SMG纪录片中心摘得亚洲电视奖两项大奖、美国泰利奖三项大奖、亚广联电视观点奖组委会特别推荐奖。"借展出海"也成为纪录片国际传播的一种重要渠道。

SMG纪录片中心主任王立俊表示："一个好的国际传播作品，一定是基于

---

① 《盘点2022：主流媒体年度网络传播力榜单及解读 | 德外独家》，德外5号微信公众号，2022年12月30日，https://mp.weixin.qq.com/s/o4E2tDS4a5tXnqX-xB3eyw。
② 《年度趋势词：百舸争流 | 预见2023·纪录片篇》，传媒1号微信公众号，2023年1月19日，https://mp.weixin.qq.com/s/Nqnrc15GXbBNsga--aU3OQ。

中外密切合作、充分沟通的成果。"随着纪录片国际传播理念的不断更新，中外合拍、合作传播将成为纪录片国际传播的常见形式。新一年，采用这种合作方式的作品将不断增多、题材日益丰富，合作对象也日益多元。

二　海外视音频市场趋势分析

（一）海外剧集：众多口碑佳作收官，IP 衍生剧独当一面

2022 年，《浴血黑帮》《我们这一天》《风骚律师》《黑钱胜地》等一系列经典佳作高分收官——《风骚律师》第六季 9.8 分，《我们这一天》第六季 9.7 分，《浴血黑帮》第六季 9.2 分，《黑钱胜地》第四季 8.7 分。[①]

《我们这一天》（*This Is Us*）于 2016 年 9 月 20 日在 NBC 首播，是一部讲述"爱"与"家庭生活"的家庭情景剧，被称为美剧"鸡汤王"。自 2016 年首播以来，《我们这一天》见证了流媒体的起步、发展与成熟，也随之不断改进叙事方式，顺应时代潮流。编剧丹·福格尔曼（Dan Fogelman）表示，《我们这一天》首播时，家庭剧并非市场主流，为了在电视剧市场斩获一席之地，《我们这一天》一反"黑暗""反英雄"等当时的流行元素，通过讲述悲喜交加的家庭故事，让观众看到生活中的光明面并获得情感宣泄。从该系列剧集好评如潮情况来看，《我们这一天》的创作策划是非常成功的，历时六年，圆满落幕。

《浴血黑帮》（*Peaky Blinders*）于 2013 年 9 月 13 日在 BBC 首播，曾获 BAFTA（British Academy of Film and Television Arts）电视奖最佳剧情类剧集。从第一季到最终章第六季，《浴血黑帮》在美国影评网站烂番茄的评分居高不下，连续几季烂番茄新鲜度达 100%，六季的豆瓣评分全都在 9 分以上。在开播后的第十个年头，观众看到谢尔比家族的转型以及谢幕。《黑钱胜地》（*Ozark*）于 2017 年 7 月 21 日首播，是一部美国剧情类电视剧，曾斩获艾美奖、金球奖、美国演员工会奖和编剧工会奖等诸多奖项，堪称网飞旗舰剧之一。

---

① 数据来自豆瓣评分，统计时间为 2023 年 2 月 23 日。

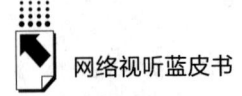

《黑钱胜地》最终季舍弃了悬念式开放结局，以干脆利落的方式画上句号，把"美国梦"的解读空间留给观众。

值得一提的是，《风骚律师》（*Better Call Saul*）作为《绝命毒师》（*Breaking Bad*）的衍生剧，不仅由原班人马打造，补充了故事前传，共同搭建起文斯·吉里根元宇宙（Gillaverse Mega Timeline），持续扩大剧集影响力，而且能够推陈出新，转换人物视角，深挖人性主题，铺陈正义与邪恶之间的灰色地带以及人性拐点，带给观众新鲜的观看体验和更进一步的思考。《风骚律师》自2015年首季播出至今，口碑节节攀升，烂番茄新鲜度从第一季的97%上升至第六季的100%，豆瓣评分也从第一季的9.3分上涨到第六季的9.8分，被不少粉丝和媒体誉为"最成功的衍生美剧，没有之一"。

随着众多口碑佳作纷纷收官，系列化开发成为海外剧集市场扩大IP影响力、深耕IP价值的常规做法。制作精良、剧情精彩的衍生剧能够在继承原作设定的基础上进行二次编码，延续原作生命的同时带给观众全新的视听体验和感悟。2022年，除了衍生剧《风骚律师》表现亮眼，《权力的游戏》（*Game of Thrones*）的衍生剧《龙之家族》（*House of the Dragon*）也于2022年8月21日在HBO台和HBO Max流媒体平台开播，首播便创下美国电视剧史上付费台原创剧集最高首映观看人次纪录，共吸引了998.6万观众。该剧改编自前传小说《血与火》，讲述了发生在《权力的游戏》三百年前的坦格利安家族的兴衰史。后续HBO还将推出至少六部《权力的游戏》衍生剧，打造IP衍生宇宙，将IP商业价值最大化，反哺并延续IP生命力。

（二）海外电影：全球市场整体复苏，本土电影各有所长

2022年，多数国家和地区的电影市场迎来复苏。据英国权威电影刊物*Screen Daily*报道，英国电影行业数据分析机构高尔街（Gower Street）预计2022年全球电影票房达259亿美元，同比2021年增长27%，但比2017~2019年均值下滑25%，全球市场需要到2024年才能恢复至疫情前票房水平。高尔街数据显示，2022年，北美市场以75亿美元票房回归全球第一大票仓位置。中国市场取得43.3亿美元票房，同比2021年下降36%，比2017~2019年均值下滑49%。欧洲、中东和非洲三个市场报收71亿美元，同比2021年增加

52%，比 2017～2019 年均值下降 31%。①

2022 年全球票房前十位分别是《壮志凌云 2：独行侠》《阿凡达：水之道》《侏罗纪世界 3：统治》《奇异博士 2：疯狂多元宇宙》《小黄人大眼萌：神偷奶爸前传》《黑豹 2：瓦坎达万岁》《新蝙蝠侠》《雷神 4：爱与雷霆》《长津湖之水门桥》《独行月球》。其中，突破 10 亿元票房的影片有 3 部（《壮志凌云 2：独行侠》《阿凡达：水之道》《侏罗纪世界 3：统治》），比 2021 年多 1 部，但远少于 2019 年的 9 部；中国电影在全球电影票房中表现一般，仅有《长津湖之水门桥》和《独行月球》两部影片进入前十，分列第九位和第十位，而 2021 年有 3 部中国电影位列前十（见表 2）。

总体而言，2022 年全球电影票房榜十大影片仍主要来自中美两国，好莱坞电影势头强劲，在全球电影市场中具有压倒性优势。经典续拍既符合疫情影响下整体的制作环境，即降本增效，降低投资风险，又满足了观众的观影需求，持续扩大既有 IP 影响力，如同步推出周边产品、主题乐园等，提高经济效益。但是，随着全球电影市场复苏回温，整体制作环境和观影需求稳中向好，观众也期待看到更多的原创佳作，缓解 IP 扎堆带来的审美疲劳。

表 2　2022 年全球电影票房排行 TOP10

单位：亿美元

排名	电影名称(中文)	电影名称(英文)	制片地区	2022 年票房
1	《壮志凌云 2：独行侠》	Top Gun：Maverick	美国	14.88
2	《阿凡达：水之道》	Avatar：The Way of Water	美国	11.93
3	《侏罗纪世界 3：统治》	Jurassic World：Dominion	美国、马耳他	10.01
4	《奇异博士 2：疯狂多元宇宙》	Doctor Strange in the Multiverse of Madness	美国	9.55
5	《小黄人大眼萌：神偷奶爸前传》	Minions：The Rise of Gru	美国	9.39
6	《黑豹 2：瓦坎达万岁》	Black Panther：Wakanda Forever	美国	8.10

---

① 《2022 年全球电影票房约 259 亿美元，北美回归全球第一大票仓》，界面新闻百度百家号，2023 年 1 月 6 日，https：//baijiahao.baidu.com/s? id = 1754247989944341964&wfr = spider&for = pc。

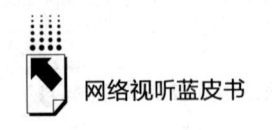

续表

排名	电影名称(中文)	电影名称(英文)	制片地区	2022年票房
7	《新蝙蝠侠》	The Batman	美国	7.70
8	《雷神4:爱与雷霆》	Thor:Love and Thunder	美国	7.60
9	《长津湖之水门桥》	The Battle At Lake Changjin II	中国大陆	6.26
10	《独行月球》	Moon Man	中国大陆	4.60

资料来源：互联网电影资料库、豆瓣电影。

就国家和地区而言，各国和地区本土电影各有所长，在题材、科技含量等方面打造独特优势。2022年，韩国电影产业继续在犯罪题材上发力，深度剖析加速工业化带来的社会问题和人性抉择，将残酷的现实隐喻凝结于电影创作中。2022年5月，韩国电影《犯罪都市2》（The Roundup）在全球电影市场受到追捧，该片由韩国知名导演李炯善拍摄，进一步探索韩国电影传统优势项目的发展之路。国际竞争步入新阶段，软实力较量更为激烈。电影产业作为文化软实力的重要组成部分，越来越受到重视。沙特阿拉伯过去以石油为经济支柱，自2022年起，其决定将电影产业转变为国家的经济支柱之一，并纳入国家的2030年愿景，通过电影合作和文化输出，更为全面地展现沙特阿拉伯的风土人情和历史文化，打破外界刻板印象。为吸引跨国电影项目合作，沙特电影委员会提供高达40%的经费退返政策，2022年的红海国际电影节也为本土电影人提供了展示作品和接洽国际资源的平台。同时，沙特阿拉伯大力培养本土电影人才，沙特电影委员会主持举办了穴鸟电影比赛，以发掘当地影视人才，为有潜力的电影项目提供支持。北美掀起好莱坞大片怀旧热潮，《侏罗纪世界》《玩具总动员》《蝙蝠侠》等经典IP推出续作。与此同时，欧洲将关注点从商业大片转移至相对小众的纪录片领域，通过威尼斯国际电影节、捷克伊赫拉瓦国际纪录片电影节等交流平台，呼吁电影从业者重视影片的社会价值，发挥纪录片对于人类社会的记录、思考和批判作用，重塑影业生态。

（三）海外社交媒体：短视频营销初具规模，创作者激励新意频出

近两年，YouTube、Twitter、Instagram等海外社交媒体纷纷增设短视频功

能，通过多种方式与势头正劲的 TikTok 等短视频平台争夺视听流量。2022 年，海外社交媒体以自身平台特点为基准，顺应平台发展方向推出多样化视频营销方案，进一步激励创作者加入和实现二次传播。

第一，短视频创作者激励计划吸引更多创作者加入平台。2022 年，YouTube 推出短视频创作者激励计划 YouTube Shorts Fund。该激励计划旨在吸引更多的新创作者关注 YouTube 短视频功能 Shorts，为平台引入更多优质内容，给视频平台的转型发展注入创新动能。据统计，YouTube Shorts Fund 激励计划实行后，至少有 40% 的新创作者通过创作短视频实现了内容变现，激励更多创作者入驻 YouTube 平台。[①] 除此之外，YouTube 还规划了一系列短视频变现激励措施，包括提升 Shorts 创作者的曝光度、增设粉丝打赏功能、提供电商购物服务等。

第二，"协同直播"充分连接人际传播和大众传播，给短视频创作提供更多发挥空间。2022 年，YouTube 正式发布"Go Live Together"功能，通过手机即可联动多名用户共同直播，为流媒体平台的引流和创收提供新途径。"协同直播"方式给视频创作者打开了新思路，一方面，多人"连麦"在一定程度上降低了主播的创作门槛，有助于主播们协作生成新的视频创意；另一方面，创作者可以同品牌直播互动，开通品牌合作和创意变现的新渠道。

第三，NFT（Non-Fungible Token，即为"数字藏品"）创意变现破解流量密码，多维创收拉动创新动能。NFT 创意变现主要有两种途径：一种以 YouTube 为代表，其能帮助创作者创制视频类 NFT，进而将 NFT 转移或出售给粉丝，借此带来经济效益并加深创作者和粉丝之间的互动联结；另一种以 Twitter 和 Instagram 为代表，其能充分发挥 NFT 社交属性，通过展示头像、所有权等 NFT 所有者的独特标识，将品牌内容转化成 NFT，有助于品牌识别和营销变现。

---

① 《详解 2022 年 YouTube 重点发展计划：关于创作者、观众和品牌伙伴 | 德外荐读》，德外 5 号微信公众号，2022 年 3 月 1 日，https：//mp.weixin.qq.com/s/sepFou_ SXSiCF5XDBLwvkA。

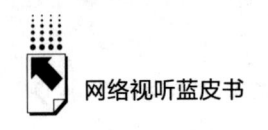

三 中国视音频产品海外传播的前景展望

（一）加快布局国剧海外市场，提升国际化水平

目前，国剧的海外传播市场主要集中在亚洲，非洲、中东市场正在兴起，欧美市场处于起步阶段，因此尚有广阔的推广发行空间。《中国电视剧国际传播报告（2022）》显示，中国电视剧出口规模偏小，"2012~2021年这10年间，中国电视剧进出口贸易逆差为5.64亿美元，从总量来看并不算太大，但是从相对量来看则有明显差距，仅2015年为顺差，2021年逆差为4136万美元，比2020年扩大约1000万美元。"[1]

为此，平台端应充分发挥"内容+平台+终端+网络"融合传播优势，统筹国际发行的传统电视台、视听新媒体"出海"平台、国际互联网平台，形成融合与互补的传播格局。同时，应特别注重提高译制水平和加大推广营销力度，提升国剧"出海"的国际化水平。中国影视行业正处于从"内容出海"迈向"平台出海"的重要阶段，平台不仅是影视作品的播放载体，更承载着讲好中国故事、传播好中国声音的时代使命，因而国剧"出海"要从"走出去"向"走进去"靠拢，实现在地化传播，打造本地观众了解中国的闪亮名片。一方面要从内容端入手，制播更多精品力作；另一方面也要综合考虑受众的收视需求，适应国际传播新形势。例如，"90后"和"00后"是中国电视剧国际市场的主要收视人群，国际观众最喜欢的元素是喜剧、剧情和浪漫[2]，基于上述"Z世代"年龄段和剧情层面的收视端考量，在进行国剧营销推广时，应有所侧重、精准发力，开拓国剧海外传播新局面。

（二）智媒时代来临，AI赋能视音频产品转型升级

近年来，AI生成内容的增长改变了内容的创建方式。随着元宇宙、虚拟

---

[1] 张君成、李婧璇：《国剧"出海"新格局已基本形成》，《中国新闻出版广电报》2022年11月16日，第5版。

[2] 张君成、李婧璇：《国剧"出海"新格局已基本形成》，《中国新闻出版广电报》2022年11月16日，第5版。

数字人等新技术的影响力及应用面不断扩大，AI赋能内容生产的传播效果日渐凸显。例如，韩国第一位虚拟网红——Rozy，由Sidus Studio X开发，在2021年获得100多次广告赞助，赚取超过10亿韩元（约合85.4万美元）的广告费。[①] 2022年，OpenAI公司推出的AI聊天机器人ChatGPT被认为是互联网发明以来最大的技术进步之一，它可以讲笑话、构思故事情节、编写代码，甚至可以用几句话概括某地新闻业面临的挑战，而且反应非常迅速。ChatGPT拉开了"生成型"人工智能时代的大幕，此后将有更多的AI工具向公众开放。

智媒时代已然来临，新技术引发了传播方式变革，给视听行业带来更多可能性。近年来，随着纸质传播式微，"短视频+新闻"成为传统新闻业重点关注的转型方向之一，越来越多的传统媒体用融合报道的方式激发用户兴趣，扭转注意力流失的颓势。在虚拟现实、人工智能等智能技术手段的辅助下，短视频平台与传统新闻业的组合能够为传统新闻品牌注入新的活力，也能增强短视频平台的知识性、专业性，活化内容生态。路透研究院报告显示，49%的头部媒体活跃在TikTok上。随着算法技术的不断优化，"新闻"与平台的结合有望愈加紧密，这将给用户带来更多样的内容选择，进一步推动传统媒体的转型升级和新兴媒体的内容优化。

（三）"短视频+电商"进军海外市场，视频营销新玩法逐渐起步

受疫情影响，全球社交电子商务行业增长迅速，其增速预计是传统电子商务的3倍，到2025年，全球社交电商市场规模将达到1.2万亿美元。社媒营销研究机构Bazaarvoice在2022年2月发布的一份报告中指出，在1.4万名受调查者中，有3/4的人表示他们当下的购物行为深受社交媒体的影响，其中，有65%的人会在浏览中激发购物欲，61%的人会购买偶然刷到的商品，60%的人会直接用算法推荐或网红给出的链接进行购物。Sprout Social调查了近1000名美国消费者，调查结果显示，成长在数字时代的"Z世代"（18~24岁）消费者对Instagram、TikTok和Snapchat等以视觉为导向的社交媒体最感兴趣，而

---

① 《两大全球传媒盛会复盘：洞悉媒体行业的4个重要走向丨德外视窗》，德外5号微信公众号，2022年10月18日，https：//mp.weixin.qq.com/s/gCV2U-M7aHboOGC8r7RzNw。

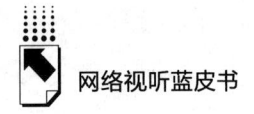

"婴儿潮一代"（57~75岁）则预计会增加在Facebook上的消费；女性用户期待在TikTok和Pinterest上下单，而男士则更倾向于在Twitter和Twitch上找到下一个生活必需品。①

直播带货是中国版抖音的主要收入来源之一，因此TikTok逐渐尝试在其他地区大力推广直播带货模式。2021年2月，TikTok开始开拓海外电商市场，TikTok Shop最早在印度尼西亚上线。2022年上半年，TikTok Shop又陆续进入泰国、越南、菲律宾、马来西亚、新加坡。据硅谷权威科技媒体The Information报道，2022年，TikTok在东南亚的电商商品交易总额增长逾三倍，达到44亿美元。东南亚地区是TikTok在2022年电商拓展的核心地区，也是TikTok Shop目前最大的地区市场。相较于进军东南亚市场的顺利，TikTok Shop在欧美地区的开拓之路颇为坎坷。由于社交媒体使用习惯差异，仍有很多海外用户不适应直播带货这种视频营销方式。挑战与机遇并存，"本土化"是"短视频+电商"模式进一步拓展的阻滞因素之一，也给平台带来转变运营思路的契机。这便意味着除了既有市场，还有拓宽营销渠道的空间，关键在于视音频平台的顺应性发展与创造性转化。

---

① 《2022社交电商消费新趋势：消费者决定流行，而不是品牌丨德外视窗》，德外5号微信公众号，2022年7月14日，https://mp.weixin.qq.com/s/J9aCo1YJ2sklPGYZ_BfMXg。

年度热点
Annual Hot Spot Reports

B.13
2022年网络视听政策法规解读

北京韬安律师事务所*

摘　要： 本报告对中国2022年网络视听领域的相关法律法规、政策、行业规范等进行了梳理，并评析了该年度在网络视听领域发生的诸多热点事件和案例。从总体来看，2022年的网络视听行业保持了过去几年来一贯的"完善规范、加强监管"的趋势。除了诸如《反不正当竞争法（修订草案征求意见稿）》《广播电视和网络视听领域经纪机构管理办法》等覆盖整个网络视听领域的总体性法律法规外，在网络直播、网络影视综艺、短视频、数字音乐等具体方面，也有诸多新规出台，共同推动中国网络视听领域健康、有序可持续发展。

关键词： 互联网视听　网络直播　短视频　网络监管

---

* 北京韬安律师事务所是一家专注于知识产权与泛娱乐（影视、传媒、体育、音乐、游戏、文化创意）行业法律服务的精品律师事务所。本报告作者：王军，北京韬安律师事务所主任；王晗晨，北京韬安律师事务所律师；胡文馨，中国政法大学硕士研究生，主要研究方向为知识产权法；程子，西安交通大学硕士研究生，主要研究方向为知识产权法。

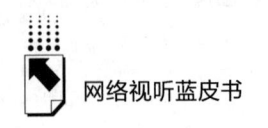

一 2022年互联网视听政策法规总体特征

2022年，中国的网民规模超过10.51亿人，短视频用户规模超9.62亿人，网络直播用户规模超7.16亿人，这都显示出网络视听领域的受众之广大和市场之巨大。① 可以说，网络视听行业已经融入大多数中国人的日常生活。维护互联网视听领域的健康有序发展、促进优秀文化内容的产出、打造更加绿色健康的互联网视听环境，是整个行业共同的愿景和目标。笔者结合互联网业态发展的现实情况，对2022年互联网视听政策法规的特征做如下总结。

（一）法律法规日益完善，规范指引频频出台

2022年，国家有关部门出台了多部涉及网络视听领域规范治理的重要法律法规。其中，《关于进一步规范明星广告代言活动的指导意见》对明星的广告代言业务的合规开展情况给予了指导。《广播电视和网络视听领域经纪机构管理办法》对从事演出业务、提供视听表演经纪服务的组织和个人提出新的要求。此外，在网络直播、网络影视综艺、数据合规以及未成年人保护方面都有新规出台，这些法律规范分别或共同从网络视听行业从业主体、从业行为以及产品和服务内容等方面做出要求，促使网络视听领域的法律规范日趋完善和具体。

在针对网络视听行业从业人员的行为规范上，2022年多部门还出台了更加细化的指引类文件。中央网信办发布了《互联网用户账号信息管理规定》。北京市广播电视局发布的《北京新视听指引2022》，从网络视听领域市场主体的实际需求出发提供相关指引，兼具政务服务指南、经营管理须知、法律风险提示等多种功能。上海发布了《上海市网络直播营销活动合规指引》，四川省、杭州市分别发布了各自的"医疗美容网络直播领域行政合规指导清单"等，这些行为规范和政策指引，对行业从业者了解法律规定、规范自身行为、降低违规风险、开展合法经营具有重要的指导意义，是保障网络视听行业发展行稳致远的重要基石。

---

① 《第50次〈中国互联网络发展状况统计报告〉发布》，中国政府网，2022年9月1日，http://www.gov.cn/xinwen/2022-09/01/content_5707695.htm。

（二）执法行动持续开展，严厉打击违法行为

2022年4月，中央网信办发布了《关于开展"清朗·整治网络直播、短视频领域乱象"专项行动的通知》，开展了为期两个月的整治网络直播、短视频领域乱象专项行动。[1] 9月，中央网信办部署开展了"清朗·打击网络谣言和虚假信息"专项行动[2]；国家版权局等四部门启动了"剑网2022"专项行动，针对网络视频、网络音乐、网络直播等领域开展版权专项治理[3]。11月，中央网信办印发了《关于切实加强网络暴力治理的通知》，加大网暴治理力度[4]；中央网信办修订《互联网跟帖评论服务管理规定》，对于互联网跟帖评论服务做出进一步规范；国家广电总局发布了《关于进一步加强网络微短剧管理 实施创作提升计划有关工作的通知》，开展了针对网络微短剧专项整治。此外，在整顿网红主播、艺人巨额逃税方面，税务机关也保持着高度的敏感性。上述一系列专项执法行动的展开，展示了我国在维护网络视听领域健康有序发展上的一贯决心，有效地打击了网络直播、短视频、影视剧等领域存在的网络暴力、网络谣言等各种乱象，有效促进网络环境的进一步净化。

（三）行业自律继续加强，平台治理行动不间断展开

除了国家机关在维持网络视听领域健康发展上的不懈努力，各相关团体也积极开展行动，进一步促进平台自律管理、落实平台责任。在网络直播领域，《直播电子商务选品和品控管理规范》《网络直播主体信用评价指标体系》等团体标准相继发布；网络影视领域也出台了《综艺节目宝典制

---

[1] 《中央网信办等三部门：开展"清朗·整治网络直播、短视频领域乱象"专项行动》，央视网，2022年4月15日，https://news.cctv.com/2022/04/15/ARTIrYGM90sIKHPylsQyAB1O220415.shtml。

[2] 《中央网信办部署开展"清朗·打击网络谣言和虚假信息"专项行动》，央视网，2022年9月2日，https://news.cctv.com/2022/09/02/ARTISdI0vAu0voSdf6pKS4B6220902.shtml。

[3] 《国家版权局等四部门启动"剑网2022"专项行动》，中国政府网，2022年9月9日，http://www.gov.cn/xinwen/2022-09/09/content_5709237.htm。

[4] 《中央网信办印发〈关于切实加强网络暴力治理的通知〉》，人民网，2022年11月4日，http://politics.people.com.cn/n1/2022/1104/c1001-32559222.html。

作规范》；在数据合规方面，《数据安全和个人信息保护社会责任指南》发布；等等。这些行业规范，都是在网络视听领域各细分行业中具有行业责任心和行业影响力的行业协会或头部主体的引领号召下制定的自律性指导规范，虽然这些行业标准并不具备司法层面的强制执行力，但这些标准的制定仍在一定程度上展示了各行业的自律和规范水平，并起到非常积极的示范作用。

平台作为当今网络视听领域的经济枢纽，一手承托服务和产品提供商，另一手承托用户和消费者，可谓网络视听行业不可或缺的存在。2022年，平台自觉加强了内部的规范管理，持续不间断地组织了针对内部的各种专项整治行动。微博、微信、抖音、今日头条、小红书、知乎等各大平台从4月中旬开始上线的IP属地显示功能①，也在极大的程度上辅助了包括针对"不良PK、直播诈骗、淫秽色情、商业贿赂、网络暴力、违规医美、病态炫富、侵犯隐私、侵犯未成年人权益"等进行的专项治理行动。

（四）热点案件频发，网络视听领域司法保护在创新中发展

随着经济发展和技术进步，各类新型案件层出不穷、屡见不鲜，尤其是在日新月异的网络视听领域。2022年，网络视听领域出现多个热点判决，这既展现了网络视听领域的经济活力，也考验着司法机关的司法裁判水平。法院的相关司法裁判不仅是对双方当事人争议的妥善解决，更为之后类似案件的审理和裁判提供了参考与经验。网络视听领域的司法保护水平在挑战中提高，在创新中发展。

二　网络直播

2020年以来，受疫情影响，线下实体演出减少，网络用户的居家时间增加，网络直播行业得以高速发展。截至2022年6月，网络直播用户规模已达

---

① 《IP属地显示后谁慌了？》，中国经济周刊微信公众号，2022年5月21日，https://mp.weixin.qq.com/s/YQ8mhTTnvEE5n4JOb9gvNg。

7.16亿人，占网民整体的68.1%。① 2022年，网络直播领域出现许多引人注目的热点事件和司法案例。为了促进和引导网络直播行业的健康有序发展，2022年，网络直播领域内主管机关发布了多项法律法规，行业团体也发布了多项指导标准。

（一）政策法规解读

1.《网络主播行为规范》出台，直播表演应合规进行

2022年4月，国家广电总局网络视听节目管理司和中宣部出版局联合发布《关于加强网络视听节目平台游戏直播管理的通知》，提出"加强游戏主播行为规范引导、严禁违法失德人员利用直播发声出镜"等六项针对游戏行业直播的具体要求。

2022年5月，中央文明办等四部门共同发布《关于规范网络直播打赏 加强未成年人保护的意见》，进一步加强网络直播领域未成年人保护，提出禁止未成年人参与直播打赏、严格控制未成年人从事主播工作等重要意见。

2022年6月，为了进一步规范网络主播的各项行为，国家广电总局联合文旅部共同发布《网络主播行为规范》，该规范共十八条，涵盖"网络主播应坚持正确政治方向，坚持健康品位格调，自觉反对流量至上，自觉抵制违法违规行为，引导用户文明互动"等直播行业的重要内容。其中，第十四条明确列举了网络主播在从业过程中不得出现的31种行为。

2022年10月，文旅部发布《关于规范网络演出剧（节）目经营活动 推动行业健康有序发展的通知（征求意见稿）》。该通知针对疫情时期部分企业选择以直播或录播形式提供表演的时代背景，对在线直播行为进行了进一步规范，明确相关企业采用直播方式提供网络演出剧（节）目时，应当采取延时直播方式播出。2023年1月，该通知正式生效。

网络直播作为互联网视听领域的一种重要形式，从业人员众多、受众广泛，网络主播作为网络直播行业的核心人员，更应当规范自身行为。在行业高

---

① 《第50次〈中国互联网络发展状况统计报告〉发布》，中国政府网，2022年9月1日，http://www.gov.cn/xinwen/2022-09/01/content_5707695.htm。

195

速发展甚至是出现野蛮生长态势的情况下，这些文件的出台不仅能够帮助直播行业及时有效地确立行为标准，也督促和引导网络主播坚持正确的价值导向、依法取得各项许可，鼓励网络主播以自身形象和行动带动社会良好风尚的形成。

2. 直播营利（带货）开启强监管，主播、平台法律责任进一步压实

2022年3月，国家互联网信息办公室等三部门联合制定《关于进一步规范网络直播营利行为促进行业健康发展的意见》，进一步规范网络直播营利行为。该意见指出在直播行业的发展过程中，存在平台监管不到位、营销行为不规范等问题，该意见强调要压实平台的管理责任、构建有序的网络直播市场秩序、规范相关税收监管，同时构建起执法部门信息共享机制，加强网络直播领域的行政执法能力。同月，最高人民法院发布《关于审理网络消费纠纷案件适用法律若干问题的规定（一）》。在该司法解释中，最高人民法院明确了包括直播营销平台、直播间运营者、经营者等在内的网络直播营销相关民事主体的责任承担，进一步保障了网络直播消费者的合法权益，致力于引导网络直播带货领域健康发展。

2022年7月，上海市市监局发布《上海市网络直播营销活动合规指引》，率先在省级层面出台关于网络直播营销的规范指引。该指引针对在网络直播营销过程中存在的诸如虚假宣传、刷单炒信、销售假冒伪劣产品等多种违规行为，重点列出直播营销商品（服务）10项负面清单，还梳理了有关法律规定，明确了主播、平台内经营者、直播间运营者、直播营销平台等主体的法律责任。该指引还提出直播营销平台应当制定并公开网络直播营销管理规则、建立主播黑名单制度。

这些规范的制定和发布极大地纠正了网络直播带货领域中的各种不正之风，压实了各类直播带货行为主体的法律责任，极大地增强了网络直播带货行业从业者的法律意识、社会责任和诚信观念，对于网络直播行业消费者权益保护、网络直播带货市场稳中向好发展具有积极意义。

3. 多部门出台指导意见，规范医疗、医美直播

2022年5月，国家卫健委等九部门印发《2022年纠正医药购销领域和医疗服务中不正之风工作要点》，要求对医疗机构工作人员利用职务、身份之便直播带货进行严肃查处。

2022年10月，杭州市市监局发布《医疗美容网络直播领域行政合规指导清单》。该清单对医疗美容直播领域的诸多关键法律问题进行了区分和说明，如明确了医疗和药品、医疗器械信息发布的异同，明确了医美广告和广告之外的商业宣传之间的界限等，满足了医疗美容网络直播营销主体的合规需求。①12月，四川省市监局也制定了《四川省医疗美容网络直播领域行政合规指导清单》。②

在医疗美容直播行业高额利润的吸引下，大量不具备相关资质的主播群体肆意开展着各种医美产品和服务的直播业务，加之网络直播领域中的监管难度大、监管机制尚不健全，导致一直以来医疗美容直播行业乱象丛生。2022年有关规范的先后出台，尤其是杭州市市监局行政合规指导清单的发布，对医疗美容直播行业从业者的资质和合规要求进行了明确，有利于整肃当前混乱的医美直播市场，维护消费者的合法权益。

4. 团体标准多维发布，行业自律持续增强

2022年3月，全国首个省级网络商家行业组织——浙江省网商协会发布《直播电子商务选品和品控管理规范》，对直播带货中的商品选择和商品质量控制做出全面要求。该规范从建立品质质量人员专岗、完善选品流程、建立审核台账制度、建立第三方监测机制四个方面入手，提高了直播带货行业的商品质量把控规范标准。③

2022年7月，中国经济信息社、中国网络视听协会联合其他多家单位共同编制了《网络直播主体信用评价指标体系》。该指标体系包含网络主播、直播间运营者等两类信用主体的信用评价指标，信用分满分为1000分并划分5个信用等级。④ 同月，中国音像著作权集体管理协会发布《互联网直播

---

① 《〈医疗美容网络直播领域行政合规指导清单〉发布》，杭州市市场监督管理局微信公众号，2022年10月26日，https://mp.weixin.qq.com/s/dP5DwYp-IBIftuvlf31HRw。
② 《四川发布医美直播领域行政合规指导清单》，四川省人民政府网站，2022年10月26日，https://www.sc.gov.cn/10462/10464/10465/10574/2022/12/26/bf7703b2bf4540f895d6d8717049da6b.shtml。
③ 《关于发布〈直播电子商务选品和品控管理规范〉团体标准的公告》，全国团体标准信息平台，2022年3月14日，http://www.ttbz.org.cn/Pdfs/Index/?ftype=stn&pms=58990。
④ 《关于发布〈网络直播主体信用评价指标体系〉团体标准的公告》，全国团体标准信息平台，2022年7月29日，http://www.ttbz.org.cn/Pdfs/Index/?ftype=stn&pms=68619。

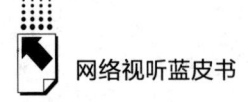

中使用录音制品付酬标准（草案）》，鉴于在网络直播过程中使用录音制品作为背景音乐的普遍性，为了规范录音制品在网络直播领域的使用，减少相关侵权行为的发生，更好地维护著作权人和邻接权人的权益、降低维权成本，中国音像著作权集体管理协会依据不同直播间类型，分梯度设置了付酬标准。①

（二）热点事件解析

1. 直播商品抽检结果堪忧，电商直播带货亟须治理②

2022年1月，上海市市监局对抖音、快手、小红书、淘宝、京东等9家电商直播平台销售的成人服装、婴幼儿服装、服装配饰等6类商品进行了抽样检查。检查结果显示，在被抽查到的113批次样品中，有22批次为不合格产品，不合格率为19.5%。由于直播带货商业模式固有的远程、不可见的特点以及执法部门监管难度大的困境，电商直播行业广泛存在商品以假乱真、以次充好的不良风气。这严重损害了消费者的合法权益和电商直播行业的可持续健康发展。

2. 平台严肃整治直播不良行为、规范直播机构运营

2022年3月11日，抖音发布《关于抖音直播严肃整治"不良直播PK内容"的公告》，针对抖音平台上存在的低俗炒作、恶意博眼球等不良现象，提出包括禁止未成年人消费、禁止人气造假、禁止叫嚣引战在内的十项禁止性要求。③

2022年3月21日，抖音直播发布《抖音关于打击直播诈骗黑色产业链的公告》。该公告显示，本次专项行动将重点治理七大行为，包括：低俗色情信息服务、诈骗行为、涉赌行为、数据造假、未成年人消费、情感诱骗、MCN/

---

① 《直播间使用音乐要付版权费！怎么付？付多少？》，新京报微信公众号，2022年7月26日，https://mp.weixin.qq.com/s/E5JKXdBrjGCmWYfSQQvDZQ。

② 《得物不合格率50%！上海抽检直播平台商品，两成样品不合格，"羊毛里料"一根羊毛都没有》，中国证券报微信公众号，2022年1月17日，https://mp.weixin.qq.com/s/TcWR7EwGwDC8ORq_E9G5aw。

③ 《抖音直播严肃整治"不良直播PK内容"的公告》，抖音App微信公众号，2022年3月11日，https://mp.weixin.qq.com/s/AUQmwm6MUF0fjHSzcHvlTg。

公会等机构实施诈骗等。①

2022年5月12日，快手平台发布《关于进一步规范直播机构运营管理行为的公告》，重申了直播机构应当遵循包括"不得为未成年人提供经纪服务、禁止行贿"等在内的管理规范，并强调平台将持续落实主体责任，加大对违规行为的打击力度。②

3. 虚拟偶像热度持续，虚拟主播异军突起

艾媒咨询发布的《2022—2023年中国虚拟人行业深度研究及投资价值分析报告》显示，2022年，中国网民对虚拟人的了解和关注程度上升至87.8%。③作为虚拟人行业中的重要角色类型，虚拟主播在助力直播行业的发展中逐渐起着更加重要的作用。2022年8月，阿里巴巴（中国）申请的"多主播虚拟直播方法以及装置"专利公布。公开的专利申请资料显示，该方法应用于虚拟直播控制系统，能够实现获取直播间的直播模式设置参数以利用多个虚拟人物在直播间进行直播，并且该专利还可适用于虚拟现实场景。④早在北京冬奥会期间，阿里巴巴集团达摩院就曾推出过虚拟数字主播冬冬，以协助北京冬奥会的推广工作。冬冬不仅注册了个人淘宝直播账号，还注册了微博账号。随着AI技术的持续进步，数字主播学习能力的增强，传统的单一真人直播模式必定会被打破，形成全新的真人—虚拟主播二元格局。

三　网络影视剧、网络综艺

2022年的网络影视剧市场依旧以"提质减量"为主要特征，在长视频平台纷纷加入"降本增效"的阵营后，网络电影的减产趋势变得更加显著。在

---

① 《抖音开展直播诈骗专项治理，重点打击低俗色情信息服务、诈骗等》，新京报网站，2022年3月21日，https://www.bjnews.com.cn/detail/1647862119 14024.html。
② 《关于进一步规范直播机构运营管理行为的公告》，快手黑板报微信公众号，2022年5月12日，https://mp.weixin.qq.com/s/YyzLS7VhKXMAeFChtLzYxg。
③ 《艾媒咨询丨2022—2023年中国虚拟人行业深度研究及投资价值分析报告》，新浪网，2023年2月26日，https://finance.sina.com.cn/wm/2023-02-26/doc-imyhyscv1283517.shtml。
④ 《直播带货主播的噩梦？阿里公布多个虚拟人直播专利》，凤凰网，2022年8月31日，https://tech.ifeng.com/c/8IvWDo7JAAu。

网络电影层面,无论是新片备案数量还是平台上新数量,都较上一年同期出现了大幅降低。据网视互联统计,2022年1~11月,通过国家广电总局"重点网络影视剧信息备案系统"规划备案的网络电影共计1167部,较2021年同期减少了66%,较2020年疫情初期减少74%。① 在网络剧层面,根据国家广电总局公开数据,2022年全年网络剧备案剧目总数为660部②,与2021年1172部的数据相比,减少512部,同比下降43.7%。2022年,网络综艺在立足平台调性、聚拢固有收视群体延续热度的同时,不乏新尝试、新亮点。在云合数据③等平台各自的网络综艺播放量TOP10榜单中,均有6部属于老牌综艺节目,如《这!就是街舞》(第五季)、《脱口秀大会》(第五季),它们凭借在各自圈层的深耕细作,不断固圈与破圈。深入观察各个垂类不难发现,处于成熟赛道的类型综艺也在不断细化定位,寻找差异化新路线,以期用更加新颖的视角抓住小众群体。如《令人心动的offer》(第四季)切换至建筑领域,通过两家风格迥异的建筑设计公司,向实习生和观众呈现不同的职场环境;《初入职场的我们·法医季》在悬疑题材火热的当下,带领观众走进真实的法医世界,融合了探案、职场、观察多种元素优势。小而美的综艺模式受到认可,垂类市场再度细分,2022年网络综艺仍在变与不变中继续前行。

(一)网络影视剧、网络综艺政策法规解读

1. 国家广电总局加强网络剧片审核管理

网络影视剧、网络综艺行业持续加强标准化、制度化建设,深入推进文娱领域综合治理。

2022年4月29日,国家广电总局发布《关于国产网络剧片发行许可服务管理有关事项的通知》。自6月1日起,国产网络剧片进入发行实行许可时代,由国务院广播电视主管部门负责制定国产网络剧片发行许可实施规范,并对国

---

① 《2022网络电影年度盘点:394部新片,48部破千万,市场总规模20亿》,网视互联百度百家号,2023年1月5日,https://baijiahao.baidu.com/s?id=1754155483309328848&wfr=spider&for=pc。

② 《2022网络剧备案:总量骤减近半,古装市场大洗牌,IP改编小而全面》,网娱观察微信公众号,2023年1月13日,https://mp.weixin.qq.com/s/E5rPdBYhUcVvLQvuN7ttCg。

③ 《报告 | 2022Q3综艺网播表现及用户分析报告》,云合数据微信公众号,2022年10月11日,https://mp.weixin.qq.com/s/uqF994BvVZ2vhrbZQlwAhA。

产重点网络剧片实施重点监管。①

9月20日,国家广电总局发布《关于使用国产电视剧片头统一标识的通知》。自9月21日起,国产电视剧播出时,须使用片头统一标识,准确标注国产电视剧发行许可证号,放置于每集电视剧片头前展示,各播出机构须确保完整、规范使用。②

11月14日,国家广电总局发布《关于进一步加强网络微短剧管理 实施创作提升计划有关工作的通知》,提出要严肃、扎实开展"小程序"类网络微短剧专项整治,要严格把好网络微短剧的导向关、片名关、内容关等,严格许可证发放,未获发行许可证的网络微短剧逐步退出首页首屏。③

2. 经纪机构、节目制作经营主体受到进一步规范整治

为规范演出经纪行业管理,遏制"饭圈"不良文化反弹,保护未成年人,继2021年文旅部发布《网络表演经纪机构管理办法》并修订《演出经纪人员管理办法》之后,国家广电总局于2022年2月10日发布《"十四五"中国电视剧发展规划》,指出要严肃处理演员和相关机构的违法违规行为,禁止违法失德艺人通过电视剧发声出镜;规范电视剧行业经纪人、经纪公司等市场主体管理;强化电视剧领域知识产权全链条保护。④

5月30日,国家广电总局发布《广播电视和网络视听领域经纪机构管理办法》,从督促依法纳税、正确引导粉丝、加强未成年人保护等方面对从事演出业务、提供视听表演经纪服务的组织和个人提出新的要求。⑤

---

① 《国家广播电视总局办公厅关于国产网络剧片发行许可服务管理有关事项的通知》,国家广播电视总局官网,2022年12月27日,http://www.nrta.gov.cn/art/2022/12/27/art_ 113_ 63073.html。
② 《国家广播电视总局办公厅关于使用国产电视剧片头统一标识的通知》,国家广播电视总局官网,2022年9月21日,http://www.nrta.gov.cn/art/2022/9/21/art_ 113_ 61775.html。
③ 《国家广播电视总局办公厅关于进一步加强网络微短剧管理 实施创作提升计划有关工作的通知》,国家广播电视总局官网,2022年12月27日,http://www.nrta.gov.cn/art/2022/12/27/art_ 113_ 63062.html。
④ 《国家广播电视总局关于印发〈"十四五"中国电视剧发展规划〉的通知》,国家广播电视总局官网,2022年2月10日,http://www.nrta.gov.cn/art/2022/2/10/art_ 38_ 59529.html。
⑤ 《国家广播电视总局关于印发〈广播电视和网络视听领域经纪机构管理办法〉的通知》,国家广播电视总局官网,2022年5月30日,http://www.nrta.gov.cn/art/2022/5/30/art_ 113_ 60565.html。

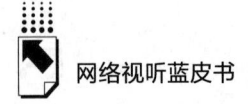

8月8日，国家广电总局发布《广播电视和网络视听节目制作经营管理规定（征求意见稿）》，主要对节目制作经营业务范围和行为规定、行政许可设定、对节目制作经营违法行为的处理等方面进行了修改，为节目制作经营者提出新规范、新要求。[1]

9月，文化和旅游部出台《演出经纪人员资格证管理规定（试行）》（以下简称《规定》）和《演出经纪人员继续教育实施意见》（以下简称《意见》）。其中，《规定》共16条，主要明确资格证的组织管理和资格证的申领、变更、补发及注销条款，同时明确了上述业务的办理流程[2]；《意见》进一步细化了工作机制和内容形式，建立继续教育学时记录制度，鼓励各级文化和旅游行政部门与用人单位将继续教育情况作为演出经纪人表彰奖励、晋升等的重要参考。[3]

（二）热点事件解析

1. 视频平台更改会员登录规则，引起广泛讨论

2022年12月20日，优酷更改会员登录规则，由此前一个会员账号可以在三个手机端登录，修改为一个账号只能在一个手机端登录。[4] 此举引发网友广泛讨论。用户对于长视频平台账号使用权限、使用规则、收费标准的质疑，又一次引发全网关注。对此，优酷方面回应，更改会员登录规则目的是保护用户的账号安全，打击"黑灰产"，并且考虑到绝大多数用户的使用习惯，用户账号最多可同时登录3台设备，包括手机端1个、Pad端1个、电视端3个、电脑端、网页端、车载端和其他端各1个。

---

[1] 《国家广播电视总局关于就〈广播电视和网络视听节目制作经营管理规定（征求意见稿）〉公开征求意见的通知》，国家广播电视总局官网，2022年8月8日，http://www.nrta.gov.cn/art/2022/8/8/art_158_61166.html。

[2] 《文化和旅游部办公厅关于印发〈演出经纪人员资格证管理规定（试行）〉的通知》，文化和旅游部官网，2022年9月30日，https://zwgk.mct.gov.cn/zfxxgkml/zcfg/gfxwj/202210/t20221031_937048.html。

[3] 《文化和旅游部办公厅关于印发〈演出经纪人员继续教育实施意见〉的通知》，文化和旅游部官网，2022年9月28日，https://zwgk.mct.gov.cn/zfxxgkml/zcfg/gfxwj/202210/t20221031_937052.html。

[4] 《优酷更改会员登录规则！一个账号仅能一台手机登录，网友：价格随便涨、规则随便改，合理吗？》，中国经济周刊百度百家号，2023年1月4日，https://baijiahao.baidu.com/s?id=1754079944161105065&wfr=spider&for=pc。

2. 腾讯视频购入影视版权库，流媒体平台版权交易遇变局

2月，腾讯视频以18亿元向捷成股份旗下的子公司购买了包括《黄金时代》等在内超过6332部影视节目的信息网络传播权（限于合同约定范围内）。此外，本次合作除了常规版权授权外，腾讯视频还获得向哔哩哔哩和字节跳动独家分销的权利。这意味着，字节跳动和哔哩哔哩未来想要购买这些影视节目中的任意一部，都只能与腾讯视频谈判，而腾讯视频则握有决定是否授权合作的主动权。合同还规定，字节跳动和哔哩哔哩现有的相关版权到期后的续约也需要腾讯视频同意。①

四　网络短视频

作为一种近年来新兴的娱乐形式，短视频以极快的速度席卷了整个网络世界。2022年，短视频行业也发生诸多具有广泛影响的热点事件和典型案例。这些事件和案例在很大程度上勾勒了2022年短视频行业的发展状况和维权情况，并预示着今后一年的短视频行业走向。

（一）政策法规解读

2021年底，国家广电总局出台《广播电视和网络视听"十四五"发展规划》和《广播电视和网络视听"十四五"科技发展规划》，2022年各地纷纷围绕这两个发展规划出台了各自的短视频行业发展政策。海南省出台了《海南省推进知识产权强省建设强化知识产权保护和运用的实施意见》，该意见指出要打造传统媒体和新媒体融合的文化传播平台，拓展短视频等新媒体渠道。江西省发布了《关于加强知识产权强省建设的行动方案（2022—2035年）》，提出要通过短视频等新媒体构筑知识产权文化传播矩阵。浙江省出台了《关于下达2022年浙江省国民经济和社会发展计划的通知》，指出要建设高标准的短视频产业质量基地。河北省发布了《推动新一代信息技术与制造业深度融合加快工业互联网创新发展导向目录（2022年）》，指出要支持企业通过短视

---

① 《版权视界 | 腾讯18亿拿下最大影视版权商分销权；杭州开展知识产权证券化试点；WIPO发布〈知识产权事实与数据2021〉》，人大版权微信公众号，2022年2月21日，https://mp.weixin.qq.com/s/R3ilmFOGJZV1QIY_FUblMQ。

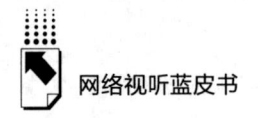

频等形式加强品牌推广。

从中央和各地出台的各类政策性文件来看，2022年短视频领域的政策重点并不在于对短视频内容或短视频制作、发布等方面的监管，而在于强调发挥短视频在文化传播、品牌推广建设、经济建设等方面的新媒体作用，用短视频产业的发展有效支持其他领域的壮大。

（二）热点事件解读

1. 抖音与爱奇艺、搜狐达成"二创"授权合作，开启长短视频合作共赢模式

3月，抖音宣布和搜狐达成合作，抖音、今日头条、西瓜视频获得搜狐全部自制影视作品二次创作相关授权。① 7月，抖音和爱奇艺宣布达成合作，双方明确将围绕长视频内容的二次创作展开探索。这些合作的达成标志着长短视频平台逐渐开启合作共赢模式，一方面短视频平台获得授权之后降低了侵权风险，另一方面长视频平台也得到短视频平台的导流。② 从结果来看，合作可对双方带来诸多益处。第一，长短视频平台之间的累讼有望在一定程度上减少。第二，大量用于防止侵权风险的公司成本可以抽出并投入于直播带货、IP衍生品开发等环节。

2. 平台开展自查，治理不良内容

4月，抖音安全中心宣布为积极响应中央网信办"清朗·网络暴力专项治理行动"的相关要求，将对平台内侵犯他人隐私、辱骂攻击、恶意诽谤等网暴行为开展重点治理，相关行动包括建立健全识别预警机制、建立健全网络暴力当事人实时保护机制等。③ 6月，抖音、快手等平台公布了"唐山打人事件"等社会热点事件的处理结果，封禁了一批违规账号。④ 5月，小红书发布

---

① 《关于抖音与搜狐达成二创版权合作的说明》，抖音微信公众号，2022年3月17日，https：//mp.weixin.qq.com/s/z4OtYaot8GLTFYrTwl4Tug。
② 《爱奇艺和抖音集团达成合作，开启长短视频共赢新模式》，爱奇艺行业速递微信公众号，2022年7月19日，https：//mp.weixin.qq.com/s/rubuMUiw1kREBl6cScrGkA；《关于抖音与爱奇艺达成合作的说明》，抖音微信公众号，2022年7月19日，https：//mp.weixin.qq.com/s/uXnOcr52fdXXjytnnRMwkw。
③ 《抖音关于深入开展"清朗·网络暴力专项治理行动"的公告》，抖音安全中心微信公众号，2022年4月24日，https：//mp.weixin.qq.com/s/evD5TInvHe4GPsq7inRnfw。
④ 《蹭热点、冒充当事人…抖快出手》，观察者网微信公众号，2022年6月12日，https：//mp.weixin.qq.com/s/d07eEU7QHxunmM5OjyIYkA。

关于打击炫富行为的公告，提到平台针对多个账户伪造人设、刻意炫富、宣扬不良价值观等违规行为进行了处理。① 11月，小红书宣布开展新一轮医美专项治理行动，就违规医美及相关违规营销内容进行治理。这已是小红书本年度内第三次开展针对医美内容的专项治理行动。② 短视频平台不定时开展的各项治理行动，为建立健全促进短视频行业健康有序发展的长效工作机制积累了经验、做出了贡献。

五 趋势展望

2022年是互联网视听行业复苏的前夜，相信2023年互联网视听行业将面临许多机遇与挑战。在此背景下，为打造健康、优质的互联网视听行业，行业监管会随着新形势、新问题的出现进行动态调整，继续推动多元共治。因此，笔者认为2023年网络视听监管方面会有以下几大趋势。

（一）强化监管力度，常态化"合规"成为趋势

随着互联网的不断发展，消费互联催生了许多大型平台，并在国内外市场具有一席之地，带动了相关产业的发展，其中的一些问题逐渐浮出水面。2022年，有关部门发布多个关于用户账号信息、应用程序信息服务、个人信息保护认证等的管理规定，诸多国家标准也相继出台，各协会、联盟纷纷跟进推出数据使用合规指南。因此，笔者预测2023年有关部门对于网络视听行业的合规监管会趋向常态化、精细化。

（二）把好内容关，鼓励扶持优质视听内容

近两年，网络微短剧"忽如一夜春风来"，各大网络平台强化布局，知名影视公司与MCN机构纷纷入场，网民追剧日活指数暴涨，微短剧创作迎来"风口"，呈现"井喷"式的繁荣景象。在这番繁荣景象之下，不可

---

① 《"超6万个炫富短视频被清理"的背后》，中国新闻周刊微信公众号，2021年5月14日，https://mp.weixin.qq.com/s/vw7hVlP8FECiwcrohA0WVg。
② 《一年内启动3轮治理 小红书医美治理呈现常态化》，光明网，2022年11月24日，https://it.gmw.cn/2022-11/24/content_36185892.htm。

避免会产生一些泛娱乐化、内容品质低下，价值取向、审美取向存在偏差的剧集，由此产生风险隐患。为此，国家针对微短剧这一专项的治理政策也有了较多探索，国家广电总局不断加大规范、监管力度，如2022年11月14日发布的《关于进一步加强网络微短剧管理 实施创作提升计划有关工作的通知》，要求平台在制作、播出环节把好第一道关口，遏制导向不正、品质不佳的作品的传播。在网络剧方面，国家广电总局也出台了《关于国产网络剧片发行许可服务管理有关事项的通知》，自此国产网络剧片的监管前置，进入发行实行许可时代。因此，笔者预测在2023年网络剧、网络微短剧的进一步治理中，强化源头治理是关键，有关部门会进一步压实平台责任。

（三）进一步加大知识产权保护力度，促进行业健康有序发展

近年来，中国不断加强对知识产权的保护，尤其是在视听行业加大了对侵权违法行为的打击力度。2022年9月，国家版权局、工业和信息化部、公安部、国家互联网信息办公室四部门联合启动了"剑网2022"专项行动，针对网络视频、网络音乐、网络直播等领域开展版权专项治理。2022年11月，江阴市人民法院对"韩剧TV"侵犯著作权罪一案宣判，依法判处熊某等5人不同期限的有期徒刑并适用缓刑，并处13万元至119万元不等的罚金、没收全部违法所得。因此，笔者预测2023年互联网视听行业的知识产权保护力度会进一步加大，对侵权违法行为的打击力度也会持续加强。

（四）持续重视未成年人保护，进一步净化网络视听环境

2022年，未成年人的网络权益保护责任更加明确。《未成年人网络保护条例（征求意见稿）》《关于规范网络直播打赏 加强未成年人保护的意见》等法规文件，从算法、网络直播、移动应用程序服务等领域对未成年人网络服务各个环节进行更加细致的规定，完善未成年人权益保护法规制度框架和多重保护机制。未成年人朝气蓬勃，互联网经济方兴未艾，这些政策文件剑指互联网中涉未成年人权益的不良倾向和违规乱象，为促进互联网规范有序发展划出底线红线。因此，笔者预测2023年有关部门会保持对未成年人的关注倾向，持续净化网络视听环境。

（五）强化数据安全监管，落实平台合规责任

2022年，网络信息服务领域法律法规进一步健全。《关于修改〈中华人民共和国网络安全法〉的决定（征求意见稿）》《数据出境安全评估办法》等网络安全法律及其配套法规体系、标准体系进一步完善，大幅提高了网络安全领域法律法规的震慑力。国家互联网信息办公室制定、修订《移动互联网应用程序信息服务管理规定》《互联网用户账号信息管理规定》《互联网弹窗信息推送服务管理规定》《互联网跟帖评论服务管理规定》等政策规定，为加强移动互联网应用、用户账号、弹窗信息推送、跟帖评论等领域监管提供了政策依据，进一步完善了网络视听领域全流程全链条法规政策体系。因此，笔者预测2023年会颁布更多与数据合规相关的配套法规，数据合规监管态势也会更加清晰。

（六）坚定民族文化自信，增强文化传播效能

2022年，国家推动优质网络视听作品出海的政策趋势更加明显。2022年2月8日，国家广电总局印发《"十四五"中国电视剧发展规划》，指出应加快电视剧"走出去"步伐，推动国际交流合作迈向更高水平。党的二十大报告进一步强调，要坚定文化自信，发挥广播电视和网络视听特点优势，讲好中国故事，传播中国声音，提升中国文化的国际影响力。国产剧正在经历国际市场的多元化传播阶段，不再是以国产古装剧作为海外传播主要突破口的时代，以多元化满足境外观众更高需求的时代正在到来。因此，笔者预测未来政策法规将进一步鼓励优质互联网视听作品的制作，以更加鲜明的政策价值导向推动国产视听作品走出国门，传播中国声音。

B.14
"一剧两播"热，精品古偶剧赋能中国优秀传统文化"两创"*

李胜利　曲祎茹**

摘　要： 精品古偶剧深耕民族文化，以故事驱动为核心，通过对IP原著的有效改编，在爱情主线之外融合悬疑、家族剧、轻喜剧等类型元素，提升剧集质感。通过"一剧两播"的新方式、无缝衔接的排播和整合营销传播手段，剧集口碑和热度不断发酵，实现圈层破壁，传播拥有跨文化交流潜能的"中国故事"。此外，在粉丝经济的加持下，以内容为核心的衍生品开发，使产业链条不断延伸，影响力由线上辐射到线下，为中国优秀传统文化的创造性转化和创新性发展提供了示范。

关键词： 古偶剧　"一剧两播"　中国优秀传统文化　"两创"

2022年，古偶剧发展态势总体稳健，上新剧目《梦华录》《星汉灿烂·月升沧海》《卿卿日常》等均获得不俗口碑，不仅在国内创造了收视热潮和文化景观，亦远渡重洋，在国外屡创佳绩。随着精品不断涌现，古偶剧通过对中国优秀传统文化的"创造性转化和创新性发展"，将中华传统文化中抽象的东方韵味转化为具象的影视化表达，满足受众日益升高的

---

* 本报告为国家社会科学基金重大项目"视听艺术精品推动中华优秀传统文化创造性转化与创新性发展"（22ZDA083）阶段性成果。
** 李胜利，中国传媒大学戏剧影视学院教授、博士研究生导师，主要研究方向为美学、艺术学基本理论及广播电视艺术学电视剧历史与理论；曲祎茹，中国传媒大学广播电视艺术学2022级硕士研究生。

"一剧两播"热，精品古偶剧赋能中国优秀传统文化"两创"

审美诉求，推动古偶剧市场的健康良性运作。"一剧两播"为古偶剧市场注入新的活力，古偶剧逐渐找到新的播出和操作方式，而如何能利用好古偶剧的新风口，在内容、营销、传播等方面全面升级，成为影响古偶剧发展的关键。

一　剧集概况：古偶剧迎来新风口

（一）古偶剧仍为霸屏王者

2022年，长视频大盘流量趋于稳定。据统计，与2021年相比，2022年，全网剧集正片有效播放下滑2%，为3059亿次，其中电视剧正片有效播放1934亿次，同比上涨3%；网络剧正片有效播放1125亿次，同比下滑8%（见图1）。而短视频反哺、片库激增、平台分发效率提升、网台联动等因素，也使2022年"老剧"的正片有效播放超过1600亿次，同比上涨10个百分点。"新剧"则同比下降9个百分点，共有414部，较2021年减少42部，包括电视剧150部，较2021年减少54部；

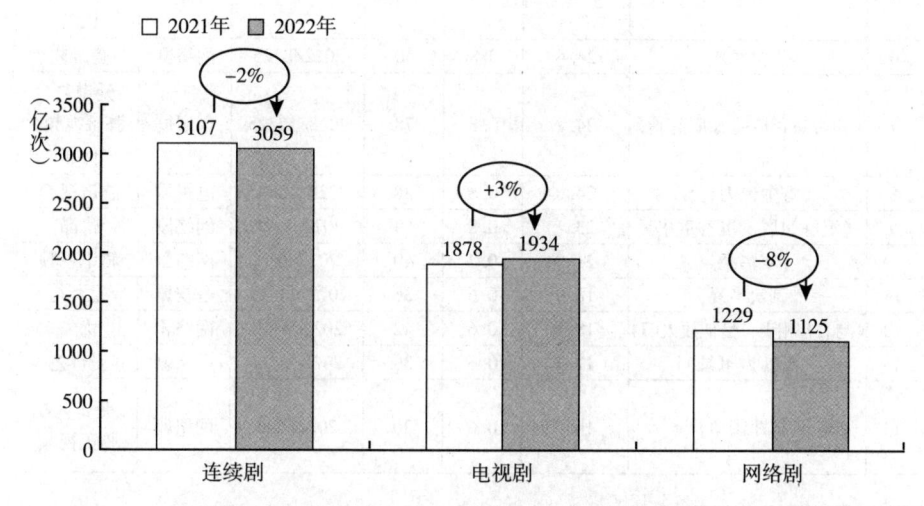

图1　2021年与2022年全网剧集正片有效播放对比

注：正片有效播放指综合有效点击与受众观看时长，去除异常点击量，并排除花絮、预告片、特辑等干扰的播放量，能真实反映影视剧的市场表现和受欢迎程度。
资料来源：云合数据，数据统计时间为2021年1月1日至2022年12月31日。

网络剧264部，较2021年增加12部。① 各平台在政策驱动和市场引导的双重作用下，提质减量，增加有效供给，从而实现了社会效益和经济效益的张力平衡。

在此种情况下，古偶剧却迎来播放高峰。在2022年连续剧热播榜日冠天数TOP10中，古偶剧占40%，分别为《梦华录》《星汉灿烂·月升沧海》《卿卿日常》《苍兰诀》，而在2022年正片有效播放霸屏榜TOP20中，有6部古偶剧集，其中《星汉灿烂·月升沧海》《卿卿日常》《苍兰诀》《沉香如屑·沉香重华》《梦华录》正片有效播放均超过20亿次（见表1）。②

表1 2022年连续剧有效播放排序TOP 20

单位：亿次，%，集

排名	剧集名称	正片有效播放	市占率	总集数	上线日期	类型	播放平台
1	《人世间》	47.6	1.6	58	2022/1/28	电视剧	爱奇艺
2	《星汉灿烂·月升沧海》	34.7	1.1	56	2022/7/5	网络剧	腾讯视频
3	《卿卿日常》	30.5	1.0	40	2022/11/10	网络剧	爱奇艺
4	《苍兰诀》	27.6	0.9	36	2022/8/7	网络剧	爱奇艺
5	《特战荣耀》	25.4	0.8	45	2022/4/5	电视剧	爱奇艺/腾讯视频/优酷
6	《罚罪》	24.4	0.8	40	2022/8/25	网络剧	爱奇艺
7	《知否知否应是绿肥红瘦》	24.2	0.8	78	2018/12/25	电视剧	爱奇艺/腾讯视频/优酷
8	《雪中悍刀行》	24.0	0.8	38	2021/12/15	电视剧	腾讯视频
9	《沉香如屑·沉香重华》	23.1	0.8	59	2022/7/20	网络剧	优酷
10	《梦华录》	21.9	0.7	40	2022/6/2	网络剧	腾讯视频
11	《风吹半夏》	18.9	0.6	36	2022/11/27	电视剧	爱奇艺
12	《与君初相识·恰似故人归》	18.1	0.6	42	2022/3/17	网络剧	优酷
13	《唐朝诡事录》	17.7	0.6	36	2022/9/27	网络剧	爱奇艺
14	《猎罪图鉴》	16.8	0.6	20	2022/3/6	网络剧	爱奇艺/腾讯视频

① 从数据库检索得到，数据来源：云合数据，数据统计时间为2021年1月1日至2022年12月31日。
② 从数据库检索得到，数据来源：云合数据，数据统计时间为2021年1月1日至2022年12月31日。

续表

排名	剧集名称	正片有效播放	市占率	总集数	上线日期	类型	播放平台
15	《余生，请多指教》	16.5	0.5	32	2022/3/15	电视剧	腾讯视频
16	《底线》	15.8	0.5	40	2022/9/19	电视剧	爱奇艺/芒果TV
17	《赖猫的狮子倒影》	15.6	0.5	33	2021/12/30	网络剧	爱奇艺/腾讯视频
18	《请君》	15.1	0.5	36	2022/9/15	网络剧	爱奇艺
19	《心居》	13.6	0.4	35	2022/3/17	电视剧	爱奇艺
20	《王牌部队》	13.4	0.4	40	2021/12/26	电视剧	爱奇艺

资料来源：云合数据，数据统计时间为2021年1月1日至2022年12月31日。

（二）"一剧两播"提出新方向

2020年，国家广播电视总局颁布《关于进一步加强电视剧网络剧创作生产管理有关工作的通知》，提倡"电视剧不超过40集，鼓励30分钟以内的短剧创作"后，电视剧市场迎来集体大"瘦身"，2022年上新的剧部均集数同比减少1.6集，由部均31.5集下降至29.9集（见图2）。其中，24集及以下剧

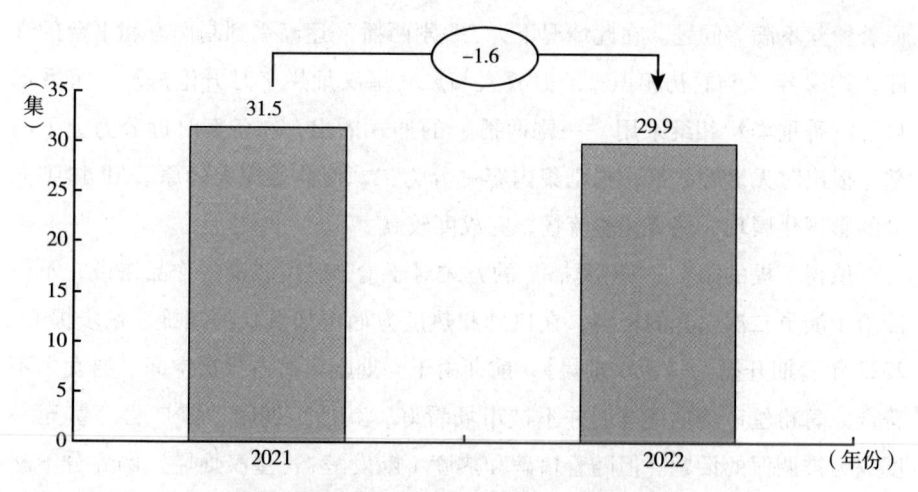

图2 2021年与2022年上新剧部均集数对比

资料来源：云合数据，数据统计时间为2021年1月1日至2022年12月31日。

集部数同比上涨1.9%，占比为40.1%；25～40集剧集同比上涨4.7%，占比为51.4%；41集及以上剧集同比下降6.6%，占比为8.5%（见图3）。

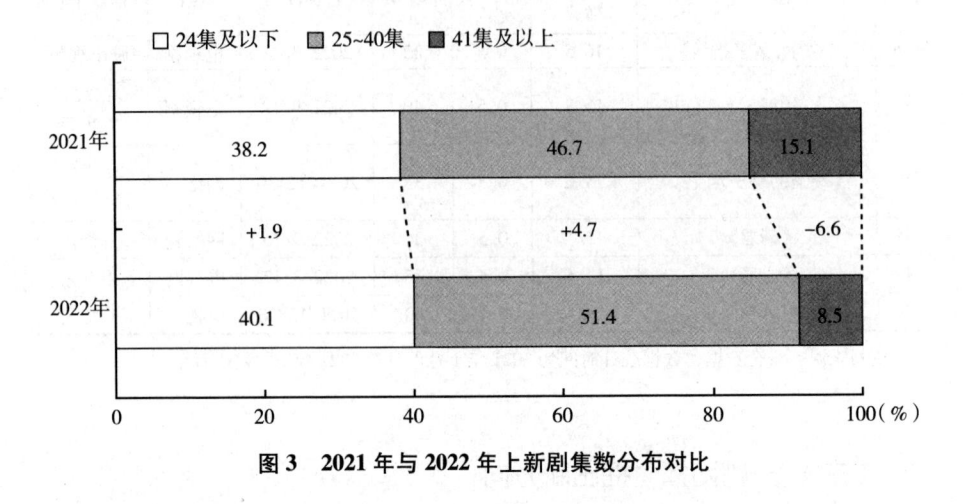

	24集及以下	25~40集	41集及以上
2021年	38.2	46.7	15.1
	+1.9	+4.7	-6.6
2022年	40.1	51.4	8.5

图3　2021年与2022年上新剧集数分布对比

由于古偶剧多由热门网文IP改编而来，原著体量庞大，如《星汉灿烂·幸甚至哉》超过100万字、《驭鲛记》85万字，若要保证原著故事情节基本完整、人物形象丰满立体，其影视化的集数与国家广电总局的提倡相悖。但一味苛求集数限制，对原著进行大批量删减和改动，也可能会带来故事情节突兀、原著粉丝不满等问题。在此情况下，"一剧两播"逐渐受到制作方和平台的青睐，2022年《与君初相识·恰似故人归》《星汉灿烂·月升沧海》《沉香如屑·沉香重华》相继采用"一剧两播"的形式播出，在备案时拆分为上下两部，播出时无缝隙联播，把剧集内容一分为二，使体量庞大的原著IP得到充分的影视化展现，情节完整流畅，完成度较高。

值得一提的是，"一剧两播"的方式对于情节黏度较高的作品来说，不仅能给予演员二次曝光的机会，在口碑和热度方面也如沉默的螺旋，稳步提升。2022年暑期开播的《星汉灿烂》，前期由于同期剧集挤占排播空间、男女主不符合原著粉丝审美期待等而并不被市场看好，其播出期间"零广告"甚至一度成为被调侃的话题。但随着口碑和热度不断发酵，《星汉灿烂》的评分不断上涨，张弛有度的剧情内容和制作精良的服装造型吸引了大批观众，为下部《月升沧海》的开播蓄力。片方在下部的招商方面则省力不少，《月升沧海》

片头和片中插广告有十余个。此外,"一剧两播"在排播和营销上也要实现无缝式衔接。如若在上下部作品之间有大段时间空白,则在下部作品播出时仍需要进行市场预热,与无缝衔接的播出方式对比则增加了营销花费。同时,上下部存在长时间播出空档也会让受众忘记关联性剧情,剧集连贯度受到影响。

(三)以爱情为主线的多元类型融合

据数据统计,"爱情"依旧是2022年国产剧集的热门题材。2022年上新国产剧中爱情题材部数占比37.9%,爱情题材正片有效播放占比42.7%,位列不同类型题材电视剧前列(见图4)。古偶剧作为爱情题材中不可或缺的一种类型,通过"爱情+古装""爱情+仙侠"等模式,逐步稳固了以爱情为主线的叙事模式。

部数占比

类型	占比(%)
都市	40.8
爱情	37.9
悬疑	14.5
喜剧	11.4
青春	10.1
奇幻	7.7
年代	6.0
传奇	5.6
军旅	5.1
农村	3.4
谍战	2.2
武侠	1.9
玄幻	1.7
科幻	0.7

正片有效播放占比

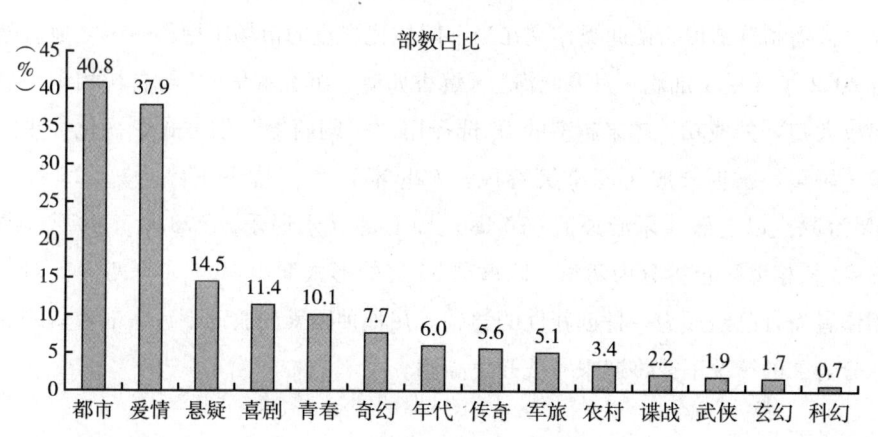

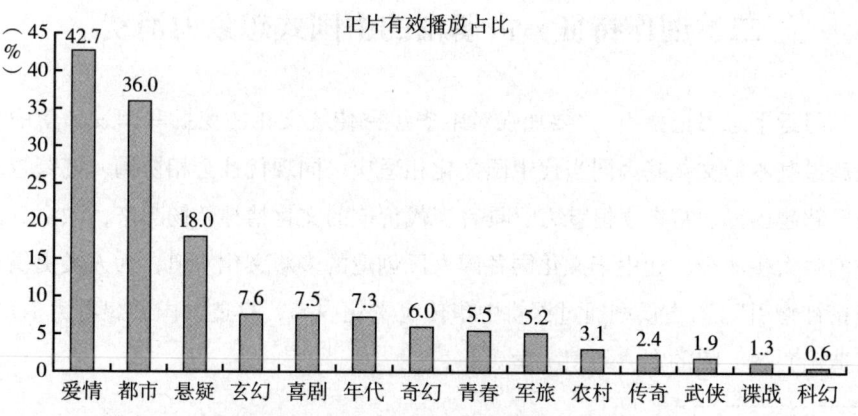

类型	占比(%)
爱情	42.7
都市	36.0
悬疑	18.0
玄幻	7.6
喜剧	7.5
年代	7.3
奇幻	6.0
青春	5.5
军旅	5.2
农村	3.1
传奇	2.4
武侠	1.9
谍战	1.3
科幻	0.6

图4 2022年上新国产剧集题材分布情况

资料来源:云合数据。

有了广大空间施展拳脚，古偶剧通过增添配角感情复线来使剧情更加丰满，成功塑造出更加立体的人物群像和爱情宏图。如《与君初相识·恰似故人归》中，除了主角纪云禾和长意的爱情令人叹惋外，天真烂漫的洛锦桑和洒脱不羁的空明、真挚果敢的统领雪三月和化身间谍的猫妖太子离殊之间的感情同样成为热门话题。而《星汉灿烂·月升沧海》则通过类型融合来实现内容创新，除了主线的爱情外，其亦通过对家族群像的细腻刻画，融入轻喜剧元素，使剧情更加轻松诙谐，成功塑造了慈父严母的典型形象，使主角程少商更加丰富真实立体多元。而该剧在骓县疑云和娄家阴谋的单元中也巧妙结合了悬疑元素，增强了可看性和剧情黏度。

由此观之，"一剧两播"成为古偶剧的新风口，是机遇亦是挑战，故事考究、排播和营销得当使此类作品在当下同质化严重的市场中博得一席之地。随着2022年《星汉灿烂·月升沧海》《沉香如屑·沉香重华》《与君初相识·恰似故人归》的成功，越来越多的IP选择用"一剧两播"的方式影视化：热门IP《娇藏》被拆分成《海棠笑春风》（28集）和《柳下正停舟》（25集）；《乐游原》以上部《乐游原》（22集）和下部《永遇乐》（28集）的形式备案；《长相思》也拆分为两季，以每季35集的形式播出。① "一剧两播"对于创作者而言已经成为一种创新性的尝试。在种种因素的驱动下，头部古偶剧在一分为二的情况下或将迎来一波开发高潮。

二 创作特征：古偶剧的中国式想象力消费

习近平总书记指出，"要加强对中华优秀传统文化的挖掘和阐发，使中华民族最基本的文化基因同当代中国文化相适应、同现代社会相协调，把跨越时空、超越国界、富有永恒魅力、具有当代价值的文化精神弘扬起来，激活其内在的强大生命力，让中华文化同各国人民创造的多彩文化一道，为人类提供正确精神指引"。② 古偶剧通过深耕中华传统文化内蕴，打造中国式想象力消费，打造出独树一帜的东方幻想美学。

---

① 数据来源：千乘系统（entobit.cn），以上作品在实际播出时会有调整。
② 习近平《在中国文联十大、中国作协九大开幕式上的讲话》，人民出版社，2016，第15页。

2022年播出的古偶头部剧集的想象力消费表现在"古装"和"仙侠"两个方面。以《星汉灿烂·月升沧海》为代表的古偶剧呈现对架空历史的无限想象，另一种则涉及对"仙侠历史"的幻想，打破正常时空的束缚，如《沉香如屑·沉香重华》和《与君初相识·恰似故人归》。这些精品古偶剧携带的东方幻想基因愈加鲜明，呈现"以儒释道为底色的东方世界观"、"为生民立命的东方价值观"和"采菊东篱下的东方人生观"的鲜明特征。此类作品虽然沿用古装的外壳，但剧情发展实则运用现代思维逻辑，投射其中是当下人们对现实困境的思索，使故事更适于当下的文化传播语境。

（一）以儒释道为底色的东方世界观

在世界观构筑上，仙幻题材的时间无际和空间无垠继承了以《山海经》为代表的宇宙生成论，以"混沌"为初始，化生了水平面上"中心（昆仑）—边缘（大荒）"、垂直面上"天庭—人间—魔界"的多重世界体系。[①]主角经历"三生三世"的转世轮回，"三"在《道德经》中代表"多"之意，每一世发生的故事虽然不尽相同，但主角对爱情的忠贞选择却始终如一，也暗含着殊途同归的宿命感。而架空题材虽无正史中的朝代与名人，但处处透露出儒家礼教中"克己复礼""尊师重道"的色彩。对中国佛教文化的表达则更普遍，架空世界经常出现寺庙求佛、高僧指点等情节，仙侠世界也会为佛门独设一方净土用来点化主角参透业障，更上一层楼。在虚构世界中，井然有序的神仙体系、光怪陆离的鬼怪逸闻、渺茫广大的地理空间都带有中国各民族神话、宗教故事和民间传说的影子，展现出"儒""释""道"三者和鸣下独具东方魅力的异度空间。

此外，"万物有灵"也是仙侠类古偶的特征之一，《与君初相识·恰似故人归》中鲛人长意与驭灵师纪云禾的两世纠葛、小蝴蝶洛锦桑和逍遥散仙空明的纯美爱情、战部统领雪三月和猫妖太子离殊的虐恋情深均是如此。在人、神、魔并存的世界观构筑下，各类珍禽异兽在充满东方符号的桃花雨、大漠雪、云海风中勾勒出奇幻瑰丽又波诡云谲的东方画卷。

[①] 曹书乐、王玥:《从〈山海经〉到玄幻剧——中国传统文化传承与创新的案例研究》，《全球传媒学刊》2018年第3期。

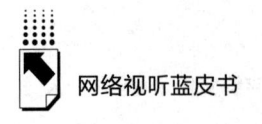

（二）为生民立命的东方价值观

哪怕身处架空古代或是仙幻异世界，古偶剧的主人公都充分保留现代性观念与辩证观念：人人平等，没有尊卑高低，哪怕身份（或者物种）不同，但同样有真挚的情感。在经过一系列选择和磨难后，主人公坚定了自己内心对正义和理想的信念，主动地选择"为天地立心，为生民立命"，通过自我救赎，完成对他者的拯救，亦实现自我成长，使作品的立意在情感和道德上都处于高地。如《与君初相识·恰似故人归》中纪云禾最后以残破之身为北渊百姓抵挡敌军，长意也选择为了万民而牺牲自己。其实，"救苍生还是救一人"是此类剧集由于世界观本身设定和爱情故事主题所必然带来的价值选择，即当下经常引来辩论和争议的"电车难题"，此命题本就不能使受众达成一致的价值认同，东西方文化差异也使这类观点在东方幻想作品的全球化传播中遭遇壁垒，但如若在架空仙幻的世界观加持下，此类作品利用"转世轮回"的设定则实现了现实生活中本不可能实现的二者兼得的选择，不仅利用和扩大了东方玄幻世界观的优势，也使其内蕴表达更为深刻理想。

（三）采菊东篱下的东方人生观

此外，部分古偶剧似乎在结尾暗含着一种"事了拂衣去"的超脱和淡然。无论是《与君初相识·恰似故人归》中纪云禾和长意在解救百姓后选择归隐天涯，还是《星汉灿烂·月升沧海》中凌不疑和程少商在平定叛乱后站在芸芸众生中欣慰一笑，此种采菊东篱的情绪也是现代人在高速运转的工业社会渴望往昔书信车马慢、一生爱一人的田园诗意的一种折射。在儒家积极入世思想渗透下，主人公往往或主动或被动卷入政坛纷争，但在平息动荡后总会或选择物理上的天涯海角闲云野鹤，或选择心理上的"心远地自偏"，寻求内心宁静满足。在这两种思想的映衬下，精品古偶剧成功塑造出儒家道德人格和道家审美人格结合下，有着"涤除玄鉴"的人生态度、"我善养吾浩然之气"的处世原则的丰满立体的主角形象，将中华传统文化价值体系、哲学思想及文化心理融入仙幻题材，亦是为情节构筑提供了内在的灵魂支撑。

三 传播效果：精品古偶剧的价值联动

古偶剧顺应时代发展方向，保持创新意识，利用多方传播途径，提高传播效率，在粉丝经济的加持下，古偶剧在目标受众圈层内不断发酵，并随着受众外扩力的增强而实现话题的破圈之势，带来对中华优秀传统文化更广泛的关注，使受众群体对传播中华文化产生积极的心理和情感认同，从而多管齐下，提升传播效果。同时，古偶剧向食品、美妆、饰品、旅游、二次元等市场的渗透也带来同名剧目系列衍生品的开发，从而实现营销联动并反哺剧目，实现共赢。

（一）目标受众的内部狂欢

相较于其他类型剧目，古偶剧多源于热门IP，原著本身有庞大粉丝基础，同时由于此类剧目多选用人气高的年轻演员，其粉丝也自动归入古偶剧受众的队伍。据用户画像数据统计，2022年，爱奇艺、芒果TV、腾讯视频、优酷四大平台上新独播剧的用户平均年龄为29.8~31.3岁，同比上涨0.8~1.3岁。在性别方面，女性用户占比与2021年占比接近，在64%~67%之间（见图5）。

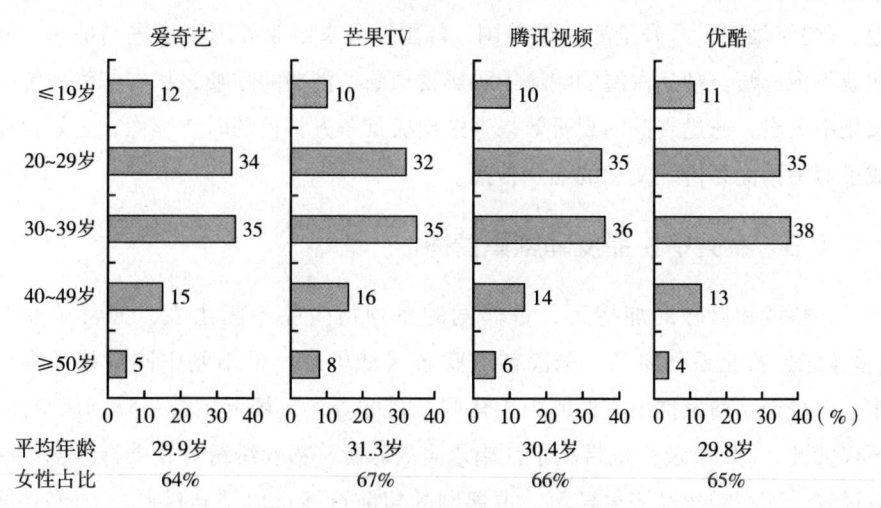

年龄段	爱奇艺	芒果TV	腾讯视频	优酷
≤19岁	12	10	10	11
20~29岁	34	32	35	35
30~39岁	35	35	36	38
40~49岁	15	16	14	13
≥50岁	5	8	6	4
平均年龄	29.9岁	31.3岁	30.4岁	29.8岁
女性占比	64%	67%	66%	65%

图5 2022年上新独播剧用户画像对比

资料来源：云合数据。

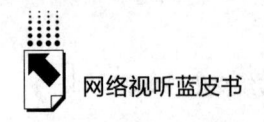

年轻女性是各大长视频平台的首要用户，与古偶剧自在受众亦有重合。这也与青年亚文化、女性主义互为表征。由此，古偶剧形成了固定且庞大的粉丝圈层，其受众在圈层内部通过对文本的分享与重构，激发集体的创造性，实现圈层内部的娱乐狂欢。《梦华录》在豆瓣获得8.0分的高分，其讨论人次也高达8.9万。头部古偶剧的几位主演也都纷纷在微博迅速涨粉，并收获了许多杂志封面和代言通告。

（二）"话题+破圈"带来文化认同

由于古偶剧的受众多为钟情互联网的年轻群体，其有着强大的分享欲和执行力，通过在社交媒体和各大平台的推广与二度创作，加之短视频的反哺营销，古偶受众圈层有一定的外扩力。随着剧集的口碑和热度不断攀升，越来越多的话题冲破圈层，获得更广泛的关注，"北大教授谈赵盼儿婚姻""上海姑娘为《梦华录》设计宋代果子""《梦华录》复原《簪花仕女图》"等话题也掀起一波讨论热潮。国潮也乘着这股古偶的东风，让更多人看到中华传统文化的无限魅力，古偶剧在引导大家积极关注中华优秀传统文化之路上越来越坚定和成熟。

值得欣喜的是，古偶剧不仅在国内收获大量粉丝，在国际上也打下一片天地。《星汉灿烂·月升沧海》被美国、韩国、马来西亚等国家引进与播出，并收获不俗成绩。精品古偶剧响应中国影视想象力消费的呼唤，从中华优秀传统文化中走出，通过震撼的视听效果营造出极具东方特色的时空影像，更好地完成了对中国优秀传统文化的继承传播。

（三）系列衍生品反哺剧集营销

在热度和口碑的加持下，古偶剧的系列衍生品不断生发，如喜茶联名《梦华录》推出系列甜品、国潮糕点联名《梦华录》推出剧中同款果子春生水、部分饰品商家推出古偶剧中主角同款搭配等，市场上掀起一阵国风热潮。不仅如此，《梦华录》也带火了江南水乡的旅游，粉丝纷纷自发去打卡剧中同款风景。而在粉丝经济主导下，古偶剧的超前点播也以"点映礼"的形式回归，主创团队通过直播形式与付费观众一同收看大结局，提升受众的参与感和满意度，增强互动性和粉丝黏性。网络营销的议程设置，使线上线下的传播推广更加密集，不仅可以提高剧集在受众心中的主体地位，提高受众对剧集播出情况的关注度，也可以利用系列衍生品的开发对剧集进行二次宣传。

四　有效手段：以内容为核心的整合营销传播

2022年，古偶剧集所释放的社会效益和经济效益令人瞩目，但面向未来的发展更令人期待，作为上新连续剧的不可忽略的类型之一，古偶剧有着稳定的粉丝群体和广阔的市场前景，更应该积极扮演类型创新的引擎角色，探索高质量发展途径，同时也应该对传统文化资源进行创造性转化、保持东方幻想美学的创新意识、增强文化自信，以形成更广大的"艺术公赏力"。

第一，古偶剧在故事架构方面有所改良，有效解决了先前古偶市场同质化严重、IP浪费等乱象，通过强化爱情主线和类型融合提高古偶剧的内容丰富度，也扩大了此类剧集的受众群体。

第二，加大"想象力消费"成为深耕古偶剧精神内蕴的不二之选。通过增强古偶剧东方幻想的文化底蕴，此类剧目的精神气韵和品质格局都有所提升，不仅满足了年轻受众对奇观审美的追求，亦为打造独树一帜的东方幻想美学添砖加瓦。

第三，在营销播出上，古偶剧积极开拓出新的播出模式和配套营销方案，通过"一剧两播"的形式有效保留IP完整性，在无缝衔接播出和线上线下密集联动营销下使剧集的热度和口碑上升发酵，实现高效率传播。

第四，通过整合式营销，在传播效果上不断破圈，开发系列衍生品，拓宽行业渠道，带动更多市场联动营销，形成生机勃勃的制播营销新格局。

古偶剧的崛起之势日益明显，其兼顾娱乐性和文化艺术表达，实现商业性与艺术性博弈的平衡，不断探索和创新，逐步形成了融会贯通又独树一帜的中国叙事范式，深刻影响影视艺术与文化的格局，成为整个影视产业中不可或缺的一部分。

B.15
2022年网络视听平台的战略布局与发展举措

彭侃 陈楠楠*

摘　要： 在政策的引导和平台积极的战略调整下，网络视听行业2022年整体上抗住了宏观经济增速放缓所带来的压力，呈现更加理性化、规范化、精品化的发展趋势。各类网络视听平台基本都转向了"降本增效"的经营策略，从不惜代价地追求用户的增长转为追求运营的效率和利润，多家平台扭亏为盈，提振了行业发展的信心。各个平台都将打造更多精品化原创内容放在了更重要的战略位置上，并通过用户精细化运营、拓宽使用场景等方式增加内容的赢利渠道。在国家有关部门的有力监管和不断完善的行业规范的约束下，网络视听行业发展中存在的一些问题也得到遏制和纠正，呈现更加风清气正的气象，迈向高质量发展的新阶段。

关键词： 网络视听　网络长视频　网络短视频　网络音频

对于网络视听平台而言，2022年可谓转折性的一年。过去持续多年的"烧钱"模式迎来终结，在资本更加理性、融资变得困难的市场背景下，各个平台基本都转向"降本增效"的经营策略，从不惜代价地追求用户的增长转为追求运营的效率和利润，以更好地应对后疫情时代宏观经济发展放缓的影响。而随着网络视听在人民生活中占据日益重要的位置，尤其是短视频和直播的高速发展，也产生一些突出问题。2022年，国家有关部门加

---

* 彭侃，北京师范大学艺术与传媒学院讲师，主要研究方向为影视产业、节目创意、传媒政策；陈楠楠，微信公众号影视产业观察撰稿人。

强了对网络视听领域的综合治理，取得显著的成效。从总体来看，网络视听行业在2022年迈向更加理性化、规范化、精品化的发展阶段。本报告将按照网络视听的三大主要细分领域：网络长视频、网络短视频及直播、网络音频，分领域梳理主要平台在2022年的战略布局与发展举措，并展望2023年的发展趋势。

一 2022年网络长视频平台战略布局及发展举措

（一）"降本增效"，长视频平台摆脱"烧钱"发展模式

随着短视频的发展蚕食着长视频平台的流量和广告收入，长视频平台的付费会员数量增长也处在"瓶颈期"，高昂的内容和运营成本所导致的连年亏损使各大长视频平台面临不小的经营压力，与此同时也消耗着背后在持续烧钱的资本方的耐心，种种因素之下，"降本增效"成为2022年各大长视频平台的共识与目标。

裁员、砍掉或收缩非核心业务、减少内容生产数量是各大平台采取的主要"降本"举措。2021年12月，爱奇艺开始其史上最大规模裁员，各部门人员裁减比例不一，包括文学、爱奇艺主站研发部门等，平均幅度在20%上下，有部门裁员人数接近40%。[1] 腾讯平台与内容事业群（PCG）也在2022年经历了较大规模裁员，该事业群内部确立了一个新的阶段评审（Gate Review）机制，项目在发展到一定阶段后如果未达预期，将被关停调整。2022年，哔哩哔哩也被爆出两次大规模裁员的新闻，涉及主站运营中心、游戏、直播、海外业务、OGV等多个部门。其年报显示，2022年与优化组织相关的遣散费达3.414亿元，其中四季度的遣散费就达到2.517亿元。[2]

在内容投资上，各大长视频平台也着力提升内容投资效率，大幅减少了对"低投入产出比"内容的投资。例如，2022年，爱奇艺全年内容投入为165亿

---

[1] 关聪：《爱奇艺多部门裁员20% CEO龚宇转向收益优先》，财新网，2021年12月7日，https://www.caixin.com/2021-12-07/101814634.html。
[2] 《慢下来的B站：一年亏损75亿、遣散费3亿》，第一财经百度百家号，2023年3月3日，https://baijiahao.baidu.com/s?id=1759305566672427852&wfr=spider&for=pc。

元，较2021年的207亿元下降20%。腾讯视频减少了版权投入并尝试从各个运营环节降低内容成本，如其在和版权方合作时开启了"后验激励"的模式——平台先支付基础价，根据内容播出的效果再安排后续激励。各视频平台上新剧集部数较2021年均有所缩减，芒果TV、优酷、腾讯视频和爱奇艺各自缩减28%、23%、18%和7%。网络综艺上新共163部，虽较2021年增长7部，但节目的平均投入有较大缩减。① 网络电影各视频平台上线共388部，相较于2021年的551部减少163部，同比下降29.58%。②

从各大视频平台公布的2022年年度财报数据来看，"降本"的确在财务层面产生了一定的成效。爱奇艺2022年全年总营收290亿元，运营利润22亿元，较2021年净亏损45亿元实现大逆转，这是自2010年成立起，爱奇艺首次实现全年扭亏为盈，爱奇艺还于2022年先后完成总募资额近13亿美元的三轮融资，成功解决债务问题③；芒果超媒实现了净利润18.21亿元④；腾讯视频也于2022年10月开始首次实现赢利，全年收入超百亿元⑤；哔哩哔哩、优酷虽仍未实现赢利，但亏损在缩窄。2022年哔哩哔哩总营收219亿元，净亏损为75亿元，其第四季度营业收入达61.4亿元，净亏损为15亿元，同比缩窄29%。阿里巴巴公布的2022财年第三季度（2022年10月至12月）业绩显示，优酷的日均付费用户同比增长2%，并通过审慎投资于内容及制作能力、持续提高运营效率等，已经实现连续七个季度的亏损同比减少。⑥ 头部平台扭亏为盈或减亏意味着，经过策略调整，2022年中国长视频行业正在进入更加健康、良性发展的新周期。

---

① 《年度盘点‖2022综艺、剧集：台网竞争格局与市场发展趋势》，看电视微信公众号，2023年1月20日，https://mp.weixin.qq.com/s/sqjg_j7VnDzOnZ8eM1oD6Q。
② 《重磅发布丨2022年网络电影年度报告》，爱奇艺网络电影微信公众号，2023年1月18日，https://mp.weixin.qq.com/s/G53dg-OSAQ3DDAocOs02XA。
③ 《龚宇致投资人信：2022年是爱奇艺破局之年 实现标志性大逆转》，经济参考网，2023年2月22日，http://www.jjckb.cn/2023-02/22/c_1310699448.htm。
④ 《芒果超媒：2022年实现营收137.04亿元 实现净利18.21亿元》，腾讯网，2023年2月28日，https://new.qq.com/rain/a/20230228A03T0J00。
⑤ 《晚点独家丨腾讯PCG全业务艰难扭亏，要做"百年老店"》，晚点LastPost微信公众号，2023年1月10日，https://mp.weixin.qq.com/s/4oTgc-C-rU3mkuTjx18zsQ。
⑥ 《"狂飙"终于飙出了盈利，但爱优腾的未来依然压力"山大"》，红星新闻百度百家号，2023年2月27日，https://baijiahao.baidu.com/s?id=1758980737112696518&wfr=spider&for=pc。

（二）聚焦头部精品内容，"提质减量"加速进行

在内容生产上，2022年各大长视频平台更加聚焦于头部精品内容的生产和推广，而作为最能吸引用户付费的网络剧集，成为各大平台布局的重中之重。

爱奇艺提出"消灭伪腰部"，真正把A+级、S级做好的内容策略。爱奇艺减少了版权剧的采购，而更看重自制剧的生产。[①] 爱奇艺建立了奇爱、奇正、奇喜等17个剧集工作室，进行原创内容的孵化与制作，通过将资本和资源集中向头部剧集和原创内容倾斜，2022年爱奇艺取得突出的成绩，从2018年实行热度值指标以来，截至2022年底，爱奇艺共出现过7部剧集热度值破万，其中5部在2022年，包括《苍兰诀》《卿卿日常》《风吹半夏》《人世间》《罚罪》。其财报显示，在爱奇艺每年上新的重点剧集中，原创内容占比从2018年的20%，提升至2022年的50%以上。2022年的爆款剧集中原创内容的占比超过60%，并在热播期贡献了超过60%的收入。[②]

腾讯视频也提出要加大生产S级爆款"白马剧"力度——通过开发头部项目来吸引主流用户注意、提升效率、降低风险的内容策略。[③] 这些"白马剧"主要依托于一些头部的IP和头部的创作团队。腾讯视频开始更加注重IP运营的长期价值，包括已开发多年的"鬼吹灯"系列、头部网文《斗罗大陆》剧集和动漫系列，已推出第一部科幻IP《三体》剧集系列以及正在开发的《金庸武侠世界》系列等。同时，腾讯视频也通过投资入股等方式与正午阳光、新丽传媒、柠萌影视等头部剧集制作公司建立了密切的合作关系。

2022年，优酷剧集减少数量在三大平台中最为明显，但也得以将更多资源聚焦在定制剧上。其推出定制剧激励计划，对节省预算且播出达标的制作方，颁发"优酷定制剧好伙伴"荣誉，并给予现金回馈。在2022年9月举办

[①] 马二：《爱奇艺今年怎么做内容？王晓晖万字长文说得明明白白》，影视独舌微信公众号，2022年2月21日，https：//mp.weixin.qq.com/s/RqdrAYvrbDS0WaWJpKnrJw。

[②] 高欣：《爱奇艺2022连续四个季度盈利 全年业绩实现标志性逆转》，经济参考网，2023年2月22日，http：//www.jjckb.cn/2023-02/22/c_1310699474.htm。

[③] 王珊珊：《腾讯视频剧集的底色与升级》，窄播微信公众号，2022年11月4日，https：//mp.weixin.qq.com/s/pWEt_uzyMoWtN_bewUwthw。

的优酷定制剧合作伙伴会议上，首批8家定制剧合作伙伴获此激励奖励，共同分享千万级别奖金。优酷也注重利用阿里影业开发的项目全流程管理软件云尚制片、优酷开发的供应商线上交互系统娱盘和影视资产库等数字化工具推动内容制作的"精细化运营，工业化管理"。① 2022年12月，优酷将其"精品化"内容追求直接外化为平台品牌主张：为好内容全力以赴！在上述一系列内容战略推动下，2022年优酷剧集在上线量下降23%的情况下，正片有效播放上扬5%。②

此外，2022年各大长视频平台还不断优化内容编排和广告推广手段，以达到精准触达目标用户的目的。如在内容编排上，各大平台打造了多个品牌剧场并逐渐形成规模效应。爱奇艺继推出主打悬疑剧的迷雾剧场以及恋恋剧场、小逗剧场后，还于2022年10月推出面向女性受众的"拾光限定 狂花系列"主题展映剧场；优酷剧集一直采取"头部+独播+大剧"战略以及宠爱、悬疑、港剧、合家欢、都市五大剧场的排播策略。腾讯视频则推出"与时代同频、与生活同伴、与热血同路、与古韵国风同舞"四大重磅头部赛道以及"喜剧""悬疑"两个全新启动的剧场计划。③

总体来看，长视频平台2022年在以网络剧集为主的内容领域采取的策略调整是较为有效的，从热度、口碑等维度来看，网络剧集的内容质量并没有受成本降低的影响，反而得到一定提升。

（三）深挖会员收入，长视频平台探索多元商业化路径

2022年，各大长视频平台除了降低各种成本以"节流"，也更加积极地探索"开源"的方式，而这些方式主要围绕已成为视频网站收入支柱的会员付费展开。

首先，视频网站通过推出更多会员可优先观看或仅供会员观看的内容，吸

---

① 阿Po：《优酷2022领跑市场出"新招"，好内容生产决胜于长跑》，娱乐资本论微信公众号，2022年9月20日，https：//mp.weixin.qq.com/s/CXsTw8oCsoded7XZPSeedA。
② 《年度盘点‖2022综艺、剧集：台网竞争格局与市场发展趋势》，看电视微信公众号，2023年1月20日，https：//mp.weixin.qq.com/s/sqjg_ j7VnDzOnZ8eM1oD6Q。
③ 王珊珊：《腾讯视频剧集的底色与升级》，窄播微信公众号，2022年11月4日，https：//mp.weixin.qq.com/s/pWEt_ uzyMoWtN_ bewUwthw。

引订阅。各平台上市年报显示，截至2022年底，爱奇艺会员规模达1.2亿人，会员服务营收177亿元，较2021年增长6%，占总收入的61.03%。腾讯视频2022年会员数量有所下滑，但截至第三季度仍有1.2亿人。芒果TV到2022年末有效付费会员数达5916万人，全年会员业务收入达39.44亿元，同比增长6.95%。哔哩哔哩截至2022年第三季度，月均付费用户达到2850万人，与2021年同期相比增长19%。阿里巴巴2023财年Q2（2022年7月1日至9月30日）财报显示，优酷日均付费用户规模同比增长8%。

尽管视频网站的付费会员数量仍有一定的增长潜力，但增速将放缓已成为行业的共识。因此视频网站更重视挖掘存量会员的商业价值。最直接的方式是通过上调会员价格的方式来获得更多营收，如2020~2022年三年间，爱奇艺先后三次上调了会员价格，爱奇艺连续包月黄金VIP也从2020年的15元升至2022年的25元，上涨67%。腾讯视频在2021年4月进行第一次提价后，于2022年4月进行第二次提价，其中涨价幅度最大的"腾讯视频VIP连续包年"从原来的218元涨至238元；2022年6月，优酷也在5年内首次调整会员价格，连续包月涨至25元，涨幅31%；连续包季涨至68元，涨幅28%；芒果TV也于2022年1月提价后于8月再次调整会员、全屏会员价格。此外，各大视频平台还采取了限制会员账号共享、限制投屏等更加精细化的会员运营策略，但因会员权益收窄等问题饱受用户批评和舆论诟病。[①]

在传统的订阅式会员（SVOD）体系基础上，2022年，长视频平台更积极地探索高级付费点播（PVOD）模式。例如，在网络电影领域，2022年4月，爱奇艺宣布部分优质网络电影通过其"云影院"平台上映，可获得单片点播付费和会员观看双窗口全生命周期的在线发行收益。在网络剧集领域，2021年曾因为舆论压力而被取消的"超前点播"以大结局"点映礼"的形式回归，在该模式下，主演团队通过直播方式与付费观众一同观看大结局，2022年，共11部剧开启"点映礼"，腾讯视频共4部、芒果TV4部、优酷3部，包括《梦华录》《昆仑神宫》《覆流年》《消失的孩子》《沉香如屑·沉香重华》等。

通过上述多管齐下的对付费会员价值的开发，长视频平台得以在2022年

---

① 另镜、刘雨婷：《爱奇艺让步，腾讯也很愁》，界面新闻，2023年2月22日，https://www.jiemian.com/article/8945163.html。

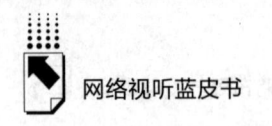

改善了自身的经营状况，但也因为价格和管理规则的变动引发了不少争议，如何制定更为合理的会员权益管理机制和对应的价格体系，在维护会员权益与促进平台创收之间找到平衡点，是长视频行业需要继续探索的重点。

二 网络短视频与直播平台战略布局及发展举措

（一）监管加强，短视频及直播行业日趋规范化

近年来，短视频及直播平台蓬勃发展。第51次《中国互联网络发展状况统计报告》显示，截至2022年12月，中国短视频用户规模首次突破10亿人，用户使用率高达94.8%。但在算法逻辑主导下，短视频内容陷入一味追逐完播率和转化率的流量旋涡中，产生一系列的乱象，如版权保护薄弱、搬运、伪原创视频成为产业链；标题党横行，内容耸人听闻、断章取义；信息茧房和"回声室"效应明显，对用户尤其是青少年群体产生了一些不良的影响。因此，国家有关部门加大了对于短视频及直播行业的监管力度，推动行业沿着更加健康化、规范化的道路发展。

2021年底，中国网络视听节目服务协会发布《网络短视频内容审核标准细则》（2021），对原有21类100条标准进行完善，对短视频内容的典型突出问题，提出更为明确的要求和工作指引。2022年，中央网信办等部门先后推出"清朗·整治网络直播、短视频领域乱象"和"清朗·MCN机构信息内容乱象整治"专项行动，全面整治诸如诱导未成年人打赏、无底线蹭流量、炒热点、散布虚假信息等违法违规直播和短视频内容。2022年5月，中央文明办等四部门针对游戏直播、真人秀直播存在的未成年人主播与打赏问题发布《关于规范网络直播打赏 加强未成年人保护的意见》。2022年6月，国家广播电视总局等两部门针对网络主播行为规范缺乏统一标准的问题，联合印发《网络主播行为规范》，规定了31类网络主播禁止实施的行为。

在有关部门的强力监管和相关政策不断完善的背景下，各个短视频和直播平台也加强了"自查自纠"，逐渐搭建起长效治理机制、共同构建良好行业生态。例如2021年7月至2022年6月，抖音直播针对突出的违规行为启动专项治理行动41次，平均每个月3次以上。2022年3月，抖音直播上线礼物消费

提醒功能，倡导用户在观看直播时理性消费；同年4月，抖音启动网络暴力专项治理行动，从管理评论和私信两个维度入手，增强平台预防网暴的能力；同年4月，抖音直播召开行业生态大会，联合中国网络社会组织联合会等行业协会，发起"行业自律倡议""公会自律倡议"，致力于推动直播行业健康持续发展；同月，抖音直播还发布了《2022年抖音直播机构管理条例》，并推出行业首个公会健康分管理制度。①快手也在2022年开启了多项治理活动，如2022年7月开展了针对低俗内容的专项治理活动，对低俗擦边等违规行为加大了巡查和处置力度，通过主动监测和用户举报等多个渠道，处罚相关违规账号2100余个，处理相关视频超9000条。②

此外，关于短视频平台用户利用长视频平台版权内容进行"二次创作"而产生的版权问题，2022年也有新进展。2022年3月，抖音与搜狐达成合作，其获得搜狐全部自制影视作品二次创作相关授权；7月，抖音和爱奇艺达成合作，爱奇艺向抖音集团授权其内容资产中拥有信息网络传播权及转授权的长视频内容，用于短视频创作；9月，抖音推出针对爱奇艺合作片单的二创激励计划。两大长、短视频平台间的"握手言和"，开启了长短视频的合作共赢新模式，也为解决短视频平台影视作品版权保护问题提供了可行的思路。

（二）短视频和直播平台内容升级，大力扶持原创内容

在政策要求和用户审美需求不断提升的背景下，以抖音、快手为代表的短视频和直播平台2022年加大了对原创类、精品化内容的扶持与开发力度。其中微短剧是发展最为迅猛的内容领域，从2021年9月到2022年9月，微短剧备案数量有3000多部7万多集，相比于上一年同期增长500%。③

在各个推出微短剧的平台中，快手力度最大，从2020年开始，快手就启动"星芒计划"，吸引和激励内容创作者制作主题广泛的优质短剧，并通过分

---

① 《2022抖音直播平台治理白皮书》，抖音直播辅导员微信公众号，2022年8月30日，https://mp.weixin.qq.com/s/g923wUR0oXW-Uh2v-z5H7g。
② 鹿杨：《快手开展低俗内容治理，处理视频超9000条》，京报网，2022年7月20日，https://news.bjd.com.cn/2022/07/20/10120659.shtml。
③ 彭侃：《微短剧发展的未来前景》，影视产业观察微信公众号，2022年11月14日，https://mp.weixin.qq.com/s/4ZqEG-zlXfjg5Z9PK0EliQ。

账奖励、品牌招商、直播电商等方式为创作者提供多元化的变现通道。2022年，快手又开启了"快手星芒优秀人才扶持计划"。在平台的大力扶持下，2022年，快手播放量过亿的微短剧超100部，总播放量超过500亿次。微短剧的日活用户超过2.6亿人。①抖音也不甘落后，2022年6月推出"剧有引力计划"，设立了"Dou+赛道""分账赛道""剧星赛道"三条赛道，通过不同的方式激励创作者。例如"分账赛道"的分账单价从每千次有效播放5元上调到6元；"剧星赛道"则宣布单部微短剧可获得30万元保底金，每千次有效播放奖励提升到8元。重金奖励下，越来越多的创作者和制作公司进入这一领域，甚至包括一些头部的长剧集公司、院线电影和网络电影公司等。

在综艺领域，抖音则较快手表现得更为积极。2022年1月，抖音发布了多达17部的综艺片单，其中包括以试播模式推出的《百川综艺季》，计划邀请6个国内知名综艺制作团队打造6档子节目，涉及音乐、喜剧、益智答题等多个类型。此外，《为歌而赞》第二季和《全力以赴的行动派》为抖音综艺赢得一定声量。快手也在2022年推出音乐女主播选秀《声声如夏花》等综艺。

此外，受疫情的影响，线下演唱会陷入停滞，短视频和直播平台因此推出一系列线上演唱会作为替代产品。在微信视频号通过举办崔健直播演唱会成功出圈后，其又相继推出罗大佑、李健等人的线上音乐会，抖音、快手等平台也纷纷加入。抖音推出刘德华、孙燕姿、腾格尔等人的线上演唱会，快手推出周杰伦线上"歌友会"，这些演唱会让观众在云端过足了一把音乐瘾，也通过与品牌的深度合作，与观众互动产品的开发等为短视频和直播平台探索出新的赢利模式。

总的来看，短视频和直播平台所推出的微短剧、线上演唱会等内容产品因更符合平台的特性而能取得更好的传播效果，相反它们所推出的长综艺则因陷入与长视频平台的同质化竞争而未能取得太大的反响。

（三）依托技术优势，短视频和直播平台强化社会功能

随着短视频和直播平台占据用户越来越多的使用时间，其社会影响力不断

---

① 一橙：《快手：短剧日活用户超2.6亿 新春档多款短剧内容播放量过亿》，TechWeb，2023年3月10日，http：//www.techweb.com.cn/news/2023-03-10/2922246.shtml。

扩大，它们也需要肩负起更多的社会责任，这不但是政策的要求，也是平台谋求长期发展的必由之路。2022年，各大短视频和直播平台在助力社会公益、乡村振兴、人文教育等领域投入更多资源。

在社会公益方面，短视频和直播平台注重发挥自身在信息分发等技术方面的优势。例如借助短视频的传播力，截至2022年2月，抖音寻人项目7年来已累计帮助超过2万个家庭团圆。字节跳动2021年11月在抖音、今日头条、西瓜视频上线了公益平台，为入驻平台的公益项目提供产品及运营上的支持与服务。2022年，平台上累积在筹公益项目达到1347个，为公益捐赠6.5亿元。抖音平台公益视频总播放量达112亿次，公益直播1.8万场。[①]

在乡村振兴方面，快手继续践行自2018年起提出的"幸福乡村战略"，截至2022年7月，快手"幸福乡村带头人计划"已发掘和扶持超100位幸福乡村带头人，产业发展影响覆盖近千万人。[②] 抖音也发起了助力乡村文旅发展的"山里DOU是好风光"活动以及地方特色农货推广活动"山货上头条"和以课程培训方式扶持农村内容创作者的"乡村英才计划"等多个乡村振兴计划。[③] 借助短视频和直播的技术赋能，在一定程度上弥合了乡村与城市间的信息鸿沟，为农民致富、农村发展、农业繁荣创造了更多可能性。

在人文教育方面，短视频和直播平台加强了与高校、科研机构的深度合作，越来越多的学者、文化名人等走进直播间传播科学知识和文化。例如，抖音与中国科协合作推出《科创中国·院士开讲》第二季，邀请十位院士加入；联合南开大学文学院、中华书局推出短视频版《唐诗三百首》，叶嘉莹、康震、纪连海等学者参与录制。针对非物质文化遗产面临的传承困境，短视频和直播平台也推出不少举措。例如，抖音推出扶持民间非遗工艺传承人的"看见手艺计划"，通过组织"匠心年货""与大师同行""每日匠心"等活动，

[①] 《难忘温暖瞬间，字节跳动公益平台2022年度数据报告发布》，字节跳动公益微信公众号，2023年1月17日。

[②] 《快手启动"村播计划"，持续发力乡村人才振兴及产业发展》，雪球网，2023年1月6日，https://xueqiu.com/6902145880/239437053。

[③] 《34件事，带你回顾抖音集团过去这一年》，随趣短视频脚本网，2023年3月1日，https://www.21cseo.com/post/189201.html。

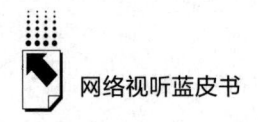

帮助手艺人在平台发展；2022年快手共有超2000万场非遗与民间艺术直播活动，其中手工、编织、曲艺、唢呐四种品类直播最多。①

随着平台的发展和治理体系的完善，短视频和直播平台在践行社会责任方面也日益系统化、规模化，成了推动社会和谐发展、人民共同富裕的一股重要的力量。

三 2022年网络音频平台战略布局及发展举措

（一）后"独家版权"时代，网络音乐平台寻找新增长点

2021年7月，国家市场监管总局对腾讯音乐在30日内解除独家音乐版权协议、停止高额预付金等版权费用支付方式等处罚标志着在线音乐领域的"独家版权"争夺战的终结②，也改变了网络音乐平台的运营方式。

在独家音乐人和内容合作上，国家市场监管总局2021年的新政中仍给平台留有了一定空间：与独立音乐人可以有不超过3年的独家合作期限，新歌首发的独家合作可以有不得超过30日的期限。因此作为在线音乐市场的领军者，腾讯音乐在2022年将与音乐厂牌的新歌首发合作放在重要的战略位置，以确保领先优势。如腾讯音乐先后与时代峰峻、SM娱乐达成战略合作，腾讯音乐成为这两大公司在中国唯一新歌首发30天的音乐平台。腾讯音乐也更加注重独立原创音乐人的培养，2022年4月，腾讯音乐将"原力舞台计划"全新升级为开放麦舞台；同年5月，腾讯音乐推出一站式音乐制作服务平台"启明星音乐助手"，为创作者和从业者提供音乐生产全流程高效支持；腾讯音乐还宣布将与全球知名音乐内容平台Billboard合作推出首个中国音乐国际化发展专项"中国音乐引力计划"。

同时，腾讯音乐也更加积极地在娱乐场景及生活服务上加快布局。如

---

① 《2022快手直播生态报告：温暖陪伴，与老铁们同行》，快手微信公众号，2023年1月4日。
② 《市场监管总局依法对腾讯控股有限公司作出责令解除网络音乐独家版权等处罚》，中国政府网，2021年7月24日，https://www.gov.cn/xinwen/2021-07/24/content_5627058.htm。

2022年腾讯音乐联合微信视频号推出崔健、罗大佑、李健等歌手的多场线上演唱会和音乐会，实现了较好的商业转化效果；2022年5月24日，腾讯音乐推出国内首个虚拟音乐嘉年华TMELAND，开启了入局元宇宙的第一步；12月，又有媒体报道腾讯音乐正在开发一款用户共创虚拟空间的音乐社交App"WeBand"。① 一系列举措取得的经营效果在腾讯音乐的财报数据上体现了出来，2022年前三季度腾讯音乐净利润分别为9.39亿元、10.7亿元、10.9亿元，增长势头良好。

在独家版权方面曾长期被腾讯音乐压制的网易云音乐成为"独家版权"终结的受益者。2022年，网易云音乐先后与福茂唱片、SM娱乐、时代峰峻、YG娱乐、颜社、波丽佳音等达成版权合作。同时，网易云音乐从内容创作、内容创收以及产业生态三个方面继续完善原创音乐人内容服务体系，如2022年，网易云音乐开放编曲、制作等专业人士入驻，帮助每个音乐环节的音乐创作者加入平台，实现音乐人角色体系升级；还为音乐人提供了包括AI音乐创作平台"网易天音"、官方音乐知识教学平台"音乐人学院"等众多创新型平台工具等来辅助音乐人创作，并推出BEATSOUL激灵、云村交易所、音乐收藏家等功能，增强对音乐人、版权方的服务能力，此举也为音乐人提供了更多内容变现、拓宽收入的渠道。2022年，网易云音乐还通过精细化运营策略不断丰富用户音乐社区体验，提高用户活跃度，其先后推出乐迷团、音乐密友、星评馆、合拍推荐等功能增强社交互动体验。② 在一系列举措下，2022年，网易云音乐全年净收入为90亿元，较2021年同比增长28.5%；经调整，净亏损由2021年的10.4亿元减至1.1亿元，同比大幅收窄89.4%；全年经营现金流在2022年实现转正。③

2022年，作为短视频行业领军企业的字节跳动，也加快了在音乐行业的

---

① 《巨头再战音乐：TME测试WeBand，网易重上"妙时"，汽水音乐月活破千万》，新浪科技百度百家号，2022年12月13日，https://baijiahao.baidu.com/s?id=1752055764633869522&wfr=spider&for=pc。

② 《网易云音乐2022年财报披露 原创音乐人达61.1万》，中国日报网，2023年2月24日，http://caijing.chinadaily.com.cn/a/202302/24/WS63f857faa3102ada8b230830.html?from=singlemessage。

③ 《网易音乐人·2022年终总结》，https://y.music.163.com/m/at/63b3f1ed3f08e068adabd4e7?userid=58648444&dlt=0846&app_version=8.9.0。

布局。继2021年成立音乐事业部后，2022年2月，主打为音乐人服务的抖音音乐开放平台也宣布品牌升级命名为"炙热星河"。2022年3月，字节跳动还推出主打年轻潮流用户市场的音乐App汽水音乐以及主打下沉市场的番茄畅听音乐版App。① 截至2022年10月，汽水音乐月活用户已接近1000万，日活用户数近200万。②

总的来看，政策引导下"独家版权"争夺战的终结对网络音乐行业的竞争格局产生了积极的影响，促使网络音乐平台将战略重点从高价抢夺音乐版权转向加强原创音乐人培养和增强用户的使用体验方面，有利于市场的健康成长。

（二）网络音频平台提升内容原创与运营能力，实现扭亏为盈

近年来，网络音频行业蓬勃发展，2022年在线音频用户规模达6.9亿人。③ 作为国内网络音频行业市占率最高的平台，喜马拉雅在2022年第四季度，首次实现单季度千万级的赢利，也是喜马拉雅创业十年来首次实现赢利④，这得益于2022年喜马拉雅在内容经营策略上做出的调整与探索。

首先在内容投入上，2022年，喜马拉雅加大了与内容版权方的合作力度，为用户提供更丰富的内容。例如，2022年4月，喜马拉雅与后浪出版公司达成战略合作，在此之前，喜马拉雅已与中信出版社、磨铁图书、果麦文化、译林出版社、青岛出版社、中国妇女出版社等约160家头部出版机构建立了业务合作。⑤ 2022年其也与国际出版商Pottermore Publishing达成合作，推出《哈利·波特》全球首部中文有声书，并推出由迪士尼官方授权的《迪士尼女孩故事合集》。

---

① 《字节跳动推出番茄音乐APP：听歌提现、主打下沉市场》，快科技百度百家号，2022年10月15日，https://baijiahao.baidu.com/s?id=1749526566210733136&wfr=spider&for=pc。
② 《巨头再战音乐：TME测试WeBand，网易重上"妙时"，汽水音乐月活破千万》，新浪科技百度百家号，2022年12月13日，https://baijiahao.baidu.com/s?id=1752083445770594419&wfr=spider&for=pc。
③ 《2022年中国声音经济数字化应用发展趋势报告》，艾媒网，2023年2月20日，https://www.iimedia.cn/c400/91728.html。
④ 《为了挖中国人耳朵里的金矿，他们花了十年》，虎嗅App微信公众号，2023年1月30日，https://mp.weixin.qq.com/s/VuCRKreTd9nI1wGvsE2ROw。
⑤ 《喜马拉雅与出版机构深化版权合作 实现内容价值最大化》，上观新闻，2022年4月1日，https://sghexport.shobserver.com/html/baijiahao/2022/04/01/701722.html。

除了外购内容IP制作有声内容产品外，2022年喜马拉雅也加大了对于原创自制内容及原创音频创作者的扶持力度。如2022年11月，喜马拉雅推出一档自制深夜陪伴谈话栏目《听你说·百态人声》，众多喜马拉雅孵化的原创创作者参与其中。此外，喜马拉雅还推出全新创作者体系，从创作活跃指数、内容优质指数、粉丝量级指数、粉丝活跃指数四个维度评估创作者的等级，并给其相应等级的扶持权益。官方数据显示，喜马拉雅创作者数量在2022年实现了同比24.6%的增长，优秀原创内容月均投稿量同比增长146%，年度新增优质原创内容播放量高达4.27亿次。①

除了在内容领域发力外，喜马拉雅还通过继续对AI技术进行升级与应用，来达到提升创作效率、提升用户体验以及增强平台管理能力的目的。例如，2022年8月，喜马拉雅上线多个专属音效，包括超重低音、剧院混响、清澈人声、现场环境、恐怖悬疑等，为不同的内容匹配合适的音效，2022年喜马拉雅也上线了通过TTS（语音合成）技术辅助内容创作的喜韵音坊创作者平台。此外，喜马拉雅还将音频服务深入多个生活场景来进一步扩大平台内容渗透范围和提升用户黏性、拓宽收入渠道，如93%以上的智能音箱都接入了喜马拉雅的内容，市场前30位的汽车品牌均已接入喜马拉雅的音频服务。②

除了喜马拉雅外，另一大网络音乐平台荔枝也在2022年实现扭亏为盈，净利润达8650万元，相比2021年1.27亿元的净亏损，有较大的提升。这主要得益于其采取了降低市场推广成本等"降本增效"的举措，并推出自研技术综合平台"声音云"，通过中台化、智能化工具使市场营销水平、运营管理效率等方面得到提升。③

总的来看，随着车载互联终端和智能家居等渗透率不断提高，网络音频用户的规模和使用场景仍有一定的增长空间，网络音频平台也抓住了市场机遇，

---

① 《喜马拉雅发布〈2022年原创内容生态报告〉》，人民号，2022年12月30日，https：//mp.pdnews.cn/Pc/ArtInfoApi/article？id=33163818。
② 《为了挖中国人耳朵里的金矿，他们花了十年》，虎嗅App微信公众号，2023年1月30日，https：//mp.weixin.qq.com/s/VuCRKreTd9nI1wGvsE2ROw。
③ 陈佳岚：《首度实现全年盈利 荔枝称将推进AI聊天机器人业务》，东方财富网，2023年3月18日，https：//finance.eastmoney.com/news/1354，202303182665941698.html。

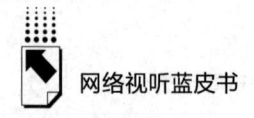

不断拓展使用场景，并通过更为多元化的内容布局和更为精细化的运营，呈现较为稳健的发展态势。

结　语

　　2022年，在政策的大力引导和平台积极的战略调整下，网络视听行业整体上抗住了宏观经济增速放缓所带来的压力。各类网络视听平台都采取了各种方式降低成本，提高经营效率。值得称道的是，"降本"并没有导致内容质量的下降，反而在资源向头部优质项目的集中过程中助推了网络视听内容的高质量发展，涌现出一批有影响力的精品内容。更重要的是，多家网络视听平台摆脱了长久以来亏损的局面，实现了赢利，提振了行业发展的信心。在国家有关部门的有力监管和不断完善的行业规范的约束下，网络视听行业发展中存在的一些问题也得到遏制和纠正，呈现更加风清气正的气象。

　　展望2023年，网络视听行业仍将面临较大的经营压力，要保持住2022年较好的发展势头，一方面，需要继续保持2022年"降本增效""提质减量"的经营策略，增加优质内容的供给，更好地满足用户的需求，同时探索更多元化的内容变现通道。另一方面，随着2023年ChatGPT这一人工智能工具给业界带来的震动，网络视听行业也需要更加重视技术的升级和创新，通过"艺术+技术"的融合，为用户带来日益优化的体验，也融入更多的场景中，承载更多的社会功能，以拓展网络视听行业的表达空间及赢利渠道，为网络视听未来蓬勃发展提供持续的推动力。

B.16 2022年中国综艺出海*

樊佳璇 何昶成**

摘　要： 2022年，中国综艺出海取得巨大进展。中国原创综艺《这！就是街舞》越南版成功制作播出，标志着中国综艺模式海外输出实现零的突破。在国家加强国际传播能力的政策引导与扶持下，中国综艺行业迅速发展，完成了从引进他国模式到中国原创模式海外输出的巨大转变。在这一过程中，国际化的内容表达与播出渠道、制作机构积极参与国际节展与国外版权模式采购商合作，以及互联网视频平台的国际战略，都对中国综艺的出海进程起到重要的推动作用。

关键词： 综艺出海　《这！就是街舞》　国际传播

党的十八大以来，党中央、国务院高度重视社会主义文化强国建设，积极推动中华文化"走出去"，一大批高质量影视综艺文化产品走出国门，发行至全球200多个国家和地区，国剧出海如日中天，综艺出海捷报频传，为加强中国国际传播能力建设、构建国际传播新格局起到重要推动作用。国产综艺在网络视听行业的催化之下收获长足进步，实现了从引进、模仿外国节目模式到中国原创模式输出、海外落地的转变，以更极致的视听呈现、更年轻的话语表达、与更具共鸣的价值追求跨越国界，开辟了一扇让世界了解中国的文化新窗口。

---

* 本报告为国家社会科学基金重大项目"视听艺术精品推动中华优秀传统文化创造性转化与创新性发展"（22ZDA083）阶段性成果。
** 樊佳璇，清华大学新闻与传播学院硕士研究生，主要研究方向为影视传播、新闻传播；何昶成，清华大学新闻与传播学院博士后，北京师范大学戏剧与影视学专业博士，主要研究方向为影视产业、影视美学。

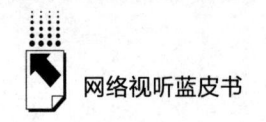

2022年4月22日，优酷视频街舞竞技真人秀《这！就是街舞》越南版 Street Dance Việt Nam（简称《这街·越南版》）在越南开播，标志着中国网综模式成功实现"海外输出、海外制播"零的突破。9月末，东方卫视代际音乐竞演节目《我们的歌》西班牙语版《不可思议的二重唱》（Dúos Increíbles）在西班牙国家广播电视台首播，中国综艺模式出海再下一城。综艺出海作为继影视剧之后中国对外文化贸易领域的新兴热点，表现出巨大的发展潜力。

一 内容出海，国际视野下的节目生产

国际互联网的发展与跨国公司不断推进的全球化战略使世界各国和地区之间建立起日益密切的联系，丰富多彩的全球文化交流活动以线上线下多种形式持续上演。改革开放以来，中国在文化领域走出去的步伐不断加快，随着国际传播渠道不断拓宽，中国文化也在多种文化的交流中遭受误读与误解，让世界读懂中国成为当前中国国际传播面临的时代课题。从电视渠道到互联网媒体，综艺节目作为一种重要的视听内容品类，以其轻松、多样的节目形态备受各国观众的喜爱，成为跨文化传播的重要载体。将面向世界传播的国际视野植入节目策划制作的前置环节，以外国观众易于接受理解的方式传递中国声音，才能够最大限度降低"文化折扣"现象的影响，释放中华优秀传统文化的魅力。

由贵州卫视制作的国际传播类轻综艺《有朋自远方来》则很好地诠释了这一路径。2022年10月30日，《有朋自远方来》上线播出，节目依托贵州苗族、侗族、布依族、水族等丰富的少数民族文化资源，每期以一个极具特色的少数民族村寨作为体验地，由当地少数民族青年带领外国友人实地参观，体验民族文化。节目坚守国际传播定位，邀请来自土库曼斯坦、白俄罗斯、津巴布韦、哈萨克斯坦、伊拉克的6位外籍友人与6位省内民族地区村寨高校学生一同踏上文化寻访之旅，透过国际友人视角展现本地风土人情，在互动过程中巧妙实现让世界讲述中国故事的主体转换，以创新性的对外话语叙事展现贵州自然之美、人文之韵。总部位于阿联酋迪拜的中阿卫视与贵州卫视就此节目达成深度合作，节目原版视频压制中英双语字幕，并精心翻译中、英、阿三种语言版本，让中国节目更好地走向国际观众。

《有朋自远方来》在播出渠道上实现国内国外、传统媒体与新媒体平台

的全面覆盖，首先在国内贵州卫视与优酷、爱奇艺、央视频等视频平台同步上线，并登录 Youtube、Instagram、Facebook、Twitter 等海外新媒体平台，还通过美联社、墨西哥 Quadratin 新闻社、德新社、捷克通讯社、韩国《世界日报》官网、蒙古通讯社、加纳通讯社、澳大利亚联合新闻社等 8 家境外国家级通讯社和主流外媒网站发布，实现海外总阅读量达 8667.1 万次，在国内外均收到来自社会各界一致好评。2022 年 11 月 24 日，《有朋自远方来》系列节目通过中阿卫视的卫星电视与有线电视渠道在阿拉伯地区播出，并在中阿卫视官方 Facebook、TikTok、网站进行发布和推广，触达百万粉丝，覆盖人口近 5 亿，成功将中国西南地区大山深处的少数民族风情传递至千里之外的红海沿岸。

  在对中华优秀传统文化进行国际化转译之外，吸收世界流行文化并融入本土元素的再创作是面向国际传播的节目生产的另一条有效路径。起源于欧美等地街头文化的潮流文化，在海外市场孕育多年，已经形成了一种涵盖娱乐消费、社交互动、产品购买使用的现代生活方式，在青少年观众群体中有极高渗透率。优酷视频将对潮流文化的敏锐洞察融入内容创作，从 2018 年开始重点开发潮流综艺，推出《这！就是街舞》《这！就是灌篮》《这！就是潮流》等多档"这！就是××"系列综艺，形成了以时尚、个性为标签的综艺厂牌。这些节目聚焦街舞、篮球、机甲、穿搭等多种青年亚文化，以综艺形式连接小众群体与国际观众，不断发掘圈层文化与主流价值契合点，宣扬当代青年奋发有为、积极向上的青春正能量。年轻态、国际化的内容与平台国际化战略联动收获了"1+1>2"的传播效果。

  以《这！就是街舞》为例，该节目在保留街舞艺术张扬个性特质的同时，融入武术、京剧、太极、古琴等中国传统文化元素，实现了对街舞艺术的融合创新，在跨文化传播过程中表现出独特魅力。此外，节目以高度开放的姿态广邀全球舞者，来自法国的舞者 Dykens、Zyko，日本舞者 kyoka，比利时舞者 Badd machine 等街舞大师纷纷加盟，多位世界级的街舞冠军同台竞技，超强国际化的嘉宾阵容与超高的节目水准得到世界各地年轻观众的追捧。

  《这！就是街舞》自上线以来，不断引领街舞文化创新，已经成为具有国际影响力的全球顶尖街舞盛事。2022 年，《这！就是街舞》播出第五季，作为"综 N 代"的老牌综艺丝毫不显颓势，上线后成为优酷站内首个热度破万的综艺，并在优酷国际版 App 同步上线了英语、泰语、印尼语、越南语、西班牙语、中文 6 种字幕，海外平台首周播放量破千万次。①10 月 29 日《这！就是街舞》第五季迎来总决赛，在优酷海外平台以 9 种语言同步播出，海外直播以中国澳门录制、上海提供同传及直播技术支持、美国提供速记、北京统筹的跨国协同方式，实现了同声传译与实时英文字幕，极大增强了海外用户观看体验，收获大量好评。节目"Battle for Hope"（为希望而战）的主题与"舞者国籍不同，但热爱相同"的核心立意跨越民族、文化界限，引发全球观众共鸣。截至决赛结束，节目相关话题成功登上越南、泰国、新加坡、马来西亚等多国推特趋势榜高位，海外影响力持续攀升。

在新形势下，加强国际传播能力建设的重要性不言自明。不论是传统的电视媒体还是新兴的互联网平台，都已经开始将视野从国内市场拓展到 80 亿人口的世界市场，从跨文化传播的视角出发重塑综艺节目生产机制，立足本土放眼国际，在彰显中华文化魅力的同时追求更广泛群体的价值共鸣，在打造具备国际传播潜力的综艺内容方面做出有益探索。

二 机构出海，展会推介下的产业赋能

中国内地综艺节目产业起步较晚、影视行业整体工业化与集约化程度较低，尚未形成具有国际影响力的大型跨国传媒集团，单个影视机构企业在国际市场的竞争中处于相对弱势地位。自 2004 年起，中国在戛纳电视节等国际主流影视节展上设立"中国联合展台"，组织并资助国内制作机构组团赴海外参展，为推动中国影视内容出海提供了强大助力。2017 年 6 月，上海广播电视台创立 iFormats 中国原创节目模式库，搭建起覆盖版权保护、数据聚合及国内外节目公司沟通交易的综合性商业服务平台，帮助中国节目模式与世界版权交易市场接轨。作为国内首个节目模式在线数据库，iFormats 与法国戛纳电视节官方建立长期合作，自 2018 年起先后举办了五届以"Wisdom in China"为主题的中国原创节目模式推介会，一系列国内精品原创综艺借此契机，与海外媒

---

① 《〈这！就是街舞〉第五季：世界街舞中国秀》，视听中国微博，2022 年 9 月 23 日，https：//weibo.com/ttarticle/p/show? id=2309404816872536408438#_loginLayer_1681203510024。

体机构达成国际发行及版权模式合作。

在2018年戛纳电视节春季节目交易会上，中央广播电视总台（以下简称"总台"）文博节目《国家宝藏》首次参展即与全球节目模式巨头恩德莫尚集团（Endemol Shine Group）签署协议，合作开发节目国际版模式，并与BBC世界新闻频道（BBC World News）合作推出名为《中国的宝藏》的纪录片。2019年，湖南卫视声乐演唱节目《声入人心》在戛纳节展现场与全球顶尖娱乐经纪公司CAA中国和美国制作公司Vainglorious达成北美地区发行合作，原创节目模式落地北美，配音竞演节目《声临其境》的国际发行权也被英国投资、制作、发行公司The Story Lab购入，于2019年的戛纳电视节上推出销售。2021年，湖南卫视以智能手机与当代年轻人社交为切口的原创情感类综艺节目《一键倾心》在戛纳电视节上全球首发，2个月时间内即完成与意大利制作公司BALLANDI的"云端"签约，双方确定将共同推进节目在意大利的本土改造与落地制作，创造中国原创综艺"走出去"的最快纪录。东方卫视跨代际音乐竞演节目《我们的歌》2020年首次亮相戛纳电视节就受到海外模式机构及播出平台的热切关注，并与法国、德国、西班牙、美国、意大利等国家节目版权模式公司达成了初步合作意向，半年时间内与法国Herve Hubert SAS、索尼影视（德国）公司、美国华纳签署合作协议；2022年6月，西班牙国家广播电视台（RTVE）签署《我们的歌》西班牙语版本的版权模式购买协议，中方团队制作了节目模式机制说明的动画视频，将实际操作中总结出的制作流程、经验教训全部授予合作方，辅助西班牙语版节目的录制，根据这一节目模式制作的西班牙语综艺节目《不可思议的二重唱》（*Dúos Increíbles*）于北京时间9月30日在RTVE首播，收视率位居西班牙全国同时段节目第一，相关流媒体内容也在RTVE的网站上播出，成为中国节目模式海外输出又一代表性成果。

从总台推出的《朗读者》《国家宝藏》以多种形式的版权合作走向海外，到地方卫视《上新了，故宫》《声入人心》《声临其境》等节目纷纷引起国外制作机构关注，文化与音乐类节目已经成为中国综艺节目出海的排头兵，探索从内容到模式、从播映到版权综合开发的海外升级之路，而随着中国文化影响力不断扩大与国内综艺节目制作水准的提高，《灿烂的前行》《开始推理吧》等越来越多种类的综艺节目正前赴后继地走向国际展台，直接与世界一流模式机构、播出平台交流，探寻合作空间，可以预见，恋爱、推理等细分赛道的综艺节目也将在不断成熟完善的同时，持续向国际节目模式大盘输送源源不断的中国创意。

三 平台出海，差异竞争下的模式创新

出海不仅是新形势下国家提高文化软实力的战略需要，也是平台用户竞争的破局之道。2018年开始，芒果TV、腾讯视频、爱奇艺、优酷几家国内头部视频平台先后启动国际化战略，推出国际版App，将自身版权内容翻译成多语种面向海外地区播出，并开始探索与本土媒体合作运营海外自制内容的国际合作模式，逐步成为中国国际传播格局中的重要力量。根据OneSight发布的2022年《BrandOS应用类出海品牌社媒影响力榜单》，四家头部视频平台海外版均位列前15位，腾讯视频WeTV高居榜首（见图1）[1]；而据data.ai发布的《2023年移动市场报告》，2022年在线视频行业全球用户支出排行榜中，腾讯视频WeTV、爱奇艺iQIYI分列第4名、第5名，这标志着中国视频平台的海外战略已经初见成效（见图2）。企业战略与国家政策耦合，以《苍兰诀》为代表的影视作品以及以《这！就是街舞》为代表的综艺作品加速走进海外观众视野，为平台提供发展机遇的同时，也有效带动了中国文化"走出去"的步伐。

视频平台在开发更加多元化的国际市场时采取了差异化打法，腾讯视频WeTV、爱奇艺iQIYI扎根与中国文化传统贴近的东南亚市场，以高颜值的古偶剧集、甜宠剧集与青春选秀节目征服泰国、马来西亚等地观众；芒果TV国际版Mango TV发挥背靠湖南卫视的自制综艺优势，将《密室大逃脱》、《披荆斩棘的哥哥》（第二季改名为《披荆斩棘》）、《声生不息》等一系列王牌综艺输送至海外多地，《乘风破浪的姐姐》（第三季改名为《乘风破浪》）在日韩引起广泛热议，三季总观看量达到2.7亿次[2]，借助节目嘉宾、话题海外影

---

① 《（非游）应用出海白皮书：娱乐类"赢麻了"、工具类"去品牌"》，OneSight营销云百度百家号，2023年1月10日，https://baijiahao.baidu.com/s?id=1754601429109438335&wfr=spider&for=pc。
② 《中国视听内容在YouTube平台传播情况》，中华广播影视交流协会网站，2023年1月30日，http://www.carfte.cn/xwzxNews/2023/01/30/103412649.html。

BrandOS 2022年 TOP20
应用类出海品牌社媒影响力榜单

排名	品牌中文名	品牌英文名	BrandOS	排名	品牌中文名	品牌英文名	BrandOS
1	WeTV	WeTV	347.37	11	17直播	17 Live	159.18
2	TikTok	TikTok	289.54	12	美易照片	picsart	155.38
3	爱奇艺	iQIYI	277.77	13	优酷	Youku	152.06
4	Boomplay	Boomplay	252.77	14	BueNovela	BueNovela	150.84
5	芒果TV	MangoTV	251.72	15	万兴喵影	Filmora	149.30
6	Kwai	Kwai	227.96	16	Dreame	Dreame	149.04
7	哔哩哔哩	Bilibili	224.04	17	形色	picture this	137.25
8	WeComics	WeComics	205.61	18	Snaptube	Snaptube	135.64
9	BIGO LIVE	BIGO LIVE	177.13	19	每日瑜伽	Daily Yoga	134.79
10	JOOX	JOOX	173.26	20	宝宝巴士	BabyBus	134.73

Source: OneSight, BrandOS出海品牌社媒影响力榜单，数据源自Facebook、Twitter、Instagram、YouTube平台公开数据
Date Range: 2022/1—2022/11

图1　2022年《BrandOS应用类出海品牌社媒影响力榜单》（TOP20）

响力有效带动平台用户增长，芒果 TV 国际 App 海外用户数超过 1.09 亿[①]；在海外市场的选择上，优酷避开了其他竞争对手激烈厮杀的东南亚市场，将目光瞄准英国、澳大利亚及韩国，以独具特色的年轻态潮流内容打动千禧一代用户，优酷视频海外版 YOUKU 在澳大利亚、加拿大、英国及韩国的年轻用户中受到广泛欢迎。截至 2022 年 4 月，优酷已将超过 1100 部 1 万集节目版权发行到海外，实现了剧集、综艺、文化、纪实、动画、网络电影等节目类型全覆盖。

在平台自制内容出海方面，优酷视频表现亮眼，在国际化制作、传播以及模式出海等领域，持续探索矩阵式、标准化、交互玩法等创新路径，在海外观众尤其是"Z 世代"观众群体中取得可喜的传播效果。2017 年，优酷视频出品的悬疑推理网剧《白夜追凶》被国际流媒体巨头 Netflix 买下海外发行权，通过 Netflix 平台在全球 190 多个国家和地区播出，成为中国首部成功出海的网剧，意味着国产网剧制作水准得到国际认可。2019 年，优酷视频出品、改编自知名作家马伯庸同名小说的古装悬疑剧《长安十二时辰》在 Viki、Amazon 和

---

① 《芒果 TV 与老挝国家电视台、云数传媒共建东南亚区域国际传播中心》，中国日报网，2022年8月31日，https：//cn.chinadaily.com.cn/a/202208/31/WS630f06f1a3101c3ee7ae67e6.html。

网络视听蓝皮书

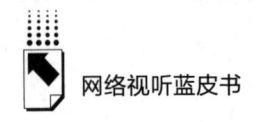

图2 2022年在线视频行业全球用户支出排行榜

Youtube 平台以"付费内容"形式在北美地区上线，实现了国剧出海从"免费"到"付费"的跨越，在弘扬中华传统文化的同时提振了国内影视行业信心。而聚焦到综艺领域，优酷长期坚持布局综艺出海，与浙江卫视联合播出的篮球竞技节目《这！就是灌篮》首季尚未完结，就与福克斯传媒签署了版权模式合作协议，授权其在中国大陆外的国家和地区进行模式的本土化开发。2021 年 5 月，越南头部制作公司 Yeah 1 Entertainment 与优酷达成版权合作，宣布引进街舞选拔类真人秀《这！就是街舞》进行本土化开发；2022 年 4 月 22 日，《这！就是街舞》越南版 *Street Dance Việt Nam* 在越南胡志明市电视台（HTV）、越南有线电视官方在线新闻频道（VTV cab News）及 YouTube 播出，开播当天即取得越南全国电视台同时段收视率第一名，YouTube 播放总量达到上亿量级，标志着中国网综实现节目模式出海零的突破，成为中国综艺发展进程中具有里程碑意义的历史成就。

作为《这！就是街舞》系列综艺的实际制作团队，灿星制作在节目模式的海外输出中也有过成功案例，其自主研发的原创音乐真人秀节目《中国好歌曲》也曾在 2014 年被英国国际传媒集团购买版权。此次，为助推街舞模式在越南成功落地，优酷学习海外的标准化内容制作理念，与制作团队共同打造了超过 200 页的全英文"制作宝典"，覆盖节目理念、制作流程、节目形式、主题音乐等全链路，并提供视觉设计、舞美等节目制作素材与实际制作指导。标准化的操作手册极大提升了节目的可复制性，使《这街·越南版》节目既能进行本土化的适应性改造，又保留了中国原版节目的精髓，为《这！就是街舞》模式向全球输出打下坚实的基础，也侧面展示出中国影视行业工业化水平取得的长足进步。

2022 年，立足于《这！就是街舞》积累下的丰富经验，优酷继续深耕街舞赛道，携手中国舞蹈家协会街舞委员会推出女子齐舞舞社真人秀节目《了不起！舞社》，力求选拔出一支艺术、专业与创新兼备的齐舞社团参与国际赛事，记录年轻女性舞者在追求梦想路上的成长蜕变。节目播出期间，优酷在 YouTube 官方频道上线了英语、泰语、越南语、印尼语 4 语种字幕，吸引大量海外用户自发投稿翻译西班牙语、阿拉伯语字幕，有效拓展了节目海外传播触达的广度与深度。此外，优酷海外运营团队基于对国际文娱市场的洞察，将国内综艺营销过程中的创新玩法进行本土化移植，在锦鲤拿趣（阿里文娱旗下

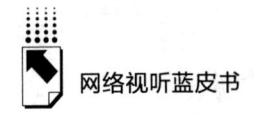

潮玩品牌）海外电商网站 koitake.club 迅速上架节目虚拟形象"毛鸡蛋"毛绒玩具等衍生品，承接节目观众消费热情；同时节目发起"了不起的 reactor"等线上互动活动，鼓励用户把自己观看节目时的场景录制成视频并上传到网络平台，一同分享节目观感，收获英语、日语、泰语区用户的热情反馈，围绕节目虚拟形象"毛鸡蛋"发起的二创形象征集活动，收到百余份投稿作品，极大激发海外用户参与热情。截至收官，节目在 Twitter 等海外重要社交媒体共计斩获 136 个热搜，最高达到世界趋势 No.2，泰国、越南、菲律宾等地多次达到 No.1，获得泰国 sanook、菲律宾 18 家海外媒体的自发报道。

《这！就是街舞》与《了不起！舞社》两档街舞节目的成功打造，构建起优酷视频立足本土、面向国际的"街舞宇宙"。街舞模式强势出海，打动无数海外"Z 世代"观众，向世界生动展示了传统与现代、民族与世界融合的中国街舞文化，彰显出新时代中国综艺行业蓬勃的创造活力与不断增强的国际传播能力。

结　语

2022 年，中国综艺出海成果显著。《这！就是街舞》与《我们的歌》两档中国原创综艺成功实现海外制播，标志着中国综艺产业在走向版权模式出口的成熟之路上迈出关键一步，为培育文化贸易竞争新优势进而推动对外文化贸易高质量发展提供成功经验。

习近平总书记在党的二十大报告中指出要："加强国际传播能力建设，全面提升国际传播效能，形成同我国综合国力和国际地位相匹配的国际话语权。"① 以综艺为代表的中国文化产品出海蔚然成风将有助于扩大中华文化影响力，在海外观众特别是海外广大青年群体中树立可信、可爱、可敬的中国形象。随着中国影视文化产业的发展成熟，将会有越来越多的中国原创综艺模式走向海外，为中国建设文化强国、增强国家文化软实力发挥不可或缺的重要作用。

---

① 《习近平著作选读》第 1 卷，人民出版社，2023，第 38 页。

参考文献

《〈这！就是街舞〉越南版播出，中国网综首次实现节目模式海外落地》，中国日报网，2022年4月26日，https：//ent.chinadaily.com.cn/a/202204/26/WS6267a38ba3101c3ee7ad28ce.html。

《Guizhou Echo丨省内首档国际传播轻综艺是如何让外国友人向世界讲述贵州故事的?》，贵州省国际传播中心微信公众号，2023年1月15日，https：//mp.weixin.qq.com/s/TmJf MWxvC6Ii77ztANikzw。

案例分析
Case Analysis

B.17
网络剧《猎罪图鉴》创作路径与案例分析[*]

武瑶 程逸睿[**]

摘　要： 2022年在爱奇艺和腾讯视频平台热播的《猎罪图鉴》掀起观剧热潮，引发观众的热烈讨论，成为当季"黑马"。该剧对"画像师"职业的引入是一种全新的创作尝试，为百花齐放的国产悬疑探案剧注入新的活力。本报告主要基于该剧的市场表现和观众的观剧反馈，从创作路径层面对《猎罪图鉴》进行深度分析，从人物塑造方法、案件的社会性观照、剧集的女性主义价值等角度提炼出该剧的创作特点，以期为后续的探案剧创作提供新的思路。

---

[*] 本报告系北京社会科学基金项目"新技术环境下交互电影叙事研究"（20YTC032）与北京市教育委员会科研计划一般项目"中国互动影视发展现状与开发策略研究"（SM202110028014）阶段性成果。

[**] 武瑶，澳门科技大学人文艺术学院2019级博士研究生，中国传媒大学戏剧影视学院副教授、《猎罪图鉴》总编剧，主要研究方向为广播电视；程逸睿，中国传媒大学媒介融合与艺术创新研究中心特约研究员，中国传媒大学戏剧影视学院硕士研究生，主要研究方向为影视艺术、影视传播。

关键词： 探案剧 《猎罪图鉴》 创作路径 女性主义

一 影片概况与收视表现

《猎罪图鉴》是 2022 年 3 月 6 日首播的 20 集网络剧，播放平台为爱奇艺和腾讯视频。该剧由张晓波监制，张翼芸任总制片人，贾东岩、武瑶任总编剧，邢键钧执导，檀健次、张柏嘉领衔主演，秦海璐、房子斌特别出演，金世佳特别主演，出品方为柠萌影业、柠萌开新、爱奇艺。该剧讲述了年轻的画像师沈翊进入公安北江分局刑侦支队，同刑警队长杜城组成搭档，通过对人心的捕捉和高超的画像技术，还原案件中关键人物的样貌，打开查明案件真相的关键缺口。该剧围绕"画像师"这一观众较为陌生的职业，描绘出一幅"罪案图鉴"，通过主人公的"猎罪之旅"，呈现对复杂人性的追问与探讨，以及对多个现实社会议题的高度关注。

《猎罪图鉴》一经播出就取得不俗的数据表现，连续多日在云合数据、骨朵数据、猫眼热度、灯塔数据夺得榜单日冠，同时在开播的第一周以破 8000 的热度刷新了爱奇艺短剧集史的热度记录。据云合数据统计，截至 2022 年 6 月 30 日，《猎罪图鉴》以 7 天集均累计有效播放 2881 万次位居全网榜首，正片有效播放最高市场占有率达 34.9%，连续 10 天占据连续剧热播榜第一位置。而《猎罪图鉴》也引发舆论上的热烈讨论，据爱奇艺指数统计，截至 2022 年 3 月 18 日，爱奇艺站内弹幕总量突破 1000 万条，据猫眼专业版统计，微博话题阅读量为 52.57 亿次，话题讨论量 259.0 万次，官方抖音首周点赞量破 1853 万次，首周总播放量破 6.4 亿次，主话题阅读量破 17.7 亿次。值得一提的是，对观众进行受众分析，该剧的女性观众占比高达 71.74%，呈现同许多探案剧不同的男女观众占比，受女性观众青睐的特点，表现出创作者对女性市场的敏锐嗅觉，以及"女性主义"在影片中的成功书写。

二 创作路径

（一）新现实主义人物塑造：新职业、身份边界与轻表达

在《猎罪图鉴》播出后，越来越多的观众开始了解"画像师"这个职业。

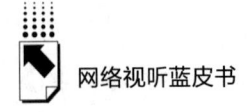

所谓"画像师",即"警察中的画家",是通过视频、图片、语言描述等材料来复刻犯罪嫌疑人或受害者的外貌,从而使案件得以侦破的刑侦技术岗位。"画像师"在中国目前仅有一百多位,较为稀缺,在影视剧中更是少见。当"画像师"这一职业作为主角在探案剧中出现时,在获得新奇性红利外,创作者所面对的还有关于画像师这个在探案剧中新职业所带来的全新探案逻辑的考量。这种以"罪案脸谱刻画法"为主侦查逻辑的探案形式和以往以普通警察或法医为主体探案人物的刑侦剧完全不同,观众能否接受这种探案形式,能否理解画像师的工作模式,在创作之初都是问号。对于创作者来说,这无疑是一次浪漫的冒险。

《猎罪图鉴》的主角——画像师沈翊是这次浪漫冒险的产物,创作者想要将沈翊塑造为"穿制服的毕加索"式艺术家侦探的形象。沈翊的塑造成功与否,关乎该剧的底层探案逻辑是否为受众所接纳,而要成功完成角色的塑造,则需要细致地去探讨:作为画家的沈翊是怎么样的?作为警察的沈翊是怎么样的?作为画像师的沈翊是怎么样的?当然,最重要的是:作为人的沈翊是怎么样的?这些追问表明了沈翊身份的多重性,角色不同的身份模块都在侧写他的立体人生。创作者认为,比起传统公安题材的现实主义创作,其更倾向称《猎罪图鉴》的现实主义创作为"新现实主义创作"。这种"新"首先体现在角色身份模块的多重性上,这是一种全方位、多角度的"圆形"人物塑造。身份边界的模糊性,也是沈翊许多内在矛盾生发的起源。这种身份不同带来的特质和思维方式的互搏使沈翊的生命更加鲜活:画家的浪漫、不羁和细腻,画像师的严谨和细致,警察的勇敢和直接。这些特质使沈翊混乱又统一,神秘而充满魅力。其中,最受观众瞩目的身份"画像师",又在案件中承担着核心的功能性,这表现在其画像技能的优劣往往决定着案件真相是否能告破,当把握不好创作尺度时,这种功能性就会转变为机械的工具性。一旦主角沦为"探案机器",剧情便会失去原本该有的情味。创作者为了留存这种情味,需要让观众在沈翊不同身份割裂又互补的矛盾间隙中,窥见沈翊于身份外,作为"本我"的部分,这种"本我"是所有特质在一瞬间的"共振"。譬如,沈翊在"老师遭遇 AI 换脸诈骗,选择自尽"一案中,在得知嫌疑人可能获得的刑期并不长,他冲动地独自持画逼问嫌疑人,诱使嫌疑人持刀袭警,以延长其刑期。这是不太符合职业纪律的行为,但这种冲动"出界"的不完美,是沈翊作为"人"的话语表达，是沈翊作为"艺术家"的浪漫表现。观众无论是孤立地从任何一个身份模块去解读他的行为，还是以身份的整体去解读他的行为，都是成立的，这便意味着角色的"本我"之核已经被塑造了出来。此外，创作者还赋予了人物一些小的细节，比如沈翊一上车就睡觉，在画画的时候会吃糖等。这些细节为角色的"本我"之核提供支撑，在充满趣味性的同时，拉满了人物的厚实度和立体度。

"不虚美"是新现实主义人物创作的第二个指征。新现实主义向度下的人物塑造，并不是通过画像这一"神技"将角色"神化"，而是要求职业技能服务于复杂角色个体，而非角色为职业技能绑架。不少观众在评论中指出，现实生活中诸如林宇辉警官的技术较之沈翊"更神"，但在《猎罪图鉴》中，沈翊还是一名年轻的画像师，且画像技术只是沈翊职业技能的一部分，通过和人的交流获得心理的洞察才是他探案技能之纲。以画技为引，保持对人心的探寻，游刃于技能与人心的解读中，这需要极强大的同理心与共情力，这注定了沈翊虽然是"神人"，但也还是"人"。不抛弃沈翊身上的平凡人特征，使人物的共情力有了更深的依据。

"轻表达"是新现实主义人物创作的第三个指征，具体体现为人物塑造形象上的年轻化和话语表达上的青春化。除模拟画像师沈翊之外，刑警队长杜城、法医何溶月、技术警李晗、刑警蒋峰等角色共同构成了外形靓丽、年轻时尚的"青年猎罪天团"。主角团队的年轻化拉高了年轻观众群体的好感度，也使创作者想要案件探讨的严肃、沉重的社会话题有了不晦涩的话语表达方式，有了更佳的市场接受度。观众不仅能看到主角各自的人物弧光，更能在主角的成长中感受到主角关系之间的嬗变。在这种关系的嬗变中，观众能体会到主角们命运的交响与深层的情感同构。比如，《猎罪图鉴》中的沈翊和刑警队长杜城之间关系的嬗变，隐匿于一连串的案件侦破过程，生发于两个角色的同与不同中。从这个角度来看，这种嬗变关系更像是"秀才遇上兵"人物关系范式的当代变体。杜城在剧情初期时直接、莽撞，依赖人力行动，而沈翊更擅深思，谋定而后动，更相信自己的技术，这是两种完全不同的处事思路，而到后期，在两个人愈加默契的配合下，个人特质也逐渐向对方发生迁移，处事思路逐渐趋同。而整个"猎罪天团"也在历经多重案件后配合得更加默契，情感的联结也更加紧密，这种团队间的信任感和归属感，也符合年轻观众的心理诉求。

（二）案理与画意：人本主义向度的社会性鉴照

《猎罪图鉴》之所以被称为"图鉴"，其中一部分原因是在不长的20集篇幅中，涉及10起案件，平均一到三集会讲述完一个案件，叙事节奏轻快，可以称其为单元探案剧。不同的案件单元在表面上看并无联系，但是案件的共同点是创作者基于人本主义向度，对于案件中的"人"的深度讨论与刻画。在这种创作逻辑下，创作者在"人"上投注的笔墨，甚至较用于案件本身架构的还要多。这也使每一个单元案件虽精巧、充满奇观性，但并不流于轻浮。

人本学派代表学者马斯洛的需求理论将人的需求分为"生理需要，安全需要，归属与爱的需要，尊重的需要，认识需要，审美需要，自我实现需要"几种。而《猎罪图鉴》几个案件中罪犯的犯罪动机，也无非这七种需求未被满足而出现的延展。从需求出发，以情感作结，每一桩案件的走向大抵如此，而无论是需求还是情感，都绕不开对人的分析，因此，侦查逻辑一般是通过搜寻来的材料复现出嫌疑人/受害人的形貌，再更深入地廓清这个人的生活原貌，探寻他的需要与情感，找到一击必中的脆弱的那个"点"，案件至此便水落石出。创作者选用这样的侦查逻辑来写每一宗的案件过程，是出于对沈翊画像师职业的高度匹配，也揭示了创作者以充满特色的探案者为创作轴心来解构案件的思路。

首先，这种思路表现在对"脸"这个身体符号的高度关注上。从身体社会学的角度看，人类身体需要在日常生活中经常地、系统地得到生产、维护和呈现，因此身体最好被看作各种受社会制约的活动或实践得以实现或成为现实的潜能。[①] 这是一种将身体作为社会实践的观点，表达出脸的工具性，而这种观点在《猎罪图鉴》的创作者笔下得到直观化的表达。举例来说，全剧中有多次脸被替换、被偷盗的案例。"绑架案"中，陈铭峰易容成"闻璟"的脸，化身温柔绅士来诱骗富家千金华木姚，这张脸不仅是好看的皮囊，还代表着全新的社会身份符码。剧中角色对于一张脸背后的身份认同，和因脸而起的情感拒斥，充溢着浓厚的荒诞意味。这也印证了社会学家玛丽·道格拉斯的观点：

---

① 安东尼·吉登斯：《社会理论与现代社会学》，文军、赵勇译，社会科学文献出版社，2003，第126页。

社会身体制约着我们对物理身体的理解。我们对物理身体的经验总是支持着某一特定的社会观点，它总是被社会范畴所修改，并通过它被了解。在两种身体经验之间，存在意义的不断转换，这样，任何一种经验都强化着另外一种。①在另一个"网络诈骗案"中，沈翊的老师轻信了 AI 换脸儿子的求助视频，不得已作伪画谋利，最后在愧疚中自杀身亡。创作者借主角之口表达：脸是最重要的身份识别信息，但被轻易盗去。沈翊的老师在知道受到欺骗后，却依旧保留着这段有儿子脸的视频，以此作为情感的慰藉。这个时候的脸，不全然代表了身份符码，更多的是一种情感符码。相似的还有"连环爆炸杀人案"，患有脸盲症的李军伟为了给多年前失足落水的儿子李连楷复仇，将自制炸弹寄给与儿子同行的其他几人，在最后欲用炸弹和沈翊同归于尽时，沈翊用脸盲症患者能看明白的方式画出长大后的李连楷的样子，打动了李军伟。同之前对脸的盗用、伪饰不同，在这个案件中，创作者用"脸盲症"这一特殊病症使识脸机制失能，其背后的逻辑都是将脸作为情感符码。创作者设计了对这一解码过程的诸多干扰因素，本质上还是为了呈现案中人作为人的情感诉求，这种把脸作为功能性符码的创作路径，鉴照出曲折案情背后纯粹的人心与人情。

其次，这种思路也表现在《猎罪图鉴》中名画画意与案情的互文关系中。因为题材新颖，创作者并没有找到能直接参考和对标的剧集。他们索性以名画作为创作的灵感来源，在名画中寻找犯罪现场。在搜集和整理了海量模拟画像和美术史资料的基础上，他们结合真实案例和社会议题进行创作。②全剧的第一集就出现了雅克·路易·大卫的名画《马拉之死》，通过关于"马拉之死"的三个谎言的揭露作为沈翊出场的"定场诗"，表明画像师的职业价值是记录和还原真相。同时，剧中对画意的描述也是案情的另一重解码方式，画中人与案中人也有着微妙的对应关系。比如，"褚英子案"中提到了 18 世纪画家威廉·霍加斯为死刑犯莎拉·马尔科姆所作的画，马尔科姆和褚英子一样背负谋杀女性的指控，并都表示有同伙存在。在"家暴男被反杀"一案中，沈翊介

---

① 乔安妮·恩特维斯特尔：《时髦的身体：时尚、衣着和现代社会理论》，郜元宝译，广西师范大学出版社，2005，第 11 页。
② 《中传戏剧影视学院校友任编剧团队 推理短剧〈猎罪图鉴〉正在热播》，中国传媒大学戏剧影视学院微信公众号，2022 年 3 月 10 日，https：//mp.weixin.qq.com/s/4kHkhxp55xFbJQhh6XBzKQ。

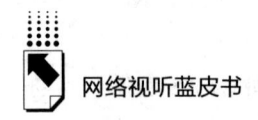

绍了阿特米西娅·真蒂莱斯基的《朱迪斯斩杀赫罗弗尼》，该画描绘了女英雄朱迪斯和她的女仆合力杀死了残暴统治者赫罗弗尼，这对应着"两女性合谋杀害家暴男"的案情，而真蒂莱斯基本身也遭遇老师的强暴，并勇敢地揭露老师的暴行。故此，女画家本身、案情、画意构成了女性反抗男性暴力的三重排比，这种创作者在叙述上使用的修辞性结构遍及全剧，是创作者适配主人公"画像师"职业的创新性表现方式。

（三）于阴影中凝视：罪案中的女性生态图鉴

《猎罪图鉴》的许多案件中有女性受害者，也有以女性作为犯罪主体的案件，有学生、女建筑师、画家、护工、无业者等，女性样本群体辐射到不同阶层、职业、年龄。在诸多案件中，可以看到女性的挣扎、呼救、互助、自救，能够看到阴影中女性的彷徨和向上的意志。创作者认为，探案剧中的女性主义观照不是塑造完美的女性光晕，而是通过不完美的女性生存境遇的举隅来窥知真实女性生态的缺齿。无论是作为受害者，还是施害者，《猎罪图鉴》中的这些女性的共性是：都是在生命阴影中被凝视的对象。"男性观看/女性被看"最早是约翰·伯格 1972 年在解读欧洲裸体画时提出的，伯格指出"女性自身的观察者是男性，而被观察者为女性"[①]，而在本剧中，观看的对象却并不局限于异性，在案件构成的关系场中，相同性别和不同性别的互相凝视是更贴合现实的存在方式。

这种凝视存在于各种情境中，当创作者以凝视作为创作切口时，女性的需求、欲望、受到的规训等都可以被呈现出来。举例来说，全剧的第一个案件就是这种对女性凝视的具象化表达，第一个案件讲述的是整容医院的院长梁毅利用职务之便，在密室中迷奸多名女性，最后被受害者之一的女建筑师蒋歌毒杀。蒋歌拥有优秀的专业能力，但因为不出众的外貌失去不少工作机会，于是她选择通过整容的方式先在外形上获得关注，再通过专业能力成为业内有名的建筑师。蒋歌的容貌焦虑来源于她敏锐地意识到所谓的职场准入中对自己外貌上的"凝视"，而整容行为，正是她被不公秩序规训后的结果。蒋歌还协助梁毅参与到对其他女性的迫害中，梁毅的密室甚至都是她设计的，这密室是困住

---

① 约翰·伯格：《观看之道》，戴行钺译，广西师范大学出版社，2005，第 572 页。

女性自尊的"茧房",而蒋歌也作茧自缚,困住了自己。在梁毅案中,除了蒋歌选择用暴力的手段强行终止这种凝视外,还有女性受害者精神失常——确实,自我的内耗也是被凝视的一种结果。无论是暴力反杀还是精神失常,创作者给被凝视下的女性设计的结局都是悲剧性的,这种悲剧意蕴也延宕到整个剧的所有女性案件中,具有十足的社会警戒意义。

蒋歌的仇杀是创作者基于当下女性职场歧视议题和容貌焦虑现象对经典复仇女神人物母题进行的现代化改编,而这种改编在全剧中并不是孤案。另一个女性仇杀案件则关注的是家庭暴力议题对女性的伤害:陈秋雯不堪赵明哲的家暴,逃离到外市后,接到同样遭受家暴的赵明哲现任女友陆婷的求助。为了保护陆婷的孩子,让两人永远摆脱赵明哲的伤害,二人合谋杀害了赵明哲,为了保护陆婷,陈秋雯还主动顶罪。实际上,创作者是将陈秋雯和陆婷设置为双生的、一体两面的镜子。两位女性在对彼此的凝视中,看到自己的悲惨际遇,从而萌生了"自救意识",这种自救也体现为"拯救她人",这种人物关系的设置也揭露了社会上许多女性互助的心理依据:关于伤痛的共情。创作者描绘的这种拯救并不带着"风月救风尘"式浪漫传奇色彩,而是晦暗的、冷静的,呈现残酷的悲剧性结局,对于影响这两个女性从受害者到施害者转变的诸多因素的描述也只写了女性心理上的变化,这是一种引发观众对于家暴问题无限反思的留白方法。

两个女性之间可以是互助的关系,同样也可以是互相伤害的关系。创作者对于女性关系的深度思考,是为了从多个层面展现女性内心的丰富需求,譬如安全感需求、爱的需求等。"少女任晓玄死亡案"中,少女任晓玄误以为帮助过自己的中性打扮女生瞿蓝心是男生,并且爱上了瞿蓝心,而不自信的瞿蓝心误以为任晓玄认可这样的自己,在穿上女装和任晓玄见面时,任晓玄没办法接受梦想幻灭而选择自杀。关于这场案件,观众讨论最多的是:任晓玄是否知道瞿蓝心是女生?但从创作者看来,任晓玄是否知情并不重要,对瞿蓝心的"爱慕"只不过是任晓玄自我陶醉式的单向凝视的产物。"瞿蓝心"只是任晓玄为了逃避同学霸凌、老师猥亵这些外部"凝视"所构筑的安全屋,是否知道瞿蓝心是女生只不过是入戏深浅的程度不同而已。又或者说,任晓玄之爱是"那喀索斯情结"的一种变体,"瞿蓝心"带着的光环是任晓玄理想中的自己应该有的。这种虚幻的爱人光环在另一个案件中也出现过,富家千金华木姚爱上了帮助过自己的绅士闻

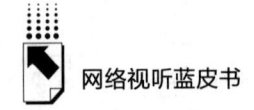

璟，但闻璟却是由于为了报复她未婚夫的陈铭峰通过易容术假扮出来的。陈铭峰还为了钱财绑架了华木姚。当华木姚知道闻璟的真面目时，却怎么也无法接受自己的爱人是如此平凡的模样。令人深思的是，华木姚为了逃避父亲和未婚夫的凝视从而爱上了闻璟作为心灵的依托，而对于陈铭峰，闻璟是其在整个社会世俗的凝视下创造出的成功者幻影，而这幻影又在华木姚的凝视中成为自我的枷锁，最后他用这个枷锁伤害了华木姚。这个案件的底层逻辑就是凝视与被凝视的伤害闭环，创作者试图通过这样的闭环来揭露女性，或是说"人"的自我欲望投射的病态路径，这种路径也是诸多犯罪行为生成机制的构成部分。

《猎罪图鉴》的创作者对于女性形象的刻画往往采用简笔画式的笔触，通过寥寥数笔勾勒出女性角色梦想、性格、情感等关联的生活碎片，观众之所以能够通过这些碎片迅速理解角色的作案动机与背后的心理诱因，是因为这些人物是创作者对社会文本深度解读后提炼出的人物典型，而非架空式地用戏剧性元素堆砌出符合案件奇观化需求的人物形象。作为多案件的探案剧，详尽地展现每一个女性角色的社会关系、人生轨迹、心路历程等是非常困难的，因此，创作者用全剧不同的女性案例碎片从不同角度拼凑出较为完整的阴影中的女性生态图鉴，这书写于罪案中的一个大写的"女"字，使《猎罪图鉴》蕴含着深刻的女性主义价值追寻。

结　语

《猎罪图鉴》收获了口碑和热度的双丰收，成为探案剧中的一匹"黑马"，这和创作者在创作路径中的新尝试有较高的关联性，具体表现在新现实主义的人物塑造、探案"新职业"的选择、女性主义的观照上。创作路径之"新"，为后来的探案剧提供了一定的借鉴。新时代的探案剧，不应只在案件的"奇观性"上博人眼球，更应当注重案件的底层逻辑对人性善恶的表达、对社会现实的鉴照，探索正向价值观表现路径的创新。在探案剧中，无论是探案者还是案中人的塑造，都应秉持现实主义的创作原则和人本主义的关怀心态。只有这样，才能创作出"有活度、有温度"的探案剧精品，在"侦破罪案"的生动案例中弘扬新时代社会主义核心价值观。

B.18
悬疑题材网络剧《重生之门》《冰雨火》案例分析

宋欣欣*

摘　要： 观摩当下，创作者将法治议题糅合悬疑内容生产，拓展了悬疑题材网络剧的探索面向。剧场运营与内容生产双向连接，重构了悬疑题材网络剧的媒介传播环境。从创作特征看，悬疑题材网络剧侧重强化叙事情节设置的紧密度，提高单集叙事的发展速度，考究叙事内容的专业性和真实性，进而试图探索极致化类型表达的机理。在传播效果层面，悬疑题材网络剧借助视听平台的运营策略，探索类型内容的生产边界。值得关注的是，悬疑题材网络剧的构图场景有效把握自然意象的糅合与铺设，自然意象是悬疑题材网络剧制造悬疑感的视觉手段之一。

关键词： 法治题材　剧场运营　受众需求　叙事创新

一　剧集概况

近年来，悬疑题材网络剧的类型糅合逐步拓展。悬疑推理元素通常与青春情感类型元素嫁接，形成闭环叙事。优酷网络平台播出的《重生之门》《冰雨火》展现了国产悬疑剧的头部优势，收获较高的网络传播度和社会舆情讨论度。《重生之门》是优酷悬疑剧场运营布局中的重点类型题材剧，凸显了优酷悬疑剧场的议题差异化。《重生之门》吸引了不同年龄段的演员参

---

* 宋欣欣，清华大学新闻与传播学院2022级博士研究生，主要研究方向为视听传播与文化产业。

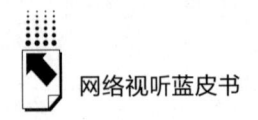

与其中，领衔主演阵容吸引了张译、王俊凯加入，潘粤明、张国强友情出演，主演团队包括冯文娟、范诗然、徐悦、兰海蒙、田小洁、尹铸胜、江柏萱、曹克难、刘岳、赵秦、刘显达等。2022年4月27日，该剧在优酷平台上线播出。对比来看，《冰雨火》主演团队由陈晓、王一博、王劲松、刘奕君、赵昭仪、郭晓婷等老中青迭代加盟，并于2022年8月11日在优酷视频线上播出。由于题材特殊，《重生之门》《冰雨火》均选择了网播先行的方式进入大众视野。

二 创作特征

随着影视工业化生产优势的铺垫，法治悬疑类型剧集从小众类别走向大众认可。在时代语境中，彰显着类型审美表达的叠变。剖析《重生之门》的创作机理，其创作范式主要更新如下几个层面。

其一，《重生之门》创作者对人物设置使用反常规组合，光明与黑暗的对峙，人性沦陷与正义重生的推拉选择，这些正向创作价值观注入内容构成部分。张译饰演的警察与王俊凯饰演的天才少年庄文杰，从年龄结构上是年长者与青年人的博弈，通过视听语言营造光影两端虚实交互的效果。《冰雨火》采用了双主角人物设定。吴振峰和陈宇两个男性角色，突破了观众的惯性思考。传统双男主模式中，双男主保持平行状态，两位男性的人生轨迹呈现对立状态。平行状态更多代表了携手同行的兄弟情谊。对立状态是由于主体社会身份的分化，导致二人迥然的生存境况和价值选择。火热渴望与冰冷纯粹的性格，正向与邪恶的发展轨迹，使二人朝向相反的终点渐行渐远，最终通过彼此救赎，将对方拉回到同一命运共同体，升华了剧中所传递的以人为本的核心价值理念。这种路径背离恰好符合剧作主题，体现了"冰""火"两个截然不同的侧面。

其二，《重生之门》创作者强化了剧情信息密度的精细程度，提高单集叙事进阶的发展速度，以专业视角探析情节逻辑的可行性。值得指出的是，《冰雨火》选择以极致的类型化表达，局中之局戏中之戏突破同类型叙事，争取与核心受众"博弈"，创作者试图挑战受众固有的倍速观看习惯。为了达到这一艺术创作目标，编剧团队反复修改剧集文本，逐句斟酌推敲台词，让每一句台词都能产生存在的必要性，上下文的极强逻辑连接，避免了受众跳跃式观看方式。如果受众切条或倍速观看，就会降低对复杂文本内容的精准理解程度，从而确保受众对单集剧集的专注度。同时，《冰雨火》高频率的反转叙事节奏，并不是为了激发爽感体验，而是为了凸显类型创作的真实性标准。通过扩充剧集集数，《冰雨火》从最初的24集，修订成32集。文本修订过程首先在于文本大框架修订完毕，然后主创团队对第二轮的修改集中在情节和叙事结构技巧层面。《冰雨火》通过典型案例的铺垫而拔高情节的专业性，使剧集的落地转化，建构于真实可信的艺术评价体系之上。

其三，《重生之门》汇聚了创作能量，展现探案刑侦推理过程中注重专业性和科学性，避免原文本流于悬浮空洞的程式化弊端。同时，围绕题材创新，《重生之门》以新颖的盗窃题材为小切口，坚持让细节推进过程有理可依、有法可效，进而还原现实的扎根性，以引发观众的深度共情。《重生之门》中占主导位置的是本格推理。本格推理与社会派推理类型存在源流关系，本格推理类型正统色彩浓厚，注重推理逻辑的层层嵌入。并以解析推理谜底为目标设置谜团，不倾向于写实，专业水准和难度系数高于社会派推理。《重生之门》选择了将本格推理融进故事，叙事主线的展开、谜底的揭示，展现了演绎推理法的智性魅力，警察与少年为探究公平与理性而同向而行，但本格推理范式与现实生活可能有一定距离，具有非现实性。《冰雨火》每个案例容纳了7~10个真实案例，创作者通过广范围寻找，筛选适合视听呈现的案例，整合真实案例素材，让案例有真实案源铺垫。同时，《冰雨火》在扎实调研基础之上，把握了视听语言的鲜活性。《冰雨火》创作团队以现实案例为原型进行艺术创作，为奋战在缉毒第一线的普通警察正名。创作者不断观察现实缉毒干警的工作生活习惯，将一线干警的人物神态转化为剧作人物的工作语言。从而使《重生之门》《冰雨火》引领了行业题材剧的质量升级。《重生之门》全剧共26集，却拍摄了1827场戏，戏剧体量已经超出行业标准，以巨大的信息量和丰富的视觉效果，为观众呈现惊险的警匪对决、新奇的高科技偷盗和反盗手段，带来"忘记呼吸"般的观剧体验。[1]

---

[1] 《人民日报评优酷〈重生之门〉：国产悬疑剧向阳而生》，优酷情报局微信公众号，2022年5月24日，https：//mp.weixin.qq.com/s/rN69oj_6rrlOJSP9xzY1zQ。

其四，运用组合式隐喻的美学风格。悬疑题材的创作者集体通过类型叠加、视觉语法的创新和超越常规的主题意涵实现出圈态势，三维度协同并进为悬疑剧赛道探寻了新的可能性。纵览刑侦探案剧的创作历史，不乏暴力血腥场面的直观显露。随着近年来审查政策的升级，敏感镜头的构图尺度由直接呈现转为隐喻表现。普通受众也能准确解码，从隐喻画面的表征机制中理解创作者的内容表意。实景拍摄、动作戏含量高的《冰雨火》将悬疑类型剧的特殊魅力与现实主义美学结合，悬念推进疑窦丛生，警察群像鲜活生动，既有"孤勇者"卧底作战的热血爽味，也有禁毒警察守护正义的感染力，其能俘获全年龄段用户也在情理之中。① 在吴振峰被打并被取指纹的片段中，创作者设计运用第一视角的主观拍摄方式，让演员对着摄像机表演，去陈述一个主观事实，以主观视角去揭示事件真相，产生了美学震撼力。

三 传播效果

2022年，国产悬疑剧的总体豆瓣评分比上一年提升近0.9分，其中豆瓣评分7.5分以上的作品有4部。截至2023年3月，骨朵数据显示，《重生之门》的豆瓣评分为6.7分，历史最高评分为6.7分。虽然该剧的豆瓣评分位于中间层面，但参与评价的受众人数却达到17万人，受众参与度与评价结果并未有强关联性。《冰雨火》的豆瓣评分为7.3分，历史最高评分为7.3分，豆瓣评分人数为16万人。围绕《冰雨火》内容宣发的新闻类、评论类文章为148篇。

通过观察可见，得益于市场偏好的集体转向，悬疑剧社会传播度整体大幅度攀升，口碑评价总体正向。高关注度现象级悬疑IP改编而来的高分品质剧相继推出，包括《胆小鬼》《庭外》《猎罪图鉴》《唐朝诡事录》，这些原创或IP改编的悬疑类型剧各有创新点，多个创作主体的参与，在某种程度上掀起悬疑类型剧创作风潮。悬疑类型剧的大众化生产，体现了悬疑类型剧创作市场主体之间的对话意识，凸显了市场激烈竞争态势。在传播效果层面，《重生之

---

① 《悬疑剧的关键一年，优酷的厂牌这样养成》，影视独舌微信公众号，2022年12月21日，https：//mp.weixin.qq.com/s/UXRwrOKrbw61XJ91HOPfPA。

门》《冰雨火》达到理想的传播势能。两部剧集连续多日占据网络剧集播放窗口的领跑位置，在社会群体中大范围出圈。《冰雨火》与《重生之门》的全民影响力可观，受众评价梯度分化趋近化，这两部剧上线后在优酷站内热度值均突破10000，各项数据评价指标领衔各大榜单，代表了2022年剧集市场"高开高走"的典型行业剧案例。

优酷悬疑剧场的品牌知名度与剧集热度上升效果呈正相关。优酷的精品战略驱动了《重生之门》《冰雨火》的圈层共振。从重大革命历史题材到脱贫攻坚题材，新主流内容同频呼应，包括重大现实题材剧集、优质青年影响力剧集在网络端口映现，优酷形成了新主旋律内容的"自来水"传播效应。通过"悬疑+各种类型"的组合，提高了类型产品生产效率的同时，也提高了传播效率。《盛装》使用了"悬疑+女性+职场"三种类型组合形式，扩大了悬疑内容的生产可能性边界。《重生之门》使用"悬疑+推理逻辑"，《冰雨火》的"缉毒+探案"组合元素，将类型生产的可能边界向多点移动，传播效果的显著性也证明了悬疑类型生产投入与产出的流向正确性。《重生之门》《冰雨火》《立功·东北旧事》等悬疑剧集的批量推出，结合了市场供给与市场需求，从而在一定范围内达到市场均衡性，显示了悬疑类型剧集对市场的号召力。

值得思考的是，自然意象成为中国悬疑破案题材网络剧风格建构的重要元素。自然意象的糅合与铺设，也是悬疑类型题材剧制造悬疑感的视觉手段之一。首先，自然意象作为连接"犯罪—破案"的纽带，有时不仅是犯罪活动的地点，是抓捕罪犯的场景，还是推理案件的重要线索。中国悬疑破案题材网络剧的自然意象建构，通常不是只由一个单一的意象构成，而是由许多意象结合而成的复合意象或意象体系。[1] 拍摄场地与叙事风格及自然意象的串联对应，场地标志物强调了叙事重点，增强了类型本身的悬疑感。例如，《冰雨火》拍摄地主要是在云南西双版纳、广西南宁。剧中场景纳入西双版纳澜沧江民族风情旅游度假区核心景观告庄西双景、星光夜市、青秀山风景区、防城港等独特城市意象，城市视觉意象的组合也隐喻了重大社会问题产生的自然地理环境特征。由地理标志所蕴含的城市文化特征阐释了贩毒分子价值选择的原

---

[1]　田晔：《论中国悬疑破案题材网络剧的自然意象与价值取向》，《当代电视》2022年第3期。

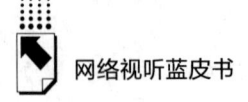

生动因。串联叙事时空的自然与文化的双重元素，包裹着主要人物主体，并进行了多重审美互动。其中，剧中涉及的梵尘·六度客栈中的"六度"，佛家意为从烦恼此岸升华到觉悟彼岸的六个方法，分别为：布施、持戒、忍辱、精进、禅定、智慧。这六个词语象征了事物发展的转化方向，并精准概括了孤胆英雄吴振峰和禁毒警察陈宇二人深入贩毒组织内部，化解未知的层层磨难而忍辱潜伏的博弈过程。创作者设置两种人物命运走向，通过多个事件线索埋下叙事伏笔，折射二人无论是殊途同归，还是同向而行，均怀有正义一方必将战胜邪恶势力的坚定意念，经过投身血与火的反毒淬炼，最终实现理想价值的升华。

四 受众分析

整体而言，法治题材受众触达需把握几个核心变量。首先，紧密挖掘受众的观剧需求，即时捕捉其内容偏好。其次，特殊题材的档期化排播，具有深度赋能的作用。档期排播规律应体现连续性，避免同类型题材编播秩序的断裂。档期化排播不仅保证了前端内容的生产质量持续高涨及供给体系的运作正常，还能培育并延长受众的观剧习惯，形成对题材类型的敏感度。

值得关注的是，系列化内容和同类内容IP的联动，对于增强受众黏性也是有效的方法。比如优酷的悬疑剧场中，同一个演员在不同剧集中承担相同的角色，让观众建立了审美熟悉感。尽管剧集语境有变化，但受众能在具有相同艺术调性的剧集中找到其共同性特质，吸引了观众好奇心，同时也顺利将观众的期待进行迁移，扩大长尾效应的辐射范围。最重要的是，两部原创IP能够通过共创协同引流。《重生之门》属于优酷"重生宇宙"内容序列的重要IP之一，而《庭外》是"津港宇宙"的编织主体，二者的故事场域均设定在同一地域——津港，继而呈现既有关联又有差异的叙事脉络，并将人物关系缩焦到这片区域，这种生产联动成为"津港宇宙"的鲜活助力，也聚合了具有相同审美趣味的受众持续留存。

结合受众画像分析，《重生之门》的受众以19~24岁青年群体居多，占38%；其次是25~34岁的年龄段，占34.42%。《重生之门》的受众结构分布相对均衡，女性观众占61.76%，男性观众占38.24%。《冰雨火》受众结构以19~24岁的青年群体为主，占46.91%；25~34岁受众占26.92%。从受众性别来看，女性群体的观剧比例最高，为77.99%；男性群体观看此剧的比例为22.01%。

五 舆情走向

在舆情走向方面，骨朵网络舆情指数显示，《重生之门》的舆情关注最高点位出现在2022年4月28日，即为开播的第二日。综合多项舆情指标，《重生之门》在最高日百度指数为38.3万，微博指数为1300万。次高点位出现在2022年5月1日，这显示了"五一"假期期间，观众有更加宽松的观赏环境进行文化娱乐消费，但微博指数较前期相对下降，百度指数为32.2万，微博指数为831.5万。《冰雨火》舆情走势的最高点集中于2022年8月11日，微博指数达到1100万，开播前期舆情走势起伏变动频繁。对比来看，受档期排播时段和叙事逻辑等因素的影响，《重生之门》《冰雨火》尽管为相近题材的剧集，但舆情关注度有所分化，并呈现差异化的舆情发展势能。辩证观察，舆情走向与平台多元拓展策略息息相关。从剧集的系列IP、作者的个人IP到地域IP主题的定向开发，优酷的IP宇宙布局已经相当完善，优酷与行业的对话极具包容性。然而，悬疑剧的IP系列化虽然正热，但并非每一部剧都能够达到观众想要的水准。事实上，这些发展态势并不影响优酷的初心。优酷置入悬疑剧场的出发点是以向善向好为基准，其悬疑剧场一直在打造一个"悬疑+"的概念，在悬疑类型化的基础上，塑造真实感十足的群像与世界。①

参考文献

王柯：《论禁毒刑侦剧的创新与升级——以〈冰雨火〉为例》，《中国广播影视》2022年第17期。

---

① 《悬疑热下，优酷系列剧的出圈秘诀》，刺猬公社微信公众号，2022年7月21日，https：//mp.weixin.qq.com/s/wll7HpmD3SKRKpp-hmTfVg。

B.19
网络综艺《一年一度喜剧大赛2》案例分析

刘学华*

摘　要： 近年来,"综N代"概念被行业与观众普遍接受,所谓"综N代",是指卫视或视频平台将市场反响较好的综艺以品牌化开发、系列化录制的方式进行制播,并以"年度""季"或数字序号为辨识标志的节目形式。《一年一度喜剧大赛2》即由爱奇艺和米未传媒联合出品制作的喜剧竞演类网络综艺第二季,并于2022年9月23日至12月17日由爱奇艺独家播出。作为一个成功的"综N代"观察样本,《一年一度喜剧大赛2》在创作理念、传播策略以及审美表现等方面体现出突破与新变。《一年一度喜剧大赛2》既为网络综艺系列化开发贡献了实践经验,同时具有探索新时代喜剧趣味的文化价值。

关键词：《一年一度喜剧大赛2》　"笑梗"　喜剧趣味

"喜剧"强化了综艺节目的娱乐性旨归,具有以幽默形式批判讽刺社会时事的创作优势,以及互联网时代的"梗文化"传播优势,一直以来都是卫视与视频平台综艺的主流类型。此前,《欢乐喜剧人》《跨界喜剧王》《金牌喜剧班》等卫视喜剧综艺节目输出一批优质节目的同时,也推动了德云社(岳云鹏、张鹤伦等)、辽宁民间艺术团(宋小宝、杨树林等)、开心麻花(常远、艾伦等)和大碗娱乐(贾玲、张小斐等)等多个喜剧团体与个人的"明星

---

* 刘学华,上海大学上海电影学院博士研究生,主要研究方向为影视产业文化。

化"。近年来，伴随网络视频平台的强势崛起，如何创新喜剧综艺的赛道和打造内容增量？如何培养喜剧新生力量？正是网络视听高质量发展所面对的新命题。《一年一度喜剧大赛2》（以下简称《二喜》）正是在这一行业趋势与市场需求背景下应运而生的，并成为"综N代"系列化与品牌化的观察样本。

"综N代"节目往往因首季播出效果良好，具有突出的话题度和美誉度，可观的收视率和市场竞争力，实现了社会影响和经济价值的双赢，因此成为各大卫视或平台的头部资源。《一年一度喜剧大赛》（以下简称《一喜》）"珠玉在前"，拉高了市场与观众的期待值，品牌优势显著，与此同时也降低了观众的"包容度"，《二喜》始终无法回避审美疲劳和创新力不足等风险。节目制作人马东在《二喜》开场主持中直言"梅开二度不容易"。难得的是，《二喜》自2022年9月23日上线，豆瓣开分8.8分，全网正片播放市占率最高达37.68%，长期位列灯塔、酷云和Vlinkage等第三方数据平台同类目实时播放排行榜TOP1，并于年底迎来"全网正片播放市占率年冠"这一高光时刻。截至2023年2月，《二喜》已登顶"爱奇艺热度日冠"达119次，"全网正片播放市占率日冠"达94次，可以说是近年来少有的网络综艺"爆款"之作，同时其也在节目创作理念、传播策略和审美表现等方面体现出突破与新变。

一 网络喜剧竞演综艺的系列自觉与品牌化策略

喜剧综艺作为视听娱乐节目形式之一，也是网络视听内容的重要创作资源。"一年一度喜剧大赛"系列综艺结合了传统卫视综艺的一般模式，又融入符合"网感"与"青年文化"的创新表达。2021年，《一喜》基于高水准作品以及网络传播优势，成为收视"黑马"，《二喜》是这一喜剧品牌的系列化第二季。结合两季节目形式、人才体系和作品内容等方面的系列性关联，《二喜》探索出鲜明的系列自觉与原创综艺品牌化策略。

（一）节目形式的延续与创新

《二喜》上映期间有效拉动了《一喜》"翻红"，第三方数据平台的播放量统计和网络社交媒体的实时热度都证实了这一点。作为《一喜》的系列开发续作，《二喜》在形式、内容与风格等方面既有延续又有创新。首先，《二喜》的舞台延续了《一喜》的风格与造型，还与爱奇艺和米未联合出品的《奇葩说》《饭局的诱惑》等几大综艺形成呼应，以高饱和度配色和元素拼贴强化了舞台形式感，对网络观看方式形成了视听效果上的补充，有效放大了喜剧、奇幻效果以及情绪表达。其次，《二喜》沿用了"导师组"设置，虽然不同于《一喜》的"战队与队长"形式，但马东、李诞、黄渤、于和伟以及"飞行会长"那英、蔡明等的参与度仍然凸显，如"一年一度喜剧大赛发布会""导演签约会"等不同形式与场景中的即兴表演，增强了节目的丰富度和层次感。"一年一度喜剧大赛"作为头部网络喜剧竞演综艺品牌，创新性地融合多种形式的"新喜剧"，如素描喜剧（sketch comedy）、陷阱喜剧、漫才、音乐喜剧、默剧等。《二喜》竞演作品的喜剧类型多元，且仍有新形式加入，如作品《全民运动会》是黑场剧（black out），即一次仅创作一个包袱，又迅速打破它的段落喜剧形式。表演者为人均21岁的"偶耶"喜剧小队，来自中央戏剧学院第一届偶剧系学生，这补充了《二喜》舞台上未有过的"偶剧"表演形式。

《二喜》上映期间，关于部分喜剧作品"是否跑题"时常会引发观众讨论。无须讳言，作品偏离主题的问题确实存在，其一方面是由创排周期较短的现实因素所致；另一方面也反映了《二喜》"弱化赛制主题、突出作品主题"的策略转型。一般竞演类综艺节目的"主题"设置具有串联内容和推动赛程的作用。然而"命题创作"将作品囿于同一考察范畴，增强所谓竞演公平性的同时缺失了作品对主题差异性的探索。不难发现，《二喜》虽为竞演类喜剧综艺，其"搭建平台、发掘喜剧人才"的目的仍远高于"竞争"的意义，这在选手遴选、喜剧小队合作以及最终的颁奖环节中都有所体现。

《二喜》以"出行""重逢""学习""过年""聚会""搬家""分手""断舍离""告白"为9大竞演主题，意在消解其作为网络综艺与大众日常生活的疏离感，区别于传统电视节目严谨、权威和宏大叙事惯例。例如，作品《突突突突突围》反映了外卖行业现状，《黑夜里的脆弱》刻画了"打工人"的职场心理，《排练疯云》生动还原了"线上办公"情境，偶剧《男纸汉》在童真童趣形式下探讨了"父子关系"，《当一个女人决定退鞋》在"断舍离"主题下以"高跟鞋"为隐喻，深入探讨女性与婚姻议题等。可以说，"主题"的日常化和作品表意的"离心化"并不代表《二喜》盲目追求喜剧的通俗，其通过聚焦现实生活中人与人之间的关系与关切，引导观众在幽默与笑声中进行思考，进一步扩大了喜剧文化对人们生活带来的积极影响，以及网络综艺的现实影响力。

（二）喜剧人"传帮带"

《二喜》作为网络喜剧竞演综艺，承担着培养喜剧新生力量的使命。与传统喜剧综艺演员阵容不同，《二喜》中没有"顶流"喜剧明星加持，大多是常年从事线下演出的"腰部"喜剧人，部分来自开心麻花、单立人等喜剧厂牌，还有自嘲为"脚脖子"的素人表演者。该综艺品牌配套创设了"笑花学院"，于《一年一度喜剧大赛3》（以下简称《三喜》）招募期更名为"笑花喜剧团"，在每季综艺选角、摄制和播出期间全年开放，为喜剧人和爱好者提供交流、培训、合作和表演的平台。基于《一喜》的成功，《二喜》预选阶段表现出该综艺品牌显著的喜剧人才号召力，吸引到3800余名演员和1800余名编剧报名，最终遴选出25支喜剧小队和1支编剧天使团。此外，曾参加《一喜》竞演的喜剧人蒋诗萌、宋木子、孙天宇等以"师兄师姐"身份回归，不仅为作品增色，也尽显选手之间的惺惺相惜以及喜剧行业的凝聚力。

这种"老带新""传帮带"形式还延续到节目之外。据悉，于和伟作为《一喜》《二喜》两届导师组成员，将第一季的参赛选手张弛推荐给张艺谋导演，使其有幸与喜剧前辈沈腾搭戏参演电影《满江红》。这对于青年演员而言，无疑是加速其成长的助力，也为"一年一度喜剧大赛"这一综艺品牌吸引了更多喜剧新生力量。张弛还在《二喜》的总决赛作品《再见老张》中，以他最为擅长的戏腔，配音拜堂场面的念白，成为一个"惊喜彩蛋"。

（三）喜剧作品系列化

"一年一度喜剧大赛"作为系列化综艺品牌，以创新拓展的良性更迭为旨归，其优势体现为风格、爆梗与影响力在第一季与第二季之间的"融合"。《二喜》将这种系列优势进一步强化，形成综艺品牌与节目内容的双重系列化，即在《一喜》《二喜》之间的关联外，《二喜》的众多作品之间也尝试打造了几大系列与品牌。詹鑫和张哲华组成的"少爷和我"喜剧小队，由一个组合发展成为一个同名作品系列，共有《少爷和我》《警察和我》《德古拉和我》《少爷和小姐》《警察和我之蛇我其谁》五个作品（见表1）。"少爷和我"的系列属性渗透在角色关系与叙事风格两方面。首先，在系列首作中，其成功塑造了"刘波"和"龙傲天"两个形象鲜明、情绪饱满的角色，并将这一组在外貌和作态上具有反差感的角色关系延续到此后的系列作品中。其次，"少爷和我"系列作品在叙事风格上一以贯之的翻演讽刺了近年大行其道的网络"霸总文学"。具体如《少爷和我》中龙傲天的几处台词"我患有胃病和幽闭恐惧症""是熊猫血""你越界了""誓死守护"等；作品《少爷和小姐》延续了"少爷和我"的角色关系设定，打造了"小姐和丫鬟"两个角色，并将人物命名为"赵娟和冷冰凝爱语梦翠霜"，这不仅暗合了"霸总文学"中人物命名过度复杂生僻的特征，还进一步强化了作为该系列特有的"反差感"风格。

不同于"少爷和我"的内容系列化，"小婉管乐"则是通过不同主题与表演风格的作品凸显了二人喜剧组合形象，并在作品内容中串联了其在《二喜》舞台的多个角色。总决赛小婉管乐的收官作品《我的唯一》讲述了"二人在大学时期即是要好的闺蜜，管乐作为搭档配合小婉完成了选修课的表演考核"。作品结尾是传统的"happy-ending"，不同的是闺蜜二人在对未来的畅想中，巧妙对应了此前合作出演的一系列作品："我想演一个好看的、漂亮的、穿旗袍的"，对应《大放光彩》；"我想演一个白蛇"，对应《千年就一回》；"那我演一个军师"，对应《军师恋盟》；"那我想演一个海盗"，对应《遇人不赎》（见表1）。可以说，作为总决赛作品的结尾，这段对话有力渲染了"小婉管乐"这一喜剧组合的鲜明形象，同时回顾串联了她们在《二喜》舞台的一个个经典角色。

表1 《一年一度喜剧大赛2》竞演节目系列化创作

节目期次	竞演节目	喜剧小队
第二期(上)	《少爷和我》	少爷和我
第六期(上)	《警察和我》	少爷和我
第七期(上)	《德古拉和我》	少爷和我/姐尽全力
第九期(上)	《少爷和小姐》	李逗逗/少爷和我
总决赛	《警察和我之蛇我其谁》	少爷和我

续表

节目期次	竞演节目	喜剧小队
第二期（上）	《大放光彩》	小婉管乐
第六期（下）	《千年就一回》	小婉管乐
第八期（上）	《军师恋盟》	某某某/小婉管乐
第八期（下）	《遇人不赎》	小婉管乐/某某某
总决赛	《我的唯一》	小婉管乐

二 作为互联网文化模因的喜剧"梗"

"梗"作为对"笑点"的指代，是传统相声行当中的"哏"与"抖包袱"在互联网时代的语用之变，是网络生态与青年文化的重要表征。"玩梗"成为当下社交媒体中最能提升话题热度、增进互动性的娱乐行为，承载着大众话语的情绪与记忆。"梗"的生成与传播兼具表意、形象和趣味性且类型多元，按语言结构区分有谐音梗、缩写梗、数字梗等；按语义表达区分有喜剧梗、内涵梗、讽刺梗等。《二喜》作为原创喜剧综艺，具有极强的"造梗"能力，以及向前作《一喜》和网络流行文化中"借梗"的优势，并将此作为节目内容的笑点和营销热点，例如詹鑫和张哲华的作品《少爷和我》原创了本季最大的话题和一系列"爆梗"，如"我龙傲天誓死守护刘波""你触碰到了我的逆鳞""你竟敢让刘波刘海留疤"等；此外，《一喜》中的"红缨枪"在《商战这件小事》中惊喜再现，成为作品中的关键情节和道具。"emo"[①] 这一网络热梗被运用在作品《黑夜里的脆弱》中，表演者通过开关灯的举动来表达情绪的转换，在"我没事儿"和"我emo了"的状态之间连续切换，唤起观众普遍共情"那一刻，我们看到的是无数个黑夜中的自己"。

在数字传播时代，多元媒介正深度介入大众的日常生活，网络平台内容一

[①] "emo"作为网络流行语，原本指一种情绪化的音乐风格，被网友衍生出"丧""忧郁""伤感"等多重含义；也有网友将"emo"解释为英文emotional（情感的、情绪激动的）的缩写。

经播出，随之而来的是受众流量快速涌入和话题活跃度的提升。《二喜》面对这种"全时接收与即时交互"的网络传播特征，相匹配地运用了"零距离"营销策略，即伴随节目播出，生产主体向多社交平台广泛投放具有强传播能力的关键元素，以喜剧中的"梗"为载体，激活互联网话题场域和交互式营销能力。如通过微博话题、哔哩哔哩和"小红书"节目推介、抖音短视频 cut 和微信表情包等方式，再现、模拟与传播喜剧作品中的"高光时刻"，这种营销策略囊括了由长视频向中视频、短视频、动态静态图像以及文字内容的转化，并形成一种流行于网络的"造梗"与"玩梗"潮流。

"梗"文化流行于网络娱乐消费之中，基于宽泛与灵活的特质，其成为约翰·费斯克（John Fiske）在《理解大众文化》中所阐释的"生产者式文本"[①]，是不自足的文本传播形式，大众对此的消费与再生成具有关键的沟通价值。"玩梗"本质上是对"带有共识意义的结构"的模仿与传播，提供了将"梗"视为互联网文化模因的理解方式。"造梗"与"玩梗"的主要目的是创造一种文化上的联结。[②] 1976 年，理查德·道金斯（Richard Dawkins）在《自私的基因》中首次提出"模因"（meme）概念，并将其阐释为"类似于生物学基因的繁殖遗传过程，是一种文化通过模仿与传播的基本单位"。[③] 正如近年"网络用语""年度热词"的生产与流行，即一种模因之力的显现，是将个体偶然的"灵感"通过模仿和传播转化成大众共识的能力。网络喜剧综艺提供了可供模因寄生的文化生态，如《二喜》中翻演"旧梗"、创作"新梗"与"爆梗"都是模因之间的相互"感染"，并共同参与了节目整体文化形象的建构。《二喜》在营销方面，借势"梗"文化已经成为节目最主要的营销策略之一，具体通过播出前的预告内容、节目剪辑引导以及播出后的话题设置等，使"梗"被反复呈现。与此同时，观众乐此不疲地"玩梗"狂欢也是从"个体"到"集体"的趣缘结合，形成对"梗"的多重模仿与传播。"梗"作为互联网文化模因，其脱离原初作品，成为独立的、带有某种共识意义的结构或元素，以延续作品流行度与生命力，并在如此"病毒式"传播中形成对作品与节目的反哺。

---

① 约翰·费斯克：《理解大众文化》，王晓珏、宋伟杰译，中央编译出版社，2001，第 127 页。
② 王庆峰：《"玩梗"也有高下之分》，《南方日报》2020 年 8 月 4 日。
③ 理查德·道金斯：《自私的基因》，卢允中等译，中信出版社，2012，第 217~221 页。

三 引领喜剧趣味的审美新变

网络综艺突破了传统卫视节目的"播出与观看"单向传播模式，转向以网络为平台，以信息为载体的多维传播格局，形成内容生产者、传播平台和观众之间的三方交互。《二喜》完播前后不断引发热度话题、观众回应与行业关注，呈现在实时弹幕、热搜词条和第三方数据实证中。从中可见，《二喜》探索网络综艺系列化、品牌化实践经验的同时，还一定程度上引领了大众喜剧趣味和审美新变。

（一）"审美"喜剧趣味

喜剧有丰富的表现形式与风格，而最为大众所熟知的通俗喜剧，一定程度上沿袭了杂耍与闹剧的表演风格，因此不乏通过"暴露缺陷""扮丑""无厘头""楞来直上"的方式达成喜剧效果。无须讳言，不同寻常的丑陋、怪异外貌，以及滑稽、怪诞、夸张的表演大多时候能成功逗笑观众，使表演现场火热，因此通俗喜剧也常被应用于非喜剧场景中的"热场"节目。不可否认，喜剧因其善于塑造底层人物群像，而形成"悲喜交杂"的意义表达。因此，喜剧人往往会通过怪诞的行为与言语来表现底层或边缘角色的挣扎与无奈，隐喻喜剧的悲剧内核，通过引发观众"共情"心理来针砭时弊。

《二喜》尝试突破传统喜剧表演和审美程式，引导喜剧趣味的新变。具体表现为作为网络喜剧综艺，其充分借助青年文化的影响力，培养、遴选了一批外貌俊美的年轻演员，摒弃了早期喜剧节目以"审丑"为乐的观念；且在表演风格上，除保持各喜剧类型的基本程式外，几乎不存在以危险动作呈现的"绝活"以及刻意矮化丑化演员的妆造。"真正的喜剧应当以现实社会中的矛盾为基础生发出来，而非故意去放大人物的身体缺陷。"[1] 马东曾因在《一喜》中的"喜剧就是让观众乐，不需要有那么多门道"言论招致非议。《二喜》则在节目内容与营销中着重突出"让大笑有力量，让喜剧有温度"的创作态度，

---

[1] 薛晋文：《电视剧研究的方法、思想与立场——曾庆瑞教授访谈录》，《文艺研究》2014年第6期。

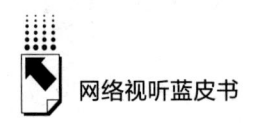

正如出自"年度观众喜爱"作品《少爷和我》中的爆梗"用真心"引发了广泛共鸣，成为伴随《二喜》全季演员创作与观众评价的关键词。

（二）"电影感"剧作与视听追求

《二喜》中原创节目的共性特征为紧贴当下年轻人的生活实际和心理体验。无论是观众熟悉的经典影视剧内容还是流行文化题材等，都能成为喜剧节目创作的"富矿"，并通过技术审美呈现更佳的视听体验。喜剧表演艺术家陈佩斯提出"好表演要建立在好作品的基础上。这就要求创作者更多地关注喜剧的文学创作，从剧本开始组织喜剧、结构喜剧，然后再谈表演"。① 面对网络内容的"同质化"问题，新的创作逻辑、新的营销话语和新的应用场景也是"一年一度喜剧大赛"系列综艺的特色之一。

《二喜》突出原创性和"重剧作"的共创模式。例如，"胖达人2"（土豆和吕严）在《一喜》中有出彩表现，以漫才形式和无厘头风格贡献了诸多笑点。他们在《二喜》中转向类型片风格的叙事模式，发挥了丰富的想象力和剧作能力，包括谍战喜剧《代号大本钟》，以及科学幻想喜剧《进化论》《恐龙家族》等。此外，总决赛中由多个喜剧小组共创的压轴作品《再见老张》，讲述了"新郎想让已去世的父亲老张参加自己的婚礼，在'天使'的帮助下，老张的意识附着到伴郎身上而发生的一系列让人笑中带泪的故事"。作品巧妙嵌套了近年来影视剧作品中的"穿越时空/超现实"结构和元素，以喜剧幽默的表演风格表现真挚而感人的亲情。正如，爆款电影《你好，李焕英》同样脱胎于喜剧综艺舞台。

近年来，"电影感"已成为褒扬网络视听的关键词，同时也是大众审美偏好的显现。在日常生活中，影院观影需要耗费较多时间和精力，观众愿意克服交通成本、放映时间限制以及付出相应费用到影院观影，则意味着更高的视听追求和期待。因此，"电影感"作为一种审美旨趣，也意味着更好的视听效果。《二喜》的弹幕评论中多次飘出"电影感"等观众的心声（见图1）。值得关注的是，这不仅象征着观众对《二喜》或其他网络综艺节目的审美需求，也将逐渐积累形成一种可供内容跨媒体转化的创作观念。

---

① 陈佩斯、王钰：《什么是好的喜剧》，《人民日报》2021年3月25日，第14版。

图1 《一年一度喜剧大赛2》弹幕高频词云

结　语

　　"一年一度喜剧大赛"作为众多网络综艺品牌之一,已完播两季内容,形成了具有辨识度的风格建构、成熟的赛制赛程设置以及人才体系的"传帮带",开拓了国内"原创竞演喜剧"的新赛道。该节目在"原创喜剧综艺"的基础立意之上,触达了更广泛的青年文化领域,在创作、传播与接受层面贡献了实践经验,虽尚有不足,但其发荣滋长,皆以"真心"培灌之。

B.20 网络综艺《无限超越班》案例分析

曹晓露*

摘　要：《无限超越班》是一档由浙江卫视、优酷及TVB联合出品的演员专业艺训真人秀。在2022年综艺赛道面临流量流失的总体情况下，《无限超越班》的市场表现颇为亮眼，但就口碑评价而言，其存在一定争议，整体呈现了高热度与低口碑的并行。在创作特征方面，节目在"港式艺训+真人秀"的概念框架统摄下，沿用了香港无线电视台（TVB）"无线艺员训练班"训练演艺人才的模式，并将"真人秀"作为节目样态的底色。此外，《无限超越班》将对香港影视文化的怀旧情结，以及艺员的"明星"身份互动所引发的冲突作为构造节目话题的两重基点。

关键词：《无限超越班》　演艺类综艺　真人秀

一　节目总体概述

近年来，综艺赛道涌现不少表演类真人秀节目，演技竞演这一细分品类一度成为综艺创作市场的热门节目类型。2022年，由浙江卫视、优酷及TVB联合出品，浙江卫视节目中心制作的演员专业艺训真人秀综艺节目《无限超越班》于12月10日释出先导片，并自12月17日起于每周六在浙江卫视首播、优酷同步播出，TVB于每周六播出。在整体综艺市场并不十分景气的环境下，《无限超越班》交出表演类真人秀节目形态发展在本年度末的一份答卷。

---

* 曹晓露，清华大学新闻与传播学院2023级博士研究生，主要研究方向为影视传播、影视产业文化。

（一）综艺赛道整体环境

正如前文所述，2022年的综艺市场整体趋冷。根据云合数据统计，全网综艺节目的累计正片有效播放以及上新季播综艺有效播放均呈现同比下滑的走势，亟须现象级综艺节目的出现，以全面提振市场信心。云合数据发布的《2022年综艺网播表现及用户分析报告》显示，截至2022年12月31日，云合·四象分析系统（EVA）测算下的全网综艺节目累计正片有效播放为276亿次，较上一年度同比下滑14%，其中，电视综艺节目和网络综艺节目的累计正片有效播放分别为121亿次和156亿次，同比下滑数值分别为17%和11%，电视综艺节目正片有效播放下滑幅度较大（见图1）。① 尽管网络综艺节目的有效播放较电视综艺节目而言下滑幅度稍缓，但在综艺节目市场的头部流媒体平台中，仅芒果TV在大盘下跌的情况下实现逆向增长，"优爱腾"三巨头则均呈下跌走势，其中，优酷和爱奇艺的下滑幅度超过电视渠道（见图2）。

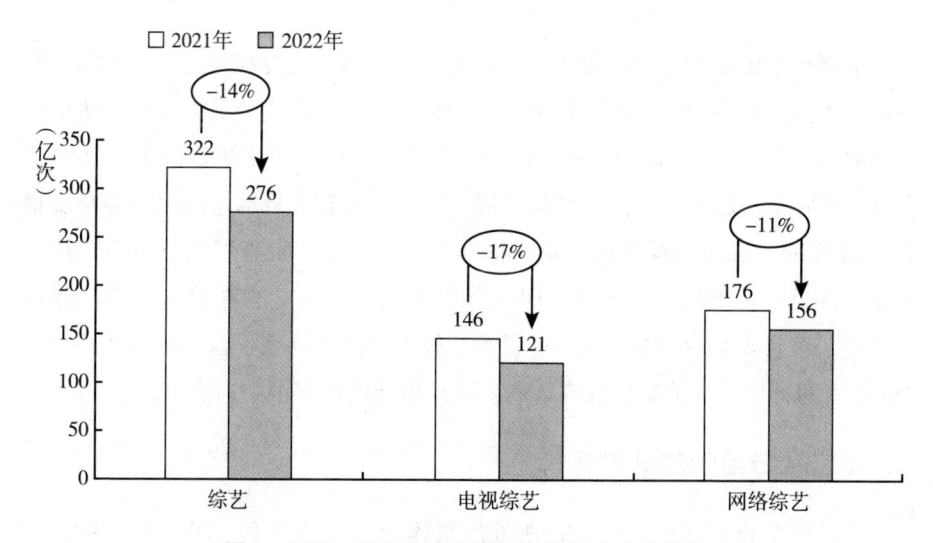

图1 2021~2022年全网综艺节目正片有效播放

资料来源：云合·四象分析系统（EVA）。

---

① 《报告 | 2022年综艺网播表现及用户分析报告》，云合数据微信公众号，2023年1月4日，https：//mp.weixin.qq.com/s/D3GjYOP73uBAB34B9vSYog。

网络视听蓝皮书

□ 2021年 ■ 2022年

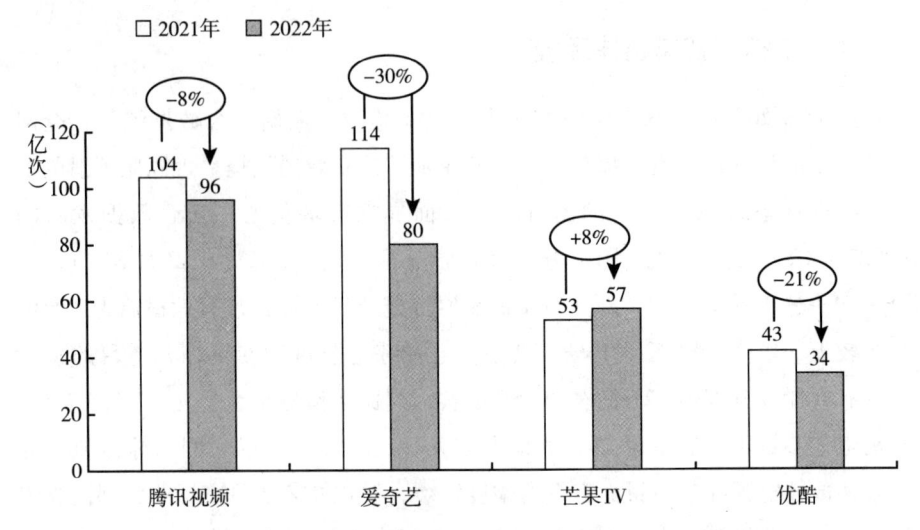

图2　2021~2022年头部流媒体平台的综艺节目正片有效播放

资料来源：云合·四象分析系统（EVA）。

兼顾供给维度的重要指标来看，综艺市场大盘的趋冷程度进一步加深，在供给侧加大上新力度的同时，消费市场的正片有效播放走势仍无法避免地呈现下滑曲线。2022年，综艺市场的整体供给基本保持稳定水平，其中上新综艺节目为274部，较上一年同比增加7部，网络综艺较电视综艺同比增加幅度稍大（见图3）。在上新综艺供给量小幅上升的情况下，上新综艺节目的正片有效播放却进一步下跌。据云合·四象分析系统（EVA）测算数据，2022年度上新综艺节目正片有效播放为169亿次，较上一年度同比下跌18%（见图4），"推新"的赛道布局策略未能有效刺激用户市场的内容消费需求。

（二）节目创制基本背景

从综艺节目《无限超越班》所处的整体产业环境来看，2022年的综艺赛道在内容市场面临流量流失的情况。在这一基本背景下，以《无限超越班》为代表的演技竞演类细分品类其市场表现不俗。聚焦到综艺赛道上新的各项细分品类，游戏、音乐和推理类综艺节目的市场表现更为强势，这三项细分品类上新综艺的正片有效播放占比均位居榜单前三名，有效播放占比过半。竞演类上新综艺的正片有效播放占比虽不及游戏、音乐和推理类综艺如此强势，但整

□ 2021年　■ 2022年

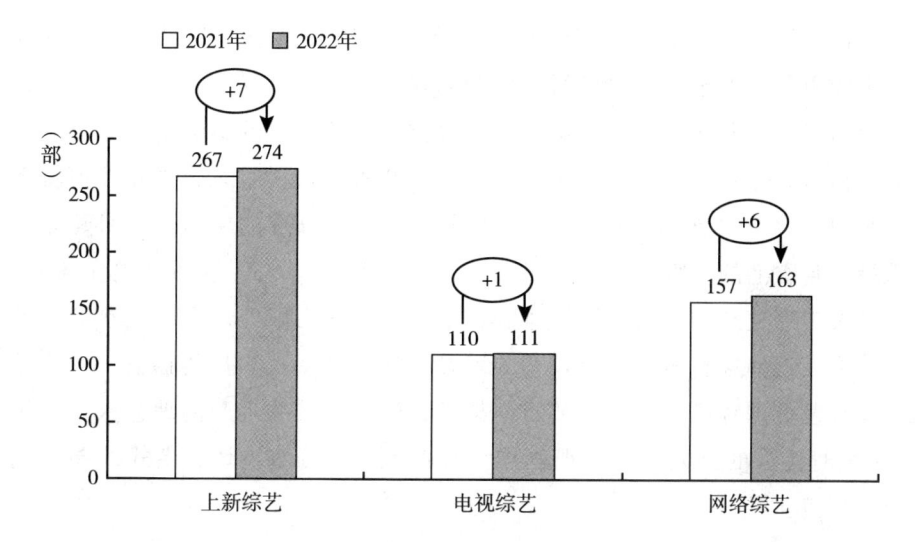

图3　2021~2022年综艺市场节目部数

资料来源：云合·四象分析系统（EVA）。

□ 2021年　■ 2022年

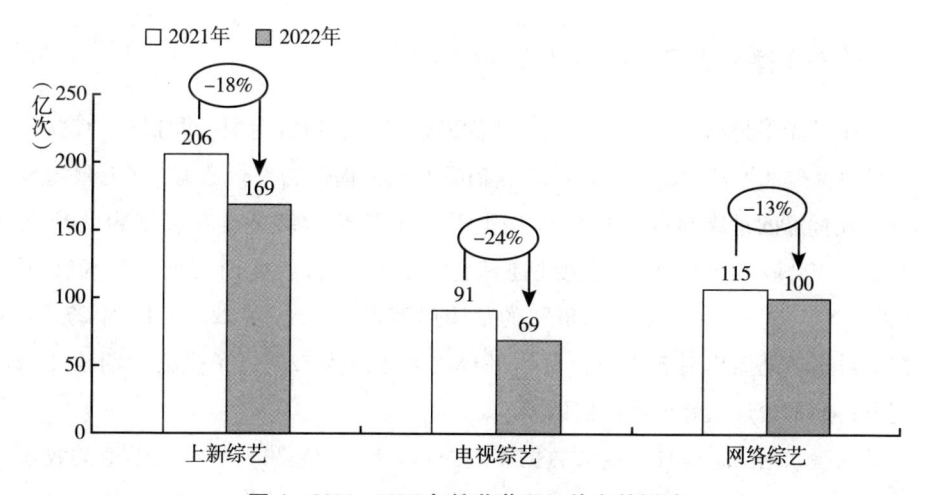

图4　2021~2022年综艺节目正片有效播放

资料来源：云合·四象分析系统（EVA）。

体数据也位于中上游水平，其中，《无限超越班》的市场表现在演技竞演类综艺中较为亮眼，自节目开播以来便屡次冲上灯塔、云合、猫眼、骨朵、微博等行业榜单的首位。

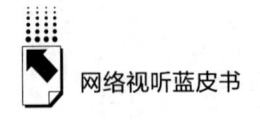

在"综N代"持续霸屏的市场背景下，以"优爱腾芒"为代表的头部流媒体平台仍然选择将"推新"作为布局综艺赛道的重要路径之一，《无限超越班》便是优酷在演技竞演类节目类型中所进行的新尝试。适逢香港回归祖国25周年，《无限超越班》相较于以往的同类综艺，创新性地将香港影视文化作为节目的主风格与主框架，在核心阵容的导师团队组建方面选择来自香港的老牌演员和导演，由成龙担任召集人，尔冬升担任监制、辅导员，惠英红、吴镇宇担任监制，佘诗曼担任无限经理人，在参训艺员阵容方面选择来自内地的年轻艺人。在效仿香港影视演员的摇篮——"香港无线艺员训练班"模式的节目框架下，通过集结香港与内地艺人，选择"黄金时代"的经典香港影视剧作为表演范例，营造港风、港式的差异化节目标签。

二 传播效果分析

（一）播映维度：网台两端收视良好

在《无限超越班》排播方式上，优酷选择了和地方卫视一同播出的策略，节目由优酷和浙江卫视同步播出。据猫眼专业版提供的平台数据，《无限超越班》在优酷的每周热度峰值整体呈上升后又逐步放缓的走势，平台热度在3300~7400波动，较优酷同期独播综艺节目的平台热度而言处于高位水平（见图5）。其中，《无限超越班》的整体热度峰值出现于2022年12月27日，即节目第二期播出后若干天，具体平台热度数值为7354，是优酷同期独播综艺节目的平台热度峰值的两倍以上。

除互联网渠道较佳的播放数据表现外，《无限超越班》在电视渠道的收视情况也处于较为不错的水准。据猫眼专业版平台数据，节目在浙江卫视开播的前两周，《无限超越班》的市占率在1.8270%~2.8228%波动，最高黄金时段直播关注度达0.3871%，虽较同期浙江卫视独播头部综艺的收视数据有一定差距，但仍处于较为不错的市场水平。从同期同类比较视角来看，作为同时选择地方卫视与流媒体平台为播放渠道的综艺节目，《无限超越班》的收视表现总体良好，在整体收视走势上可以看出，开播前三周是该节目热度爬升最快的时

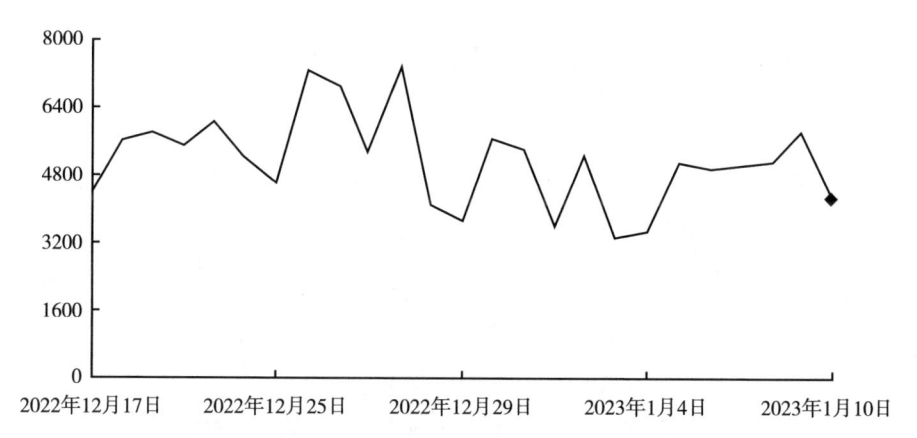

图5 《无限超越班》优酷热度走势（2022年12月17日至2023年1月10日）

资料来源：猫眼专业版。

段，而后就进入缓慢下跌的收视曲线阶段，这同节目在舆情维度上话题热度走势基本重合。

（二）舆情维度：高热度与低口碑的并行

《无限超越班》在收视维度的市场表现同其在舆情维度的具体表征关联甚密。在舆情维度上，我们可以进一步通过节目热度和口碑评分两个向度来考察、锚定和描摹综艺节目《无限超越班》的传播情况。

在节目热度向度上，《无限超越班》自播出以来先后斩获猫眼综艺榜单第一名、微博综艺影响力榜第一名、灯塔综艺热榜第一名、寻艺综艺播放指数第一名，在骨朵热度指数排行榜中分别斩获2022年12月榜单第二名、2023年1月榜单第一名和2月榜单第二名，平均全网热度指数为52.12，历史最高热度指数为59.96。从骨朵数据的热度雷达图可知，微博平台是《无限超越班》热度指数最高的社交媒体平台（见图6）。据《无限超越班》官方微博发布的相关物料，截至第十期节目，《无限超越班》在微博平台累积热搜话题1012个，其中，主话题#无限超越班#累计阅读量超52.5亿次。上述多方数据共同指向了《无限超越班》在互联网场域的超高热度，该节目在热度向度上的成功是毫无疑问的，可以说，自开播以来，"高热度"这一标签便伴随《无限超越班》的播出全程。

网络视听蓝皮书

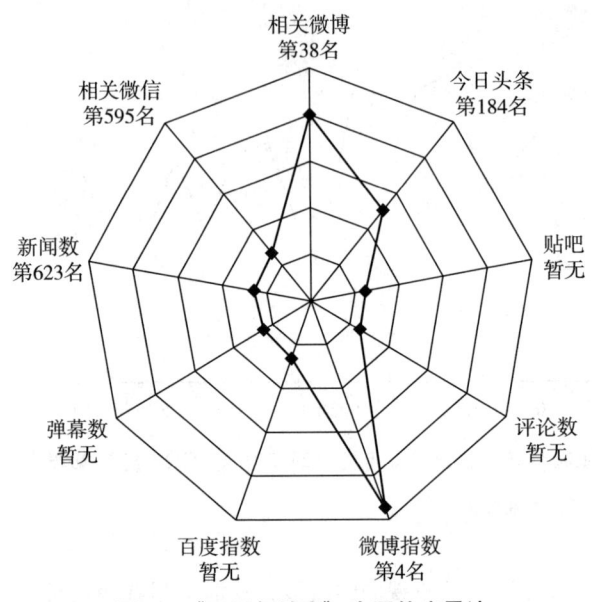

图6 《无限超越班》全网热度雷达

在"高热度"的标签下,《无限超越班》在口碑评分向度上的表现并不十分理想。云合·四象分析系统（EVA）分析，2022年全网上新综艺的豆瓣均分较往年而言呈上涨趋势，截至年底上涨至7分，其中，获得8分以上的综艺节目比例达27%，较上一年度同比上涨12%。在年度上新综艺整体口碑处于较高位水平的情况下，《无限超越班》开播时，豆瓣得分仅4.3分，这一分数远低于同期上新综艺节目的整体水平。随着节目播出后系列争议性话题的释出，在热度走高的同时，"高热度"的加持也进一步加速了节目口碑的走低，其豆瓣评分从4.3分持续下跌至3.7分，直到第七期节目播出后，评分才稍有回升（见图7）。截至2023年3月1日，《无限超越班》的豆瓣评分为3.9分，豆瓣评分人数1万人，相较于节目热度而言，其口碑评分并未达到及格水准。从豆瓣评价词云图来看，对于主创团队和节目叙事的质疑是较多负面评价给出的主要理由（见图8）。①

---

① 《数据报告｜〈无限超越班〉：演员竞技类综艺，复制TVB造星模式有用吗?》，中传大数据微信公众号，2023年2月19日，https://mp.weixin.qq.com/s/EQ7xh5-60KPrI4SJPZDwwA。

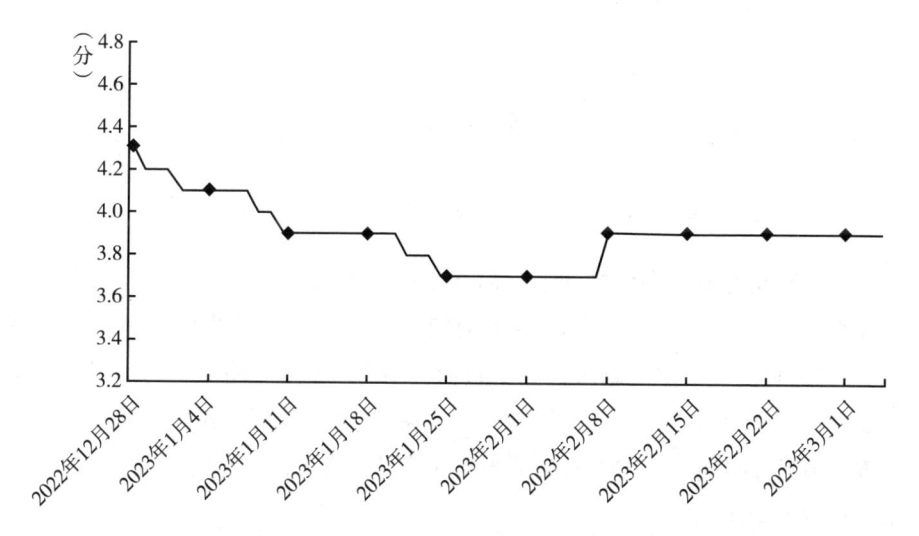

图 7　2022 年 12 月 28 日至 2023 年 3 月 1 日《无限超越班》豆瓣评分走势

资料来源：骨朵影视数据。

图 8　《无限超越班》豆瓣评价词云

资料来源：中传大数据。

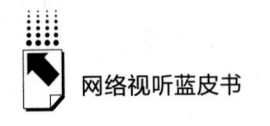

三 创作特征分析

（一）节目模式：港式演员艺训脉络与真人秀底色

《无限超越班》在优酷的节目简介中被认为是一档"演员专业艺训励志真人秀"，这一来自出品方与平台方的定义实际上也正是节目创制的基本模式。具体而言，《无限超越班》在节目内容结构的基本理路上大致沿用了香港无线电视台（TVB）"无线艺员训练班"训练演艺人才的模式，但就其最终所呈现的节目样态而言，在港式演员艺训的节目脉络下，"真人秀"始终是整体节目最重要的底色。

在内容架构上，《无限超越班》将港式演员艺训的工作模式作为主要的节目脉络，并具体切割细分为"压力面试+摸底考核"、台庆式新春团建、"横漂之旅"群演体验、"甄选金牌搭档"和毕业大戏等五个阶段节目。第一阶段的节目内容是由香港老牌演艺人员作为导师，模拟 TVB 压力面试对参训艺员进行考核，在这一环节中，演艺竞演采用"以考代练"的方式，以剧目摸底考核的形式呈现，并沿用了"无线艺员训练班"的"红白卡"传统，逐一评定参训艺员的表演水准。节目的第二阶段为贴合当期节目的特殊播出日期，在当期节目内容中建构了具有"新春"元素的叙事空间，通过团建活动以期实现 TVB 台庆场景的模拟与叠入。第三阶段则是让参训艺员模拟群众演员的日常生活，通过投放简历、视频试戏、接受甄选等环节的设置，力求在节目中呈现参训艺员如何学习"龙套演员"生存之道。第四阶段则是参考"无线艺员训练班"针对特定风格与体裁剧目的演绎训练，将经典爱情港剧港影作为演绎训练的体裁，由参训艺员进行多次互选匹配，而后共同进行海报拍摄和剧目演绎。第五阶段也是延续 TVB 的结业传统，由参训艺员进行毕业大戏的演绎。以上五个阶段共同构成了港式演员艺训模式在演技竞演类节目的当下转化。

与"无线艺员训练班"在"造星"导向下的素人演艺训练不同，《无限超越班》的训练模式建立在参训艺员的"明星"身份基础之上，而这也是节目选择将"真人秀"作为创制底色的底层逻辑。如前所述，"真人秀"不仅是

《无限超越班》自我定位的最终主语,也是节目样态的基本底色。聚焦到节目中的具体创制思路,以第二阶段和第四阶段的节目内容为例,这两个占据整个节目近半容量的阶段并没有将演艺训练及剧目演绎作为主体内容,而是大量着墨于艺训之外的艺员互动。特别是第四阶段的"甄选金牌搭档",参训艺员在莫干山开展了"两天一夜"的"户外课",而整个"户外课"的目的实际上是让艺员通过小型团队活动寻找到自己的"最佳伙伴"。就节目内容而言,该阶段的核心内容放在了多轮搭档匹配互选的过程,即重点关注悬浮于艺员身份之上的"明星"身份之间所进行的互动。诸如此类以"明星"身份互动为重心而非以演绎训练为主导的内容比例颇高,由此构成了《无限超越班》在港式演员艺训脉络之下更为鲜明的真人秀底色。

(二)叙事路径:"怀旧+冲突"双基点的话题导向

在"港式艺训+真人秀"的概念框架统摄下,《无限超越班》所采用的叙事路径是将对香港影视文化的怀旧情结与艺员的"明星"身份互动所引发的冲突作为构造节目话题的两重基点。在"怀旧+冲突"双基点的话题导向下,《无限超越班》在节目收视之外的舆情维度所引发的话题讨论,特别是部分具有一定争议性的话题,大都是这一叙事方式下的文本意义延伸至在节目之外的话语场域后进一步发酵的结果。

香港影视剧的"黄金时代"是当下集体性怀旧的一种重要取向,《无限超越班》正是试图通过对经典港剧港影的重新演绎,以求在节目中创造香港影视文化的怀旧体验。诚然,怀旧首先是一种私人情感,具有强烈的个人特征,怀旧也是一种社会情感,具有鲜明的社会性。[1] 作为一种现代性后果,集体性怀旧心理具体表现为:在紧张的现代生活中,人们期待通过重温已然消逝的文化记忆和想象来获得内心的平衡。[2] 作为一档以演员艺训为节目脉络的综艺节目,《无限超越班》在创造怀旧体验上具有叙事形式上的优势,例如在海报拍摄、剧目演绎中直接选取《阿飞正传》《倩女幽魂》《甜蜜蜜》等经典港影。

---

[1] 吴世文、何羽潇:《媒介、情感与社交关系:网友的 QQ 记忆与技术怀旧》,《现代传播(中国传媒大学学报)》2021 年第 9 期。

[2] 李晓霞、李国泉:《浅析电视综艺节目中受众的怀旧体验机制——以〈声生不息·港乐季〉为例》,《中国广播电视学刊》2022 年第 12 期。

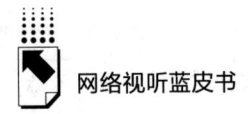

需要注意的是，对经典港剧港影的重新演绎对节目本身而言的确具有形式优势，但怀旧体验创造的成功与否也深受负责重新演绎的艺员所呈现效果的影响。

冲突是真人秀节目话题导向下的结果，也是达成话题效应的直接方式，聚焦到《无限超越班》的节目模式，节目中冲突的达成又可进一步细分为结构性冲突与置入型冲突。无论是"红白卡"评定方式，抑或是剧目IP或表演搭档的差额选择，作为一档演技竞演类综艺节目，《无限超越班》的赛制必然决定艺员演技比拼的胜负结果，这一结果本身既是节目的悬念设计，也是节目叙事的戏剧性所在，是节目结构设计所必然导向的冲突。除结构性冲突外，以"明星"身份之间的互动关系为基础的置入型冲突，构成了《无限超越班》的另一叙事动力。相较于例如赛制使然的结构性冲突，艺员之间、艺员与监制或导师之间、监制或导师彼此间的关系冲突是一种在节目叙事中具有更高灵活度的话题构造点，节目首播后频现社交媒体的"整顿内娱"等情节实际上正是一种被有效置入的冲突所带来的具有高热度的讨论话题。

四　产业现象透视

（一）流媒体平台内部的跨媒体迁移

越出综艺文本的创制程式，从产业维度考察《无限超越班》，节目中对于香港影视文化的怀旧情结具有在平台内部的辐射效应，在一定程度上能够通过自身文本创造的怀旧体验赋予节目用户进行跨媒体迁徙的动力。优酷平台方发布的相关数据指出，随着综艺节目《无限超越班》的播出，平台内港剧播放量普遍迎来上涨曲线，其中，涨幅最多的港剧是《金枝欲孽》，其涨幅近300%。[①] 有关研究显示，传统怀旧所涉及的人物、地点和事件具有逐渐向"媒介创造"转化的趋势，具体体现为对媒体名人、老电影、电视节目、流行

---

① 《优酷现"港剧宇宙"效应，〈无限超越班〉带动经典港剧搜索上涨近300%》，优酷情报局微信公众号，2023年1月12日，https://mp.weixin.qq.com/s/uO3inZ60Pm37fihGnaFX6g。

音乐风格和老式演讲方式的怀旧。① 作为全网港剧资源最为丰富的流媒体平台，优酷同港剧在内地的发展关联甚密，自平台与 TVB 达成战略合作以来，优酷凭借头部流媒体的平台优势，赋能港剧在移动互联网发展环境下触达观众群体。《无限超越班》与平台内的丰富港剧资源形成了良性的互哺关系，优酷平台初现"港剧宇宙"效应。

（二）演艺类综艺的发展困境

综艺节目是糅合多元艺术表现形式并兼有大众娱乐属性的节目形态，伴随《无限超越班》播出全程的热门话题也在一定程度上指向了大众娱乐属性主导下演艺类综艺的发展困境。正如表演文化既包含视觉呈现的身体展演，也囊括了社会文化意义上的身份展演，演艺类综艺节目的生产实践在承袭娱乐性的同时，也越来越需要注重社会性的强化，如何在大众娱乐属性下生成足够丰富的文化意义，是演艺类综艺节目在接下来的发展中亟须解决的问题。此外，从"无线艺员训练班"到《无限超越班》，传统明星制诞出的"明星身份"同当下流量时代中"明星"与粉丝之间的拟态亲密关系存在一定的价值悖反，如何把握演艺类节目的价值定位或许也是这一细分赛道所面临的另一问题。

---

① 杜璇、刘于思：《念往昔以慰孤独：媒介技术怀旧对青年心理健康的影响》，《现代传播（中国传媒大学学报）》2022 年第 5 期。

B.21
网络电影《勇士连》案例分析*

姚 磊**

摘 要： 2022年，改编自中国工农红军长征史上著名的"飞夺泸定桥"战斗的网络电影《勇士连》，取得分账票房和口碑的双丰收。该片以微观的叙事视角介入，使用高超的叙事手法，塑造了诸多丰满的革命战士形象，并且通过大量的升格定格镜头和分屏剪辑的特效，形成了独特的视觉风格。然而，该片也存在展现敌方将士"脸谱化"、戏用道具不严谨等问题。

关键词： 叙事视角 叙事手法 视觉风格

《勇士连》是由国家广播电视总局网络视听节目管理司及山东省广播电视局指导，中国中共党史学会党史宣传教育专业委员会监制，新片场影业、优酷、麦奇影视、西影数码等公司联合出品，中共甘孜州委宣传部、泸定县委县政府联合摄制的一部网络电影。影片改编自中国工农红军长征史上著名的"飞夺泸定桥"战斗：1935年9月，中央红军进军川西北，蒋介石欲凭借大渡河天险"围剿"红军，生死存亡之际，中央军委下令沿河夺取渡口，红四团政委杨成武、团长黄开湘率部奔袭前线争取扭转战局。红四团第二连连长廖大珠受命带领连队不顾生死，三天320里长途奔袭，22名突击队员飞身夺取泸定桥。

该片于2022年9月24日在优酷、爱奇艺、腾讯视频上线播出，不仅成功入选国家广电总局网络视听节目精品创作传播工程、迎接党的二十大精品网络

---

* 本报告为国家社会科学基金重大项目"视听艺术精品推动中华优秀传统文化创造性转化与创新性发展"（22ZDA083）阶段性成果。
** 姚磊，重庆邮电大学传媒艺术学院教师，澳门科技大学人文艺术学院电影管理专业博士研究生，主要研究方向为影视产业。

视听节目推荐作品及国家广播电视总局"2022 网络视听精品节目",而且最终也取得"1569 万的分账票房,在 2022 年 48 部分账票房破千万的影片中,排名第 28"。①

近三年,在政策引导等因素影响下,革命历史战争题材逐渐受到网络电影的青睐。根据猫眼 App 专业版近三年网络电影分账榜前五十,2020 年有《奇袭·地道战》《雪豹之虎啸军魂》《夺命狙击 2》,2021 年有《浴血无名川》《生死阻击》《幸存者 1937》《绝地狙杀》,2022 年有《亮剑:决战鬼哭谷》《狙击英雄》《冰雪狙击》《烽火地雷战》《特级英雄黄继光》《绝地防线》,影片的数量与质量逐年提升。虽然上述影片大都取材于抗日战争、朝鲜战争等历史史实,但多数都是基于革命战争历史大背景的虚构故事,且其中狙击类型占比较大,在某种程度上只是为了呈现一种历史外衣下的战争奇观。而只有《勇士连》和《特级英雄黄继光》是根据真实历史、真实人物改编而来,它们能在纷杂残酷的网络电影市场中杀出重围,取得较高的分账票房和较好的评价,实属不易。

真实革命历史的改编难度较大。首先,真实事件的电影改编难点在于事件结果早已被观众熟知,观众失去了对结果探究的悬念感;其次,对于长征史上的真实战役而言,改编时不能像前述的很多狙击类电影那样进行天马行空的设定,必须在史实的基础上进行严肃的艺术创作,这就要求创作者进行扎实的史料研究,"以真实的细节搭建起具备现实感的影像"②;最后,电影史上已经有相关影片或深入或截面地展示过这段历史,面对今天的网络受众,又如何能够推陈出新?笔者认为,《勇士连》的成功主要基于以下几个因素。

一 微观的叙事视角

中国电影史上涉及"飞夺泸定桥""强渡大渡河"史实且具有代表性的影片有《大渡河》(1980 年由林农、王亚彪执导)、《长征》(1996 年由翟俊杰执导)、

---

① 《2022 年网络电影市场调研报告》,搜狐网,2023 年 1 月 21 日,https://business.sohu.com/a/633427283_351788。
② 《〈勇士连〉:站在历史的入口,以真实,给到今天的人们力量感》,网易网,2022 年 9 月 23 日,https://www.163.com/dy/article/HHVMKF8505178BCB.html。

285

《我的长征》（2006年由翟俊杰任总导演）、《勇士》（2016年由宁海强执导）。在上述影片中，《大渡河》是国内第一部聚焦于这一英雄史实的影片，但限于时代背景，其创作观念较为落后，"比较注重人物群像的刻画……凸显的都不是一个核心人物，而是一组性格具有差异性的人物群像，注重干部与战士、老兵与新兵、女性与男性群体的配比。领导者和指挥员的睿智果敢、基层官兵的英勇无畏、普通百姓的全力支持颇着笔墨，以强化革命战争的人民性和正义性"。[1]

影片试图用宏大的历史视野。对战争双方的领导人、普通战士、人民群众进行全面的展示，花费了大量的笔墨展现中国共产党最高领导人的运筹帷幄以及以蒋介石为首的国民党将领的愚昧傲慢，战斗场面占比较少且人物塑造较为脸谱化，蒋介石亲自指挥守卫泸定桥的设计亦过于失实。《勇士》则从小切口进入，从红一军团二师四团官兵的视角展示了"强渡大渡河"和"飞夺泸定桥"两个关键事件，但影片"用了大量篇幅来交代红军抢占泸定桥的背景。在具体的行军途中，又将镜头对准国民党的炮兵俘虏田生才与红军小战士王冬宇之间的关系，还要关注廖大强与余振中的战斗经历"[2]，没能够对人物进行深入的刻画，且为了营造战争奇观，红军战士在竹林如《卧虎藏龙》般的身手不免让人出戏。《长征》的视野更为宏大，试图对长征的过程进行全景式还原，且"由于在很大程度上依赖场面来结构剧情……影片大气有余而细腻不足，观众往往沉浸在某种仪式化的崇高感中，缺乏情感的支撑点"。[3]《我的长征》虽引入一个虚构的红军战士"王瑞"的视角，但仍然试图通过个人化的视角来全面展现长征的始末，飞夺泸定桥、强渡大渡河等战斗只能几笔带过。

而《勇士连》的优点在于影片首先做到"事件聚焦"，全片片长88分钟，聚焦克服艰难险阻到达泸定桥的过程及夺取泸定桥这一核心事件，虚写了《大渡河》和《勇士》中呈现的渡河场面，只交代了强渡大渡河的问题所在以及夺取泸定桥的必要性，笔墨凝练，事件集中。其不仅呈现了"飞夺泸定桥"战斗的全貌，凸显了这一战斗的重要历史意义，而且对于投资较小的网络影片

---

[1] 赵宁宇：《世界战争电影纵览》，《电影艺术》2005年第5期。
[2] 龚金平：《在"政治化"与"电影化"之间的艰难抉择——新世纪以来中国战争片的几个新变化》，《贵州大学学报》（艺术版）2019年第6期。
[3] 刘藩、余宇：《类型化叙事：主旋律电影提升市场吸引力的有效策略——以战争片、警匪片为例》，《解放军艺术学院学报》2013年第1期。

而言，这种四两拨千斤的方法是非常智慧的。

其次，在"事件聚焦"的基础上做到"人物聚焦"。对于观众而言，战争最终是否胜利已经不是真正的观影期待，他们真正关心的是史料中一个个为革命抛头颅洒热血的勇士们究竟是谁？三天320里，22个人，13根锁链，他们究竟经历了什么？他们害怕吗？他们有牵挂吗？只有做到个体人物喜怒哀乐的充分展现才能最大限度获得观众的共情。影片聚焦四团二连的革命将士，塑造了勇猛善战的连长廖大珠，细心睿智的指导员王海云，稚嫩勇敢的彝族少年宝娃，以及刘家兄弟、黑子、牛华子、罗云瑞等不怕牺牲的战士们丰满的人物形象。片尾字幕显示，片中廖大珠、王海云、李友林、刘金山、刘梓华5名勇士皆有真实的原型人物，除他们留有部分资料外，剩余17名勇士最后均未留下任何信息，影片中呈现的这些无名英雄的牺牲和付出让人唏嘘不已。

二　高效的叙事手法

对于一部战争题材的网络影片，受众天然地会有高密度、快节奏的期待。而"在战争片中，戏剧式结构有着天然的优势，让人物去完成一个特定的目标，围绕这个目标设置各种极富挑战性的障碍，可以极大地调动观众的观影积极性，使影片的娱乐功能得到最大限度的发挥"。[①]

《勇士连》沿袭了以往微观视角类型军事战争片经典的叙事模式："开场不久即有上级/首长（发送者）给英雄/侦察员（主体）布置任务（客体），在战友及群众（助手）的帮助下，英雄克服一个个困难，消灭了敌人（敌手），或者圆满完成任务，或者解除危险，人民从此太平幸福（接受者），英雄却又踏上新的征程。"[②] 并且采用了悉德·菲尔德所说的经典的"三幕剧结构"：1~15分钟，建置，二连的战士们需要在三天内长途奔袭320里并在大部队协助下夺取泸定桥，叙事任务简洁明确；15~81分钟，对抗，故事中段共展现了河边遭遇战、伏击战、猛虎岗遭遇战、夺取泸定桥四场大大小小的战斗，节奏

---

① 龚金平：《在"政治化"与"电影化"之间的艰难抉择——新世纪以来中国战争片的几个新变化》，《贵州大学学报》（艺术版）2019年第6期。
② 吕益都：《本土化叙事的智慧——"十七年"军旅题材类型片创作的启示》，《当代电影》2005年第3期。

紧凑；81~88分钟，结局，片尾采用纪录片的形式展现了红军飞夺泸定桥纪念碑的真实影像以及22名原型人物的相关信息，使得观众由"对死亡的哀叹和恐惧转换为对战士们壮烈而英勇的牺牲精神的赞叹上来"（见表1）。①

表1 《勇士连》剧作结构分析

时间	情节	剧作结构
1′~15′	字幕:1934年10月,第5次反"围剿"失败后,中央红军主力部队撤出根据地开始了战略转移	建置
	倒叙:飞夺泸定桥战斗部分场面(1′~4′)	
	出片名:飞夺泸定桥 勇士连	
	字幕:1935年9月,中央红军进军川西北,蒋介石欲凭借大渡河天险"围剿"红军,生死存亡之际,中央军委下令沿河夺取渡口,红四团政委杨成武、团长黄开湘率部奔袭前线争取扭转战局	
	字幕:3日前 安顺场渡口 巷战 红一方面军一团	
	巷战(4′~7′)	
	受命夺取泸定桥	
15′~81′	字幕:1935年5月26日,上午10时,安顺场渡口,距离泸定桥160公里	对抗
	河边遭遇战(15′~18′)	
	字幕:1935年5月27日,上午9时,菩萨岗,距离泸定桥140公里	
	伏击战(23′~26′)	
	字幕:1935年5月27日,夜晚9时,什月坪,距离泸定桥120公里	
	部队休整	
	字幕:1935年5月28日,上午7时,猛虎岗,距离泸定桥90公里	
	猛虎岗遭遇战(41′~60′)	
	字幕:1935年5月29日,上午6时,泸定桥,距离攻桥还剩10小时	
	飞夺泸定桥战斗(70′~81′)	
81′~88′	字幕:红军之全部渡过泸定桥,确为红军的莫大成功,如红军不能过桥,则安顺场渡河至北岸之一师,势将孤军作战,而南岸之红军主力则必走西康,红军则极难克服困难也。今红军全部渡河,自此川陕甘青几省均将为红军活动之地区矣。——毛泽东	结局
	红军飞夺泸定桥纪念碑纪录片段	

资料来源：根据影片内容整理。

---

① 富驰华：《新主流战争片的情感叙事》，《电影文学》2022年第15期。

字幕信息的高效使用也加快了影片的叙事节奏。影片中共出现关键字幕九处，开篇即用两处字幕交代了影片的大背景；接着用六处同类型的字幕简明扼要地呈现时间、地点、距泸定桥的距离等信息的同时不断渲染大战来临前的紧张感和悬念感；片尾用字幕点明了毛泽东对于这次战斗伟大意义的评价。字幕的高效使用避免了《勇士》等前作通过大量对话展现背景信息影响叙事节奏的问题，使观众能更好地沉浸于战斗场面及人物情感中。

三　丰满的人物塑造

优秀的战争片不只是通过战争奇观展示来吸人眼球，还"立足于战争动作、战争场面，然后再来组建情节的勾连性以及每一个人物在每一仗之后的性格以及人物关系之间的发展变化"。[①] 本片除开篇泸定桥战斗的倒叙外共呈现六次战斗，每一次战斗都很好地展示了人物性格及人物关系的变化。

连队开拔后的"河边遭遇战"是彝族少年宝娃加入队伍后的第一次战斗，宝娃面对敌人炮击时的呆立和战友小罗奋不顾身的扑救，让他第一次知道了战争的残酷惨烈和战友们的生死情谊，影片把革命战士"从无畏无惧的'神'变为有血有肉的'人'"[②]；之后连长廖大珠和指导员王海云也因为尽量减少战斗伤亡和尽快到达目的地的抉择发生冲突，这样的两难抉择凸显了两个人物的不同性格；"伏击战"中，机枪手黑子不顾机枪枪管的滚烫，赤手抱起机枪冲锋陷阵，在腿部受伤后坚持前进的行为让我们感受到革命战士的无畏；队伍休整时，影片交代了廖大珠的儿子在苏区走失的信息，面对与他儿子同龄的宝娃，他的关爱和保护让我们真切地感受到铁汉柔情的一面，虽然《勇士》一片中也有廖大珠女儿走失的剧情，但限于篇幅，只能一笔带过，无法让观众深刻地共情；"猛虎岗遭遇战"中，狙击手高进光主动暴露目标让宝娃击毙国民党军营长万起山的壮举也让宝娃完成了向革命战士的蜕变；最后的"飞夺泸定桥"战斗中，刘家三兄弟中的大哥为了掩护宝娃滑下锁链之时，被战友一

[①] 赵宁宇、方兆力：《战争片的剧作之道——〈建军大业〉编剧创作谈》，《北京电影学院学报》2017年第4期。
[②] 《特别策划 | 明天上线！〈勇士连〉飞夺泸定桥》，电影网，2022年9月23日，https://www.1905.com/m/news/touch/1597293.shtml。

把拉住,但为了保护战友主动放手,刘家三兄弟至此全部牺牲。"若要了解深层的人物性格,唯一的途径就是通过他们在压力之下做出的选择"①,《勇士连》正是践行了罗伯特·麦基这一经典论述,才完成了本片中人物形象的丰满塑造。

四　多样的视觉呈现

战争片的看点莫过于战争场面的呈现,《勇士连》在史实基础上设计了街巷战、伏击战、遭遇战、炮击、枪战、肉搏战等丰富多元的战斗场面,在楼梯、街巷、树林、悬崖、铁索等空间较为全面地展示了战争的各种战术战法。除了在不同的空间通过航拍、轨道、摇臂等实现丰富的场面调度及多角度、多景别的战斗场面展示外,升格和定格摄影手法的大量使用是本片视觉风格的一大特色。升格定格摄影的作用首先就是延长镜头的真实时间,从而使观众能够更好地观看战斗场面的细节,如"河边遭遇战"爆炸场面中的尘土飞溅、火光冲天等;其次就是营造子弹呼啸而过、子弹击穿手榴弹等视觉奇观,如国民党军军官万起山被狙击一场;最后就是改变剪辑节奏,充分渲染了战斗场面的惨烈和残酷。

"分屏剪辑"是一种通过画面内部的蒙太奇手法实现的多时空、多人物、多信息并置的特效。影片中长途奔袭泸定桥的段落采取了上下分屏、左右分屏、斜分屏、双分屏、三分屏、四分屏等多样的分屏剪辑手法,在有限的时间内呈现了红军战士在不同天气、不同地形、不同时间的奔袭过程,简洁高效地展现了赶往泸定桥的艰难之路。较之以往同题材的影片,大大加快了叙事节奏并且呈现了更为丰富的细节。

五　不足与展望

综上,《勇士连》作为一部网络电影,品质不输于国内近年出现的一些战

---

① 罗伯特·麦基:《故事:材质·结构·风格和银幕剧作的原理》,周铁东译,天津人民出版社,2016,第113页。

争巨作，如《建军大业》《长津湖》《金刚川》等院线电影。然而，影片的一些不足之处也是显而易见的。

  首先，在展现国民党军将士时的创作观念较为陈旧。以往的红色革命战争片中创作者们试图通过一切艺术手段来矮化敌方军人的形象以凸显"红色政权的合法性"，他们往往呈现"形象猥琐、性格暴躁、举止傲慢、言语粗鲁、生活作风败坏……"①的特征，且敌方人物的布光往往都处于暗调和阴影当中，《大渡河》一片就有明确的体现。从《建国大业》开始，我们已经逐步地将敌人的塑造从"反面人物"向"中间人物"过渡，而《勇士连》中不仅设计了国民党军营长万起山为阻击红军战士不顾己方士兵生命下令"无差别火力压制"的情节，还展现了万起山掌掴士兵、泸定桥战斗打响前敌方士兵持枪睡觉等场面。然而对敌人的矮化不一定就能实现拔高我方的效果，这在一定程度上违背了历史真实，也背离了艺术真实；其次，是戏用道具的不严谨。作为一部改编自真实战斗的影片，应该力图做到场景、道具、服装与史实相符，虽然创作者在前期进行了较为全面的史料研究，然而片中出现的重要道具——团长黄开湘在临行前交给连长廖大珠的怀表的表盘上却有明显的"Quartz"标志，而"Quartz"意为"石英表"，相关资料显示，世界上第一个石英表是瑞士在1967年7月制成的，这与影片1935年的时代背景存在巨大的出入；最后，片中国民党军军官"再配合大渡河北岸的国军"一句台词，声音质感明显与影片同场戏不一致，虽然可能是后期配音替换了台词，但这样的硬伤在今天的技术条件下属实不应出现。

  瑕不掩瑜，《勇士连》《特级英雄黄继光》等影片的出现，使革命战争题材成为近年来网络电影的一个新高地。这是军事类型电影繁荣与发展的时代机遇，也是主流价值观大众化传播的有力保证。"网络电影"模式自2014年出现，历经初期野蛮生长、摸索前进、创制播映"小阳春"时期等不同阶段，网络电影未来必将走上降本增效、精品化创作的规范化发展之路。②

---

① 王素芳：《论20世纪90年代以来国产战争片中对革命"他者"的合理想象》，《当代电影》2012年第8期。
② 《2022年网络电影市场调研报告》，搜狐网，2023年1月21日，https：//business.sohu.com/a/633427283_351788。

B.22 网络纪录片"中国三部曲"*
——《幸福中国》《闪耀吧！中华文明》《国医有方》案例分析

司若 颜珂**

摘　要： 本报告将从内容生产、创作手法与传播方式几个方面，分析中国三部曲《这十年·幸福中国》《闪耀吧！中华文明》《国医有方》的创作特点，从这一类型的案例反观新媒体语境下网络纪录片的创作手法，同时分析网络纪录片的传播手法，为中国题材的网络纪录片的国际传播提供相应建议，为网络纪录片创作提供可持续发展的学术观点。

关键词： 网络纪录片　叙事结构　国际传播

近年来的网络纪录片，通过精品化制作、主流化内容和多元化手法等方式，实现了传统主旋律在新媒体时代的变革与发展。习近平总书记在主持十九届中共中央政治局第三十次集体学习时强调："讲好中国故事，传播好中国声音，展示真实、立体、全面的中国，是加强我国国际传播能力建设的重要任务。"[①] 新时代的网络纪录片通过更加创新的形式，讲好新时代的故事，同时通过人物和故事凸显新时代的气质，呈现主流价值观。2022年距离党的十八大召开已过10年，在党的二十大召开之际，网络纪录片"中国三部曲"推出，赢得受众口碑和广泛好评，在全网引发广泛讨论。其中，优酷推出了由国家广电总局

---

* 本报告为国家社会科学基金重大项目"视听艺术精品推动中华优秀传统文化创造性转化与创新性发展"（22ZDA083）阶段性成果。
** 司若，清华大学新闻与传播学院教授，博士生导师，主要研究方向为影视传播、文旅产业；颜珂，清华大学新闻与传播学院硕士研究生，主要研究方向为新媒体传播、影视传播。
① 《习近平谈治国理政》第4卷，外文出版社，2022，第316页。

策划，国家广电总局网络视听节目管理司、北京市广播电视局指导的《这十年·幸福中国》系列纪录片；河南卫视和优酷网联合推出了文化探索纪实节目《闪耀吧！中华文明》，历时三个月，该节目156次登上热搜，话题累计曝光量超23亿次，"#闪耀吧中华文明#"登上微博热搜榜首，各大博物馆、文博圈、高校圈、媒体圈层层联动见证文明高光[1]；同时优酷出品了结合中医、中药抗疫的网络纪录片《国医有方》。这三个网络纪录片分别以创新的形式讲述中国故事，探索了优秀传统文化传播的新形式、新方法。截至2023年2月28日，在微热点统计数据中，三部纪录片的全网关键词如图1、图2、图3所示。

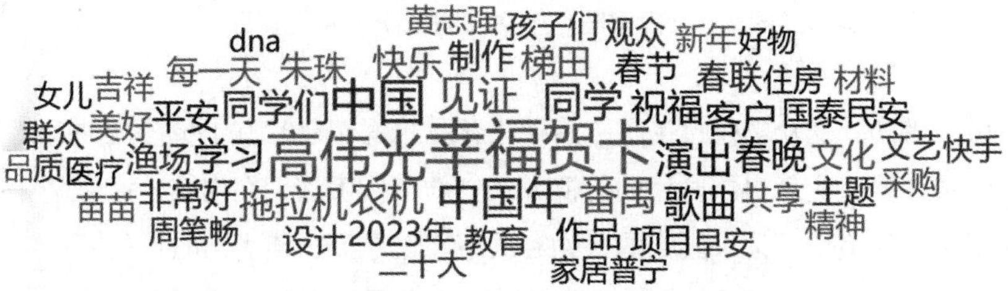

图1　《这十年·幸福中国》全网关键词云

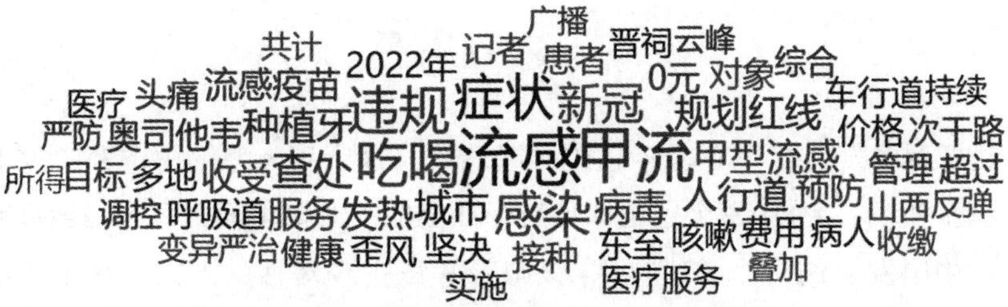

图2　《国医有方》全网关键词云

从全网讨论的热度来看，《这十年·幸福中国》提及频次最高的词语依次为幸福、贺卡和高伟光，《国医有方》提及频次最高的词语依次为流感、甲流和吃喝，从高频词中可以看出人们在后疫情时代对健康信息仍旧保持高度关注。《闪耀吧！中华文明》提及频次最高的词语依次为中国、尊重和命运。从以上关键

---

① 《〈闪耀吧！中华文明〉收官 激活历史文化的新生命力》，映象网，2022年12月13日，http://news.hnr.cn/djn/article/1/1602437188960464898。

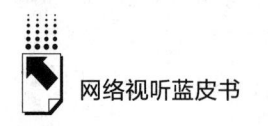

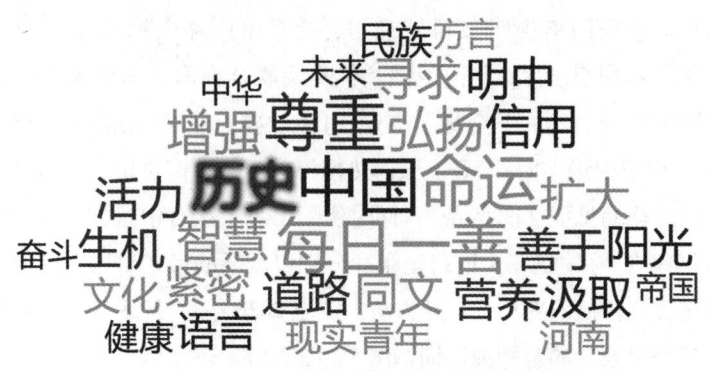

图3 《闪耀吧！中华文明》全网关键词云

词中可以得知，受众不仅接受了主旋律文化，也对纪录片有了更深度的解读。这三部纪录片为适应新媒体时代的传播方式创新创作手法，在内容生产上坚守纪录片对真实性的追求，记录真实的人物和故事、记录杰出代表与时代的同行。本报告将对《这十年·幸福中国》《闪耀吧！中华文明》《国医有方》三部系列纪录片的创作和传播进行研究与分析，期望展现新媒体时代下网络纪录片新图景。

一 内容生产

优酷泛文娱内容中心内容总监、纪录片《这十年·幸福中国》总监制和总导演张伟说："片中每个主题都是当今社会的一个横切面，每个切面都是展现当今中国发展的一个关键点。"该纪录片以古今对话的方式，从千年前的"幸福之问"出发，聚焦20个具有代表性的叙事个体，向观众传播有着时代价值的正能量，同时传递幸福感。

《这十年·幸福中国》节目上线一期就登上微博综艺榜首位，火热出圈。《这十年·幸福中国》由张伟总导演，于2022年10月12日在优酷播出，该纪录片一共有20集，每一集讲述一段古今人物碰撞的故事，时长大约为30分钟，剧集主题覆盖农业科技发展、乡村振兴、青春盛世、中国铁路、传统文化等。其中，包含贾思勰与周德华对农业贡献的记录，梁启超的少年意向在当今由当代青年人实现，古代的活字印刷术到今日的智能汽车、高速公路……在古今碰撞中讲述了人物与时代同频共振的故事（见表1）。

表1 《这十年·幸福中国》剧集资料整理

剧集	片名	上线时间
1	《风吹稻花香》	2022年10月12日
2	《耕读久传家》	2022年10月15日
3	《青春逢盛世》	2022年10月22日
4	《天堑变通途》	2022年10月23日
5	《聚智倾山海》	2022年10月29日
6	《劈波亦斩浪》	2022年10月30日
7	《天涯若比邻》	2022年11月5日
8	《千年文脉传》	2022年11月6日
9	《青山相向开》	2022年11月12日
10	《人间重晚晴》	2022年11月15日
11	《以梦赋云潮》	2022年11月19日
12	《怀中一寸心》	2022年11月22日
13	《华夏俱丰食》	2022年11月26日
14	《善治安天下》	2022年11月29日
15	《悬壶济世安》	2022年12月10日
16	《奋烈自有时》	2022年12月13日
17	《共绘同心圆》	2022年12月17日
18	《恰同学少年》	2022年12月20日
19	《天高览海阔》	2022年12月24日
20	《风从东方来》	2022年12月27日

资料来源：根据优酷平台资料整理。

《这十年·幸福中国》讲述了时代与个体互相成就的故事，涉及中国在2012~2022年这10年间取得的社会经济发展成果和人民生活改善的情况。在这10年间，中国经济持续快速增长，人民生活水平显著提高，脱贫攻坚取得历史性成就，教育、医疗、社保等公共服务得到进一步改善。观众基于剧集人物的核心——"热爱"与"坚持"，看到从古至今中国人的执着，终成就如今发展。

《国医有方》是由国家广播电视总局、国家中医药管理局、国家卫生健康委员会指导的全国第一部展现运用中医药抗击疫情的纪录片，于2022年7月

30日在优酷视频独家上线。该节目从中医院士、中医医务人员、西医医务人员、康复患者、中医药科研人员等多视角切入，生动而又全面地展现了中医药在抗击新冠疫情中的真实故事，通过纪实影像与宝贵资料让观众了解中医以及中西医结合抗疫的方法与疗效，感受中国智慧。[1] 该纪录片一共有4集，每一集以疫情的时间轴为线索，呈现了从武汉疫情期间，全国中医药系统先后组建5批国家中医医疗队，整建制接管武汉市金银潭医院、雷神山医院、湖北省中西医结合医院的8个病区和江夏方舱医院，打赢"武汉保卫战"的故事；到随后两年多时间里，从武汉到南京、广州、天津、香港、上海，在对抗德尔塔、奥密克戎变异毒株的过程中，中医不断探索，总结出中医和中西结合的治疗方案的故事；再到中医面对全球抗疫变幻莫测的局势，通过科学手段证实自己的疗效，为海外推广打下基础的故事等。四期片名分别为：《短兵相接》《各个击破》《兵贵神速》《中国智慧》，这些片名既像对"战争"的概述，也像兵法汇集（见表2）。

表2 《国医有方》剧集资料整理

剧集	片名	上线时间
1	《短兵相接》	2022年7月30日
2	《各个击破》	2022年8月6日
3	《兵贵神通》	2022年8月13日
4	《中国智慧》	2022年8月20日

资料来源：根据优酷平台资料整理。

《闪耀吧！中华文明》是国家广播电视总局网络视听节目管理司、北京市广播电视局指导的文化探索纪实节目，于2022年9月2日在优酷和河南卫视上线，共有12集，每一集时长约40分钟。节目讲述了陈坤和许丹睿两位探索者，以推理探索和中国漫画相结合的叙述方式，带领观众穿越到古代，找寻三星堆、甲骨文、盛唐、南宋、秦代、敦煌莫高窟等中国古代文明与历史文化，与观众共同解读中华民族闪耀时刻（见表3）。

---

[1] 《〈国医有方〉7月30日上线 以真实纪录致敬生命》，光明网，2022年8月3日，https://e.gmw.cn/2022-08/03/content_35929118.htm。

表3 《闪耀吧！中华文明》剧集资料整理

剧集	片名	上线时间
1	《探究青铜神树背后的神话传说》	2022年9月2日
2	《探究三星堆背后存在的秘密》	2022年9月9日
3	《皇家宝藏埋藏在长安城市井的原因》	2022年9月16日
4	《大唐珍宝揭示盛唐的辉煌繁盛》	2022年9月23日
5	《穿越两千年探索秦帝国的秘密》	2022年9月30日
6	《揭开秦始皇帝陵隐藏的未解谜团》	2022年10月7日
7	《揭开沉睡百年的藏经洞之谜》	2022年10月14日
8	《敦煌莫高窟百座洞窟的异彩》	2022年10月21日
9	《南宋巨大沉船实为价值连城的宝藏巨库》	2022年10月28日
10	《巨大远洋宝船之谜浮出水面》	2022年11月4日
11	《解开殷墟甲骨文的奥秘》	2022年11月11日
12	《探寻中华文字起源》	2022年11月18日

资料来源：根据优酷平台资料整理。

《闪耀吧！中华文明》用12集，讲述中华文明的6个故事，紧密结合个体与时代特征，以沉浸式体验的方式带领观众沉浸其中。《探究青铜神树背后的神话传说》和《探究三星堆背后存在的秘密》从背景引入沉浸式体验，为我们展现三星堆的前世今生；《皇家宝藏埋藏在长安城市井的原因》和《大唐珍宝揭示盛唐的辉煌繁盛》从唐代皇家宝藏埋藏开始解谜，后又深入唐长安城文明现场，通过推理解谜的创新表达方式，带领观众一起走近唐长安城文明高光。该节目以秦、宋、殷墟甲骨文、三星堆等著名历史坐标为观众介绍了中国古代的瑰丽文明，让观众看到不同时代的中国发展，感慨中华文明的闪耀。

二 创作手法与传播方式

《这十年·幸福中国》、《闪耀吧！中华文明》和《国医有方》既是网络纪录片，又是重大题材类型纪录片。网络纪录片作为新媒体发展的产物，无论是创作手法，抑或是传播方式，都能表达出与受众紧密联系的新形式，这表现在叙事视角、叙事主题、创作手法等方面。

（一）叙事视角：聚焦历史与当下、传承文化与关注现实

纪录片有着纪实性的特征，因此在戏剧化效果上弱于故事片。因此，选取更为巧妙的视角拍摄纪录片尤为关键。这里的视角涵盖了纪录片拍摄者所关注的内容和领域，而非仅仅是内容文本，即创作者如何进行纪录片的生产。

首先，是历史视角，包括历史人物、历史文化、历史中国等几个纬度。[①]《这十年·幸福中国》的一大创新之处在于，其没有将观察视角局限在"这十年"，它从古代先贤的历史之问引出当代时代人物的伟大故事，以"古人之问"引出"当下幸福"，以"先进科技"联结"时空情感"，以"真实记录"映照"时代风华"[②]，其中涉及的历史人物包括贾思勰、孔子、李白、屈原等20位人们耳熟能详的先辈。以历史人物对幸福感和价值的追求，映射出现代人对幸福感的追求。从古至今，上下五千年传承的不只是中华文化，还有幸福感、能力、民族自信等多方面因素。《国医有方》则介绍了中医药应对新冠疫情的强大作用，从历史文化角度为观众科普了中医的内核与中医行医以人为本的价值观。《闪耀吧！中华文明》则具体介绍了历史中国。中国如何发展、文明如何起源？中国历史上的各朝各代与当代中国发展有着紧密联系，回顾历史，方能找到未来的路。历史对一个国家是至关重要的。当前的文艺创作，也不可以遗忘历史。网络纪录片通过结合古今，纪念历史，也为观众科普了秦、唐、宋等各朝各代的"网红文物"，这些内容同时具有历史厚重感和文化传承功效。观众在掌握历史知识之余可以认识到中国历史文化的壮丽瑰宝。其实，这三部网络纪录片都涉及历史，无论是幸福观念的传承、中医的发展还是中国文物的探索，都是在五千年发展长河中形成的，这种宏大的历史视角，将引导观众不仅关注当下，同时认识历史，认识自身。

其次，相对于历史视角，这三部网络纪录片还对"当下"进行了多元探索。而网络纪录片关注的"当下"，包含以下几个不同维度。第一，对当下

[①] 陈旭光、张明浩：《网络纪录片的"主题式"书写、青春化表达与文化传播研究》，《教育传媒研究》2022年第6期。

[②] 杨雯：《纪录片〈这十年·幸福中国〉：为"千年之问"写下新时代注解》，《中国新闻出版广电报》2022年11月2日，第6版。

社会现实事件的关注。在近年抗击新冠疫情过程中，出现了很多"平民英雄"，他们有消防队员、医生、护士、警察等。另外2020年以来，网络纪录片关于"抗疫"题材的作品更多。《国医有方》结合中国古代传统文化与当下重要的公共卫生事件，联系古今，记录时代，更丰富地展示出中医抵抗疫情的重大作用，在普及中医知识和价值观的同时，还能展现社会百态，表现出一线抗疫战士的坚守。第二，对当下重大时代主题的聚焦与关注。2022年，党的二十大召开，习近平总书记再一次强调了中华文化传承的重要作用。习近平总书记提出："推进文化自信自强，铸就社会主义文化新辉煌。"①从2012年党的十八大召开到2022年党的二十大召开已经过了十年。这十年是高速发展的十年，也是日新月异的十年。《这十年·幸福中国》以幸福感为轴线，展示出中国各方面的发展成就。"乡村振兴"板块反映出新时代农业农村全面振兴发展的成果；"科技自强"板块聚焦迎难而上、攻坚克难的科技工作者……这些无一不展现出工作者的坚毅、中国的强大与人民对幸福感的追求。

（二）叙事主题：展现社会主义核心价值观

《这十年·幸福中国》《国医有方》《闪耀吧！中华文明》被称为"中国三部曲"，是因为它们有一个共同特征——叙事主题宏大，皆为重大主题题材网络纪录片。

视角的选择体现着主题的传递。当下我们对网络纪录片有一个更大的诉求，即展现出社会主义核心价值观，而网络纪录片也承担着记录时代进步、发展和人民幸福的责任。

《这十年·幸福中国》是古人和我们的隔空对话，更是时代的印证。现如今生活资料丰富、追求高层次精神传承与文化学习的青年人，也在将技术、新潮、科技一代代传承下去。以上三部网络纪录片从不同的方面印证了"时代发展，人民幸福"的主旨，《国医有方》从健康角度出发，体现出"以人民为中心"的价值观，无论何时，无论病弱老幼，人都是第一位的；《闪耀吧！中华文明》从文物角度出发，以小见大，以个体代表整体，展现出中国欣欣向

---

① 《习近平著作选读》第1卷，人民出版社，2023，第35页。

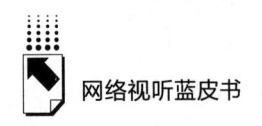

荣、繁荣发展的美好风貌。

那么如何展示社会主义核心价值观呢？这三部纪录片采用将个体与时代紧密结合的叙事方式，其中的故事化叙事有助于提升传播效果。虽然纪实性是纪录片的第一要求，但是故事性仍然不可或缺。《国医有方》描摹中西医相结合挽救一个个病人的故事，催人泪下。而一个个救人于危难之中的中医针灸故事都表达出一个主题：中医也不是"慢郎中"，在危重症领域中医药依然可以发挥作用，并通过先进的科学手段证实中医疗效。①

（三）创作手法：创新"艺术+技术"表达

2022年是中国高速腾飞的一年，网络纪录片的创新表达更大程度地运用了"艺术+技术"的模式。"技术创新是传播媒介发展的最大动力，技术创新一旦陷入瓶颈，媒介发展也将出现问题。"中国纪录片如今正在进入网络生产、网络发行的时代，呈现产业格局上的"融媒化"，生产创作上的"网络化"，内容形态上的"网感化"和观看受众上的"年轻化"，与此同时，媒介形态的变化和创新对用户的吸引力更大。

在算法和大数据的支持下，网络纪录片开始探索技术衍生的多种新形态。在《这十年·幸福中国》中，制作方运用多面屏技术、XR、装置艺术等前沿科技，打造古今对话的沉浸式舞台，将沉浸式剧情和纪实故事相结合。科技的支持也为古今之问与幸福之问的展现奠定了坚实的基础。XR技术可以帮助古代先贤穿越千年来到现代社会，和现代的人物产生跨时代对话，从而产生"幸福之问"。

《闪耀吧！中华文明》通过悬疑探索加国漫的叙述方式带领观众探索中华文明，国漫动画与CG特效等技术手段为该纪录片实现了视听升级和艺术化表达，而这些特效也实现了跨次元的展现。古老的文物痕迹或许难以辨别，但是通过现代的修复技术和回溯历史的技术特效，可以更清晰、更真实、更易懂的方式为观众还原文物的璀璨光芒。而运用这些方式的目的都是更好地讲述中国故事，并且讲好青年人喜闻乐见的中国故事。

---

① 《网络纪录片〈国医有方〉：讲好中医抗击新冠疫情故事》，河北广电微信公众号，2022年7月31日，https://mp.weixin.qq.com/s/Wj0zFVi-dJIYY6IdZs5JlQ。

三　总结

2022年，网络纪录片"中国三部曲"无论是在内容生产上，还是在创作方式和传播手法上，都在适应着新媒体的潮流，这也体现出网络纪录片的时代意义。除此之外，述往思来，向史而新。历史是面向未来的镜子。无论是《这十年·幸福中国》《闪耀吧！中华文明》，还是《国医有方》，都不约而同地选取了中国历史作为整个纪录片的人文积淀。从过去千年时光看过去十年，从古代传承至今的中医药技术，以及壮丽的中华瑰宝到高铁、智能汽车，古代中国与现代中国息息相关又紧密结合，历史同时助推了其文化价值和社会价值的传播。2023年是全新的一年，疫情逐渐退散，经济复苏，网络纪录片蒸蒸日上，如何讲好新的中国故事，也是一个需要我们不断思考与跟进的话题。

B.23 网络纪录片《不止考古·我与三星堆》案例分析[*]

夏圳锴[**]

摘　要： 本报告将对《不止考古·我与三星堆》进行研究分析，从叙事聚焦、影像创作、历史文化等方面，总结其中的创新点，以期对历史类网络纪录片创作提供可持续发展的学术观点。

关键词： 《不止考古·我与三星堆》　纪录片创作　个体受众　历史文化

2022年10月20日，由哔哩哔哩（以下简称B站）独家自制出品的国内首部以考古人为拍摄视角的人文纪录片《不止考古·我与三星堆》开播。从总主题上看，该纪录片记录的不仅是考古，还有"我"与三星堆，主要呈现的是考古人背后的故事，带观众了解真实的考古专业。该纪录片共五集，分别为《微痕之下》《第一层土》《器与不凡》《时间逆旅》《碎片征途》。这部有关三星堆的纪录片，第一次由国内网络平台进行制作和播出，亮相于更多年轻受众眼前。该片是唯一获得"三星堆"授权许可摄制的互联网平台自制出品的纪录片。自播出结束后一周，2022年11月22日统计，豆瓣评分9.1分，位居一周华语口碑剧集榜前五，列入豆瓣2022年评分最高纪录剧集。截至2023年1月31日，B站平台总播放量7153万次，追剧人数22.8万，弹幕总数6.5万条，平台评分高达9.8分。

---

[*] 本报告系国家社会科学基金重大项目"视听艺术精品推动中华优秀传统文化创造性转化与创新性发展"（22ZDA083）阶段性成果。

[**] 夏圳锴，博士，广州美术学院讲师，主要研究方向为影视文化与教育、影视制作、纪录片创作、影视文化产业。

302

纵观以往关于"三星堆"的纪录片，出品方以央视CCTV和四川卫视为主，如《见证·发现之旅：三星堆遗梦》《三星堆·消失与复活》《探秘三星堆》等。以上关于三星堆的纪录片的叙事内容主要围绕"文物"展开，以教科书式的讲述方式，重点聚焦在历史考古的成果上，以访谈、历史素材和旁白解说为主，渲染一种庄严、压抑的氛围，纪录片的调性带有一定昏暗、神秘的色彩。2022年，四川卫视出品《又见三星堆》，其以文物和考古人为故事的支点，一改以往以文物为主的叙事方式。从表1看，《不止考古·我与三星堆》更受观众青睐。这部纪录片能获得如此高的评分，是因为从叙事的角度其摒弃了"三星堆"考古历史的宏大叙事框架，聚焦个体考古"人"；从受众的角度，影像表达更加年轻化，以幽默的方式将看似枯燥的专业变得有趣，多维记录考古人深耕田野，发掘、保护、修复和研究文物等工作；从文化的角度，近距离呈现考古日常，从人物身上反映出手艺人的传承与坚持，实现历史与现代的对话。

表1 "三星堆"纪录片豆瓣评分对比

序列	影片	豆瓣评分	出品平台	年份
1	《见证·发现之旅：三星堆遗梦》	暂无评分	央视CCTV	2009
2	《三星堆·消失与复活》	8.5	央视CCTV	2021
3	《探秘三星堆》	7.5	央视CCTV	2021
4	《又见三星堆》	7.5	四川卫视	2022
5	《不止考古·我与三星堆》	9.0	哔哩哔哩	2022

资料来源：豆瓣平台，数据统计截至2023年2月1日。

本报告试从叙事、受众与创作、文化等三方面，对《不止考古·我与三星堆》进行分析，以期探析其高口碑的创作来源。

一 摒弃宏大历史框架，聚焦个体

在此前，关于"三星堆"的纪录片多以宏大的历史框架为主要的叙事方向，以情节还原和展示历史素材的方式，叙述三星堆的考古史，并以传统的人物访谈式进行严肃的历史和文物解说，考古人往往以配角的身份出现。《不止考古·我与三星堆》的制作和播出，从叙事内容角度看，打破了以历史与

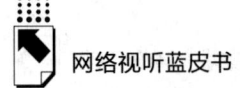

"文物"为中心的叙事手法，转向"以人为中心"。从纪录片主题上看，"我"是这一部纪录片所要突出的重点，聚焦个体考古人的工作和生活，并以此带出历史和文物背后的故事。

《不止考古·我与三星堆》勾画了考古专业的职业群像，囊括了行业中经验丰富的专家学者、遗址考古人员以及新入"坑"的年轻考古人，在确保专业度的同时，也更能引发观众的共鸣。三星堆K8祭祀坑发掘负责人赵昊是第一集《微痕之下》的主角之一，他在北京大学和祭祀坑两点一线中穿梭，呈现了考古的发现、研究，以及知识的传递传输过程。他在金器的微痕下发现红斑，并进行科学的化验，最终确定为血迹。在这一详尽的纪录过程中，观众能深切地感受到考古人利用专业知识揭秘历史的乐趣与喜悦，也能从不同的维度更深入地了解三星堆的历史。镜头近距离地靠近拍摄人物，触及考古专业人员所经历的艰辛与欢乐。当采访到北京大学考古学博士研究生何晓歌的时候，她自述在三星堆祭祀坑中与同道中人交流所得的温情，考古人的真情实感流露于观众眼前。《第一层土》聚焦另一位年轻考古人王瑞，她指出，要通过刮土，感受土的颗粒、粗糙和细腻，这样才能更精确地判断地层年代。考古工作的推进并非一帆风顺，困难重重是常态。一场暴雨将坑壁冲塌，三星堆遗址考古队员傅悦口述亲自挖掘的坑道被突如其来的雨水侵袭，一切动作都必须重新再来一次。考古人的辛劳，让观众为之动容，与之共情。北京大学考古学博士冉宏林也指出，考古人深陷高强度的发掘，失去一些自己的生活。三星堆能够"火"起来，纪录片中年轻的考古学者都发挥着重要的作用。镜头对准考古人的工作日常，这一改传统说教的方式并向观众传递了专业的考古知识。

前有在三星堆祭祀坑工作四十余载的雷雨，后有解决难题的北京大学考古学博士冉宏林，更有一群年轻的考古苗子活跃在三星堆的不同岗位，给观众带来一场沉浸的考古体验。《不止考古·我与三星堆》通过一群热血、鲜活的考古人，从个体的工作追求，传递出对历史的从容与尊重，也勾勒了三星堆的考古图景。历史考古纪录片除了应还原真实历史的过程，更应关注其中的人文感知，实际上其所挖掘的是过去关于人类生活的故事。历史离不开"人"，历史考古纪录片聚焦与历史并行的个体，让叙事视角更具真实性。

二 打破严肃性，亲近受众

B站是目前三星堆考古纪录片拍摄机构中唯一以制作、出品、传播三位一体为特色的互联网平台，"唯一获得三星堆拍摄许可的视频网站"。秉承"小而美"的专业特色，也是该纪录片获得高口碑的保证。《不止考古·我与三星堆》的创作打破了严肃的宣教式叙述形式，转向幽默、调侃的方式，以吸引更多互联网受众，传播三星堆历史文化。

《不止考古·我与三星堆》纪录片在具有一定科普性的同时，一改传统历史纪录片的严肃腔调，在创作手法上更具年轻化，不乏趣味性。从叙事手法的角度看，旁白文案的趣味调侃，独特的纪录手法，充分调动了观众的观看兴趣。

第一，纪录片采用调侃式、简洁凝练的旁白文案。在贴近互联网的传播语境中，文案叙述的巧妙戳中网络受众的兴趣点。例如，在《微痕之下》介绍考古人赵昊的时候，引以"坑长""福尔摩斯赵"的称号；《时间逆旅》将四川省文物考古研究院文物保护研究所馆员谢振斌介绍成一位经验丰富的"牙医"，只因其所面对的"患者"是一堆尘封于泥土下的象牙；又如，乔钢在发掘中发现了新的房子基地，旁白解释一改深沉的科教口吻，换以幽默的介绍方式——"可惜这座房产，产证信息不全，所有权人、建筑面积、规划用途等并不明朗"来讲述，弹幕上方观众的反馈也愈加欢愉，纪录片所营造的氛围和文案获得一致好评。又如，在修复大面具过程中，对三星堆博物馆高级文物修复师郭汉中的评价是"修文物对他而言没什么难的，在他眼里不过是一只耳朵而已，但这只耳朵能听见很久很久以前的声音"，这句话一下子把考古的意义彰显出来。"每个文物都会留下证件照，美观很重要，客观更重要。"这体现了考古人面对历史的严谨与敬畏。纪录片在尾端，将每一集的主题以高度凝练的文案进行了总结，"在这条由碎片铺就的征途上，无数考古人奔赴其中，他们从第一层土开始，探寻着微痕之下的秘密，在时间逆旅中，打磨出器与不凡"。弹幕上方频频出现"文案满分"的字样和"加更第二季"的诉求，获得观众好评。

第二，纪录片采用独特的拍摄手法。纪录片采用旋转镜头、静音拍摄等技术，搭配剧情片式的剪辑手法，用镜头微妙地将人物影像与遗址历史相结合，丰富了观众的视觉体验。比如，采用洛阳铲的主观视角，配合挖土大爷大妈的"摸鱼"状态，弹幕直呼如同在看"喜剧片"。并且，纪录片剪进美食镜头，加上熟悉的配乐，营造了"舌尖上的"感觉，更是有了"美食纪录片"的称号，美食片段在《不止考古·我与三星堆》中起到调节纪录片氛围的作用。人文烟火气息感染了观众的观看情绪，增加了视效的层次。摄影视角更是聚焦微观事物，以小见大，使观众能够深切了解三星堆考古中的细微事件，如考究金面具上的斑迹、象牙表层的丝织品痕迹等。祭祀坑中发掘出来的文物，在旁人眼里是宝藏，而在修复团队的使命里，却是监护对象。又如，遗址的保护也是一个难题，面对坑壁的开裂和苔藓的生长，需要多方面知识的介入，如化学专业出身的谢振斌，通过自调药水，消除发掘坑上的苔藓，此时的弹幕引发考古专业该属文科还是理科的争论，也吸引了跨学科的专业学生对考古的热情。再是，面对土壁的裂缝，采用灌浆的手法进行修复等。在这些细微的角度下，镜头的姿态与观众保持亲近的联系。借助细碎的个体故事，通过叙事串联，使观众了解更全面的三星堆考古背后的故事。该片落脚于人身上，考古学者的生活也不只有枯燥的日复一日，除了艰难和阻碍，也会尽量增添一些生活的乐趣，比如"曾院士"放假后的搓麻将，赵昊回到学校里的片刻逗猫，发掘坑上的喂兔大妈，工作结束后的聚餐等，形式丰富的生活场景，让人情温度消解了文物考古的冷酷，也拉近了观众与三星堆考古的距离。

第三，纪录片的配乐与配音把古典的气息和现代的节奏融合在一起，从而形成了一种新颖而深邃、富有文化底蕴且极具亲和力的纪录片风格。在《不止考古·我与三星堆》的塑造下，观众消除了对过去三星堆纪录片所渲染出的神秘莫测的恐惧，更愿意静下来去聆听，聆听三星堆的故事，聆听历史的回声。历史文化的传播姿态并非高不可及，平等的交流才是应有的模样。旁白叙述者，以风趣的口吻，将面具、陶罐、象牙、各类青铜器，甚至是历史和人物等进行详细介绍，并通过主访人物亲切的乡音及口语化的表达方式，向观众传输专业的考古知识。四川省文物考古研究院文物保护助理馆员李思凡讲到其在枯燥的工作中，还是努力去寻找一些乐子，并给自己起名为李苦苦。纪录片的配乐与画面的剪辑形成一种欢快的节奏，配乐的"巧"用，促发观众感知到创作者所要强调的叙事点以及"幽默感"。《不止考古·我与三星堆》中的配乐，没有刻意地去渲染历史题材中庄严的调性，在以往的相关纪录片中，配乐多以神秘、空幽的格调左右观众深入了解三星堆真实考古的现状。在此，配乐更多的是在呈现真实的考古生活，辅助真实影像的发声。同时，配乐又与文案相配合，让叙事变得灵巧生动。

综上创作方式，从网络平台的制作和传播的角度思考，让历史考古主题的纪录片呈现更加年轻的姿态，融通观众的审美语境，能够最大限度地进行纪录内容的传播，以提高观众观看兴趣的方式来促进其对信息的有效接收，并试图与之共情，与历史对话。

三　文化传承，古今对话

《不止考古·我与三星堆》专注于"人"与历史的对话。如何对待文物，如何修复文物，如何依据现实连接历史，如何揭开三星堆的神秘面纱，是这一群考古人齐力奋进的目标。正是这一群恪尽职守的考古人不拘一格的态度，让观众得以在博物馆中看到三星堆发掘出的精美文物，了解人类文明，促进文化的延续。

文物是探究历史的有力证物，并非只有挖掘出来的器物才是文物。谢振斌讲到，土遗址，即考古发掘坑，也是一种文物。一个遗迹，是研究过去历史的重要场所。文物保护是一门科学，是无止境的。另外，文物考古研究院所建立的土样本收集库，依现阶段的科学技术还不能从中揭开更多的谜题。谢振斌表示，这些样本能为后人做研究提供丰富的原材料，它们身上承载着连接现在、过去和未来的重要线索。他说："那个时候可能我们都不在了"，让观众为之感动。三星堆考古，是一份需要传承的事业，正如封存的土样，在等待未来考古人的开启，再现历史的真相。正如纪录片文案所述，"把过去交到未来手里"。

三星堆考古人在时间中逆行，守护文明的记忆。在《碎片征途》中，四川大学考古文博学院教授黎海超，面对三星堆7号坑发掘出的铜铃铛，提出要找到铃铛的用途是什么。他从铜铃的大小、式样等方面进行猜想，联系声音和音乐的关系，讲述音乐在祭祀体系里的重要地位。黎海超带领观众一同拜访对三星堆青铜器的铸造工艺了如指掌的大师郭汉中，以技术翻模还原铜铃。在这

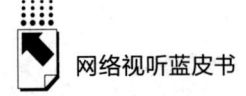

一段影像纪录中，观众可以获取到考古发掘背后的专业知识。同时，这一段影像纪录也呈现了考古人之间的学科专业网络。又如，黎海超带领学生在6号坑做的木箱焚烧实验，以实验考古来印证木箱存有完整轮廓的事实，也解释了箱底朱砂局部残留的原因，为学者提供了更多的研究方向。可见，历史知识的来源，从不是一个简单的推敲过程，它需要经过一次又一次的还原与验证，才能得到更具说服力的结论。

一代代考古人，薪火相传。当镜头转向"曾院士"，其三十年如一日，从考古工地上的技工到学习陶器修复，以精湛的技术和踏实的态度获得考古队的认可，大半辈子都投身到修陶上。"曾院士"的文物修复工作间，遍地的碎陶片、杂乱无章，弹幕直呼"地狱级难度拼图"，但落在"曾院士"手上，破碎的陶片都将重获新生，正如旁白所述，他的修陶手艺，远近闻名。以"曾院士"的故事线，呈现了非遗传承人的手艺与坚持，为零碎的陶片进行缝补还原，拉近现代人与古蜀三星堆历史的接触距离。他们成了连接现在与过去的桥梁，将"破碎"再次"聚合"，再次赋予文物新的生命。三星堆博物馆高级文物修复师郭汉中，从学徒到带徒，见证了文物修复的传承，也见证了三星堆考古的变化。他们是让三星堆历史实现古今对话的最后一道工序，让文物入驻博物馆，实现与观众的交流和对话。

文物和遗址最终以展览的方式，向社会大众进行历史文化的传播。观众能看到文物和遗址本身，也能解读到它们的历史属性。《不止考古·我与三星堆》的创作，既让观众了解到三星堆，更揭示了古今对话的背后，靠的是一群鲜活考古人努力的力量。

结　语

根据上文对《不止考古·我与三星堆》的数据统计与创作分析，我们可知网络纪录片这一媒介属性能通过融媒体的手段，形成话题热度，面向大众激起不同的反响；同时，纪录片的创作方式向受众靠拢，增强了传播效果。从知识传播的角度看，三星堆考古知识的普及涉及更多的互联网受众，而不仅限于偏好三星堆考古的部分观众。另外，从三星堆文物的展览角度思考，对于博物馆观众而言，纪录片弥补了展厅内精美文物所缺乏的故事阐释，揭示了文物背后的故事，是一种观展的延伸；对未见文物和遗址的观众而言，是一种预告和宣传。同时，对一些观众而言，更可以吸引其对考古专业的向往。

在《不止考古·我与三星堆》中，"我"由一位位"个体"构成。这是一部以人为中心，以考古人为线索，揭开三星堆神秘面纱的纪录片。该纪录片摒弃宏大的叙事框架，聚焦人物个体；一改以往严肃的纪录片调性，亲近观众，激起其观看兴趣；见证三星堆考古的历史与传承，完成了一场古今对话。

从《不止考古·我与三星堆》来看，对于类似题材的纪录片，要想获得成功，找准引起观众"共情"的切入点，起着关键性作用，这一点已在上述的该片总体口碑中得到应验，其让观众从一个不同视角重新认识三星堆的存在，并学到知识。未来的纪录片创作，不仅要考虑到观众的观看体验，更要考虑纪录片内容中所蕴含的知识结构。正如2021年B站首届纪录片发布会上李旎所述，"以纪录片为头部内容的学习和知识视频从B站兴起，推动互联网内容从娱乐化走向知识化"。本报告从纪录片《不止考古·我与三星堆》的叙事、创作与受众、历史文化等方面进行了研究分析，以期对未来网络纪录片创作提供新的思考方向。

参考文献

《"入坑"三星堆，这部纪录片"不止考古"》，广电时评微信公众号，2022年11月19日，https：//mp.weixin.qq.com/s/Ga3eEUMwRek9Z9DQaXaNhA。

《获三星堆授权许可拍摄！纪录片〈不止考古·我与三星堆〉定档10月20日首播》，红星新闻百度百家号，2022年10月13日，https：//baijiahao.baidu.com/s？id＝1746566656174260024&wfr＝spider&for＝pc。

Abstract

Blue Book of Netcasting *Annual Report on the Development of Netcasting Industry in China* (2023) is the sixth annual comprehensive and authoritative research report that systematically summarizes the current development status, analyzes industrial issues, and explores future trends of China's netcasting industry. Netcasting has become an indispensable part of people's daily lives, and has become a "standard package" for information release and public relations activities for enterprises and institutions. Its influence is expanding, and it is increasingly important to follow up on research results in this important industry, which has become an important reference for promoting the development of the industry.

This report analyzes the market, industry, policies, trends, and other aspects of the netcasting industry through data, cases, research, interviews, and other methods. It summarizes the development characteristics of branch industries such as online dramas, online movies, online variety shows, online live broadcasts, short videos, and online audio in 2022, and explores the development trends and problems that need to be faced in 2022.

In 2022, the netcasting industry entered a year of high-quality development with vigorous transformation influenced by the pandemic. In 2022, China's netcasting user scale was 1.04 billion, accounting for 97.47% of the total number of internet users, of which short video users accounted for 94.8% of the total number of internet users with 1.012 billion users, and online live broadcast users exceeded 750 million users. The overall market size exceeded 720 billion yuan. These characteristics continue to maintain China's status as the world's largest country in the netcasting industry.

Based on "Internet +", the online audio-visual industry continues to achieve diversified development and external enabling characteristics. "Netcasting +" has become a specific embodiment of "Internet +" and an upgraded focus. People's information search, knowledge acquisition, communication and exchange, experience sharing, consumption decision-making, entertainment and leisure activities, cultural and sports activities, work display and other forms have been deeply bound together with netcasting elements. "No dissemination without netcasting" has gradually emerged on the surface. Netcasting has also become a guarantee for building communication power. At the same time, netcasting is also facing new opportunities for iterative changes with the support of new technologies such as AIGC and Metaverse and matching scenarios. "Netcasting+" is constantly empowering industries that require communication and dissemination. New technologies, scenarios, and expression needs are also creating greater development space for the netcasting industry.

On the basis of "reducing quantity while improving quality" in the previous year, the netcasting industry continued to focus on high-quality development in 2022, resulting in a decrease in quantity but an increase in quality and cost-effectiveness. The supply-side reform continued to achieve significant results, and high-quality content continued to emerge. In this year alone, there was a slight increase in online drama production but a 30% decrease in the number of new online movies released, as well as a 14% decrease in the number of new products released by online variety shows. However, overall quality has been improved. Titles such as *Starry Sky Brightening*, *Qingqing Daily Life*, *Love between Fairy and Devil*, *The Knockout*, *Who Is He*, *The Three Body Problem*, and *Ice Hockey Boy* achieved good reputation and significant market value for online dramas; Titles such as *Technical Wonders Part II* achieved good reputation and significant market value for online variety shows; Titles such as *Main Theme Hero Huang Jiguang* achieved good reputation and significant market value for network movies; Titles such as *Guarding Jiefangxi* (Third Season) achieved good reputation and significant market value for network documentary works.

In terms of diversified content supply, the integration of long videos and short videos in competition has brought some new changes. Based on the development of derivative works driven by IP, more micro dramas and micro variety shows have emerged, forming more types of content supply and richer competitive tracks. "Short and micro" works have become a new phenomenon. In terms of management, we will continue to promote the standardized development of netcasting content. The opening credits of online dramas will shift from labeled "online license number" to inserting the "network casting" logo to provide more effective guidance for the creation and release of micro dramas.

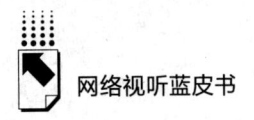

The research team of the Blue Book of Netcasting will continue to pay attention to the development trends of the industry and conduct continuous research on netcasting content, industry, audience, and market from the perspectives of market research, public opinion analysis, data analysis, expert analysis, etc. We will analyze industry issues, assess industry risks, analyze effective countermeasures, gather wisdom from both academic and industry experts, and use high-value research results to help netcasting industry set sail on the path of high-quality development.

Keywords: Netcasting; Internet; Online Video; Industrial Upgrading

Contents

I General Report

B.1 Development Status, Hotspots and Trends of China's
Netcasting Industry in 2022 *Chen Peng, Shen Wenhan* / 001

Abstract: This report analyzes the development of China's netcasting industry in 2022, including industry overview, policy hot spots and analysis, industry problems and practical advice, industry trends and prospects. In the past year, Chinese netcasting industry has significantly improved the quality. The platform landscape is stable but changing. Competition is becoming fiercer, business models are becoming more pragmatic, and enterprises are paying more attention to effective revenue. The main melody and realism continue to be the focus of online audiovisual content. Virtual media technology and artificial intelligence enrich audio-visual product forms, improve industry productivity, and provide technical support for new netcasting business. At present, the industry policies continue to strengthen the mainstream value, constantly introduce rules and regulations. The government also promotes the modernization of industry management, improves the law and accelerates industry standardization.

Keywords: Internet Audio-visual Industry; Media Technology; Network Platform; Network Variety

Ⅱ　Sub-reports

B.2　Report on the Development of Web Television Industry （2022） *Cao Shule, Pazilye Alim* / 025

Abstract: "Improving quality and reducing quantity, reducing costs and increasing efficiency" will be the new norm for the web drama market in 2022. From a macro policy perspective, the 14th Five-Year Plan for the Development of China's TV dramas will provide protection for the healthy and orderly development of the web drama market, and the emergence and implementation of "net standards" and "drama standards", as well as the emphasis on the legal and ethical management of the market practitioners, will further promote the legalization of the web drama market. In 2022, the web drama market will see a stable flow of traffic in general, an obvious effect of "de-watering" of dramas, a parallel trend of high popularity and high word-of-mouth, and a clear trend of boutique dramas. The competition between long and short-form video has made "short with long" a new phenomenon, with short-form video platforms represented by Tiktok becoming the mainstream choice for web drama marketing and the copyright barrier between long and short-form video being broken. Despite this, the market downturn in the film and television industry is still evident, and the reliance of platforms on stars and the power to decide on the rating of dramas directly affects the creation and launch of waistline dramas, which is a hindrance to the diversification of the web drama market.

Keywords: Web Drama; "Internet Standard"; "Drama Standard"; Ancient Costume Romance Drama; Video Platform

B.3　Annual Report on the Development of Network Variety Shows Industry （2022） *Fan Kexin, Shi Xiaoxi* / 046

Abstract: In 2022, China's network variety shows are actively exploring ways to save themselves under the adverse factors of shrinking overall broadcast volume, limited program subject matter and various environment. Most of the platforms adopted the concept of seeking progress while maintaining stability, and inclined their superior resources to Sequel variety show. In terms of new changes in the market, derivative variety show and micro variety show had outstanding performance. The application of the ledger business model broadened the realization path and cooperation efficiency of the platform, and brought new development opportunities for the network variety show market. In terms of aesthetic and cultural characteristics, the network variety shows in 2022 are developing towards the direction of small incision, internal beauty, emotional foot and new form. They subdivided vertical track in subject, showed humanistic care and reinforced nostalgia in concept, achieved high immersion in audio-visual effect, which let virtual reality aesthetics create a new experience for the audience.

Keywords: Network Variety; Media Convergence; Nostalgic Elements; Emotional Healing; Sequel Variety Show

B.4 2022 China Online Movie Industry Development Report

Huang Ying / 064

Abstract: In 2022, Chinese online movies have their own "film release permit'", which means that China has more standardized and strict management measures for online movies from the government supervision level. According to the general policy of improving quality and reducing quantity as well as the new state of online movie development, video platforms such as iQiyi, Tencent Video and Youku have new strategies in terms of sharing, grading and screening mode. In terms of quantity and quality, China's online movies have a remarkable effect of improving quality and reducing quantity. In terms of box office and genres, online movie user groups are more solidified and difficult to break the circle, while online movies with main stream themes are innovative. Finally, this paper further illustrates the specific state of China's online movie content creation in 2022 through three cases: *Extraordinary Hero Huang Jiguang*, *No One in Sight* and *Strange Tales of Yin Yang Town*.

Keywords: Online Movie; Era of Film Release Permit; Share of Box Office; Theme Film

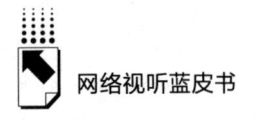

B.5　2022 Development Report of Webcast Industry

Li Jianliang, Pang Shengnan / 076

Abstract: In 2022, the development trend of network broadcast industry is good, with continuous optimization of industry ecology, further expansion of capital investment, and continuous sinking of audience market, from "everything can be live broadcast" to "everyone can be live broadcast" era. The rise of cross-border live streaming has provided a boost to rural revitalization, and has also become an important way for many enterprises to achieve transformation in the face of policy changes. The government has further strengthened its supervision over online live broadcasting, and introduced a number of policies and regulations aimed at regulating the order of the online market and promoting the healthy and orderly development of new business forms. The main competition pattern of webcast platforms still tends to be stable and begins to develop across fields and borders. The head platform began to pay attention to the construction of multiple value system, and virtual anchors kept breaking circles, which had an impact on the dominant position of real anchors, and the anchor ecology was developing toward diversification and specialization.

Keywords: Network Broadcast; Cross-border Live Streaming; Virtual Anchor; Multiple Value System

B.6　Report of Internet Short Video Industry Development in 2022

Zhou Caishu, Tang Shiyun / 089

Abstract: In 2022, the growth rate of the short video industry slowes down, the stability of its layout contains changes, and the overall market competition has shown a trend of inventory game. All platforms increasingly support for positive contents, and knowledge-based video is developing strongly. Meanwhile, the layout of short video types such as film, sports and entertainment is accelerating, and the two forms of long and short video are gradually integrating. Short video has linked more life scenes, making live e-commerce and life service industry grow significantly. The audience structure tends to be stable, therefore major platforms actively adopt different business strategies to tap potential user increments and explore the path of commercial realization in the existing situation.

Keywords: Internet Short Video; User Segmentation; Network Platform; Short Video

B.7 2022 Annual Development Report of the Internet Audio Industry *Shao Wenjie, Zhou Peiyuan /* 108

Abstract: In 2022, the accompanying features of sound have been explored, and people's demand for sound is increasing. Online audio users at home and abroad continues to increase, and the Internet audio market has a broad prospect. Seeing the opportunity, the media will continue to increase their investment in network audio. The domestic Internet audio platform have formed a "four market segments' competition pattern, among which integrated audio platform have more advantages. Internet audio application scenarios are more diverse, and consumers' awareness of paying is growing. The internet audio users are younger and more social, and the " online audio + social 'mode is emerging, with higher quality content creation and a good sustained development trend of the industry. At the same time, science and technology are also making progress. With the help of artificial intelligence, not only the creative efficiency is greatly improved, but also the audio products are more humanized. But it is undeniable that the industry is also faces difficulties such as lack of compound talents and intensified competition. In the future, relying on cross-border industrial cooperation is expected to build an ecological chain of audio industry, and continue to broaden the application field with AI and other technologies to promote the better development of the Internet audio industry.

Keywords: Internet Audio; On-line Audio Aocialize with Friends of the Same Taste or Hobby; Audio Industry Cooperation; AI Enabling

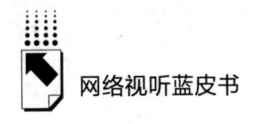

B.8 Report on the Development of the Online Documentary
Industry in 2022 *Liu Zhongbo, Yang Yue* / 121

Abstract: In 2022, online documentaries have developed steadily in terms of content creation, aesthetic expression and cultural characteristics, production and dissemination. The overall number of online documentaries has decreased, the types of themes have been enriched, and new aesthetic expressions have emerged one after another. Popular culture has driven the creation mode of "documentary +". In terms of the production and broadcast of online documentaries, the head audio-visual platform still maintains its creative advantages, the short video platform gradually strengthens the layout of documentaries, and the number of online documentaries co-produced by Chinese and foreign countries has increased significantly, telling Chinese stories from an international perspective. Online documentaries need to innovate communication methods, enhance the expressiveness of Chinese culture, and promote the high-quality development of documentaries.

Keywords: Network Documentary; Documentary Industry; Aesthetic Expression; Creation Mode

B.9 Annual Report on the Development of Network Miniseries
(2022) *Zhang Weixiao, Si Ruo* / 131

Abstract: In recent years, Network Miniseries as a new form of online audiovisual programs continue the creation path of long videos and integrate the propagation characteristics of short videos. With its characteristics of small size, fast update, strong rhythm, cool plot, diverse themes, and vertical viewing, it has quickly won the favor of the majority of users. In 2022, the advantageous factors such as loose entry conditions, low cost and high return, easy realization, and short project cycle of online micro-short dramas attracted a large number of capital to enter the track, and the State Administration of Radio and Television paid more attention to this category, and regulatory policy documents such as the Notice on Further Strengthening the Management of Online Micro-short Dramas and Implementing the

Creation Improvement Plan were issued accordingly, However, the number of micro-shortplay records and distribution licenses officially publicized still showed an explosive growth, and the micro-shortplay track became a "blue ocean of network audio-visual". This paper starts with the development overview of the policy environment, market scale and industrial layout of the online short play industry in 2022, analyzes the production characteristics and representative works of the current short play content, and puts forward the prospects for the future of the industry.

Keywords: Network Miniseries; Vertical Deep Cultivation; Platform Strategy

B.10 2022 Online TV Drama with Revenue-Sharing Mode Report

Li Xuelin, Li Hongmei, Hu Jiaxue and Geng Ersha / 141

Abstract: In 2022, compared with the weak playback of long-term video, the viewership of revenue-share titles has grown against the trend. Although the number of new revenue-share titles decreased, the effective-view achieved positive growth, which is a rare increment in the drama market. The volume of revenue-share titles is not very large, but its potential should not be underestimated. Among them, the revenue share of *Shining For One Thing*, which was released in early 2022 on IQIYI, exceeded 100 million; the Youku male oriented revenue-share title *Zhao Jiadi* closed with a revenue share of 70.75 million; the suspense series *The Case Solver* hit 60 million during its hot broadcasting period. The platform and the film company are more focused on the genre in order to innovate and enrich the revenue-share title. The quality of content has become the most critical factor.

Keywords: Online TV Drama with Revenue-Sharing Mode; Viewing Behavior; Monetization Mode

B.11 China Online Game Industry Development Report 2022

He Wei, Li Yue / 157

Abstract: In 2022, the market size and user scale of China's online game industry showed a "double decline" for the first time since 2014, and the industry is generally in the stage of bearing pressure and gathering momentum. The actual sales revenue of China's game market was 265.884 billion yuan, down 10.33% year-on-year; the scale of Chinese online game users reached 664 million, down 0.33% year-on-year. The share of mobile games in the domestic game market reached 72.61%, still dominating the market mainstream. The proportion of client games expanded, with domestic sales revenue reaching 61.373 billion yuan, up 4.38% year-on-year. The overseas sales revenue of China's self-developed games was USD 17.346 billion, down 3.70% year-on-year. The overseas revenue of domestic games has exceeded RMB 100 billion for three consecutive years. In the face of complex and changing international situations and intensified global market competition, China's game industry has actively responded to the challenges and continuously explored new increments in overseas markets. The game industry has further strengthened its efforts in protecting minors and has achieved phased results in preventing minors from getting addicted to games. The game industry has not only become an important part of the digital economy, but also its technical value and cultural value are increasingly prominent.

Keywords: Online Game; Digital Game; Game Technology; Cultural Communication

B.12 2022 Overseas Video and Audio Market Development Report

Gao Ran, Jin Tian / 177

Abstract: In 2022, the overseas video and audio market has developed rapidly, and Chinese TV dramas have strongly promoted international communication. Short plays, documentaries and mainstream media have boosted the overseas communication of Chinese culture, and improved the communication efficiency of

Contents

Chinese video and audio products from multiple dimensions such as content, platform and distribution. In general, 2022 is the year of the end for many shows, with a lot of focus on spinoffs; The global film market is recovering, and local films are distinctive and excellent. Social media platforms have further promoted the shift to video and audio, and diversified creative incentives are in operation. In 2022, globalization, intellectualization and commercialization continue to impact the overseas video audio market, with both opportunities and challenges. While attaching importance to the diversified development of content, it is also necessary to pay attention to user experience to promote the market with specialization.

Keywords: Video and Audio; Overseas Market; International Communication

Ⅲ Annual Hot Spot Reports

B.13 Interpretation of 2022 Network Audiovisual
Policies and Regulations *Beijing TA Law Firm* / 191

Abstract: This Report sorts out the relevant laws, regulations, policies, and industry standards in the field of online audio-visual in our country for 2022, and evaluates many hot events and cases occurring in the field of online audio-visual in this year. On the whole, the online audiovisual industry in 2022 will maintain the consistent trend of "improvement, regulation and enhancement of supervision" over the past few years. In addition to general laws and regulations covering the entire online audiovisual field such as the Anti-Unfair Competition Law (Revised Draft for Comments) and the Measures for the Administration of Brokerage Agencies in the Radio, Television and Online Audiovisual Field, Many new regulations have been issued in terms of online live streaming, online film and television variety shows, short videos, digital music and other specific aspects, promoting the healthy, orderly and sustainable development of the online audio-visual field of our country.

Keywords: Internet Audio-visual; Online Live Streaming; Short Video; Network Supervision

B.14 "One play, Two Broadcasts" —High-Quality Ancient Costume Idol Drama Empowers "Creative Transformation and Innovative Development" of China's Outstanding Traditional Culture *Li Shengli, Qu Yiru* / 208

Abstract: The high-quality ancient puppet drama is deeply rooted in the national culture, with story-driven as the core. Through the effective adaptation of the IP original, it integrates suspense, family drama, light comedy and other genre elements in addition to the main line of love, to improve the quality of the series. Through the new way of "one play and two broadcast", seamless scheduling and integrated marketing communication means, the show's reputation and popularity continue to ferments, to break the wall of the circle, and to spread the "Chinese story" with the potential of cross-cultural communication. In addition, with the support of the fan economy, the development of derivatives with content as the core makes the industrial chain continue to extend, and its influence radiates from online to offline, providing a demonstration for the creative transformation and innovative development of China's excellent traditional culture.

Keywords: Ancient Costume Idol Drama; "One Play, Two Broadcast"; Excellent Traditional Chinese Culture; "Creative Transformation and Innovative Development"

B.15 Strategic Layout and Development Measures of Online Audio-visual Platform in 2022 *Peng Kan, Chen Nannan* / 220

Abstract: Under the guidance of policies and the positive strategic adjustment of the platform, the online audio-visual industry in 2022 as a whole has resisted the pressure brought by the slowdown of macroeconomic growth, showing a more rational, standardized and refined development trend. All kinds of online audio-visual platforms have basically turned to the business strategy of "cost reduction and efficiency improvement", from the pursuit of user growth at all costs to the pursuit of operational efficiency and profit. Many platforms have turned losses into profits, boosting the confidence in the development of the industry. Each platform put creating more high-quality original content on a more important strategic position, and by using the refined user operation, broadened application scenarios and other ways to increase the revenue channels of content. Under the strong supervision of relevant departments of the state and the continuous improvement of industry norms, some problems in the development of the online audio-visual industry have been controlled and corrected, showing a cleaner and more positive atmosphere and moved towards a new stage of high-quality development.

Keywords: Online Audiovisual; Online Long Video; Online Short Video; Online Audio

B.16 The Export of Chinese Variety Show in 2022

Fan Jiaxuan, He Changcheng / 235

Abstract: In 2022, Chinese variety show industry made great progress. The Vietnamese version of the Chinese original variety show *Street Dance of China* was successfully produced and broadcast, marking a breakthrough in the overseas export of Chinese variety show model. In the background of the national policy to strengthen the international communication capacity, Chinese variety industry has developed rapidly, and has completed a huge transformation from the introduction of foreign models to the overseas export of Chinese original models. In this process, the transcultural content expression and broadcast channels network, the active participation of domestic production organizations in international copyright fairs, as well as the overseas strategy of the streaming media platforms, all promote the performance of Chinese variety show export.

Keywords: The Export of Chinese Variety Show; *Street Dance of China*; International Communication

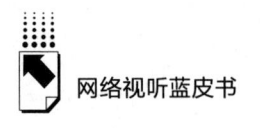

Ⅳ Case Analysis

B.17 The Path of Creation and Case Study of Web Drama in China: Focusing on *Under the Skin* (2022)

Wu Yao, Cheng Yirui / 246

Abstract: In 2022, *Under the Skin*, which was broadcast on both Akiyay and Tencent Video, sparked a lively discussion among viewers and set off a wave of drama viewing, becoming the "dark horse" of the season. The introduction of the profession of "portraitist" is a brand new creative attempt, which has injected new vitality into the blossoming domestic suspense drama. Based on the market performance of the drama and the feedback from viewers, this report mainly analyzes *Under the Skin* from the perspective of the creative path, and distills the creative characteristics of the drama from the perspectives of character building method, social perspective of the case, and feminist value of the film, in order to provide new ideas for the creation of subsequent detective dramas.

Keywords: Detective Drama; *Under the Skin*; Creative Path; Feminism

B.18 Analysis of the Suspense Episodes *Rebirth of the Gate* and *Ice Rain and Fire*

Song Xinxin / 255

Abstract: The genre drama on the rule of law explores a new orientation. The two-way connection between theatre operations and content production has reconfigured the media distribution environment of rule of law drama. In terms of creative features, the suspense web series on the theme of the rule of law focuses on strengthening the tightness of the narrative plot, increasing the speed of development of the narrative progress in a single episode, and examining the professionalism and authenticity of the narrative content, thus trying to explore the texture of the extreme genre expression. On the level of communication effects, the suspense web series explores the boundaries of genre content production through the operation strategies of audiovisual platforms. It is worth noting that the compositional scenes of suspense dramas effectively grasp the blending and laying of natural imagery, which is one of the visual means of creating a sense of suspense in suspense genre dramas.

Keywords: Rule of Law Themes; Theatre Operations; Audience Needs; Narrative Innovation

B.19 Case Study of Network Variety *Super Sketch Show 2*

Liu Xuehua / 262

Abstract: In recent years, the concept of "variety show N generation" has been generally accepted by the industry and audience, which means that TV stations and streaming media produce and broadcast high-quality variety shows in a branded and serialized way, and identify them by year, "season" or digital serial number. *Super Sketch Show 2* is the second season of comedy competition network variety produced by iQIYI and MEWE. It was exclusively broadcast on iQIYI from September 23rd to December 17th, 2022. As a successful observation sample of "variety show N generation", *Super Sketch Show 2* embodies the breakthrough and new changes in the creative concept, communication strategy and aesthetic expression of the program. *Super Sketch Show 2* provides a valuable experience, which is about promoting the serial development of network variety to become a valuable resource of the platform. At the same time, it also has the cultural value of exploring the comedy-aesthetics in the New Era.

Keywords: *Super Sketch Show 2*; "Comedy Meme"; Comedy-aesthetics

B.20 Case Study of Network Variety Show *Infinite Transcendence Class*

Cao Xiaolu / 272

Abstract: *Infinite Transcendence Class* was a reality show of professional art training for actors produced by Zhejiang TV and Youku and co-produced by TVB. In the general situation of the loss of traffic in the variety circuit in 2022, the market performance of *Infinite Transcendence Class* was quite bright, but in terms of word-of-mouth evaluation, it was somewhat controversial, showing an overall parallel of high popularity and low word-of-mouth. In terms of creative features, the program followed the TVB model of training acting talents under the framework of the concept of "Hong Kong-style art training plus reality show", and took "reality show" as the base color of the program format. In addition, *Infinite Transcendence Class* took the nostalgia for Hong Kong film and television culture and the conflict caused by the interaction of the artists' star status as the two basic directions for creating topics.

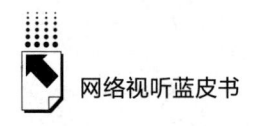

Keywords: *Infinite Transcendence Class*; Performing Arts Variety Show; Reality Show

B.21　Case Study of Network Film "*Company of Warriors*"

Yao Lei / 284

Abstract: In 2022, the online film *Company of Warriors*, adapted from the famous battle of Flying to the Luding Bridge battle in the history of the Long March of the Chinese Workers and Peasants' Red Army, achieved a double harvest of box office and public praise. The film takes a micro narrative perspective and uses efficient narrative techniques to create a lot of rich images of revolutionary soldiers, and forms a unique visual style through a large number of stop-motion shots and special effects of split screen editing. However, there are also some problems in the film, "stereotypical" showing enemy soldiers, and the use of props is not rigorous.

Keywords: Narrative Perspective; Narrative Technique; Visual Style

B.22 Case Study of the Web Documentary "China Trilogy"
—*Tales of Happiness in China*, *The Mystery of China*, *Guo Yi You Fang*　　　Si Ruo, Yan Ke / 292

Abstract: This report will analyze the Chinese trilogy *Tales of Happiness in China* and *The Mystery of China* and *Chinese Medicine Have a Prescription* from two aspects: content production, creative techniques and dissemination methods, from this type of case, reflect on the creation methods of online documentaries in the context of new media, and analyze the communication methods of online documentaries, so as to provide corresponding suggestions for the international dissemination of online documentaries on Chinese themes, and provide academic perspectives for sustainable development for online documentary creation.

Keywords: Web Documentary; Narrative Structure; International Communication

B.23 Case Study of the Web Documentary *More than Archaeology-Me and the Three Star Piles*　　　Xia Zhenkai / 302

Abstract: This paper will research and analyze *More than Archaeology-Me and the Three Star Piles*, summarizing its innovative points in terms of narrative focus, image creation, and history and culture, in order to provide academic perspectives on the creation of history-based online documentaries for sustainable development.

Keywords: *More than Archaeology-Me and the Three Star Piles*; Documentary Creation; Individual Audience; Historical and Cultural

社会科学文献出版社

皮 书

智库成果出版与传播平台

❖ 皮书定义 ❖

皮书是对中国与世界发展状况和热点问题进行年度监测，以专业的角度、专家的视野和实证研究方法，针对某一领域或区域现状与发展态势展开分析和预测，具备前沿性、原创性、实证性、连续性、时效性等特点的公开出版物，由一系列权威研究报告组成。

❖ 皮书作者 ❖

皮书系列报告作者以国内外一流研究机构、知名高校等重点智库的研究人员为主，多为相关领域一流专家学者，他们的观点代表了当下学界对中国与世界的现实和未来最高水平的解读与分析。截至2022年底，皮书研创机构逾千家，报告作者累计超过10万人。

❖ 皮书荣誉 ❖

皮书作为中国社会科学院基础理论研究与应用对策研究融合发展的代表性成果，不仅是哲学社会科学工作者服务中国特色社会主义现代化建设的重要成果，更是助力中国特色新型智库建设、构建中国特色哲学社会科学"三大体系"的重要平台。皮书系列先后被列入"十二五""十三五"" 十四五"时期国家重点出版物出版专项规划项目；2013~2023年，重点皮书列入中国社会科学院国家哲学社会科学创新工程项目。

皮书网

（网址：www.pishu.cn）

发布皮书研创资讯，传播皮书精彩内容
引领皮书出版潮流，打造皮书服务平台

栏目设置

◆ **关于皮书**
何谓皮书、皮书分类、皮书大事记、
皮书荣誉、皮书出版第一人、皮书编辑部

◆ **最新资讯**
通知公告、新闻动态、媒体聚焦、
网站专题、视频直播、下载专区

◆ **皮书研创**
皮书规范、皮书选题、皮书出版、
皮书研究、研创团队

◆ **皮书评奖评价**
指标体系、皮书评价、皮书评奖

◆ **皮书研究院理事会**
理事会章程、理事单位、个人理事、高级
研究员、理事会秘书处、入会指南

所获荣誉

◆ 2008年、2011年、2014年，皮书网均在全国新闻出版业网站荣誉评选中获得"最具商业价值网站"称号；

◆ 2012年，获得"出版业网站百强"称号。

网库合一

2014年，皮书网与皮书数据库端口合一，实现资源共享，搭建智库成果融合创新平台。

皮书网　　"皮书说"微信公众号　　皮书微博

权威报告·连续出版·独家资源

皮书数据库
ANNUAL REPORT(YEARBOOK) DATABASE

分析解读当下中国发展变迁的高端智库平台

所获荣誉

- 2020年，入选全国新闻出版深度融合发展创新案例
- 2019年，入选国家新闻出版署数字出版精品遴选推荐计划
- 2016年，入选"十三五"国家重点电子出版物出版规划骨干工程
- 2013年，荣获"中国出版政府奖·网络出版物奖"提名奖
- 连续多年荣获中国数字出版博览会"数字出版·优秀品牌"奖

皮书数据库　"社科数托邦"微信公众号

成为用户

登录网址www.pishu.com.cn访问皮书数据库网站或下载皮书数据库APP，通过手机号码验证或邮箱验证即可成为皮书数据库用户。

用户福利

- 已注册用户购书后可免费获赠100元皮书数据库充值卡。刮开充值卡涂层获取充值密码，登录并进入"会员中心"—"在线充值"—"充值卡充值"，充值成功即可购买和查看数据库内容。
- 用户福利最终解释权归社会科学文献出版社所有。

社会科学文献出版社　皮书系列
卡号：496592863999
密码：

数据库服务热线：400-008-6695
数据库服务QQ：2475522410
数据库服务邮箱：database@ssap.cn
图书销售热线：010-59367070/7028
图书服务QQ：1265056568
图书服务邮箱：duzhe@ssap.cn

S 基本子库
SUB DATABASE

中国社会发展数据库（下设 12 个专题子库）

紧扣人口、政治、外交、法律、教育、医疗卫生、资源环境等 12 个社会发展领域的前沿和热点，全面整合专业著作、智库报告、学术资讯、调研数据等类型资源，帮助用户追踪中国社会发展动态、研究社会发展战略与政策、了解社会热点问题、分析社会发展趋势。

中国经济发展数据库（下设 12 专题子库）

内容涵盖宏观经济、产业经济、工业经济、农业经济、财政金融、房地产经济、城市经济、商业贸易等 12 个重点经济领域，为把握经济运行态势、洞察经济发展规律、研判经济发展趋势、进行经济调控决策提供参考和依据。

中国行业发展数据库（下设 17 个专题子库）

以中国国民经济行业分类为依据，覆盖金融业、旅游业、交通运输业、能源矿产业、制造业等 100 多个行业，跟踪分析国民经济相关行业市场运行状况和政策导向，汇集行业发展前沿资讯，为投资、从业及各种经济决策提供理论支撑和实践指导。

中国区域发展数据库（下设 4 个专题子库）

对中国特定区域内的经济、社会、文化等领域现状与发展情况进行深度分析和预测，涉及省级行政区、城市群、城市、农村等不同维度，研究层级至县及县以下行政区，为学者研究地方经济社会宏观态势、经验模式、发展案例提供支撑，为地方政府决策提供参考。

中国文化传媒数据库（下设 18 个专题子库）

内容覆盖文化产业、新闻传播、电影娱乐、文学艺术、群众文化、图书情报等 18 个重点研究领域，聚焦文化传媒领域发展前沿、热点话题、行业实践，服务用户的教学科研、文化投资、企业规划等需要。

世界经济与国际关系数据库（下设 6 个专题子库）

整合世界经济、国际政治、世界文化与科技、全球性问题、国际组织与国际法、区域研究 6 大领域研究成果，对世界经济形势、国际形势进行连续性深度分析，对年度热点问题进行专题解读，为研判全球发展趋势提供事实和数据支持。

法律声明

"皮书系列"（含蓝皮书、绿皮书、黄皮书）之品牌由社会科学文献出版社最早使用并持续至今，现已被中国图书行业所熟知。"皮书系列"的相关商标已在国家商标管理部门商标局注册，包括但不限于LOGO（ ）、皮书、Pishu、经济蓝皮书、社会蓝皮书等。"皮书系列"图书的注册商标专用权及封面设计、版式设计的著作权均为社会科学文献出版社所有。未经社会科学文献出版社书面授权许可，任何使用与"皮书系列"图书注册商标、封面设计、版式设计相同或者近似的文字、图形或其组合的行为均系侵权行为。

经作者授权，本书的专有出版权及信息网络传播权等为社会科学文献出版社享有。未经社会科学文献出版社书面授权许可，任何就本书内容的复制、发行或以数字形式进行网络传播的行为均系侵权行为。

社会科学文献出版社将通过法律途径追究上述侵权行为的法律责任，维护自身合法权益。

欢迎社会各界人士对侵犯社会科学文献出版社上述权利的侵权行为进行举报。电话：010-59367121，电子邮箱：fawubu@ssap.cn。

社会科学文献出版社